PNR(Puritans and Reformed Publishing Company)
개혁주의신학사는 청도교 신학과 개혁 신학에 관한 기독교 서적을 출판하는 출판사이며, 자유주의 신학과 다원주의 신학을 배척하며 순수한 기독교 신앙을 보수하기 위하여 설립된 문서선교 기관이다. PNR KOREA(개혁주의신학사)는 CLC가 공동으로 운영하는 출판사이다.

이 철 목사
에스라성경대학원대학교 총장, 한국 피스메이커 회장

역자 조영팔 박사는 뉴욕에서 목회할 때 뉴욕중부교회 같은 노회에서 함께 했던 귀한 동역자다. 그때부터 하나님 나라 건설에 남다른 관심을 가지고 모든 일에 진실함과 성실함으로 임했을 뿐만 아니라 꾸준한 연구로 학문의 도량을 넓혀 온 목회자요 학자다. 이번에 번역한 『하나님 나라와 세상 나라: 두 왕국론에 관한 신칼빈주의적 고찰』 Kingdoms Apart: Engaging the Two Kingdoms Perspective도 그러한 그의 관심과 노력의 증거라고 말할 수 있겠다.

하나님의 나라로서의 교회가 하나님의 피조 세계인 세상 속에서 어떻게 정체성에 대한 자리매김을 하고 세상 나라들이 하나님 앞에 나아오게 하는 역할을 해야 할 것인지에 대한 학문적 연구와 논쟁은 교회사 초기부터 이제까지 계속되는 난제 중 하나다. 두 왕국론은 하나님의 나라로서의 교회와 세상 왕국으로서의 세상 나라들을 구분하고, 하나님의 통치가 주로 교회를 중심으로 이루어지고 나타난다고 주장한다.

반면, 본서의 편집자는 다수의 신학적 글들을 나름 논리적으로 배열해, 두 왕국론이 제시하는 세상의 접근법에 대한 다양한 이슈들을 다각적으로 고찰하고, 그에 대한 대안으로 하나님의 주권적 통치에 기초한 하나님의 한 왕국을 제시함으로써 교회가 세상 가운데서 감당해야 하는 문화적 역할과 책임을 강조한다.

"세상의 빛"으로 부름 받은 교회가 끊임없이 세상 사조의 영향을 받아 그 빛이 어두워져 가고 있는 것처럼 보이는 이 시대에, 본서는 어둠을 밝히는 한 줄기 섬광처럼 하나님의 주권 아래 교회와 세상 모두를 관조하게 한다. 이런 측면에서 본서는 포스트모더니즘의 영향 아래 방황하는 적지 않은 교회들과 그리스도인들에게 나아갈 방향과 지향점을 제시해 주는 하나의 훌륭한 길잡이 역할을 해 줄 수 있을 것으로 믿어 본서를 추천한다.

이 호 우 박사
교회미래연구소 대표

본서의 영문 제목 "Kingdoms Apart"를 처음 보았을 때, 적절한 한국말 표현이 얼른 떠오르지 않았다. 본서가 『하나님 나라와 세상 나라: 두 왕국론에 관한 신칼빈주의적 고찰』이라는 제목으로 번역된 것을 보면서 번역자 조영팔 박사의 깊은 고민과 탁월한 선택을 높이 평가하며, 아울러 글 열 편의 쟁점과 주장에 아주 잘 어울린다고 생각되었다.

두 왕국론에 관한 신학적 주제와 논쟁은 기독교 역사와 같이 했다. 정치, 사회, 교회, 학문, 문화, 사업 등 삶의 모든 영역에 긴밀히 연관되어 아주 극단적으로 때로는 복잡하게 해석되거나 논의되어 왔다. 힙포의 감독 어거스틴 St. Augustine으로부터 종교개혁자 존 칼빈 John Calvin과 근대 네덜란드 신학자 아브라함 카이퍼 A. Kupper를 거쳐 현대 신학자들에 이르는 주요 논쟁점이 바로 두 왕국론이었다.

그리스도인들은 끊임없이 자기 시대에 교회와 사회, 그리스도와 문화, 복음과 왕국, 구원과 공의 사이에서 어느 한쪽을 반드시 택해야 하는 고민에 빠졌다. 이런 영역들 간의 분리와 연속의 이슈는 개혁주의자들에게 극도로 복잡하고 어려운 주제임에 틀림없다.

현대 문화와 사회는 지역과 인종 그리고 언와와 종교 등으로 매우 다양하고 복잡하게 구성되어 있으면서도 첨단 기술과 미디어를 통해 아주 밀접하고 친밀하게 지구촌적으로 공유한다. 경계선이 분명하지만 그 경계선에 얽매이지 않으려는, 제도와 전통이 있지만 그것들에 구속 받지 않으려는 자유스러움이 현대인들의 의식 체계를 지배한다.

현대 그리스도인들도 예외적이라고 볼 수 없다. 과연 현대 그리스도인들은 "하나님의 주권"과 "그리스도의 주 되심"이라는 정통주의적 고백을 두 왕국 관점에서 어떻게 이해하고 삶에 적용해야 할 것인지를 숙의하지 않을 수 없다.

본서의 저자들은 네덜란드 개혁주의 신학자들의 왕국론 관점에서 이론과 실제를 펼쳐 나가고 있다. 카이퍼의 하나님의 영역 주권론God's Sovereignty in All Spheres의 확대적 해석과 적용이라고 할 수 있다. 개혁주의적 확신을 가진 그리스도인들에게 두 왕국론의 문제들을 광의적이고 함의적인 측면에서 이해를 할 수 있도록 안내한다.

그러한 측면에서 본서는 삶의 모든 영역에서 하나님의 주권적 섭리와 그리스도의 주 되심을 상기시켜 주는 훌륭한 책임에 틀림없다. 현대 그리스도인들에게 필독서로 추천한다.

"이는 만물이 주에게서 나오고 주로 말미암고 주에게로 돌아감이라 그에게 영광이 세세에 있을지어다 아멘"롬 11:36.

기드온 스트라우스 Gideon Straus
풀러신학교의 맥스디프리Max De Pree 리더십센터 전무 이사,
공의 센터워싱턴 D.C. 선임 연구원

개혁주의적 확신을 가진 그리스도인들 가운데 있는 우리 시대의 가장 의미심장한 논쟁들은 두 왕국 관점 Two Kingdoms perspective과, 삶 전체 위에 "예수는 주"이시고 "삶이 종교"라는 원시 정통주의 고백의 함의들에 대한 신칼빈주의자의 해석에 가해진, 그 관점의 엄격한 비판으로 말미암아 초래된 것이다.

이것은 학문적인 논쟁만이 아니다. 그 결과는 기독교 학교들, 대학들, 신학교들과 교회들을 위해 또한 학문, 정치, 사업, 예술과 다른 문화적 활동의 영역에 있는 그리스도인들을 위해 광의적 함의들을 갖게 될 것이다. 본서에 있는 글들은 무엇이, 또한 얼마나 많은 것이 위태로운지에 대한 우리의 이해를 명확히 하는 데 기여한다.

마이클 에이 밀튼 Michael A. Milton
리폼드신학교노스캐롤라이나주 샬롯 총장/최고 경영자,
제임스 엠 베어드 주니어James M. Baired Jr. 실천신학 석좌 교수

특별히 "구 기독교계"내 생각에 이 용어는 이 논쟁에서는 도발적이지만, 여전히 유용하다의 교회는 "공공신학"에 대한 절박한 필요가 있다. 내가 보기에, 우리의 절박함은 증가하고 있는 종교의 자유, 결혼의 거룩성, 생명의 존엄성과 우리 인류의 핵심적 의미에 대적하는 세속주의와 반反기독교적 공격들뿐만 아니라, 이 다원화된 문화 가운데 있는 그리스도인의 위치와 연관되어 있다.

개인적으로 그들의 부르짖음에 막힌 귀를 돌려 대는또한 지금은 적극적으로, 가차 없이 인격적 공격을 해 대는, 타락한 이 세상 왕국을 견디어 온, 피곤에 지친 기독교 운동가들은 이해가 될 만큼 낙심되어 있다. 다른 사람들의 경우, 목사님들은 세속주의의 이원론적 마법에 의해 잠잠해져 온 자기들의 회중들에게서 "너무 정치적"이라고 비난을 받는다.

이 실망이 이 세상의 문화 및 왕국과의 예언적 조우로부터 움츠러들고 있는 신학적 회의주의로 전이하게 된 것은 아닐까?

그렇다면, 전쟁으로 지친 십자가 군병들에 대한 연민이 있음에도 지금은 인간 왕국들에 대한 예언적 설교를 중단하고 퇴각하기에 나쁜 때다. 두 왕국세속적이고 성스러운의 이야기가 어쩌면 파란만장한 문화적 조우와 그 불변의 고투들과 패배들로부터 하나의 가정된 칼빈주의의 안전한 피난처를 제공해 왔다.

그러나 1930년대 독일 공화국의 기독교 시민들이 지금도 확실하게 증언하듯이, 두 왕국 신학의 그러한 급진적 불연속성은, 필자가 하나 더 추가한다면, 두 왕국 신학에 대한 오해는 국가적이고, 심지어는 세계적 재난으로 나아가게 할 수 있다. 그러나 우리는 한 번 더 그런 날을 살고 있는지도 모른다.

이것들뿐만 아니라 더 많은 이유들 때문에, 나는 지혜롭고 용감한 학자들이 두 왕국에 관해 개혁주의 기독교 공동체 안에서 이런 우애 있는 논의를 설정하고 뛰어 들게 해 달라고 기도해 왔다. 그러므로 나는 라이언 매킬헤니Ryan McIlhenny가 편집한, 『하나님 나라와 세상 나라: 두 왕국론에 관한 신칼빈주의적 고찰』로 인해 하나님을 찬양한다.

성경적, 역사적, 철학적, 시민적, 그리고 신학적인 자료들을 가지고 면도칼같이 날카로운 학자적 조우를 통해, 신뢰도 있는 열 명의 신학자의 이 새로운 글 모음은 변론이라는 어두운 매연 없이 그리스도인답게, 공정하게, 공손하게 사안들을 다루면서, 그러나 자유로운 절박함으로, 이 세상의 왕국이 진정, 최종적으로 우리 하나님과 그의 그리스도의 왕국이 되는 그 날까지 창조주와 구속주 모두이신 예수 그리스도의 주권을 선포해야 할 것을 위해 독자와 교회가 신자들, 특별히 설교자들과 교사들로서 이 시대에 주님을 섬기는 사람들의 소명을 고려해 볼 것을 호소한다.

개혁교회와 그 교회들을 섬기는 신학교들은 적시에 나온 본서를 이전 어떤 때보다도 더 필요로 한다. 나는 중요한 본서를 출판한 것에 대해 편집자와 저자들과 P&R 출판사에 감사하고, 본서가 21세기 개혁주의 신자들을, 존 낙스John Knox처럼 "[이 왕국을] 내게 주십시오. 아니면 나는 죽겠습니다!"라고 외치며 지금의 세상과 다가오고 있는 세상의 긴장 속에서 살았던 우리의 영적 선조들의 과감한 유산으로 돌아가도록 격려할 것을 위해 기도한다.

러셀 디 무어 Russell D, Moore
남침례교신학교켄터키주 루이지빌 **학장**

특별히 미국의 복음주의적 개혁주의 문예 부흥 가운데 있는 너무 많은 그리스도인이 마치 누구나 그리스도와 문화 사이, 복음과 왕국 사이, 구원과 정의 사이에 반드시 선택을 해야 하는 것처럼 말한다. 카이퍼의 전통은 그것의 풍성함, 다양한 형태, 내가 믿기로는, 성경적 비전으로 그 모든 축소주의에 균형추를 제공한다. 이 대화에 참여하고 있고, 그리고 하나님이 나사렛 예수를 모든 것의 정당하고 궁극적인 왕으로 세우셨다는 것을 믿는 모든 사람이 본서에 경청하는 것은 가치 있는 일이다.

칼 이 자일스트라 Carl E. Zylstra
도르트대학 아이오와주 시외센터 **학장**

  수 세기 동안, 개혁주의 그리스도인들은 문화 명령이 현대의 상황에서 지속적 강제력을 보유하고 있는지, 또한 성경이 단순히 신앙뿐만 아니라 문화적 삶을 위해서도 유일한 법칙인지의 질문에 대해 논쟁해 왔고 분열되어 왔다. 그 질문들에 대해 부정적으로 대답하려는 사람들에 의해 자극을 받은 새 논쟁은, 그 질문들에 대해 긍정적으로 대답하는 일에 헌신된 그런 기독교의 교육적이고 사회적인 제도들에는 생사의 문제라는 것을 입증한다.
  본서는 자신들의 노력이 참으로 하나님의 일을 해 온 것인지, 혹은 자신들을 비판하는 자들이 암시하듯, 이런 교육적이고 사회적인 제도들이 단순히 우리 시대의 새로운 우상들이 되어 온 것인지를 가려내면서 그러한 제도적 노력들을 후원하는 사람들에게는 중요한 관심사가 될 것이다.

찰스 에이치 두나후 Charles H. Dunahoo
웨스트민스터신학교 필라델피아 **이사장**

  본서는 전략적인 책이다. 그 이유는 그것이 한 왕국관(觀)과 두 왕국관을 비교하고 대조시키고 있기 때문이다. 교회는 의식적으로 그리고 무의식적으로 두 왕국관에 빠져 왔고, 그것의 왕국 내의 역할과 메시지를 갖고 갈등해 왔다. 다른 저자들에 의해 기록된 각 장은 조심스럽고 공평하게 독자로 하여금 왕국 문제의 중요성에 대한 더 분명한 이해로 나아가게 한다. 이것은 교회에서 읽혀지고, 연구되고, 가르쳐질 만한 가치가 있는 도전적이고 직설적인 책이다.

알 월터스 Al Wolters
리디머대학교대학원 온타리오주 앤카스더 **종교와 신학/고전어 교수**

  이것은 신중한 학문성, 평화의 정신, 복음에 관한 개혁주의의 이해를 향한 깊은 결단이라는 특징을 지닌, 그리스도와 문화에 관한 아주 훌륭한 글들의 모음이다. 비록 네델란드의 신칼빈주의neo-Calvinism와 그것의 상속자들에 의해 옹호된 종합적이고 전체적인 왕국론에 대한, 데이비드 반드루넨David VanDrunen과 다른 사람들이 시작한 도전이 계기가 되었지만, 이 글들은 이 도전에 대한 신칼비주의의 반사적 방어를 훨씬 넘어선다.

또한, 이 글들은 성경과 고전적인 어거스틴과 개혁주의 전통에 뿌리를 두었을 뿐만 아니라, 21세기의 철학적이고 신학적인 기류와 능동적으로 조우하는 창의적 신학화도 대표한다.

저자들은 경험이 풍부한 노학자들과 이제 막 자신들의 특징을 나타내기 시작한 젊은 연구자들이다. 저자들 중 여럿은 우리에게 많이 필요로 했던, 신칼빈주의의 네덜란드 신학적 및 역사적 배경의 접근을 제공하고, 더그라프S. G. de Graaf와 클라스 스킬더Klaas Schilder처럼 알려진 것이 거의 없지만 독창적 사상가들을 소개한다.

본서에서 필자가 특별히 매력적으로 느끼는 것은 책의 어조다. 본서는 어떤 의미에서 논증 신학의 작품임에도 아주 종종 이런 논의의 장르를 훼손시키는 지나친 수사학과 파벌적 특성들을 피한다.

오히려, 본서는 칼빈, 카이퍼와 바빙크Bavinck 같은 개혁주의 거장들의 작품에 해결되지 않은 긴장들이 있다는 것을 자유롭게 인정하고, 동시에 총체적인 그리스도의 통치에 대한 잠잠한 열정으로 살아 있다. 나는 본서에서 다루고 있는 주제들을 둘러싸고 있는 종종 열띤 논쟁들 중에 가치 있고 건설적인 진보를 본서가 말한다고 믿는다.

마이클 고힌 Michael W. Goheen
트리니티웨스턴대학교브리티시컬럼비아주 랭글리 **세계관과 종교학 제네바 교수**

신칼빈주의와 두 왕국 관점 간의 차이는 신학보다 훨씬 더 깊다. 그것은 복음의 성격과 범주에 대한 근본적인 의견차의 사안이다. 또한, 한쪽이 복음을 이해하는 방법은 교회의 선교적 소명에 대한 함의들을 가지고 있다. 본서의 저자들은 우리에게 신칼빈주의의 비전을 두 왕국 관점의 이원론보다 더 성경에 신실한 것으로 추천한다. 나는 교회와 사명을 신실하게 이해하기 위한 시도로 두 왕국론적 접근을 비판적으로 분석하는, 점증하는 목소리들의 합창에 합류하는 본서를 환영한다.

앨런 스트레인지 Alan Strange
미드아메리카리폼드신학교인디애나주 다이어 **교회사 교수 및 사서**

19세기의 위대한 프린스톤 신학자 찰스 하지Charles Hodge는 자신으로 하여금 교회와 국가의 제도들을 혼동하게 하려고 했던 사람들의 면전에서 "교회의 영성"을 확언했다. 동시에, 하지는 "교회의 영성"이 국가를 향해서 혹은 국가에 관해서 아무것도 할 말이 없음을 뜻하도록 허락하는 것을 거부했다.

최근에 두 왕국론적 접근을 지지하는 얼마의 사람들은 교회와 국가 간에 내재하고 있는 필요한 관계에 대한 언급 없이 교회와 국가의 분리를 옹호해 왔다. 본서의 글들은 교회, 국가, 가족과 같은 다른 범위들 혹은 영역들을 혼동하지 않는 반면, 이런 영역들 간의 구별과 연결이 모두 존재한다는 것을 보여 준다. 다른 말로 하면, 이 글들은 종합적인 설명을 추구한다.

하지는 교회와 국가의 관계를 "극도로 복잡하고 어려운 주제"라고 말했다. 나는 하지에 동의한다. 그리고 한편으로 모든 영역들을 단순히 하나로 합병하거나, 다른 한편으로 아무런 명백한 융화점들 없이 왕국들을 분리시키는 사람들에게 지쳐 있다. 본서는 주제의 복잡성을 반영하고 그것을 세련됨과 명료함으로 다룰 것을 추구한다.

데이비드 홀 David W. Hall
미드웨이장로교회조지아주 파우더스프링스 **담임 목사**

칼빈, 카이퍼, 바빙크, 더그라프 등과 같이 개혁주의의 본이 될 만한 사람들의 사고에 대한 사려 깊은 개관은 매우 중요한 범주들을, 하나님의 말씀으로 표준화된 얼마의 것과 본질적으로 표준 없이 남겨진 다른 것들로써 가르는 대신에, 우리가 하나의 세계적 기독교를 향해 나아가도록 부른다.

현대의 프로그램은 교회가, 일반적으로 섬뜩하고 비인간적인 경향 혹은 다른 것으로 이끌어 가는, 그런 쇠퇴해 가는 태도 속에 들어가도록 씨름할 것을 찾아 고집해 왔고, 교회의 모호한 지혜는 현대성에 의해 부화되어 영혼 외의 모든 것이라는 세속주의의 결과로 되돌아가기를 소원한다.

이 신중한 학자들은 교회에 많은 시간을 절약해 주었고 얼마의 갱신된 인기를 찾고 있는 환생한 사상과 관련된다. 이 글들은 불필요하게 우리의 학문을 둘로 가르거나 하나의 소명을 유기하는 대신, 우리로 하여금 각 사상을 사로잡고 그리스도가 명령한 모든 것 가운데 그리스도를 따르도록 부른다.

마치 우리 개혁주의 조상들이 재발견했던 것처럼, 교회와 학생들은 삶의 모든 영역에서 통일된 그리스도인의 삶을 향해 나아갈 것을 상기시키는 이 버팀목에 의해 부요해질 수 밖에 없다. 우리 시대는 도저히 위축된 증인을 요구할 수 없다. 이 균형 잡힌 글 모음은 교회가 깨달음을 향해 나아갈 수 있는 담대함을 준다. 우리는 본서를 기쁘게 환영한다.

도널드 펫처 Donald N. Petcher
커버넌트대학교조지아주 룩아웃 마운틴 **물리학 교수 및 학과장**

본서는 다양하고 미묘한 양면성이 있고, 대체로 네덜란드 개혁주의 관점을 강조하지만, 문화에 대한 두 왕국관의 문제들을 끝까지 생각해 보고 그 대안을 찾는 사람 누구에게나 하나의 도움이 되는 안내자가 될 것임에 틀림없다. 본서를 강력하게 추천한다.

하나님 나라와 세상 나라

두 왕국론에 관한 신칼빈주의적 고찰

Kingdoms Apart: Engaging the Two Kingdoms Perspective
Edited by Ryan C. McIlhenny
Translated by Cho, Young Pal

Copyright © 2012 by Ryan C. McIlhenny
Originally published in English under the title
Kingdoms Apart: Engaging the Two Kingdoms Perspective
by P&R Publishing Company,
P.O. Box 817, Phillipsburg, New Jersey 08865-0817 U.S.A.
All rights reserved.

Translated and printed by permission of P&R Publishing Company.
Korean Edition Copyright © 2020 by Puritans and Reformed Publishing, Seoul, Korea.

하나님 나라와 세상 나라: 두 왕국론에 관한 신칼빈주의적 고찰

2020년 5월 15일 초판 발행

| 편집자 | | 라이언 매킬헤니 |
| 옮긴이 | | 조영팔 |

편집		곽진수
디자인		전지혜
펴낸곳		개혁주의신학사
등록		제21-173호(1990. 7. 2)
주소		서울특별시 서초구 방배로 68
전화		02-586-8761~3(본사) 031-942-8761(영업부)
팩스		02-523-0131(본사) 031-942-8763(영업부)
이메일		clckor@gmail.com
홈페이지		www.clcbook.com
송금계좌		기업은행 073-085852-01-016 예금주: 개혁주의신학사

ISBN 978-89-7138-074-1 (93230)

이 도서의 국립중앙도서관 출판예정도서목록(CIP)은 서지정보유통지원시스템 홈페이지
(http://seoji.nl.go.kr)와 국가자료공동목록시스템(http://www.nl.go.kr/kolisnet)에서 이용하실 수
있습니다. (CIP제어번호: CIP 2020014301)

이 한국어판 저작권은 P&R Publishing Company와 독점 계약한 개혁주의신학사가 소유합니다.
신저작권법에 의하여 한국 내에서 보호를 받는 저작물이므로 무단 전재와 무단 복제를 금합니다.

하나님 나라와 세상 나라

두 왕국론에 관한 신칼빈주의적 고찰

Kingdoms Apart: Engaging the Two Kingdoms Perspective

라이언 매킬헤니 편집
조영팔 옮김

개혁주의신학사

목차

추천사 1　이 철 목사 (에스라성경대학원대학교 총장)　　　　　　1
　　　　　이호우 박사 (교회미래연구소 대표)
추천사 2　기드온 스트라우스 외 9인

기고자들　　　　　　　　　　　　　　　　　　　　　　　　14
약어표　　　　　　　　　　　　　　　　　　　　　　　　　15
머리말　　　제임스 스킬렌 박사　　　　　　　　　　　　　16
편집자 서문　라이언 매킬헤니 박사　　　　　　　　　　　20
역자 서문　　조영팔 박사　　　　　　　　　　　　　　　　22

서론　　**신칼빈주의 변호**　　라이언 매킬헤니 박사　　24

제1부　**왕국의 통치와 법**　　　　　　　　　　　　　　63

제1장　**적법한 질서로 만물의 회복**　　　　　　　　　64
　　　　　코넬 베네마-Cornel Venema 박사

제2장　**칼빈, 자연법, 두 왕국**　　　　　　　　　　　108
　　　　　진 하스 Gene Haas 박사

제3장　**헤르만 바빙크의 사상 속의 자연법과 두 왕국**　157
　　　　　부록 1　실제로 "두 바빙크"가 존재했는가?　　176
　　　　　부록 2　"기독교" 학교와 "기독교" 예술은 어떠한가?　179
　　　　　넬슨 클루스터만 Nelson Kloosterman 박사

제2부	왕국의 시민권	181
제4장	"그리스도와 위정자" 그리고 "교회와 국가"	182
	· "그리스도와 위정자"	196
	· "교회와 국가"	219
	더그라프 S. G. de Graaf, 넬슨 클루스터만 Nelson Kloosterman 박사	
제5장	이중 시민권, 이중 윤리?	240
	티머시 슈어스 Timothy R. Scheuers 박사	
제6장	혁명의 신학자	286
	존 할시 우드 주니어 John Halsey Wood Jr. 박사	
제7장	두 도시인가? 두 왕국인가?	311
	브랜슨 팔러 Branson Parler 박사	
제3부	왕국의 삶	350
제8장	어떻게 종말 전에 "그의 나라가 도래하는가"?	351
	스콧 스완슨 Scott A. Swanson 박사	
제9장	종말론, 창조, 실천 이성	392
	제이슨 리에프 Jason Lief 박사	
제10장	구속 받은 문화로서 그리스도인의 증언	427
	라이언 매킬헤니 Ryan C. McIlhenny 박사	

일 / 러 / 두 / 기

1. 본서에서 "Kingdom"은 "왕국"으로 번역하였으나 "Kingdom of God"일 경우에만 보편적으로 사용되는 표현인 "하나님의 나라"로 번역했다.
2. 성경 구절은 대체적으로 저자들이 제시한 영문을 번역한 것이다.

그리스도와 그의 왕국에 헌신된 북미의 모든 개혁주의 학술 단체들에게, 그리고 특히 프로비던스기독교대학 교수, 간사, 학생들에게.

"하이델베르그 요리문답"
제48주일

문: 두 번째 간구는 무엇입니까?
답: "나라가 임하시오며." 그것은 하나님이 모든 것의 모든 것이 되실 완전한 하나님의 나라가 도래할 때까지 하나님의 말씀과 성령으로 우리를 다스리셔서 우리가 점점 더 우리 자신을 하나님에게 순복하게 하고, 하나님의 교회가 보존되고 증진되며, 마귀의 역사들, 하나님을 대적하여 마귀를 높이는 모든 세력, 그리고 하나님의 거룩한 말씀에 대적하여 품은 바 모든 악한 궤계들을 파할 것을 구하는 것입니다.

기고자들

진 하스Gene Haas, Th.D.(University of Toronto), Redeemer University College캐나다 온타리오주 앤캐스터 종교와 신학 교수 및 학장.

넬슨 클루스터만Nelson Kloosterman, Th.D.(Theological University of the Reformed Churches of the Netherlands), World Resources International 전무 이사. 의료 윤리, 사업 윤리와 동물 식품 윤리의 분야에서 자유 기고 번역가, 자문, 연사로 봉사하고 있다.

제이슨 리에프Jason Lief, Ph.D.(cand.)(Luther Seminary), Dordt College아이오와주 시외센터 신학 조교수.

라이언 매킬헤니Ryan C. McIlhenny, Ph.D.(University of California, Irvine), Providence Christian College캘리포니아주 패서디나 역사학 부교수 및 학과장.

브랜슨 팔러Branson Parler, Ph.D.(Calvin Theological Seminary), Kuyper College미시간주 그랜드래피즈 성경과 신학 부교수.

티머시 슈어스Timothy R. Scheuers, Mid-America Reformed Seminary인디애나주 다이어 M.Div. candidate.

제임스 스킬렌James W. Skillen, Ph.D.(Duke University), Center for Public Justice워싱톤 D.C. 前 임원 및 최고 경영자.

스콧 스완슨Scott A. Swanson, Ph.D.(Hebrew Union College), Providence Christian College의 성경과 신학 조교수 및 학과장.

코넬 베네마Cornel Venema, Ph.D.(Princeton Theological Seminary), Mid-America Reformed Seminary인디애나주 다이어 교의학 교수 및 학장.

존 할시 우드 주니어John Halsey Wood Jr., Ph.D.(Southern Illinois University), 학자이며, 그의 책이 곧 Oxford University Press에서 출간될 것이다.

약어표

ARP	*Anti-Revolutionary Party*
CDU	Christian Democratic Union
CGK	*Christelijke Gereformeerde Kerken* (Christian Reformed Churches)
ChrRen	*Christian Renewal*
CNTC	*Calvin's New Testament Commentaries*, ed. David W. Torrance and Thomas F. Torrance (Grand Rapids: Eerdmans, 1960)
CO	John Calvin, *Calvini Opera* (*Ioannis Calvini opera quae supersunt omnia*), ed. Guilielmus Baum, Eduardus Cunitz, Eduardus Reuss et al., 59 vols., *Corpus Reformatorum* 29-87 (Brunsvigae: Schwetschke, 1863-1900)
Comm.	Commentary of John Calvin
CTJ	*Calvin Theological Journal*
GKN	*Gereformeerde Kerken in Nederland* (Reformed Churches in the Netherlands)
Institutes	John Calvin, *Institutes of the Christian Religion*, ed. John T. McNeill, trans. Ford Lewis Battles (Philadelphia: Westminster Press, 1960)
JCS	*Journal of Church and State*
JR	*Journal of Religion*
MAJT	*Mid-America Journal of Theology*
NHK	*Nederlandse Hervormde Kerk* (Netherlands Reformed Church)
NSB	*Nationaal-Socialistische Beweging in Nederland* (National Socialist Movement in the Netherlands)
OS	John Calvin, *Opera Selecta*, ed. Peter Barth and Wilhelm Niesel, 5 vols. (München: Kaiser, 1926-52)
RD 4	Herman Bavinck, *Reformed Dogmatics*, vol. 4, *Holy Spirit, Church, and New Creation*, ed. John Bolt, trans. John Vriend (Grand Rapids: Baker Academic, 2008)
Serm.	Sermon of John Calvin
VU	*Vrije Universiteit* (Free University of Amsterdam)
WCF	Westminster Confession of Faith
WTJ	*Westminster Theological Journal*

머리말

제임스 스킬렌James W. Skillen 박사

본서에 담겨 있는 글들은 21세기의 그리스도인의 삶과 사고를 위해 대단히 중요하다. 성경 시대부터 지금까지, 그리스도인들은 현세 그들의 삶 가운데 하나님의 영광이 완전하게 드러날 시대가 도래할 것을 기대해야 한다고 이해한다. 그들은 그리스도의 재림과 하나님 나라 현현의 절정을 기다린다.

그런데, 현세와 다가올 세대 사이의 관계는 무엇인가?

그리고 그리스도인들은 그들이 지금 살고 있는 사회에서 그들의 삶에 대해 어떻게 생각하고 처신해야 하는가?

세상 안에 있지만 세상에 속하지 않았다는 것은 무슨 뜻인가?

교회는 세상으로부터 자신을 완전히 격리시켜야만 하는가, 아니면 세상 가운데 완전히 빠져 들어가야만 하는가?

그리스도인들은 사회 개혁을 계속 시도해야만 하는가, 아니면 경건치 않은 세상 가운데서 교회의 순결을 지키기 위해 계속 전도에 초점을 맞추고 교회를 강화하기 위해 노력해야만 하는가?

중세 시대에는 교회가 세속 사회를 위해 도덕 지침과 축복으로 봉사했다. 종교개혁 시기에는 다른 접근 방법들이 채택되었었는데, 좀 더 예리하게 "영적"인 것과 "시민"적인 것을 구별하거나 새로운 방법들로 그것들을 밀접하게 연관시키는 것이었다. 그리스도의 택함 받은 신자들과 신앙의 범주 밖의 사람들을 예리하게 구별하면서, "특별은총"그리스도 안에 있는 구속의 은혜과 "일반은총"일시적인 축복과 죄의 억제를 위한 것이지만, 영원한 구원을 위한 것은 아닌, 모든 사람에게 보여 주신 하나님의 은혜의 구별이 개발되었다.

그러나 질문은 남아 있다.

그 두 종류의 은총 간의 관계와 그것들이 갖고 있는 효과는 무엇인가?

하나님의 일반은총은 그리스도인들이 더욱 왕성하고 광범위하게 공적 생활사에 관여할, 또한 세상을 기독교 원리에 일치하도록 개혁하는 것을 시도할 목적으로 공적 생활사에 관여할 이유를 제공하는가?

아니면, 오히려 그리스도인들은 그들만의 구별되는 기독교적 에너지들을 교회 생활과 전도에 소모하는 동안, 이 세상에서는 그리스도인들과 비그리스도인들이 공유할 수 있는 사항들에 관해서만 행동해야 한다는 것을 의미하는가?

본서의 글들의 큰 공로는 앞서 제기된 질문들에 대해 **두 왕국론**Two Kingdoms이라는 대답을 제공하고 있는 개혁주의적 칼빈주의 노선의 한 전통에 대한 그들의 조심스럽고 비판적인 평가에 있다. 두 왕국론의 접근법에서, 현세와 다가오는 세대는 서로 밀접하게 연결되어 있지 않고, 두 세대에 관련된 일반과 특별로 구별된 "두 은총들" 역시 아주 분명하게 구분된다. 그래서 국가 통치와 지상적 다른 책임들은 다만 현세의 삶에 속해 있는 반면, 교회는 영적 소명을 가지고 있다.

본서의 저자들이 두 왕국관觀에 대한 비판적 평가를 전개하는 기반은 좀 더 전체적인 것으로서, 비이원론적인 헌신이다. 인간의 죄성은 하나님의 뜻을 거슬러 혹은 하나님의 뜻에 정반대로 맞서고, 그리스도 안에 있는 하나님의 구속하는 은혜는 신자들을 사망의 길에서 멀어지도록 불러낸다는 그들의 주장이 사실이긴 하지만, 대조된 틀 속에 들어가도록 교회와 국가 통치, 현세와 다가오는 세대, 일반은총과 특별은총 간의 모든 특성을 꿰어 맞추려고 시도하는 것은 옳지 않다.

예를 들면, 존 칼빈John Calvin은 국가의 권세자들이 궁극적으로 그리스도께 대답할 수 있어야 한다고 주장했다. 하나님에 대한 순종과 불순종의 대조 역시 그리스도인들이 여전히 은혜로 구원 받은 죄인들인 한, 모두 그리스도인들의 마음을 관통한다. 또한, 만일 현세의 삶이 죄에 의해 얼마나 손상이 되었든 하나님의 창조 안의 삶이고, 다가오는 세대가 죄와 사망의 패배의 결과로서뿐만 아니라 하나님의 창조 목적들의 성취라는 것을 인식한다면, 다가올 세대도 현세의 삶과 상반되는 것으로 생각되어서는 안 된다.

이것은 이 글들이 여기서 직접적으로 제안하거나 주장하는 것처럼, 현세에서의 그리스도인의 삶을 이해하기 위한 최선의 출발점은 교회와 국가, 교회와 세상, 특별은총과 일반은총, 영적인 것과 땅에 속한 것 간의 특성이 아니라는 것을 의미한다. 필요한 것은, 하나님이 한 가지 목적, 말하자면, 하나님의 영광을 드러내기 위해 사랑하시고 다스리신다는 한 가지 현실로 창조의 전체적 의미를 회복하는 것이다.

죄성에 가득한 인간들은 실제로 하나님과, 피조물을 위한 그의 목적들을 대적하여 상반되게 밀어 대고 있지만, 죄가 스스로 소유하고 있는 단상에 서거나 현세에서 삶의 의미를 정의하는 것은 아니다.

창조는 먼저 하나님의 명제로 다가온다. 하나님이 죄를 제어하고 처벌하는 것은 마지막에 죄와 사망을 패배시키는 것을 목표로 하여 자신의 창조 목적들이 성취될 수 있도록 하기 위한 것이다. 게다가 우리가 피조물을 붙드시고 구속하시는 하나님의 긍휼과 은혜의 언약적 공표를 좀 더 근접해서 보면, 창조부터 피조물의 종말론적 성향을 볼 수 있다.

그리스도 안에 있는 하나님의 구속하는 은혜가 제2의 창조, 곧 구속 받은 자들이 이 세상에서 도피하도록 데려감을 받게 된 다른 세상을 만들기 시작하신 것이 아니다. 현세의 삶의 의미가 하나님의 나라를 나타내기 위해 그리스도가 다시 오실 때 폐기되는 것이 아니다. 만물을 지으시고 자기 안에 두신 그는 성육신으로 온전히 우리와 동일하게 되셔서, 십자가를 견디시고 죽음에서 일으키심을 받으사 자신과 함께 현세의 형제들과 자매들을 부활의 능력 안에 두시고, 높은 곳에 있는 영광의 오른 쪽에 좌정하신 분이시다.

필자가 보기에 본서의 정신은 모든 피조물이 그리스도께 속해 있다는 것과 그리스도 안에서 신자들은 하나님께 영광이 되도록 모든 삶의 영역에서 자기들의 모든 재능들과 역량들의 개발을 추구해야만 한다는 아브라함 카이퍼Abraham Kuyper의 의향을 좀 더 인정하고 개발하자는 두 가지를 다 추구하는 흐름의 하나다.

우리는 반드시 "두 왕국이 긴장 혹은 갈등 속에 있다"라고 하기보다는 "피조물은 심판 받았고 구속 받았다"는 틀 안에서 우리가 교회와 세상, 거룩과 세속, 현세와 다가오는 세대, 일반은총과 특별은총에 관한 중요한 질문들을 화제로 삼아야 한다.

편집자 서문

라이언 매킬헤니 Ryan C. McIlhenny 박사

여러 사람의 후원이 다소 어려운 이 과제를 마칠 수 있도록 도와주었다. 필자의 아름다운 아내, 벡키 Becky, 신앙적으로 열심 있는 세 아들들, 피쉬 Fish, 캐논 Canon과 조세이 Josey는 필자가 편집자로서의 의무를 수행하느라 밤이 늦어질 때마다 기꺼이 인내해 주었다.

첫째, 프로비던스기독교대학에 있는 필자의 동료들에게 특별히 감사 드린다. 스티브 컬텐하벤 Steve Kortenhoeven에게는 두 왕국론의 입장에 관한 그의 질문에 대해, 러스 리브스 Russ Reeves에게는 아주 초기에 본서가 어떻게 구성되어야만 한다고 했던 그의 제안들에 대해, 스콧 스완슨 Scott Swanson에게는 본서를 위해 제공한 기고문 제8장에 대해, 저스틴 블리커 Justin Bleeker에게는 이 과제물의 초안을 신속히 읽고 지지하는 평을 해 준 것에 대해, 그리고 트로이 램벌트 Troy Ramberth에게는 P&R 출판사를 위한 뛰어난 홍보용 비디오를 만들어 준 것에 대해 감사드린다.

둘째, 어느 정도 명성있는 학자로 불릴 수 있는 기회를 붙잡은, 본서의 다양한 저자들의 열심과 의욕에 감사드린다. 여러분의 인내와 동료로서의 협력에 감사드린다.

P&R 출판사의 연구팀에 특별한 감사드린다. 존 휴스 John J. Hughes, 브라이언 키니 Brian Kinney, 카렌 맥너슨 Karen Magnuson이 신속하고 익숙하게 본서의 마지막 손질을 했다.

훌륭한 작업! 본서에 대해 P&R 출판사의 마빈 파젯 Marvin Padgett이 즉시로 관심을 보이고 계속해서 본서를 옹호해 준 것에 대해서도 각별히 감사드린다. (또, 마브 Marv에게는 샌프랜시스코에서 ETS 컨퍼런스를 하는 동안 토론하며 커피를 나눈 것에 대해 감사드린다.)

학생이 없다면 교육자로서의 소명은 아무것도 아닐 것이다. 필자는 학생들과 상호 활동을 하도록 최상의 격려를 받고 있다. 그것 때문에 필자는 인문과학 101 과목소명과 문화에 대한 개혁주의적 관점들을 수강한 많은 프로비던스의 학생들에게 감사하고 싶다. 그 과목은 본서에서 언급되고 있는 주제들의 많은 것을 토론할 수 있는 기회를 제공했다.

씨 베가스Sea Beggars가 먼저는 왕국에, 그 다음으로 프로비던스기독교대학에 대해 극진히 헌신과 신실함을 보여 주신 것에 대해 감사드린다("씨 베가스"는 16세기에 네덜란드에서 활동한 칼빈주의 귀족들의 동맹으로서 프로비던스기독교대학의 마스코트다 - 역주).

끝으로, 필자가 아버지 찰스 매킬헤니Charles McIlhenny에게 감사를 표하지 않는 것은 태만함이 될 것이다. 어려서부터 아버지의 신학적 교육이 없었다고 하면, 필자는 확실한 미국 장로교인의 한 사람으로서 신칼빈주의neo-Calvinism와의 대화 속으로 들어갈 수 없었을 것이다.

대다수의 소년들의 경우, 가장 기억할 만한 아버지와의 시간은 종종 캠핑이나 운동 같은 "모든 일들은 남자답게"의 범주에 들어가는 것이 아닌가 생각된다물론 나는 레슬링을 기억한다. 그러나 필자의 경우는 아버지와 아들 간의 시간은 게할더스 보스Geerhardus Vos, 아브라함 카이퍼Abraham Kuyper, 헤르만 바빙크Herman Bavinck, 코넬리우스 반틸Cornelius Van Til과 헤르만 도예베르트Herman Dooyeweerd의 글들을 읽으며 보냈다. 필자는 이 혁명적 사상가들을 필자의 성화에 기여한 자들이라고 인정한다. 아버지, 고맙습니다.

그리스도 안에서 새로운 만물In Christor Omnia Nova

역자 서문

조영팔 박사
커버넌트펠로우십 대표

  본서는 기본적으로 어떻게 그리스도인들이 하나님의 절대 주권을 한 치도 양보하지 않고 이 세상 가운데 문화를 변혁시키는 주체로 살아야 하는지를 다루고 있다. 독자의 신학적 관점에 따라 견해 차이가 있을 수 있겠으나, 본서는 크게 두 가지로 독자들에게 기여한다.

  하나는, 전통적 두 왕국관을 가진 그리스도인들이 "그리스도인들은 세상 안에 살지만 세상에 속해 있지 않다"라는 왜곡된 이원론적 사고로 인해 쉽게 빠질 수 있는 문화적 사명에 대한 나태와 기독교가 세상적인 일에 관여하더라도 주님이 다시 오실 때까지 세상은 크게 달라지지 않을 것이라는 비관적인 태도에 경각심을 불러 일으킨다.

  다른 하나는, 하나님의 주권적 통치라는 관점에서 하나님의 나라 속에 교회와 세상 둘 다를 포함시킬 수 있는 논리적 근거를 제시하려고 시도했다는 점이다. 이 시도는 창조와 구속, 일반은총과 특별은총, 교회와 문화 간의 미묘하게 간격을 만들고 있는 선이, 마치 모래 위에 그어진 줄처럼, 이것과 저것을 전혀 상관이 없는 두 개의 영역들로 나눌 수 없는 것이라는 점을 부각시킴으로, 그리스도인들은 반드시 적극적으로 하나님의 통치가 삶의 모든 영역에서 드러나도록 해야 한다고 강조한다.

  교회의 세속화가 급속히 나타나면서 우리가 사는 모든 삶의 영역에서 뚜렷하게 기독교적인 것을 말하기 어려워진 혼탁한 시대와 지구촌이라는 말로 표현되는 급변하는 세계 문화 속에서 하나님의 주권과 하나님 나라의 종말론적 미래를 조망하며 진실하게 지금, 여기서 기독교적인 삶을 추구하는 모든 이들에게 조금이나마 일조하기를 바라는 마음으로 본서를 번역했다.

역자는 본서의 편집자와 일면식도 없다. 처음에 이호우 박사가 대표로 있는 교회미래연구소의 공동 번역 프로젝트로 시작된 본서 번역이 형편상 역자의 전담 프로젝트가 되었다. 이호우 박사의 추천과 격려로 본서를 번역하는 과정에서 여러 신학자들의 학문 세계를 섭렵할 수 있는 기회가 주어진 것에 감사드린다. 아울러 본서의 출간을 위해 추천의 글을 써 주신 이철 목사님에스라성경대학원 총장, 한국 피스메이커 회장과 이호우 박사님미국 언더우드대학교 부총장께 마음에서 우러나는 깊은 감사를 드린다.

끝으로, 본서의 번역을 잘 마무리할 수 있도록 여러 가지로 격려하며 조언해 주신 기독교문서선교회CLC 박영호 목사님과 직원분들께 진심으로 감사를 드린다.

서론

신칼빈주의 변호

라이언 매킬헤니 Ryan C. McIlhenny 박사

문화와 기독교의 관계라는 주제가 수천 년 동안 교회를 점거해 왔고, 그것은 주님이 재림하실 때까지 중요한 논의의 논제로 남아 있게 될 것이다. 개혁주의 전통을 따르는 지성인들이 그 사안을 놓고 상당한 양의 시간을 논쟁으로 소모했지만, 그들은 여전히 나뉘어 있다.

개혁주의 전통 안에서 시발된, 신칼빈주의 neo-Calvinism 와 두 왕국 관점 Two Kingdoms perspective 이라는 두 다른 입장들은 이 불가피한 논제에 대해 계속하여 풍부한 논의를 생산해 내고 있다. 양쪽 다 명백한 성경적 관점에서 그리스도, 그의 왕국, 그리고 그보다 광대한 문화에 그것이 끼치는 영향력의 관계를 이해하려고 탐구해 왔다.

본서의 의도는 확실한 자기 성찰적 비판의 눈으로 두 왕국 관점과 동료 의식을 갖고 교차 활동을 벌리면서 신칼빈주의의 지속적인 적합성을 변호하기 위한 것이다. 독자들은 현재 복음주의자들 가운데 인기가 있는 "새 New 칼빈주의"와 구별되는, "신 neo-칼빈주의"라고 불리는 것에 익숙하게 될 뿐만 아니라, 신칼빈주의의 역사적, 철학적, 신학적 영향의 더 깊은 분석들을 읽게 될 것이다. 본서는 개혁주의 공동체 안에서 매일 그들의 믿음, 그들의 왕국 시민권과 그들을 둘러싸고 있는 문화를 붙잡고 씨름하는 사람들을 위한 것이다.

1. 신칼빈주의가 오늘날에도 적합한가?

19세기 말 네덜란드에서 완성된 후, 미국에 있는 네덜란드 개혁주의 이주자들에게 꾸준히 영향을 준 신칼빈주의는 현대 서구 세계를 형성한 세속화에 대한 가장 설득력 있는 대응들 가운데 하나가 되었다. 현대주의는 19세기 계몽주의와 함께 시작한 문화적 풍조와 지성적 의제로, 인간의 생각 위에 전횡하던 온갖 형태, 곧 정치적, 종교적, 또는 경제적인 포학으로부터 해방을 제공했다.

인류는 우주의 중심으로 이동했을 뿐만 아니라, 우주 위에 군림하게 되었다. 특별히 20세기 초에 이르러서는 인성, 영혼과 하나님을 포함하는 형이상학적 세계가 과학적인 경험주의와 철학적인 실증주의의 방법에 전념했던 지성인들에게 가중되는 문제가 되었다.

20세기 상당한 기간 동안, 그리스도인들은 세속적인 인본주의의 우세에 대항하여 일종의 마니교적 전투를 벌여야 할 절박성을 느꼈다. 그런 사람 가운데 하나가 신칼빈주의의 조성자이자, 목사요, 저널리스트요, 정치가요, 학자였던 아브라함 카이퍼였다. 카이퍼는 다른 부분들 가운데서, 모든 생명 위에 있는 하나님의 절대 주권과 궁극적 승리를 강조하는 전통인 칼빈주의가 현대의 세속주의를 대항할 수 있는 최선의 병기라고 믿었다.

비록 상대보다 짧은 역사를 가지고 있지만 적어도 현재의 맥락에서 두 왕국 관점의 인기가 증대하고 있는 것은 그것이 중요한 역사적 전기에 서 있기 때문이다. 카이퍼와 다른 개혁주의 문화론자들이 밝힌 "현대주의"가 그 약속들을 이행하는 데 실패했기 때문이다. 진실로, 제도적인 무신론주의의 패권주의는 세계사 속에서 인간의 해방이 아니라, 가장 폭력적이고 비인간화를 조장하는 시대들을 생산했다.

유대인 대학살, 원자 폭탄의 발명 및 사용과 같은 사건들의 실상을 두고 보면, 현대 세속주의가 보장했던 진회적인 해방은 비극적으로 성공적이지 못했다는 것이 눈에 띄지 않을 수 없을 만큼 확연하다. (중요한 의미에서, 포스트모더니즘postmodernism이라는 말은 모더니즘의 오만에 대한 반작용으로 더 많이 이해되어야만 한다.) 그러므로 몇 십 년 전에 수많은 기독교 보수주의자들과 함께 신칼빈주의자들을 활기차게 만들었던 모더니즘의 악들을 배격할 대치적인 지적 능력을 형성해야 한다는 절박성은 오늘날 불필요해 보인다.

그리스도인과 비그리스도인 모두가 형이상학적인 것을 재도입 할 준비가 되었다. 많은 지성인들이 회의적인 눈초리로 흥미를 잃은 객관주의, 과학의 무오성과 진화적 민족주의를 주시한다. 많은 사람은 공공의 영역에서 신앙의 중요성을 재평가할 준비가 되어 있다. 어쩌면(내가 이것을 심각하게 말하고 있는 것은 아니다) 두 왕국론의 재기는 계몽주의 과제에 대해 메타 담화적인meta-narrative 쓰레기통에나 버려질 필요가 있는 것이라는 태도를 취하는 "포스트모더니즘의 조건"의 한 부분이다.

더 직설적으로, 두 왕국론을 복구시키고 싶어 하는 마음은 신학자들 가운데 복음주의의 웅장한 담화들에 대해 믿을 수 없어 하는 분위기, 불공평하게 신칼빈주의를 포함시킨 그런 분위기를 반영한다고도 할 수 있다. 물론, 이것은 전적으로 추측이긴 하지만, 세상에 어떤 새로운 무신론적 세력이 나타나 교회를 파멸시키기 위해 위협한다는 생각은, 마치 교회가 시작된 이래로 이런 위협을 다루어 오지 않기라도 한 것처럼, 표면상 무기력한 것이다.

아무튼, 신칼빈주의가 "15분 동안의 명성"을 누린 이래 더 이상 변호할 필요가 있는 입장이 아니라고 생각하는 것은 착각이다. 그렇게 일축하는 것은 최선이라 해도 성급하다.

첫째, 현대주의의 망령이 여전히 학계와 대중들의 세계 모두를 따라다니고 있다.

실례로, 지성인들은 현대주의를 싫어할 수도 있지만, 그들은 계속하여 모더니즘적 방법으로 기능을 수행하는 기관들에서 일하고 있다(예를 들면, 기관들은 신앙과 영성의 중요성을 심각하게 수용하고 포함시키는 데 여전히 문제를 안고 있다). 종교적 연구 부서들은 신학적인 연구들로 대치되어 오지 않았고 여전히 신학적인 연구들과 개념적인 갈등 속에 있다. 종교가 삶의 몸부림을 극복하기 위한 인간들의 고안물 이상이라고 간주할 때, 종교를 더 잘 인식하고자 하는 갈망은 전면적인 혁명이 아니라면 어느 정도 자기 쪽으로 유리한 제도적 개편을 할 수도 있다.

과학자들 가운데 고조되고 있는 영성에 대한 관심은 구체적인 예를 들자면, 특별히 신경 과학에서, 경험적 방법들에 의해 지도 받는 것이 계속되었다. 영성은 과학적으로 검증할 수 있는 반면, 결코 "나라는 인간"이 갖는 경험 밖으로 움직여 나갈 수 없는데, 그러한 방법들은 데카르트적인 합리주의 Cartesian rationalism와 흄의 경험주의 Humean empiricism의 지도를 받고 있기 때문이다.

새 무신론 New Atheism은 전체적으로 학문의 장벽 안쪽에서부터 나타난 어떤 것은 아니지만, 위에서 언급한 것처럼, 인류 역사에서 가장 끔찍하고 잔혹한 행위들을 어느 정도 만들어 냈던 이전의 것과 놀라울 만큼 닮아 있다는 것을 인정하지 않았다. (새 무신론은 하나의 대중 문화적인 현상이지, 지성적인 현상은 아니다.)

둘째, 신칼빈주의의 지구력은 하나의 역사적 운동 이상의 것이라는 사실에 기초한다.

신칼빈주의의 지구력은 신학적 바탕 위에 기초한 철학이기도 하다. 실로, 철학, 역사, 신학은 그 상호 관계로부터 어느 하나를 갈라내는 것은 아주 어렵다. 모든 철학적 사상은 반드시 인식되어야만 하는 역사적인 상황을 갖고 있지만, 철학은 비판적인 사고를 통하여 분석하고 종합하는 다양한 방법들을 제공하면서, 시간을 초월하여 사람들과 함께 머무는 방법을 갖고 있다.

종교개혁은 중요한 역사적 순간이지만, 그 영향력, 특별히 마틴 루터 Martin Luther와 존 칼빈 John Calvin이 기여한 바는 통관역사적 通觀歷史的, transhistorical이다.

이 말은 역사가 중요하지 않다는 뜻은 아니다. 사상들은 그것들의 역사적 상황을 떠나서는 적절하게 이해될 수 없다는 것이다. 아브라함 카이퍼나 헤르만 도예베르트 같은 신칼빈주의자들은 이론적으로나 실제적으로 단순히 교회를 위해서만이 아니라 넓게 사회와 문화를 위해서 개혁주의의 함의숨겨진 의미 전부를 풀어내려고 노력했다.

신실한 그리스도인들, 특별히 매주 아침저녁으로 교회에서 자리를 지키던 사람들은 그들의 신앙이 제도적 교회 밖에 있는 사람들의 삶에 영향을 주고 있다는 것을 믿는다.

어떻게 평신도가 세상을 향해 복음의 증인으로 혹은 화목의 사역자로 행동하는가?

그런 평신도가 행동할 때 모든 것에 미치는 신앙의 영향력은 무엇인가?

신실한 사람들은 이런 질문들을 수천 년에 걸쳐서 제기해 왔다.

2. 신칼빈주의의 정의

그러면 그리스도인들은 그리스도와 그의 왕국과 인간 문화에 끼치는 기독교의 영향력에 대한 관계를 이해하는 데 있어서 신칼빈주의의 어떤 특성들을 계속하여 공감과 승인을 할 수 있는가?

신칼빈주의의 심장부에는 하나님의 주권이 우주 전역에 미치지 않는 곳이 없다는 주장이 기리깊고 있다. 하나님이 만물을 통치하시고, 붙잡고 계시고, 지휘하시며, 만물에게 의미를 부여하고 계신다. 이것은 종종 "은혜가 자연을 회복시킨다"라는 전략으로 언급되고 있는, 문화 명령, 영역 주권, 대조, 일반은총[1]의 네 가지 중요한 교리들로 더 자세히 분류할 수 있다.

---

[1] Michael W. Goheen과 Craig G. Bartholomew는 그들의 최근 저서 『교차로에서 살기: 기

1) 문화 명령

창세기 1:26에 문화 명령이 나온다. 이 문화 명령은 하나님이 피조물에게 관을 씌우는 것으로, 인류가 만들어진 체제를 정복하고, 다스리고, 충만해지고, 돌보는 것, 즉 경작할 것을 요구한다. 인간은 하나님의 섭리적인 지휘 아래 문화 창조 creation 사역을 계속한다.

문화 명령은 명령적이고 직설적이다. 하나님은 인류가 땅에 충만해지고 땅을 감독할 것을 아담을 통하여 명령하신다. 이것은 하나님의 자연스러운 주문으로서, 타락으로 말미암아 근절된 것이 아니다. 그런 명령은 하나님이 선하게 지으신 피조물을 위한 하나님의 의도와 일치하여 경작할 책임을 요구한다.

직설적으로는 문화 명령이 인간의 성품을 반영한다. 그것이 우리 존재의 부분이다. 인간은 피조물에 대해 책임감을 갖는 경향이 있는데 그것은 인간이 그렇게 지어졌기 때문이고 거기에 일치하게 살 수 밖에 없기 때문이다.

독교 세계관 입문』(*Living at the Crossroads: An Introduction to Christian Worldview*, Grand Rapids: Baker, 2008)에서 신칼빈주의의 주요 주제들을 아래와 같이 밝혔다. "첫째, 그리스도 안에 있는 하나님의 구속 안에, 또한 그것을 통하여 은혜가 자연을 회복시킨다. 은혜는 병든 몸에 건강을 회복시켜 주는 약과 같다. 그리스도의 구원 사역은 하나님이 피조물들을 위해 항상 생각하고 있던 목적에 부합하게 피조물을 회복시키기 위해 피조물 전체를 목표로 한다. 둘째, 하나님은 주권적이시고 그의 법과 말씀으로 모든 실체를 명령하신다. 셋째, (모든 피조물 위에 왕적 청지기직을 수행하라는) 창 1:26-28에 주어진 문화 명령은 지속적으로 적절하다. 하나님은 자신에게 영광이 되도록, 역사를 통하여 그의 피조물을 개발하도록 인류를 부르신다"(16). 현대 신칼빈주의자인 Al Wolters는 신칼빈주의("은혜가 자연을 회복시킨다")의 중심 견지는 "예수 그리스도의 구속으로 초래된 새 생명이 단순히 ① 창조된 실체에 대석하여 맞서지 않는다는 것을 뜻하며, 또한 ② 단지 피조물을 보충하거나 ③ 그것에 병행하는 것이 아니라, 오히려 ④ 창조된 생명의 실체를 꿰뚫고 회복시키는 것을 추구한다. 구속은 종합적 구원 작업으로, 그 목적은 조금도 모자람 없이 원초부터 하나님의 창조 설계를 따라 살도록 의도된 대로 모든 생명을 회복시키는 것"이라고 진술했다. Al Woldters, "What Is to Be Done … toward a Neocalvinist Agenda?" *Comment*, Oct. 14, 2005.

더 나아가서, 경작의 그림은 그리스도인의 사랑, 긍휼과 공의의 외적 표현에까지, 그리고 복음 선포의 좀 더 특수화된 초점에까지 확장된다. 좋은 소식의 씨는 온 땅에 퍼져 나간다. 목회자들은 심고 물을 주며, 하나님은 자라게 하신다.

보편적으로 신약의 그리스도인들은 복음의 증인들이 될 수 밖에 없다. 그리스도의 제자가 되는 것은 선택이 아니다. 마가복음 16:15은 그리스도의 제자들이 복음을, "탄식하며" 완성을 기다리고 있는롬 8장 모든 피조물에게 전할 것을 권장한다. 그리스도의 구속 사역을 통하여 이루어진 아버지와의 화목은 그리스도인들을 화목의 사역자들로 만들었다.

직설법에 근거하여, 복음 사역을 위해 안수 받지 않은 그리스도인들조차도 세상을 향해 그리스도의 증인들이 되라고 명령을 받은 것이다. 그들이 여러 가지 소명 속에서 복음을 전하든 전하지 않든, 그리스도인들은 말과 행동을 통하여 자신들과 함께 어둡고 죽어 가는 세상에 복음의 빛을 전해 준다. 불신자들은 복음 전파와 그리스도인의 사랑과 선행들의 전시를 통해 그리스도께로 회심될 수 있다.

그러므로 신칼빈주의자에게는 문화 명령의 지속적인 적절성, 그리스도의 은혜로운 사역으로 말미암아 변화된 삶을 이해하는 것이 온 땅 끝까지 복음을 흩어 전하고 그리스도의 사랑을 나타내 보여줌으로, 망가진 세상의 상처들을 수종들 수 있는 안목을 갖게 해 주는 것이다. 그리스도인들은 필연적으로 그들의 변화된 삶에 근거하여 행동한다. 그리스도인들이 하는 일이 무엇이든지, 심지어 먹거나 마시는 것과 같은 가장 일상적인 것조차도 그들은 하나님의 명예와 영광을 위해 해야만 한다.[2]

---

2   성경이 이것을 어떻게 해야 하나 하는 것에 대하여 침묵한다는 것을 인정한다 하더라도, 신칼빈주의자들이 문화의 참여를 위해 하나의 프로그램을 협소하게 고안한다고 제안하는 것은 오도하는 것이다. 더 나아가서, 신칼빈주의자들은, 다시 말해, 문화 명령의 맥락과 하나님이 정한 곳에 두신 창조적 표준에 순응하여, 그리스도인의 창조적 자유의 옹호

캘리포니아 웨스트민스터신학교 조직신학과 기독교윤리학의 로버트 스트림플Robert B. Strimple 석좌 교수이며 소생된 두 왕국론의 접근 방법의 주도적 대변인 중 한 사람인 데이비드 반드루넨David VanDrunen에 따르면, 문화명령은 오늘날 그리스도인들에게는 더 이상 적절한 것이 아니다.

> 두 번째요 마지막 아담으로서 주 예수 그리스도는 그의 죽으심과 부활과 승천으로써 첫 번째 아담의 사역을 완성하셨고 그에게 의도되었던 본래의 운명을 이루셨다.[3]

그 명령은 두 번째 아담이신 그리스도 안에서 중단되었다. 반드루넨은 『하나님의 두 왕국에서의 삶』Living in God's Two Kingdoms에서 다음과 같이 말한다.

> **첫째**, 피조물을 향한 하나님의 본래 계획은 정녕 성취되었다.
> 그러나 그리스도인들의 문화적 사역들을 통하여 성취된 것은 아니다.
> **둘째**, 마지막 아담으로서 주 예수 그리스도가 아담의 본래의 임무를 단번에 성취하신 것이다. 그리스도가 자신의 부활과 승천을 통하여 새로운 피조 세계에 들어가심으로 본래의 목적을 이미 이루신 것이다. 그리고 우리는 그의 사역 덕분에 이미 새 피조 세계에 대한 권리를 주장한다. 우리는 그를 믿는 믿음으로 말미암아 천국 시민들이다.[4]

자들로 지내왔다. (그리스도가 제자들에게 복음을 온 세상에 전파하라고 말씀하셨지만, 특정한 한 장소에서 다른 장소에 도달하기 위해 사용할 교통수단 혹은 성도들을 모으기 위한 건축 설계도들의 종류에 관한 정보를 제공하지는 않으셨다.)

3 David VanDrunen, *Living in God's Two Kingdom: A Biblical Vision for Christianity and Culture* (Wheaton, IL: Crossway, 2011), 52.
4 VanDrunen, *Living in God's Two Kingdom*, 34.

그러나 문화적인 명령은 타락 전에 주어졌던 것이므로 정확하게 아담이 완성하지 못한 것은 무엇이었는가?

창조와 문화적인 명령은 무죄한 상황에서 주어졌다. 아담의 타락 전 문화적인 책임은 복원될 것이 아니었는데 이는 하나님의 의로운 요구를 만족시켜야 했던 것이 죄로 인한 것이기 때문이다. 그래서 그런 논의 주제는 요구되지 않는다. 아담의 "본래 운명"을 왜곡시킨 것은 타락이었고, 그때 그것이 그리스도의 능동적, 수동적 순종을 요구했다.

과연 타락이 땅을 정복하고 다스리라는 인류에 대한 명령을 부정했는가?

아닐 것이다. 게다가, 목회자들의 사역은 흩어 뿌리고, 물주고, 자라게 하고, 추수하는 등등의 경작의 그림을 사용한다.

평신도는 어떤가?

평신도가 복음의 지시를 따르는 데 한 부분을 감당하는가?

계속되는 문화적인 명령의 적절성에 대하여 신칼빈주의자들에게 도전을 주는 것은 좋은 해석적인 동의다. 반드루넨에 따르면, 이 중심의 염려되는 부분은 제도적 교회의 중요성을 평가 절하하는 성향, 혹은 신칼빈주의자들 가운데 불일치성에 있거나, 그리스도인들의 구속적 의도들이 변혁적(신칼빈주의자들조차도 이것이 뜻하는 것의 실제적 함의들에 대해 동의하지 않는다)이지 아닐 수도 있는 것이 아니라, 복음의 정통성에 대한 그것의 잠재된 위협에 있다.

반드루넨의 입장에선, 신칼빈주의자들 중에 사용된 변혁적인 언어는 기껏 봐 주어도 교리가 신학적으로 문제가 되고 있는 현대의 신학자들이나 복음주의자들의 소리와 많이 닮았다. 이것은 연계에 의한 미묘한 죄책의 암시다.

신칼빈주의자들은 바울에 관한 새 관점과 그것의 "전통적 개혁주의의 칭의관"의 배척을 자신들의 입장으로 취하고 있는 사람들뿐만 아니라, "[신칼빈주의의] 중심적이고 표준이 되는 주제들"을 상당히 많이 반향한다. 이것은 신생 교회 운동에 속하는 사람들과 비슷한 범주에 들어가는데, 신생 교인의 "완고한 교리에 대한 특별한 반감"[5]에 대해 위험스러울 정도로 가까워진 것이다.

반드루넨의 입장에선, 오직 믿음으로 말미암는 칭의의 교리에 전념한 사람들은 신칼빈주의가 매력 없어 보여야만 한다. 반드루넨이 신칼빈주의가 필연적으로 칭의의 교리를 타협의 자리로 이끌어 간다고 주장하지 않는다는 것을 인정한다 하더라도, 나는 그의 독자들이 그와 마찬가지로 분별력이 있는지 의심스럽다.

신칼빈주의를 덜 강직한 칭의관을 가진 사람들과 연계시킴으로 두 왕국관의 지지자들은 신칼빈주의가 행위로 말미암는 의의 영성에 위험할 정도로 너무 가까워졌다는 것을 암시한다. "하나님이 자연과 세상 가운데 감추신 모든 것은 종말 전에 빛 가운데 이끌어 내야만 한다"고 했던 카이퍼의 주장은 확실히 처음 보기에 행위로 말미암는 의처럼 보인다.[6]

그러나 코넬리스 프롱크Cornelis Pronk는 다음과 같이 말한다.

> 그리스도의 재림이 우리의 문화적 노력으로 만드는 진보에 달려 있다는 생각은, 부드럽게 말한다 해도 설득력이 없다.[7]

우리가 시작부터 분명히 해야 할 필요가 있는 것은 그리스도인의 문화적 종사가 어떤 모양으로든 강제로 하나님의 손을 움직여 새 하늘과 새 땅을 맞아드리도록 하는 것은 아니라는 것이다. 기독교의 문화적 활동은 언제나 그리스도 안에서 그리고 그리스도로 말미암는 하나님의 완성된 사역과 현

---

5 VanDrunen, *Living in God's Two Kingdom*, 21, 23.
6 Cornelis Pronk, "Neo-Calvinism," *Reformed Theological Journal* (November 1995): 42–56.
7 Pronk, "Neo-Calvinism," 5.

재 완성된/아직 완성되지 않은 하나님의 나라라는 맥락 안에서 행해졌다.

교회의 선교적 활동들과 관련해서조차도, 하나님은 복음을 전하는 인간들의 사역을 필요로 하지 않지만, 이것들은 하나님이 사용하시는 일반적인 수단들이고, 하나님이 죄인들을 구원하기 위해 그것들을 요구한다. 그리스도가 만물을 회복시키셨고 또한 회복시키실 것이다. 또, 이 기초 위에서 프롱크는 계속하여 말한다.

> 우리 사역과 활동의 특성은 근본적으로 변했다. 문화적이든 그 무엇이 되었든, 선한 일들은 지금 신자가 감사함으로 수행하는 것이다.[8]

죽어 가는 세상의 소금과 빛으로, 그리스도인들은 창조의 선함에 대해 증언하고, 타락의 파괴적 결과들에 대항하여 싸운다. 알버트 월터스Albert Wolters는 다음과 같이 말한다.

> 어그러뜨리고 왜곡시키는 타락의 영향은 부엌이든, 침실이든, 시 의회이든, 기업의 회의실이든, 무대이든 방송이든, 교실이든, 작업실이든, 어느 곳에서나 대적되어야만 한다.[9]

모든 영역이, "죄와 구속의 성경 이야기"로 나아갈 때, 반드시 복음의 빛에 노출되어야 한다. 구속 받은 인간들은 이 과정의 한 부분이다. 그러나 행위로 말미암는 의라는 의미에서는 아니다. 월터스는 계속하여 주장한다.

> 중추 역할을 하는 것은 여전히 인류다. 사람아담의 타락이 땅의 영역 전체의

---

8 Pronk, "Neo-Calvinism," 7.
9 Al Wolters, *Creation Regained: Biblical Basics for a Reformed Worldview*, with a postscript by Michael Goheen (Grand Rapids: Eerdmans, 2005), 73.

파멸이었던 것처럼, 한 사람(예수 그리스도, 두 번째 아담)의 속죄하는 죽음은 세상 전체의 구원이다. 아담적 인종은 우주를 왜곡시키지만, 기독교적 인종은 그것을 갱신한다. 만일 그리스도가 만물을 화목하게 하는 분이시고, 우리가 그리스도를 위해 "화목하게 하는 직분"고후 5:18을 위탁 받았다면, 우리의 직업이 우리를 세상 어느 곳에 있게 하든지 우리에겐 구속적인 과제가 있다.¹⁰

이 생각과 관련하여, 신칼빈주의에 대적하는 또 다른 두 왕국론의 비난은 새 하늘과 새 땅에서 현대의 문화적 가공품들의 위치다.

첫째, 구약과 신약의 신자들은, 이 세상이 그들의 고향이 아니라는 것을 암시하는 유배자들, 방랑자들, 외국인들이라는 이름을 지니고 있다. 두 왕국론 입장은 구약과 신약에 렘 29장; 벧전 1장 나타나는 신자들의 이주자移住者 신분을 강조하는 성경 구절들(문화적인 변혁에 관해서는 침묵한다고 일반적으로 인정된 구절들)에 많이 호소한다. 유배라는 용어는 신자들이 그들의 궁극적 혹은 최종적인 고향이 아닌 곳에서 사는 장소를 암시한다.

둘째, 두 왕국론의 지지자들도 인정하지만, 문화적 활동은 중요하다. 그러나 그런 "손으로 만들 것"은 영원하지 않을 것이다딤전 6:7; 계 18:11, 21-24. 인간들은 그들의 문화적인 산물들을 새 하늘과 새 땅으로 가져갈 수 없다. 두 왕국론의 입장을 지지하기 위해 선호하는 구절은 베드로후서 3:10이다.

> 주님의 재림 때 하늘이 큰 소리로 떠나가고 물질이 뜨거운 불에 풀어지고 땅과 그 중에 있는 모든 일이 드러나리로다벧후 3:10.

다른 성경 번역들에는, "드러나리로다"라는 구절이 "타버릴 것이다"라

---

10 Wolters, *Creation Regained*, 73

고 번역되었다. 두 왕국론의 옹호자들을 위한 함의는 다음과 같다. 즉, 말씀과 성례를 떠나서 문화를 "구속"하려는 시도로 보내는 것이 기독교 공동체를 위해 시간과 자원을 부적절하게 사용하는 것이다.

베드로후서 3장의 구절에 대해 언급하면서, 월터스는 다음과 같이 말한다.

> 가장 오래되고 믿을 만한 헬라어 사본들 중에 하나를 제외하고 모든 사본들에 마지막 말들인 "타버릴 것이다"는 없고 오히려 "발견될 것이다"가 있다.

월터스에게, 그것은 필연적으로 "소멸 혹은 완전한 파멸"을 뜻하지 않는다.[11] 진실로 하나의 불의 심판으로부터 부상되는 무엇이 있는데 그것은 곧 "의가 있는 곳인 새 하늘과 새 땅"벤전 3:13이다. 월터스가 순화된 것들은 "반드시 인간 문화의 산물들을 확실하게 포함 한다"[12]라고 제안했을 때, 그의 짐작은 과대되고 확장된 것일 수도 있다. 그는 완성의 날에 인간의 문화적인 작품들이 현재 개발 단계에서 순화될 것이라고 믿는다.

내가 보기에는, 저자 앤디 크라우치Andy Crouch도 비슷한 어려움에 직면해 있다. 『문화 만들기』Culture Making에서 크라우치는 어떤 문화적인 품목들이 새 땅에 있게 될 것이라고 자신의 생각을 독자에게 넣어주고 있다.

> 내 개인적인 "만국의 영광과 존귀"의 목록에는 바흐Bach의 "나단조 미사"B. Minor Mass, 마일스 네비스Miles Davis의 "카인드 오브 블루"Kind of Blue와 알보 스파트Arvo Spart의 "스피겔 임 스피겔"Spiegel im Spiegel 또한, 크렘 브륄레crème brulee 녹차, 생선 타코들, 불고기, 그리고 『백경』Moby Dick과 『오딧세이』Odyssey 또

---

11 Wolters, *Creation Regained*, 47.
12 Wolters, *Creation Regained*, 48.

한, 아이팟과 미니 쿠퍼Mini Cooper가 확실하게 포함된다.

그러나 크라우치는 계속해서 이런 품목들은 "순화되거나 구속됨 없이 나타나지는"[13] 않을 것이라고 한다.

그러나 인간 문화의 모든 산물들이 보존 될 것인가?

만일 비그리스도인들의 문화적 작품들도 새 하늘에 나타난다면, 우리는 소포클Sophocle의 『오에디푸스 왕』Oedipus Rex, 프리드리히 니체Friedrich Nietzsche의 『차라투스트라는 이렇게 말했다』Thus Spoke Zarathustra, 스탠리 큐브릭Stanley Kubrick의 『오렌지 태엽시계』A Clockwork Orenge, 앤더슨P. T. Anderson의 『부기 나잇』Boogie Night, 혹은 블라디미르 나보코프Vladimir Navokov의 『로리타』Lolita도 포함시킬 수 있지 않겠는가?

순화된 후 이런 산물들은 어떤 모양으로 보일까?

순화는 어떤 문화적 가공품들을 근본적으로 변형시키거나 박살 낼 것이다.

그렇다고 하여 하나님이 자신의 훌륭한 피조물을 포기하실까?

하나님의 백성이 물질적으로 세워진 새 예루살렘에서 살지 않을까?

더 나아가 두 왕국론의 궁극적인 산 제물이 왕국을 위해 문화에 참여자가 될 그리스도인들의 책임을 어떻게 부정할 수 있을까?

의심할 것도 없이, 순화의 과정을 통과한 후 문화적인 품목들이 새 하늘과 새 땅에서 어떻게 보일지에 대해서는 확실히 신비에 쌓여 있다(이 점에 관해서 모든 신칼빈주의자들이 다 동의하는 것은 아니다).

그렇다 할지라도, 그리스도인들이 갱신된 인간 산물들을 어떻게 상상할 것인지를 따로 떼어내어 그리스도인들이 새 예루살렘계 21장과 관련하여 "만

---

13 Andy Crouch, *Culture Making: Recovering Our Creative Calling* (Downers Grove, IL: InterVarsity Press, 2008), 170.

국의 영광과 존귀"를 어떻게 이해하여야만 할까?

두 왕국론의 해석은 "영광과 존귀"를 그리스도인들과 그들의 예배에 한정시킨다.

왜 한정시키는가?

우리는 살게 될 곳에 인간의 몸들과 물질적 공간을 갖게 되지 않을 것인가?

이것은 하나님의 훌륭한 피조물중 어떤 부분들이 계속될 것임을 제안하지 않는가?

신칼빈주의자들은 "영광과 존귀"가 인간 작품을 포함한다고 믿는다. 그들은 그런 작품의 "현재 형태"는 지나갈 것이지만, 그것은 어린아이가 걸음마 단계가 지나 내 아들의 소멸을 뜻하지 않는 것 이상으로 하나님의 훌륭한 창조의 요소들의 소멸로 끝나는 것이 아니라는 의미한다. 여전히, 이 영원한 도성에 있는 작품들이 어떻게 보일까 하는 것은 현상 그대로 남아 있다.

리처드 마우Richard Mouw 는 『그분은 공평한 모든 것 속에서 빛난다』 He shines in All That's Fair 라는 책에서 요한계시록 21:24-27을 논하며, 새 예루살렘으로 들여온 작품들을 신비한 것들로서 바르게 밝혀내고 있다.

> 사도는 땅의 나라들이 거룩한 도성의 빛으로 걷게 될 것이고, "땅의 왕들이 자기 영광을 가지고 그리로 들어가리라 … 사람들이 만국의 영광과 존귀를 가지고 그리로 들어가게" 될 것계 21:24을 미리 보고 있다. 확실히 하기 위해, 성령의 인도를 받는 저자가 여기에 신비로 둘러싸인 무언가를 가리키고 있다.

어떻게 우리의 현재 세상에 있는 것들의 상태가 마지막 영광의 나타남에 기여할 것인가?

또 어떻게 이방 문화의 존귀와 영광이 "무엇이든지 속된 것은 들어갈 수 없는"계 21:27 도성에 들어가는 것이 가능한가?

지금 이 시대에 자신의 복합적인 목적들을 전개하고 계시는 하나님이 다양한 왕국의 목표들의 대리인들이 되도록 자신의 백성들을 부르신다. 우리가 이 어려운 시대에 문화적 신실함에 대한 우리의 노력 중 적절한 칼빈주의자의 온건하고 겸손한 의식을 배양하는 것은 중요하다.[14]

2) 영역 주권

문화에 관여해야 하는 중요한 이유는 세상에 편만한 죄의 폭정에 도전하여 피조 세계의 질서를 하나님이 의도하신 원래 상태로 회수하기또는 구속에 서처럼 되사기 위한 것이다. 마찬가지로 타락에 맞선다는 것은 하나님의 창조의 법과 질서를 인식하고 그것에 귀의하는 것으로, 그것은 창조의 영역들의 독특한 기능을 유지하는 것이다. 이것은 또 다른 신칼빈주의의 핵심 요소와 관계되는데, 통칭, 영역 주권의 개념이다. 영역 주권은 먼저 삼위 하나님의 통치와 소유권에서 벗어나는 실체가 일절 없다는 것을 인정하는 것이다.

또한, 하나님이 나름 독특한 기능을 가진 사회적, 경제적, 문화적, 정치적 영역들을 창조하셨지만 그 모든 영역들은 창조주에 근거하여 통일성과 궁극적인 존재론적 의존성을 찾고 있는 입장을 유지한다.

고든 스파이크만Gordon Spykman은 다음과 같이 주장한다.

각 영역은 나름의 정체성, 나름의 독득한 과제, 나름의 하나님이 주신 특권

---

14 Richard Mouw, *He Shines in All That's Fair: Culture and Common Grace* (Grand Rapids: Eerdmans, 2001), 50.

들을 가지고 있다. 각각 위에 하나님이 나름 독특한 존재의 권리와 존재의
이유를 부여해 오셨다.[15]

빈센트 바코트 Vincent Bacote도 아래와 같이 주장한다.

각 영역은 그 자체 안에 나름의 권위를 소유한다고 명시했는데, 그것은 몇
가지 예를 들자면, 국가, 교회, 사업, 가족과 학문적 제도들의 영역들이 각
영역을 위해 하나님이 확립하신 하나님의 조례들에 따라 나름대로의 기능
을 할 수 있는 자유를 갖고 있다.[16]

하나님의 말씀과 세계를 판단하는 판사가 된, 폭정을 하는 국가나 학문
적 제도의 경우에서와 같이, 하나님의 주권 영역을 차지하기 위한 시도를
하는 사회적 영역은 창조자가 조례로 정한 한계들을 훨씬 넘어 선 것이다.
　다수의 현대 학자들은 카이퍼의 소명을 추종해 왔다. 박식함이 임마누엘
칸트 Immnauel Kant와 비교할 만하다고 주장되는 개혁주의 철학자 헤르만 도
예베르트 Herman Dooyeweerd는 단순히 사회적 혹은 정치적 영역들을 초월하는
영역 주권의 차원들을 추출하여, "모든 존재 현상들의 상호 환원불가성, 내
적 연결성과 불가분리의 일관성"[17]을 명시함으로 카이퍼의 사상을 선명하
게 만들었다.
　카이퍼와 그를 이은 도예베르트에 의하면, 우주는 "무한하게 구조된 유

15　Godon Spykman, Richard Mouw, *Abraham Kuyper: A Short and Personal Introduction* (Grand Rapids: eerdmans, 2011), 24에서 인용.
16　Vincent Bacote, *The Spirit in Public Theology: Appropriating the Legacy of Abraham Kuyper* (Grand Rapids: Eerdmans, 2005), 81.
17　Herman Dooyeweerd, *Roots of Western Culture* (Toronto: Wedge, 1973), 43.

기체"¹⁸를 형성한다. 인간들은 가족, 국가, 교회의 표준 영역들뿐 아니라, 그들의 실존을 그리스도의 인격과 사역 안에서 발견하는 생물학적, 물리적, 정신적, 심미적 표준들도 하나님께로부터 물려받았다.

초점을 경계에 맞추면, 비록 즉시로 명백한 것은 아니지만, 영역 주권은 인간의 자유와 창조성을 가능하게 한다.

제임스 브래트 James Bratt는 영역 주권의 이중적 의미를 다음과 같이 명확히 표현한다.

> "Souvereiniteit in Eigen Kring"은 카이퍼가 텍스트 안에서 드러내는 다원론적 존재론에 대해 언급하면서 **그것의** 범주 안에 있는 주권을 의미할 수 있거나 [혹은] 카이퍼 역시 찬성하여 주장하지만 존재론적 근거를 갖고 있지 않는 하나의 다원적 사회학과 인지론을 설명하면서 **우리의** 범주 안에 있는 주권을 의미할 것이다.¹⁹

상호 의존적이지만 우주 안에 있는 영역들을 분리하는 독특한 경계들을 인식하는 것은 인간의 마음에 세계의 부요함을 열어 주고, 그것은 그러므로 인류가 번성하는 것을 허용하고 창조자에 대해 훨씬 더 많은 것을 나타내 준다.

신칼빈주의는 가족과 국가와 교회의 독립적이지만 여전히 중복되는 영역들을 강조할 뿐만 아니라, 창조에 대한 깊은 이해를 전제하고, 하나님의 말씀에서 벗어나지 않으면서, 나름의 주권 영역들에 고정된 제도들(예를 들면, 정치적, 경제적, 지적인 조직들과 기관들 같은)을 만드는 그리스도인들의 창

---

18 James D. Bratt, ed., *Abraham Kuyper: A Centennial Reader* (Grand Rapids: Eerdmans, 1998), 467.
19 James D. Bratt, ed., *Abraham Kuyper*, 461-62.

조 활동을 강조한다. 다시 말해서, 인류는 그들이 하나님의 지혜와 일치할 때, 무無로부터, 제도들과 문화들을 창조해 낼 수 있는 상상력을 활용할 수 있다.[20]

3) 대조

총력화 하는 타락의 효과로부터 하나님의 창조를 되찾는 데 있어서, 신자들은 하나님이 제정한 것을 다른 방향으로 보내기를 원하는 사람들의 반대에 부딪친다. 인류의 문화적 추구에 대한 통합(특별히 정신생활에 관련된)은 대조antithesis, 즉 신칼빈주의의 세 번째 중요한 원리다. 로마서 12:2에 따르면 새롭게 된 마음은 "하나님 아는 것을 대적하여 높아진 것"고후 10:5을 다 무너뜨리도록 그리스도인들을 강권한다. (그리스도인들은 왜 이 "세속" 시대의 정신들을 대적하는 그런 호전성이 필요한지 물어봐야 할 필요가 있다.)

그리스도인들은 현세의 시련들을 참고 견뎌야 할 뿐만 아니라 정면으로 그것들과 만나야 한다. 대조는 세상이 삶의 모든 양상의 정보를 제공하고 해석하는 정반대되는 두 개의 신앙 체계 사이에 또는, 카이퍼의 말을 빌리면, "세상 체계들" 사이에 나뉘어 있다는 것을 제안한다.

카이퍼는 1898년 프린스톤에서 했던 그의 스톤 강의Stone Lecture에서 "인간의 의식에는 두 종류가 있는데, 중생한 사람의 의식과 중생하지 못한 사람의 의식이 그것이다. 이 둘은 동일시될 수 없다"는 것에 대한 인정이 필요하다고 주장했다.

[모든 지식은] 믿음에서 나온다. 모든 과학은 우리 자신이 믿는다는 것을

---

20 더 나아가서, 가장 지독하게 더러운 문화적 산물들이라도 하나님의 창조의 법 혹은 창조의 본질적 선을 피할 수 없다. 존 칼빈의 말을 사용하면, 각 영역은 "적어도 그의 영광의 불꽃을 어느 정도" 드러낸다. *Institutes*, 1.52를 보라.

전제한다. 생각의 법칙이 옳다는 믿음을 전제한다. 생명에 관한 믿음을 전제한다. 모든 것 위에 우리가 근거로 삼고 진행하는 … 원리들에 대한 믿음을 전제한다.

충돌은 믿음과 과학 사이에 있는 것이 아니다. 오히려 우주의 현재 상태가 정상적인가 비정상적인가 … 하는 주장 사이에 있다. 믿음과 과학의 충돌이 아니라 각각 나름대로의 믿음을 갖고 상호 대적하고 있는 두 개의 과학적 체계들 간의 충돌이다 … 이 둘은 진지하게 삶의 전 영역에 걸쳐 논쟁하고 있으며, 각각 상대방의 반대되는 주장들의 전체 사상 체계를 땅바닥으로 끌어내리려는 시도를 단념할 수 없다.[21]

카이퍼는 여기에서 무언가 강권적인 것을 제시한다. 충돌이 궁극적인 도덕과 인식론적으로 동의해야 하는 문제들에 이르게 될 때, 그리스도인들과 비그리스도인들 사이에 공통되는 기저가 없다. 이 두 가지 반대되는 관점들은 "우리의 삶과 세계관을 형성하는 사상들과 개념들을 다스리는 전체 복합체를 논리적으로 그리고 체계적으로" 발전한다. 그는 그리스도인들이 현대주의의 대조적 세계관을 반대하고 "자신들의 삶과 세계관을 … 반대 위치에 둠으로" 그들 자신의 성소를 "성공적으로 방어할 것"[22]을 권장한다.

칼빈주의가 왕이신 하나님의 주권적 통치와 모든 것에 대한 "의미 부여자" 되심을 고양하고 있기 때문에, 카이퍼는 칼빈주의가 준비된 해결책, 즉 배교적인 사고 방식을 상대하는 일관성 있는 철학 사상의 체계를 제공했다고 믿었다.

---

21 Abraham Kuyper, *Lectures on Calvinism* (Grand Rapids: Eerdmans, 1931), 131, 133.
22 Abraham Kuyper, *Lectures on Calvinism: The Stone Lectures of 1898, Calvinism and Science* (New York: Cosimo Classics, 2007), 190; Abraham Kuyper, *Principles of Sacred Theology*, Intro. Benjamin B. Warfield, trans., J Hendrik De Vries (Grand Rapids: Baker, 1980), 154, 189-90.

대조는 종교적인 실존의 핵심을 나타낸다. 칼빈은 인류가 종교성에서 벗어날 수 없는 것으로 묘사했다.

카이퍼는 또한 다음과 같이 강조했다.

> 종교가 항상 우리 삶에서 중심이 되는 것의 표현이고 항상 그럴 것이다. 사람들의 종교가 얼마나 퇴락되고 모호하게 되든지, 항상 그 속에 그 사람들의 근본적인 윤리성이 표현되어 있을 것을 보게 될 것이다. 어떤 경우에도 이 [종교적] 윤리성은 사람들의 특성과 품성, 그것의 역사, 심지어는 그 윤리성이 살고 있는 토양의 조건들과 그것이 숨 쉬고 있는 기후와 깊이 묶여 있다.[23]

도예베르트는 그것을, 모든 세계관을 지탱하고 동기를 부여하는, 인류의 깊은 곳에 자리하고 있는 종교적이고 선이론적pre-theoretical 기저가 되는 동기라고 말했다.[24] 그는 또한 인류의 종교적 중심을 "마음," "그 안에서 모든 우리의 일시적 기능들이 종교적 의미의 집중과 완성을 발견하는 우리 자신의 충만함"[25]이라고 불렀다.

인간들이 어떤 형태의 신적인 아르키메데스의 지점, 세상에 있는 모든 것들이 중심을 이루고 돌아가는 축의 점에 순종하는 것은 마음을 통해서다. 다시 말하면, 모든 지식의 주장들은 우주의 전체성에 의존하는 창조된 질서 안에 있는 무언가를 의뢰하는 믿음에서 나오거나, 그런 창조된 실체의

---

23 Bratt, *Abraham Kuyper*, 198.
24 James Skillen and Rockne McCarthy, ed., *Political Order and the Plural Structure of Society*, Emory University Studies in Law and Religion (Atlanta: Schlars press, 1991), 281.
25 Herman Dooyeweerd, *A New Critique of Theological Thought*, vol. 1, *The Necessary Presuppositions of Philosophy*, trans., David Freedman and William Young (Nutley, NJ: Presbyterian and Reformed, 1969), 506(강조 추가됨).

조물주, 본성적으로 독립적으로 자족하며 모든 것 위에 주권적인 존재에게서 나온다.[26]

의미와 존재는 도예베르트에게 하나이며 같은 것으로서 정적인 것이 아니라, 둘 다 삼위일체 하나님께 의존적인데, 하나님은 자족하시고 자증하시는 분이시기 때문에 그 하나님에게만 (의존적) 의미가 없다.

자유대학교Free University의 도예베르트의 학생인 이반 러너H. Evan Runner도 마찬가지로 믿음을 모든 지식적 주장들의 중심이라고 강조했는데, 후에 기독교연구소Institute for Christian Studies가 될 조직을 만드는 데 도움을 주었다. 모든 사람은 신앙의 헌신, 각자의 중심에 위치하고 있는 믿음들을 갖고 있다. 인간들은 피할 수 없이 종교적이다.

러너는 『성경적 종교와 정치적 과제』Scriptural Religion and the Political Task에 다음과 같이 말했다.

> 우리의 전체 삶이 종교다. 그것은 기독교 신자들참 종교뿐만 아니라 불신자들에게도 그렇다. 왜냐하면, 불신앙이 성경에는 믿음의 부재로 묘사되어 있지 않고, 오도된 믿음으로 묘사되어 있기 때문이다. 종교는 … 사람이 근절할 수 없는 상황이다. 그는 "하나님 앞에서" 지음을 받았고 … 반드시 결산 보고를 해야 한다.

---

26 신칼빈주의자요 Dooyeweerd 연구자로서, The Myth of Religious Neutrality의 저자인 Roy Clouser는 모든 지식은 아주 기본적으로 표면적인 수준에서조차(예를 들면, 1 + 1 = 2) 그 배후에 기초가 되는 종교적 동기를 드러내고 있다는 개념을 강력한 주장으로 변호하여 기독교적 만물관을 확증한다. "Is there a Christian View of Everything from Soup to Nuts?" Pro Rege (June 2003). Clouser는 인류의 세계에 대한 관점의 방향에 있어 환원성과 비환원성 간에 구별을 만들었다. 불신자들의 생각은 피조물을 지식의 출발점, 피조물로부터 도출하는 기초로(예를 들면, 마르크스주의자에게 그것은 물질) 환원한다. 그러나 이것은 불가능하다. 왜냐하면, 물질은 또 다른 창조된 것들에 의존적이기 때문이다. 그러나 기독교적 뿌리로부터 도출된 사상은 비환원적 실체와 같이 있는데, 말하자면, 삼위일체 하나님이다. 그의 존재는 창조된 질서 안의 어떤 것에도 의존적이 될 수 없다.

종교적 전제로서 불신앙은 사람이 세상을 보는 방법을 형성한다.

> 배교적인 사람은 자신의 이교도적 신앙의 환상에 하나님의 말씀이 실제로 가지고 있는 역할을 도용하고, 그러므로 시작부터 실제적인 관계들이 아니라 (상상된) 관계들이 있는 세상 안에 자신을 두고 있다. 인간의 분석은 항상 거짓 아니면 진리의 맥락 안에서 일어난다.[27]

그러므로 지식이 주장하는 것처럼, 문화적 활동은 모든 삶의 영역 위에 예수 그리스도의 주 되심에 순종하는 사람들의 전제들을 불의로 그 실제를 막는 사람들에 상반하여 드러낸다.

헨리 반틸 Henry Van Til에 따르면 마음은 "모든 문화의 전제로서 시중을 든다."[28] 문화는 인류의 종교적 정수를 나타낸다. 러너의 제자인 월터스에 따르면, 문화를 만들고 변혁시키는 것의 영역 안에서, 종교적 기저 동기가 인간의 활동이 하나님의 창조 질서의 부동적 구조를 대적하여 움직여 가도록 하는 방향을 결정한다.

한 기독교 대학의 비신학적 전문가요, 교수의 한 사람으로서 필자는 도예베르트와 러너가 카이퍼의 "세상 체계"를 다시 손질한 것이 굉장한 도움이 된다는 것을 발견했다. 종교적 세계관의 성격에 대한 그들의 작업은 필자 자신의 학문성에 의미와 의욕을 부여했다.

필자 자신의 교수법에 관계된 예를 하나 들어 보자.

고등 교육을 위한 기독교 교육 기관들은 신앙과 학습을 짝짓도록 논의하기 위해 정기적으로 통합이라는 용어를 활용한다.

그것은 어찌되었든 자연스럽게 신앙과 학습이 분리되어 있고 다 같이 당

---

27 H. Evan Runner, *Scriptural Religion and the Political Task* (Toronto: Wedge, 1974), 15.
28 Henry Van Til, *The Calvinistic Concept of Culture* (Grand Rapids: Baker, 1959), 39.

겨져야 함을 암시하는데, 필자의 가정에는, 이것이 다양한 학문들의 본질에 관한 것이 아니라, 19세기 후반기에 시작한 학문의 전문화의 실체 중 하나다. 진실로, 신앙을 학습에서 갈라내는 것은 계몽주의 사고에 의해서 출범했고 불행하게도 많은 복음주의적 대학에서 폭넓게 수용했던 하나의 연구 과제로 실행하기에는 훨씬 더 어려운 과제다.

통합은 현대주의자의 이원성을 전제한다. 신앙은 이미 학습 속에 포함되어 있다. 기독교 연구소에서 이반 러너 H. Evan Runner 철학사 석좌 교수직을 차지하고 있는 신칼빈주의인 로버트 스위트맨 Robert Sweetman은 "통합" integration을 "빠진 것이 없는" integral으로 대치할 것을 제안하는데, 거기에서는 사람의 신앙적 헌신을 세상에 대한 연구에서 결코 몰아낼 수 없다.[29]

모든 세계관의 종교적 뿌리와 어떻게 그런 존재의 기저 동기들 혹은 집중들이 우리의 세상 이해를 형성하게 되는지는 두 왕국 관점에서조차 피할 수 없는 어떤 것이다.

그러나 이렇게 이야기했지만 개혁주의 공동체는 대조가 어떻게 채용되었는지에 관련하여 신중할 필요가 있다. 영적으로 새로워진 그리스도인은 계속하여 죄와 싸운다. 도예베르트는 다음과 같이 언급한다.

> 우리는 결국, 그리스도인 자신의 마음 속에 배교적 자아와 하나님께로 다시 방향을 바꾼 자아가 매일 전쟁을 벌이고 있다. … 그 안에서 새로워진 인류는 여전히 인간의 배교적 뿌리를 공유한다는 것을 안다.[30]

이것은 그 어떤 것보다도 겸손하게 마주보게 하는 우리의 문화와 만난다.

---

29 통합과 빠진 것이 없는 사이의 구분은 Robert Sweetman, "Christian Scholarship: Two Reformed Perspectives," *Perspectives: A Journal of Reformed Thought* 16, 6 (2001): 14-19에서 볼 수 있다.
30 Dooyeweerd, *New Critique*, 1:137, 175.

이것을 확증하지 못하면 어떤 생각들이나 행위들을 구원됨으로 혹은 배교로 간주하는 엄격한 분류법으로 나아가게 한다. 필자는 불신앙의 생각으로 생산된 모든 문화적 항목들이 의도적으로 창조자를 억압하는 가운데 이루어진 것이라는 데 온전한 확신이 없다.

불신자들은, 예를 들면, 그들이 자신들의 문화적 작업 속에서 어떻게 하나님을 인식하는 자리에 들어가게 되었는지에 대해 모호할 수도 있다(물론, 모호함은 변명이 될 수는 없다).

중생하지 못한 사람들은 그들의 잠재적 혹은 명백한 억압과 그리스도를 주로 인정하지 못하는 것으로 인해 정죄되었다. 그러나 불신자들도 여전히 하나님의 법질서 안의 세상을 전제해야만 하는데, 그것이 그들로 하여금 그들의 반항에도 불구하고 하나님을 존중하는 작업들을 하도록 허용한다.

마우Mouw는 카이퍼를 회상하면서 우리에게 신칼빈주의가 세상에 대해 쉽게 활자를 주조하듯 하는 그런 것을 피하게 한다고 상기시킨다.

> "세상에 있는 모든 것"을 대적하라고 경고하는 동일한 사도가 또한 "우리가 어떻게 될 것은 아직 나타나지 않았고," 그것은 "그가 나타나시[고] 우리가 그와 같이 될"요일 3:2 때 비로소 우리에게 분명하게 될 것이라고 말씀했다. 죄는 여전히 우리가 생각하고 행동하는 방법에 영향을 준다. 그리고 전적 타락에 관한 우리 신학의 기초 위에서 우리가 예언할 만큼 거룩하지는 않은 것처럼, 불신 세상이 어떤 때는 우리를 유쾌하게 놀라게 하는 반면, 교회가 종종 우리를 실망시킨다는 것은 우리 그리스도인이 경험하는 한 가지 사실이다.[31]

---

31 Mouw, *Abraham Kuyper*, 63.

우리가 불신자들의 생각들과 일들에 대하여 무엇이라고 말하든지, 그리스도인들은 확실하게 자신들이 하는 모든 것 속에서 하나님을 영화롭게 하도록 성령으로 감동을 받는다.

4) 일반은총

하나님의 창조 구조와 일치한다는 의미에서 "선한" 불신자들의 "선한" 일을 인식한다는 것은 신칼빈주의의 네 번째 특성에 관련된다. 대조를 분별한다는 것은 그 상대, 즉 일반은총에 대한 이해를 필요로 한다. 일반은총 혹은 칼빈이 "보편적 은혜"라고 언급했던 것은 아래와 같이 정의된다.

① 하나님이 모든 인류에게 영적 상태와 관계없이 자신의 피조물을 제공하시는 것.
② 하나님이 타락의 파괴적 결과들이 극도에 달하지 않도록 억제하고 계시는 것(칼빈에 의하면 그것은 "본성의 왜곡됨이 일시에 행동으로 쏟아져 나오지 않도록" 억제하는 것).
③ 선택 받지 못한 자가 진리, 공의, 선과 미에 관하여 분명한 통찰력을 갖는 순간들을 보이는 능력.[32]

성경에 사용되고 있지 않는 어구 중 하나인 일반은총의 사상을 공식화하는 데 사용된 익숙한 성구는 마태복음 5:45이다.

> 하나님이 그 해를 악인과 선인에게 비추시며 비를 의로운 자와 불의한 자에게 내려주심이라^{마 5:45}.

---

32 *Institutes*, 1.5.3.

루이스 벌코프Louis Berkhof는 말한다.

> 일반은총은 비나 햇빛, 음식과 음료, 옷과 피난처와 같은, 하나님이 보시기에 좋은 곳에서 보시기에 좋은 분량대로 하나님이 모든 사람에게 무차별적으로 나눠 주시는 일반적 축복들이다.[33]

이것은 갈라낼 수 없을 정도로 하나님의 주권에 의존하고 있는데, 왜냐하면 모든 인간들이 누리고 있는 해나 비를 하나님이 소유하고 계시기 때문이다. 인간들은 즉시로 하나님에게 심판을 받지 않고 번영할 자유를 제공 받고 있다.

필자는 신칼빈주의자들과 두 왕국론 신학자들이 여기서 접촉점을 갖고 있다고 믿는다. 일반은총은 자연법 혹은 창조법의 사상과 유사하다. 모든 인간들은 하나님의 형상을 지닌 자들이므로, 창조의 진리들을 납득할 수 있는 능력이 있다.

칼빈은 다음과 같이 말한다.

> 이성은 사람들 안에 본성적으로 심어져 있고 … 경건한 자와 불경한 자 위에 … 확실히 그가 각자에게 주신 혜택으로서 값없는 선물인데, 그것은 정당하게 자연적 선물들 중 하나로 헤아려진다.[34]

"도르트 신성"은 다음과 같이 언급한다.

> 인간이 본성적으로 진노의 자녀들이고, 구원을 위한 어떤 선도 행할 수 없

---

33 Louis Berkhof, *Systematic Theology* (Grand Rapids: Eerdmanns, 1996), 436.
34 *Institutes*, 2.2.4.

는 죄 가운데 태어나지만, 타락 이후 사람 안에는 가물거리는 자연의 빛이 남아 있어서, 그것으로 사람은 하나님과 자연물들에 대한, 또는 선과 악 사이의 차이에 대한 어느 정도의 지식을 보유하고 있고, 사회 내의 좋은 질서인 덕과 올바른 외적 품행을 유지하기 위한 어느 정도의 고려 사항을 발견한다.[35]

두 왕국론 학파는 그 관점을 뒷받침하기 위해 칼빈의 하늘에 속한 활동들과 땅에 속한 활동들 간의 구분에 대해 언급한다.

땅에 속한 것들의 이해는 한 종류이고, 하늘에 속한 것들의 이해는 다른 종류다. 나는 하나님이나 그의 왕국, 참된 공의, 또는 미래의 삶의 복됨에 관한 것이 아닌 것들을 "땅에 속한 것들"이라고 부른다. 그러나 그것들은 현세의 삶에 관하여 나름 중요성과 관계성을 갖고 있고, 어떤 의미에서, 그 한계 안에 한정되어 있다. 나는 하나님을 아는 순수한 지식, 참된 의의 본성, 천국의 신비들을 "하늘에 속한 것들"이라고 부른다. 첫 번째 부류는 정부, 가사 관리, 모든 기계적 기술들과 교양 과목들을 포함한다. 두 번째 부류는 하나님과 그의 뜻과 그의 통치에 관한 지식인데, 그의 통치에 의해서 우리는 삶을 그의 뜻에 일치하게 한다.[36]

일반은총은 마찬가지로 보편적 도덕 의식을 포함한다. 칼빈에 의하면, "자연적 본능을 통하여" "진리를 찾고자 하는 갈망"은 "사회를 육성하고 보존하기 위해"[37] 이루어졌다. 하나님은 로마서 2:14-15이 설명하는 것처

---

35 *Canons of Dort*, 3.3.4.
36 *Institutes*, 1.2.2.13.
37 *Institutes*, 2.2.13-15.

럼 모든 인간들의 마음에 그의 법을 기록해 두셨다.

> 율법 없는 이방인이 본성으로 율법의 일을 행할 때에는 이 사람은 율법이 없어도 자기가 자기에게 율법이 되나니 이런 이들은 그 양심이 증거가 되어 그 생각들이 서로 혹은 고발하며 혹은 변명하여 그 마음에 새긴 율법의 행위를 나타내느니라 롬 2:14-15.

성경은 하나님의 언약 밖에 있는 사람들이 특정한 율법의 계시가 없음에도 불구하고, 옳고 그름의 기본적 이해를 보여 주고 있는 수많은 실례들을 제공한다.

아브라함과 아비멜렉의 경우를 생각해 보라.

창세기 20장에서 언약 공동체의 일원이 아닌(혹은 적어도 언약의 수장이 대표하지 않는) 아비멜렉은 아브라함이 그의 아내 사라에 대해 거짓말한 것에 맞서고 있다.

일반은총과 자연법은 카이퍼론자들의 영역 주권의 사상과 일치한다. 따라서 반드루넨 VanDrunen은 칼빈과 "도르트 신경"을 "영적 왕국(현세의 제도적 표현을 오직 교회 안에서 찾는 것)과 일반 왕국(교회와 관계없는 다양한 문화적 시도들, 특별히 국가의 일을 포함하는 것) 사이에는 구별"[38]이 있다고 주장한다. 그는 『자연법에 대한 성경적 사례』 Biblical Case for Natural Law에서 동일한 사상을 다음과 같이 반복한다.

> 일반 왕국은 궁극적이고 영적으로 중요한 사안들에 관한 것이 아니라 일시적이고, 땅에 속한, 잠정적 사안들에 관한 것이다.

---

38 David VanDrunen, "Abraham Kuyper and the Reformed Natural Law and Two Kingdoms Tradition," *CTJ* 41 (2007): 283-307.

반드루넨은 계속하여 언급한다.

> [영적 영역 혹은 왕국은] 하나님이 통치하시나, 하나님은 창조자와 부양자로서뿐만 아니라 그리스도 안에서 그것의 구속자로서 통치하신다. 이 왕국은 궁극적이고 영적으로 중요한 것들, 그리스도의 하늘에 속한, 종말론적 왕국에 관한 것들이다.[39]

예를 들면, 국가가 하는 일은 공의를 시행하는 것이지, 복음을 전하는 것이 아니다. 그러나 공의는 민법에 따라 복음을 전할 수 있도록 한 시민의 권리를 보호하는 것을 포함한다.

일반은총과 자연법에 관해 몇 가지 분명히 해 두어야 할 점들이 있다.

첫째, 이것은 어떤 경우에도 율법이 없는 사람들이 그런 법들의 입법자를 알아보지 못한 것에 대해 면죄되었다는 것을 뜻하지 않는다. 불신자들은 십자가에서 이루신 예수님의 구원하시는 역사를 믿지 못한 것에 대해 정죄될 것이다. 그들은 하나님이 입법자 되신 피조계의 법들, 구원의 중심적 방편이 아닌 법들을 배척한 것에 대해 동등하게 정죄될 것이다.

둘째, 특별히 제도적 교회와 관계가 있는 의무들이 있지만, 이 두 영역은 성부의 권위뿐만 아니라 예수 그리스도의 주 되심 아래 있다.

셋째, "이 빛"은 "불의로" 억제하고 있기 때문에 "전적으로 오염되었다"[40]라고 묘사되었다. 신칼빈주의자들이 두 경쟁적인 "삶" 혹은 "세상"의 체계에 대해 말할 때, 두 개의 다른 세상이 있다는 것을 뜻하지 않는다.

39　David VanDuran, *Biblical Case for Natural Law*, Studies in Christian Social Ethics and Economics, ed. Anthony B. Bradly (Grand Rapids: Acton Institute, 2006), 24.

40　Canons of Dort, art. 4, in Philip Schaff, ed., *The Creeds of Christendom, With a History and Critical Notes* (Grand Rapids: Baker, 1996), 588.

두 법의 경쟁적 관점이 하나의 공통 영역으로 하여금 상반되는 궁극적 관심사들을 추구하게 할 때 대조는 날카롭게 드러낸다. 공통 영역의 이해는 절대로 "중립"과 혼동되어서는 안 되고 반드시 일반은총과 구별되어야 한다.[41] 공통 기초의 결핍은 공통 영역이 있는 곳으로부터 명백해진다. 일반은총은 근본적 마음의 성향이 타락에 의해 영향을 받았다고 언급한다. 자연법은 그리스도인들과 비그리스도인들에게 공히 주어진 창조의 구조에 관련한다.

그러므로 세계관weltanschauung이라는 말에 공통 기초가 없는 반면, 어떻게 그런 세계관이 형성되었는 가에는 공통 기초가 있다. 그리스도인들과 비그리스도인들은 작업할 수 있는 같은 피조된 "재료"를 가지고 있다. 그리스도인들은 예배함으로 창조주를 확언하는 반면, 비그리스도인들은 창조자를 앎에도 불구하고 불의로 그를 억누른다.

『그리스도와 문화』Christ and Culture에서 클라스 스킬더Klaas Schilder는 다음과 같이 말한다.

> 타락 후 시간의 틀 안에서, 대조는 자연 안에서가 아니라 자연의 사용 안에서, 문화 안에서 불가피하게 되었다.[42]

---

[41] 불행하게도, 대조의 개념은 대다수의 다른 신학적 추정들과 마찬가지로 다양한 방향으로 이해될 수 있다. 한 쪽에서는 엄청난 혼란을 만들어 내고, 다른 한 쪽에선 근본주의자 도피주의자 그리스도인들을 만들어 냈다. 적어도 한 사람 네덜란드 개혁주의 사상가 Klaas Schilder가 일반은총이라는 용어에 도전했다. "진실로 문화 속에 '일반'은총(한 사람 이상을 위한 은총)이 있다. 그러나 모든 사람을 위한 우주적(혹은 일반적) 은총은 없다. 그러므로 Abraham Kuyper의 구성은 잘못됐다." Klaas Schilder, *Christ and Culture*, trans. G. van Rongen and W. Hleder (Winnipeg, MB: Premier Printing, 1977). Schilder는 신학자들이 일반은총에 대해 말할 때 보편적으로 의미하는 그런 일반은총을 인간의 전적 타락에 대한 하나님의 은혜로운 억제로 제한하면서, 하나님도 은혜로운 것이라고 추론될 수 없는, 택함 받지 못한 사람들에 대한 구속을 제한하고 계신다는 사실을 소홀히 한다. 신학자들은 일반은총을 타락한 인류에 대한 하나님의 억제 능력과, 약간의 경우에, 불신자들이 가질 수 있는 참된 통찰력의 순간들로 정의한다.

[42] Schilder, *Christ and Culture*, 47.

월터의 구조, 즉 창조된 것의 "본질"과 방향, "구조적 법령으로부터의 죄악 된 탈선" 혹은 "그리스도의 방향 안에서 갱신된 일치"의 구별이 여기서는 도움이 된다.[43] 성화된 마음은 "인간의 모든 활동 영역으로 퍼져간다."[44]

그리스도인들과 비그리스도인들이 이 세상의 같은 것들에 형이상학적으로, 존재론적으로 그리고 인식론적으로 접근하지만, 중생하지 못한 마음은 그러한 일들을 본래 의도되지 않은 방향에서 채택한다. 그들은 선한 피조물을 취하여 그들 자신이 상상한 우상을 만든다. 많은 개혁주의 그리스도인들은 이것을 갖고 비그리스도인이 하나님의 피조물을 진정으로 알 수 없다고 주장해 왔다. 그런 사상가 가운데 한 사람이 웨스트민스터 신학자요 철학자인 코넬리우스 반틸 Cornelius Van Til이다.

반틸은 『일반은총과 복음』 Common Grace and the Gospel에서 다음과 같이 쓴다.

> 신자와 불신자 모두 인식론적으로 자의식적이며 그 상태로 해석적 활동에 관련하게 되는데 그들은 어떤 사실도 공통으로 갖고 있다고 말할 수 없다. 그러나 다른 한편, 그들은 모든 사실을 공통으로 갖고 있다는 것이 반드시 주장되어야 한다. 둘 다 같은 하나님과 하나님이 창조하신 같은 우주를 다루고 있다. 둘 다 하나님의 형상을 따라 지음을 받았다. 간단히 말하면, 그들은 형이상학적 상황을 공통으로 갖고 있다. 인식론적으로는 공통으로 갖고 있는 것이 아무것도 없는 반면, 형이상학적으로는 양쪽 다 모든 것을 공통으로 갖고 있다.[45]

---

43 Wolters, *Creation Regained*, 88.
44 Wolters, *Creation Regained*, 91.
45 Cornelius Van Til, *Common Grace and the Gospel* (Nutley, NJ: Presbyterian and Reformed, 1972), 5. John Frame은 Van Til이 이 점을 분명하게 설명하기가 어려운 것을 인식하고 있었다는 것을 지적했다. *Introduction to Systematic Theology*에서 Van Til은 다음과 같이 쓴다. "우리는 비그리스도인들이 이 세상 지식에 관한 한 이 세상에 대한 참된 많은 지식을 가지고 있다는 것을 잘 의식한다. 그리고 우리가 비그리스도인들의 지식의 가치를 허용

이 불필요한 형이상학과 인식론 간의 분리가 많은 경우, 그리스도인들과 비그리스도인들 간의 진지한 대화를 허용하지 않았다. 물론, 반틸이 승인하지 않으려고 한 방향이다. 반틸의 추종자들 중 소수가 불신자들에게로부터 통찰력을 얻고자 하기보다는 중생하지 못한 마음에서 기인하는 모든 것과 전투한다는 유일한 목적을 위해 문화에 관여하는 경향을 갖고 있다. 그들은 대적하는 태도로 문화에 접근한다. 실로 이것이 대조와 일반은총 사이에 존재하는 긴장이다.

마우Mouw는 일반은총에 접근할 때, 그리스도인들은 "하나님이 인류를 대하시는 것의 관한 신비"에 속한 요소를 인식해야만 한다고 제안하고, 또, 이후에 다음과 같이 말했다.

> 개종하지 않은 사람들의 생각들과 행위들을 평가하는 것은 어쩌면, 철저한 의심은 아닐지라도, 우리가 신중한 해석학으로 생각하는 것을 가지고 결정해야 한다.[46]

넷째, 교회적 기능들과 정치적 기능들의 구별은 인간들에게 또한 모든 인간 활동에 쉽게 적용될 수 없다. 예를 들면, 칼빈은 『기독교 강요』제3권에서 나뉘어 있지 않는 (한) 인격 안에 뒤얽혀 있는 두 왕국의 기능성을 분

할 수 있고 또한 반드시 허용해야 한다는 의향도 있다. 이것은 항상 어려운 점으로 있어 왔다. 이것은 종종 이성과 연관하여 믿음에 대한 질문을 할 때 하나의 큰 혼동의 근원이다. 우리는 우리가 실제적으로 얻어진 그 상황에 대하여 전체적으로 어떤 만족할 만한 설명을 해 줄 수 없다는 것을 인정해야만 한다." Van Til, *Introduction to Systematic Theology* (Nutley, NJ: Presbyterian and Reformed, 1974), 26(『개혁주의 신학 서론』, CLC 刊). John Frame, "Presuppositional Apologetics," in *Five View on Apologetics*, ed. Steven B. Cowan (Grand Radips: Zondervan, 2000), 212와 John Frame, *Cornelius Van Til: An Analysis of His Thought* (Phillipsburg, NJ: P&R Publishing, 1995), 187-213을 보라.

46 Mouw, *He Shines*, 93.

명하게 설명한다.

> 사람 안에 이중적 치리가 존재한다고 생각해 보자.
> 첫째 측면은 영적인데, 그것으로 양심이 경건과 하나님을 경외함으로 교훈을 받는다.
> 둘째 측면은 정치적인데, 그것으로 사람은 마땅히 사람들 가운데 유지되어 왔을 인류애와 시민 정신의 의무들을 위해 교육을 받는다.
> 이것들은 통상 "영적" 관할권과 "일시적" 관할권 … 이라고 불렸다. 그것으로 의미하는 것은 전자 종류의 치리가 영혼의 삶에 관한 것이고, 반면 후자는 현재 삶에 대한 관심사들과 관계가 있다. 음식과 옷에 관한 것뿐만 아니라 사람이 다른 사람들 가운데에서 자기의 삶을 거룩하게, 명예롭게, 그리고 온건하게 살아갈 수 있는 법들을 입안하는 것과 같은 것들이다. 전자는 내적 마음 안에 거하는 것을 위한 것이고, 반면 후자는 밖의 행동만 통제한다. 하나는 우리가 영적 왕국이라고 부를 수 있고, 다른 하나는 정치적 왕국이라고 부를 수 있다.
> 이제 우리가 이 둘을 나누고 있는 것처럼 이 둘은 항상 분리해서 검토되어야만 한다. 하나가 고려되는 동안, 우리는 반드시 다른 것에 대해 생각하는 것으로부터 마음을 불러내어 다른 길을 가게 해야 한다. 사람 **안에** 두 세계가 있는데, 그 세계들 위에 다른 왕들과 다른 법들이 권위를 행사한다.[47]

이 문단의 시작과 마지막의 문장을 관찰해 보자.

"이중적 치리"가 "두 세계"와 "두 왕"과 "다른 법들"과 함께 한 사람 안에 거주하고 있고, 그것은 존재론적으로 분리될 수 없다. 전인^{즉, 몸과 영혼}으로서 구속 받은 그리스도인들은 일시적인 것을 통하여 영원한 것에 관계된

---

[47] *Institutes*, 3.19.15 (상조 추기됨)

것들을 한다.

"웨스트민스터 신앙고백서"조차 다음과 같이 확언한다.

> 하나님의 예배와 교회의 치리에 관하여, 인간 행동들과 사회들에 공통된 어떤 상황들이 있는데, 그것들은 자연의 빛에 의해 정해지도록 되어 있다.[48]

교회는 세속적인 것을 중재함 없이 그 사역즉, 적법하게 기능하는 것을 할 수 없다. 이것 때문에 카이퍼가 "특별은총은 일반은총을 전제한다"라고 주장할 수 있었다.[49]

벌코프Berkhof는 자신의 책 『조직신학』 *Systematic Theology*에 일반은총은 "죄인의 구원에 영향을 주지 않는다." "오히려 일반은총의 형태들"(예를 들면, 외적 소명과 도덕적 조명)이 "구속의 경륜과 밀접하게 연결되어 있고 구원론적 측면을 가지고 있다"[50]라고 말한다.

빈센트 바코트Vincent Bacote는 다음과 같이 말한다.

> 만일 일반은총이 없다면, 피조물은 이미 멸망했을 수도 있고, 아니면 최소한 삶의 조건들이 너무 무서워서 하나님의 교회가 어디에서도 뿌리를 내릴 곳을 갖지 못했을 것이다."[51]

일반은총이 없다면 특별은총은 타당성이 없다.

다섯째, 모든 문화적 활동들 안에 공통된 것의 사용은 모든 인간들을 하나님과 접촉하게 한다. 칼빈은 그의 요한일서 주석에서 다음과 같이

---

48 WCF, 1.6.
49 Bratt, *Abraham Kuyper*, 169.
50 Berkhof, *Systematic Theology*, 436.
51 Bacote, *Public Theology*, 98.

말한다.

> 그러므로 영원한 **빛**의 어떤 인식이 미치지 않는 사람은 아무도 없다.

이 점은 『기독교 강요』의 도입 부분에서도 마찬가지로 연구되었다.

> 눈을 어디로 돌리든지 우주 안에는 적어도 어느 정도의 영광의 불꽃조차 분별할 수 없는 곳은 없다. 한 번 보아서, 그 광활함 안에 있는, 이 가장 광대하고 아름다운 우주의 체계를 그 빛남의 한없는 힘에 완전히 압도됨 없이 측량할 수 없다. 히브리서의 저자가 우주를 보이지 않는 것들의 나타남히 11:3이라고 우아하게 부른 이유는 이 능란하게 정해진 우주가, 우리가 달리는 볼 수 없는 … 하나님을 묵상할 수 있는 우리를 위한 일종의 거울이기 때문이다. 진실로, 교양 과목들을 단숨에 끝내거나 맛본 사람들은 그것들의 도움으로 하나님의 지혜의 비밀들을 훨씬 더 깊이 꿰뚫는다.[52]

그러므로 소위 땅에 속한 영역에서조차 인간들은 영원한 것과 접촉할 수 있다. 예를 들면, 두 왕국론 측은 어쩌면 기독교적 학습에 대해 말하는 데 곤란을 겪을 수도 있다. 그러나 사람이 배움을 추구하는 것은 창조자의 예술성과 중요한 관계를 갖고 있다. 정당화의 무거운 짐이 지식과 도덕의 추구로부터 "기독교적"인 것을 제거하기를 원하는 사람들의 어깨 위에 놓여 있다. 모든 진리는 그리스도의 진리다.

그렇다고 하면 일반은총의 주제에 대한 신칼빈주의자들과 두 왕국론 신학자들 간의 차이는 무엇인가?

---

[52] *Institutes*, 1.5.1.52.

한편으로, 구별은 강조 중의 하나다. 후자의 신학은 대조와 일반은총을 온전히 이해하기 어렵게 만든다. 두 왕국론 측은 한 개인의 마음의 동기의 중요성, 한 개인의 종교적 핵심의 영향력을 경시하거나 일관성 없이 적용하는 것처럼 보인다.

『하나님의 두 왕국에서의 삶』*Living in God's Two Kingdoms*에서 반드루넨은 대조를 일관성 없이 적용시키고 있다. 대조에 대해 침묵하게 하는 것은 일반은총에 대해 상호적 효과가 있다. 일반은총은 공통되거나 자연적인 것으로 축소되는 것처럼 보인다. 하나님께 (대조적인) 반항을 함에도 불구하고 하나님에 의해서 비구속적 방법으로 복을 받은 사람에게 하나님이 주시는 것이 일반은총이다. 예를 들어, 문화적 산물에 있어서 사람의 종교적 동기가 고려될 필요가 없다고 말하는 것은 대조를 무시하거나, 온전히 이해하지 못하거나 부정하는 것이다.

만일 대조가 타당성이 없다면, 무엇 때문에 타락한 인류에 대한 하나님의 비구속적 은혜로움에 대해 말하는가?

다른 한편, 일반은총과 특별은총 간의 관계에 대해 논쟁하는 동안, 카이퍼는 (일반적인 그리고 구원하는) 은혜와 자연을 잘못 다룰 수 있는 가능성을 인지했다. 바코트는 다음과 같이 말한다.

> 그리스도의 중요성을 배타적으로 영적 영역으로만 여기면서, 은혜를 자연으로부터 구별할 때 문제가 발생한다.[53]

카이퍼는 다음과 같이 주장한다.

> 그리스도에 관해 숙고하면서, [사람들은] 배타적으로 속죄를 위해 흘린 피

---

53 Bacote, *Public Theology*, 99.

만 생각하고 몸을 위한, 가시적 세상을 위한 … 그리스도의 중요성을 고려하는 것은 거부한다. 이 방침을 택하므로 자신의 영혼을 위해 그리스도를 고립시키는 위험을 감수하고 세상 안에, 또한 세상을 위해 있는 자신의 삶은 자신의 기독교 종교에 의해서 통치를 받는 것이 아니라, 나란히 존재하는 것으로 본다.[54]

그 성향은 자연을 홀로 버려두기 위한 것이다. 자연은 그리스도인의 문화적 책임 속에 있을 자리가 없고 확실하게 하나님의 영원한 왕국의 부분이 아니다. 현대의 두 왕국론 신학은 하나님이 모든 피조물 위에 절대 주권적이시라는 사실을 반복함으로 이 궁지를 피해 보려고 노력하지만, 여전히 그리스도의 위치를 피조물의 근원으로서뿐만 아니라 피조물의 존재론의 지속적이고 빠뜨릴 수 없는 역학적 중심으로서 적절하게 언급하는 데는 실패한다. 그리스도가 없이 "자연"은 없다.

3. 결론

신칼빈주의의 교의들은 반드시 조심스럽게 고려되어야 한다. 진실로, 필자는 두 왕국론 사상가들이 특별히 영역 간의 한계들을 무시하는 경향이 있는 신칼빈주의와 관련된 많은 불일치들을 지적해 낸 것을 좋게 평가한다. 그러나 다시 말하지만, 이것이 신칼빈주의를 퇴거시키거나 개혁주의 공동체 안에서 그리스도와 문화와 왕국에 대한 논의를 중단할 이유는 아니다.

19세기 후반기에 신칼빈주의가 출현한 이래, 신칼빈주의는 카이퍼의 인도를 따라 개혁주의 사상의 완전한 함의들을 만족시키기 위해 노력해 왔다.

---

[54] Bacote, *Public Theology*, 99에서 Kuyper 인용.

칼빈주의는 사회와 문화를 위한 훨씬 더 영향을 끼치는 함의들을 갖고 있는데, 그 이유는 그 중심에 전체 우주 위에 미치는 하나님의 장엄한 권위, 죄에 대한 그리스도의 승리와 말씀 전파, 성례의 시행과 기독교적 사랑의 사역들을 통하여 복음의 빛을 비추는 그의 백성들의 반응을 당당하게 선포하기 때문이다.

예수님은 지상에서의 사역 기간 중 그의 제자들에게 왕국이 그들 가운데 있다고 말씀하셨지만, 그리스도인들은 여전히 계속하여 "주님의 나라가 임하시오며"라고 기도한다. 왕국은 현재와 미래 둘 다의 실체다. 그리스도인들로서 우리는 왕국을 기업으로 상속받았다.

그러므로 우리는 왕국의 시민들인데, 이 왕국은 참 왕이신 예수 그리스도가 오심으로 소개되었다. 이어지는 글들은 그리스도인들이 확신을 가지고 다가오는 왕국을 기다리면서 어떻게 현재 왕국의 삶을 살 수 있는지에 대한 통찰력들을 제공한다.

제1부

왕국의 통치와 법

제1장 적법한 질서로 만물의 회복:
　　　칼빈의 공공신학의 "두 왕국/자연법" 해석에 대한 평가
제2장 칼빈, 자연법, 두 왕국
제3장 헤르만 바빙크의 사상 속의 자연법과 두 왕국
　　　부록 1 실제로 "두 바빙크"가 존재했는가?
　　　부록 2 "기독교" 학교와 "기독교" 예술은 어떠한가?

제1장

적법한 질서로 만물의 회복
칼빈의 공공신학의 "두 왕국/자연법" 해석에 대한 평가

코넬 베네마 Cornel Venema 박사

이 해석의 주동 옹호자들 중 하나인 데이비드 반드루넨이 "두 왕국/자연법"의 개혁주의적 사회 사상의 해석을 변호하면서 존 칼빈 John Calvin 의 신학에 호소하고 있는 것은 놀라운 일이 아니다.[1] 최근 칼빈신학 해석자들은 칼빈이 개혁주의 전통의 유일한 원천이 아니라는 것을 인정하지만, 논하자면 그는 여전히 가장 중요하고 영향력 있는 인물들 중 하나로 남아 있다.

두 왕국/자연법 입장의 옹호자들은 이것이 16세기와 17세기를 지배하던 초기 개혁주의적 정통성의 패러다임이었다고 주장하고 있기 때문에, 칼빈신학이 이 주장을 위한 중요한 증거의 하나로 제시되는 것은 놀라운 일은 아니다.[2]

---

1 David VanDrunen, *Natural Law and the Two Kingdoms: A Study in the Development of Reformed Social Thought* (Grand Rapids: Eerdmans, 2010), 67-118을 보라. idem, "The Two Kingdoms: A Reassessment of the Transformationalist Calvin," *CTJ* 40, 2 (2005): 248-66; idem, "Medieval Natural Law and the Reformation: A Comparision of Aquinas and Calvin," *American Catholic Philosophical Quarterly* 80, 1 (2006): 77-89; idem, "Calvin, Kuyper, and 'Christian Culture,'" in *Always Reformed: Essays in Honor of W. Robert Godfrey*, ed. R. Scott Clark and Joel E. Kim (Escondido, CA: Westminster Seminary in California, 2010), 135-53.

2 본 장 전체에서 필자는 **두 왕국/자연법**이라는 표현을 VanDrunen이 "자연적" 왕국과 "영적" 왕국이라고 부른 것 사이의 구별에 대해, 그리고 그가 자연적 왕국에서 인간들의 행동은 주로 자연법에 의해 다스려진다고 주장하는 것에 대해 언급하는 속기의 방법으로

두 왕국/자연법의 관점을 위한 사례가, 개혁주의 공공신학의 구성에 기초가 되는 적절한 성경적 자료에 대한 고려를 포함시킨다 하더라도, 반드루넨과 이 관점의 다른 옹호자들은 독특하게 개혁주의적인 공공신학의 개발에 있어서 칼빈의 역할에 특별한 중요성을 부여한 역사적 사례를 제시한다.[3] 그러므로 두 왕국/자연법 입장에 대한 어떤 평가든 가장 중요한 차원의 하나는 이 입장을 옹호하는 역사적 사례들에 대한 평가이어야 하고, 특별히 칼빈의 공공신학에 대한 그 해석이어야 한다.

본 장의 목표는 칼빈의 공공신학에 대한 반드루넨의 두 왕국/자연법 해석이 타당한지의 여부를 평가하는 것이다. 칼빈의 공공신학의 복잡성 때문에 이 생각에 관련된 두 왕국/자연법 해석을 위한 역사적 사례에 대한 필자의 평가는 이 주제에 관한 많은 이차적 저서들에 대해 언급하지 않고, 오직 서론적인 것으로만 될 것이다.

칼빈의 공공신학에 대한 철저한 검토는 그의 『기독교 강요』, 주석들, 설교들을 포함하는 그의 주요 신학적 저서들만 요구하는 것이 아니라, 칼빈의 실천에 대한 고려도 요구한다.

스위스 제네바에 있던 교회의 중요한 개혁자로서 사회적이고 문화적인 질문들에 대하여 무수하게 칼빈이 언급했던 방법에 관한 어느 정도의 숙고가 없이 칼빈의 입장에 관해 결론들을 이끌어 낸다는 것은 거의 불가능하다. 그리고 그러한 질문들에 대해 그의 긴 사역 과정 전반에 걸쳐 언급했던 방법에 대한 분석 없이 공개된 장소에서의 기독교 복음에 대한 칼빈의

사용한다. 그러므로 이 표현을 사용할 때, 필자가 VanDrunen이 사연법을 가지고 두 왕국을 동등시 한다고 제안하는 것은 아니다.

3 두 왕국/자연법 견해를 위한 성경적 사례의 요약에 대해서는 다음을 보라. David VanDrunen, *A Biblical Case for Natural Law* (Grand Rapids: Acton Institute, n.d.); idem, *Living in God's Two Kingdom: A Biblical Vision for Christianity and Culture* (Wheaton, IL: Crossway, 2010).

주장들에 대한 이해를 정확하게 반영한다는 것도 불가능하다. 그럼에도 필자는 본 장에서 두 왕국/자연법 관점의 주요 요소들에 대한 평가를 시도할 것이다.

이 목적을 달성하기 위해 필자는 특별한 주의를 요하는 칼빈의 입장의 세 가지 특징을 따라 칼빈의 공공신학에 대한 반드루넨의 해석을 간단히 요약함으로 시작할 것이다.

첫째, 칼빈의 "두 왕국"에 대한 견해, 혹은 필자가 선호하는 표현으로, "그리스도의 이중 통치"다.
둘째, 특별히 성경에서 발견되는 하나님의 특별계시와 연관된 자연법에 관한 칼빈의 견해다.
셋째, 창조와 구속에서의 하나님의 사역들에 대한 상호 관계 및 통합에 대한 칼빈의 개념이다.

비록 필자는 가끔 칼빈의 공공신학의 모호성을 인정할 것이지만, 필자의 지론은 반드루넨의 두 왕국/자연법 해석이 칼빈의 공공신학에 대한 만족할 만한 설명을 제공하지 않는다는 것이다. 칼빈의 사회적 사고 속에는 반드루넨이 칼빈의 두 왕국 신학을 특징지을 때 상정한 것보다 훨씬 더 통합되고 일관성 있는 삶의 모든 영역에서 예수 그리스도의 주 되심에 대한 견해가 제시되어 있다.

나아가서, 필자는 반드루넨이 칼빈이 하나님의 뜻의 계시를 이해함에 있어서 자연법으로 말미암는 것과 더 온전하고 명백한 성경의 빛으로 말미암는 것 간의 간격을 너무 예리하게 나누고 있다고 주장할 것이다.

칼빈은 구속을 창조에 덧씌우거나 추가한 것으로 보기보다는, 하나님의 주권적 주 되심 아래 또한 창조와 구속 사역 모두의 중보자로서 그리스도의 직분을 통한 만물의 적절한 질서의 회복으로 보기 때문이다.

1. 칼빈에 대한 반드루넨의 "두 왕국/자연법" 해석의 개요

칼빈에 대한 반드루넨의 해석에 따르면, "두 왕국"과 "자연법"의 주제는 칼빈신학에서 두 가지 종합적이고 근본적인 원리들을 제시한다. 칼빈을 인간의 삶의 모든 영역에서 예수 그리스도의 우주적, 구속적 왕 되심의 지지자로서 보는, 칼빈의 공공신학에 대한 공통된 신칼빈주자의 제시에 반하여, 반드루넨은 칼빈이 시민 혹은 자연 왕국과 교회적 왕국을 예리하게 구별한다고 주장한다.

예수 그리스도의 구속적 주 되심 아래 인간의 삶과 문화의 모든 영역에서의 변화를 옹호하는 신칼빈주의자의 비전이 종종 칼빈을 동등하게 선택해 온 반면, 반드루넨은 칼빈이 실제로 이 두 왕국 사이에 예리한 분리의 선을 그었다는 입장을 유지한다. 시민 왕국에서 그리스도의 왕 되심은 그의 직분을 피조물의 중보자와 비교회적인 인간 사회와 문화의 영역 위에 섭리적 주권자로서 표현한다.

반대로, 교회적 왕국에서 그리스도의 왕 되심은 그의 직분을 구속의 중보와 교회의 머리로서 표현한다. 칼빈은 그의 두 왕국 신학의 틀 안에서, 시민 왕국 안에 있는 인간의 행위에 대한 표준으로 자연법에, 그리고 교회 왕국 안에 있는 그리스도인의 행위에 대한 표준으로 성경에 호소한다. 그리스도의 왕국의 변혁자의 견해를 옹호하는 것과는 거리가 멀게, 칼빈은 자연 왕국 안에서는 삶의 일반적 혹은 세속적 접근을 옹호했고, 오직 교회의 영역 안에서만 특징적으로 기독교 문화를 옹호했다.

1) 칼빈의 두 왕국에 대한 교리

반드루넨은 칼빈의 『기독교 강요』에 나오는 시민 왕국과 교회 왕국 사이를 예리하게 구분 짓는 구절들을 인용하여, 그것들을 구분하는 세 가지 중요한 속성들을 밝히고 있다.

> 그리스도 왕국의 세 가지 속성들은 그 왕국의 구속적 성격, 영적 혹은 천상적 정체성, 그리고 교회 안에 있는 현재의 제도적 표현이다. 시민 왕국의 세 가지 속성들은 그 왕국의 비구속적 성격, 외적 혹은 지상적 정체성, 그리고 (비록 배타적이지는 않지만) 국가 통치 안에 있는 현재적 표현이다.[4]

칼빈신학에서 두 왕국의 구분은 창조의 중보자로서 그리스도의 직분과, 구속의 중보자로서 그리스도의 직분 사이의 구분과 부합한다. 비록 칼빈이 예수 그리스도의 우주적 주 되심을 인정하더라도, 그는 창조의 중보로서 하나님의 아들의 비구속적 통치와, 구속의 중보자로서 그리스도의 구원의 통치 사이의 차이를 유지한다.

구속적 왕국 안에서 그리스도는 신자들의 마음 안에서 영적인 방법으로 통치하고, 신자들의 순종은 그리스도인의 자유의 차원의 하나로 그것은 값없는 칭의의 복음의 열매의 하나다.[5]

신자들이 교회의 영적 관할권 내에서 자유롭게 그리스도를 섬기는 반면, 모든 인간들, 즉 신자들과 불신자들 모두 마찬가지로 시민적 혹은 자연적 관할권에 복종해야 하는데 그 안에서 그리스도는 자연법의 요구를 수단으로 하여 외적인 행동을 강요한다.

나아가서, 영적 왕국은 천상적 정체성을 갖고 있다. 그것은 영혼과 신자들의 삼위일세 하나님과의 구속적인 관계에 대한 관심들을 보여 준다. 시민적 혹은 자연적 왕국은 반대로, 신자들과 불신자들 모두에게 마찬가지로 지상적이고 자연적인 삶에 관계된다. 그들은 하나님의 섭리와 하나님의 일

---

[4] VanDrunen, *Natural Law and the Two Kingdoms*, 73.

[5] VanDrunen, *Natural Law and the Two Kingdoms*, 73.

반 혹은 보편적 은혜의 역사로 유지되는 자연법의 관할권 아래 있는 피조물들로서 계속하여 살고 있다.

비록 반드루넨은 인간 삶의 어떤 측면들이 구속적이고 비구속적 왕국들에 해당되는지를 종합적으로 밝혀내지 않았지만, 그는 구속적 왕국이 제도적 교회에 부합하고 비구속적 왕국이 다른 모든 인간의 삶과 문화를 포함한다고 제안한다. 비록 자연적 또는 시민적 왕국이 그 주요 제도적 표현을 국가 통치에서 찾는다 하더라도, 그것은 몸과 현재 세상 안에 있는 생명과 관계된 모든 것 역시 포함한다.[6]

창조된 질서 가운데 있지만 적절하게 제도적 교회의 소명과 관련되어 있지 않은 인간 삶의 모든 특징들은 시민 왕국에 속한다. 현세에 관한 한, 그리스도의 구속의 왕국의 임재는 교회로 제한되어 있다. 영적이고 교회적 왕국의 시민들로서 신자들은 구속의 왕국의 종말론적 성취가 세상 끝 날에 있을 그리스도의 강림을 기다린다는 것을 아는 순례자들이다. 신자들은 두 왕국, 즉 교회적 왕국과 시민적 왕국의 시민들이다.

그러하기에 그들은 시민 왕국 안에 있는 생명을 "구속할" 의무 아래 있지 않다. 오히려, 신자들의 소명은 그들의 독특한 정체성과 독특한 표준을 따라 이 두 왕국 안에서 합당하게 사는 것이다.

2) 자연법에 대한 칼빈의 교리

반드루넨의 평가에 따르면, 두 왕국에 대한 칼빈의 교리는 논쟁이 되었던 자연법에 대한 칼빈의 견해를 적절하게 이해하기 위한 틀을 제공한다. 칼빈신학의 해석 역사에, 그의 자연법 교리에 대한 이해와 사용에 관하여 많은 논의가 있어 왔다. 반드루넨에 의하면, 칼빈의 자연법 교리에 관한 논

---

[6] VanDrunen, *Natural Law and the Two Kingdoms*, 79.

의의 해결안은 오직 그의 두 왕국 교리의 배경 안에서 놓일 때만 찾아질 수 있다.

칼빈은 자연법을 하나님의 피조물과 그의 형상을 지닌 자들로서의 인간들을 위한 하나님의 뜻의 표현의 하나로서 확증했던, 기독교 신학의 오랜 전통을 밀접하게 따르고 있을 뿐만 아니라, 자연법 교리를 자연 왕국 안에 있는 인간들의 소명과 밀접하게 연결시키고 있다.

반드루넨은 다음과 같이 주장한다.

> 칼빈의 자연법 교리와 그의 두 왕국 교리를 상호 관련시키는 것은 자연법에 대한 그의 진술들의 일견 부조화되는 듯한 긴장들을 화해시키는 데 크게 도움이 되고 그것으로 중세 전통과 비교할 때 그 독특성의 핵심적 측면의 하나가 증명된다.[7]

자연법으로 말미암아 하나님의 뜻과 목적을 아는 자연적 지식에 대한 칼빈의 긍정을, 하나님이 특별계시를 통해서만 적합하고 온전하게 알려질 수 있는 그의 주장과 불일치하는 하는 것으로 보는, 칼빈신학에 대한 신정통주의 해석에 반하여, 칼빈은 자연법으로 말미암는 하나님의 뜻에 대한 지식뿐만 아니라 특별계시로 말미암는 구속주로서의 하나님의 뜻에 대한 지식을 분명하게 확증한다.

게다가, 비록 타락 후 죄에 빠져 자연법의 요구를 행함으로 하나님의 은

---

[7] VanDrunen, *Natural Law and the Two Kingdoms*, 95. VanDrunen은 자신의 글, "The Context of Natural Law: John Calvin's Doctrine of the Two Kingdoms"에서 이 주장에 대한 장황한 변호를 제공한다. VanDrunen에 의하면, 자연법의 역할에 대한 Calvin의 부정적 평가는, 자연적 왕국에서가 아니라, 영적 왕국에서 그것의 사용에 관한 것이다. 비록 죄악된 인간들이 자연법에 순종하는 것에 기초하여 하나님의 은총을 획득할 수는 없지만, 자연법의 표준에 의거하여 자연적 왕국 내에서 비교적 의로운 방법으로 그들의 삶을 정돈할 수 있다.

총을 발견할 수 없는 인간들의 무능력을 칼빈이 강조하지만, 그럼에도 그는 인간들이 자연 왕국의 영역 내에서 자연법이 요구하는 것을 알고 외적으로 행할 수 있다고 확증한다.

반드루넨은 칼빈의 자연법 교리를 다룰 때, 장기간 계속되어 온 기독교 신학의 교의와 상당한 연속성을 보여 오고 있는 칼빈의 자연법의 이해를 요약하는 것으로 시작한다.

칼빈의 경우, 자연법은 하나님의 형상을 지닌 인간들에게 그의 도덕적 뜻을 계시하고, 인간 양심의 역량이 선악 간에 판단할 수 있는 기초를 형성한다. 칼빈은 창조주이신 하나님의 자연적 지식에 대한 자신의 일반적 강조와 일관되게 하나님의 형상을 지닌 자들이 자연법과 양심의 증언을 통하여 하나님의 도덕적 뜻을 알 수 있다고 가르쳤다.[8]

비록 자연법이 구속주로서의 하나님의 뜻과 목적에 대한 지식을 전혀 제공하지 않더라도, 그것은 "모든 사람에게 즉시로 다가갈 수 있는," 하나님에 대한 자연적 지식에 대한 전형적인 로마 가톨릭 옹호자인 성 토마스 아퀴나스 St. Thomas Aquinas가 인정했던 것보다 "훨씬 더 큰 양의 구체적인 도덕적 지식"을 제공한다.[9] 하나님의 도덕적 특성에 뿌리를 내린, 자연법의 도덕적 내용은 모세의 십계명에 반복되어 있고 그의 피조물을 위한 하나님의 거룩한 뜻을 표현하는 도덕적 의무들을 드러내고 있다.

칼빈이 자연법에 관해 장기간 계속되어 온 중세의 강조를 밀접하게 따르는 동안, 반드루넨은 그 역시 그의 중세적 선임자들보다 더 "죄의 엄중한 효과와 결과적으로 따르는 초자연적 계시의 필요"를 강조했었다는 것을 인정한다.[10] 비록 많은 칼빈의 해석자들이 인간의 죄성으로 말미암는 부패로 인한

---

8   VanDrunen, *Natural Law and the Two Kingdoms*, 100.
9   VanDrunen, *Natural Law and the Two Kingdoms*, 102.
10 VanDrunen, *Natural Law and the Two Kingdoms*, 105.

자연법의 부적합성을 칼빈이 강조하는 것으로부터 자연법이 타락 후에 인간의 삶을 정돈하는 데 긍정적인 역할을 하는 것이 없다고 결론을 내리더라도, 칼빈은 시민 왕국 내에서 자연법의 계속되는 역할을 확언할 수 있었다.

> 칼빈은 놀랍게도 시민 왕국 안에서의 삶에 대한 그의 논의에서는 (다양한 문화적 성취들의 형태에서) 자연법에 긍정적 효용성을 돌리고, 영적 왕국 안에서의 삶에 대한 그의 논의에서는 일관성 있게 (모든 사람이 자기들의 죄에 대하여 핑계할 수 없이 남겨진 형태에서) 자연법에 부정적 효용성을 돌렸다. 자연법의 효용성에 대한 칼빈의 다른 평가들은 지적인 일관성 없음의 결과가 아니고, 자연법이 심지어 이방인들에게조차 훌륭한 법을 만들고 시민 왕국 안에 다른 사회적 선을 생산해 내는 것을 허용하지만, 그것이 사람들 속에 영적 왕국의 영역인 천상의 축복을 획득하기 위한 영적 선을 생산하는 데는 완전히 무능하다는 그의 관점에 속한 것이다.[11]

그러므로 반드루넨의 자연법에 대한 칼빈의 교리의 해석에서, 장기간 계속되는 칼빈의 관점의 일관성에 관한 해석의 질문의 얼마는 해결안이 이미 명백하게 드러난다. 비록 칼빈이, 하나님의 은총으로 받아들여질 수 있는 근거로서 율법이 요구하는 것을 이행할 수 없는 인간의 죄성과 무능력을 강조함으로, 교회의 영적 왕국 내에서 자연법의 긍정적 효용과 역할을 부인하더라도, 자연 혹은 시민 왕국 내에서 자연법의 남아 있는 효용과 긍정적 역할은 확실히 시사한다.

칼빈의 많은 해석자들이 어떻게 칼빈이 동시적으로 자연법과 그 긍정적 역할을 확언함과 동시에 인간들이 죄인들로서 자연법에 순종하는 것을 근거로써 하나님께로 받아들여질 수 있다는 것을 부인하는지를 이해하지 못

---

11 VanDrunen, *Natural Law and the Two Kingdoms*, 110-11.

하는 것은 그 해석자들이 이 밀접한 상호 관계를 보지 못하는 데서 기인한다. 두 왕국에 대한 칼빈의 교리는 칼빈의 관점의 일관성 있는 설명을 제공하고 그의 사고 속에 있는 이 명백한 불일치에 대한 해결안을 공급한다.

> 칼빈의 입장에서 죄인은 이성과 자연적 지식을 사용함으로 지상의 것들의 영역, 즉 시민 왕국 안에 있는 것들에서 훌륭한 것들을 얻을 수 있다. 반대로, 죄인은 이성과 자연적 지식을 사용함으로써, 구원과 영생에 대한 지식, 즉 그리스도의 천상 왕국의 지식에는 접근하는 것조차 시작할 수 없다. 그러므로 칼빈에 의하면 자연법은 지상의, 시민 왕국의 삶에 긍정적 기능을 가지고 있다.
>
> 그러나 … 자연법은 영적인 것들과 그리스도의 천상 왕국에 관해서는 부정적 기능만을 가지고 있다. 거기서 자연법은 단순히 사람들에게 그들의 죄를 선고하고 무지에 대한 모든 구실들을 그들로부터 박탈하는 역할을 한다.[12]

반드루넨에 의하면, 칼빈의 두 왕국/자연법의 공공신학은 구속적 영역 혹은 영적 왕국을 구성하는 교회의 독특한 소명들의 분명하고 강권적인 비전과 일반 혹은 세속적 영역을 구성하는 자연 왕국의 소명들의 분명하고 강권적인 비전을 제시한다. 영적 왕국을 다스리는 법과 표준은 성경에 있는 하나님의 구속적 계시이고, 반면 시민 왕국을 다스리는 법과 표준은 하나님의 형상을 지닌 모든 인간들이 알게 된 하나님의 자연법이다.

---

12 VanDrunen, *Natural Law and the Two Kingdoms*, 112-13.

2. 칼빈의 "두 왕국/자연법" 해석에 대한 평가

칼빈신학에 대한 반드루넨의 두 왕국/자연법 해석을 평가하기 위해, 우리는 칼빈신학에서 세 가지 광의적 주제들을 고려할 필요가 있다.

첫째 주제는 칼빈이 만든, 영적 왕국과 자연적 왕국 간의 구분이다. 반드루넨이 칼빈의 이 왕국들 간의 구분에 주목하도록 요청한 것은 확실히 옳은 일이다. 그러나 반드루넨이 주장하고 있는 것처럼, 칼빈이 그것들을 우선적으로 두 가지 구별된 영역들이라는 용어들로 보았는지, 또는 제도적 교회와 영적 왕국을, 또한 인간의 삶과 문화의 남아 있는 것을 자연 왕국과 분명하게 일치시키고 있는지는 두고 보아야 할 것으로 남아 있다.

칼빈이 다른 모든 인간 행위의 측면들과 구별하여 교회의 삶과 사역에 특징적인 "기독교적" 행위로 제한시키기 위해 이 구분을 사용하고 있는가?

둘째 주제는 반드루넨이 창조의 중보자로서 자연법을 통하여 그리스도가 다스리고 있다는 자연 왕국과, 구속의 중보자로서 성경에 규정된 것처럼 도덕법을 통하여 그리스도가 다스리신다는 영적 왕국 간에 가정하고 있는 엄격한 상호 관계다.

셋째 주제는 반드루넨이 칼빈신학의 해석에서 부적절하게 인정하고 있는 것인데, 말하자면, 창조주로서 또한 구속주로서의 하나님의 목적과 사역 간에 칼빈이 강조하고 있는 관계다.

칼빈은 어떻게 창조와 구속에서 하나님의 목적들 간의 관계를 이해하는가?

반드루넨의 칼빈신학 해석에서 구속주로서의 그리스도의 사역은 자연 왕국 안에 있는 창조 혹은 인간의 삶의 질서에 미미하거나 직접적 관계가 없는 일종의 영적 갱신의 덮어씌움 혹은 더 고차원적 층으로 간주되었다. 그리스도의 구속적 왕국은 자연 왕국 내에 있는 인간의 삶과 행위의 현재적 질서의 재정리를 위해서는 아무런 직접적 함의를 갖고 있지 않다. 그러나 칼빈의 창조와 구속 간의 관계의 개념에는 인간의 죄와 불순종의 결과들을 반전시키고 모든 피조물을 적합한 질서로 회복시키기 위한 하나님의 구속의 목적에 대한 분명한 확언이 있다.

1) 칼빈의 그리스도의 "이중 통치"에 대하여

칼빈의 『기독교 강요』에는 그리스도의 자연 왕국과 영적 왕국 간의 구별을 짓는 두 구절이 나오는데, 그것이 반드루넨이 칼빈의 공공신학을 해석하는 데 중요한 기초를 형성한다.[13]

이 구절들의 첫 번째는 『기독교 강요』 3.19.15에 나타나는데, 그것은 믿음과 성령의 역사로 그리스도께 연합된 신자의 삶에 나타나는, 그리스도의 구원하는 사역의 이중 혜택을 묘사한다. 믿음으로 말미암는 그들과 그리스도의 연합의 덕으로 신자들은 거저 주시는 칭의의 은혜와 하나님께 열납됨을 누리는데, 그것은 하나님의 법에 순종하여 행해진 행위들에 기초한 것이 아니라 죄의 용서와 그리스도의 의의 전가에 기초한 것이다.

거저 주시는 칭의 은혜에 불가분리적으로 연합된 것은 그리스도와의 연합의 두 번째 혜택인데, 중생의 은혜 혹은 성령이 신자들을 하나님의 형상으로 갱신시키시고 하나님의 도덕법에 순종하게 하시는 수단으로서의 회개다. 신자들이 믿음으로 그리스도와 연합될 때, 그들은 동시적으로 하나님의 재판대 앞에서 거저 주시는 칭의와 그리스도의 영으로 말미암는 그들의 삶의 성화의 "이중 은혜"*duplex gratia*를 누린다.[14] 칼빈은 거저 주시는 칭의

---

13 VanDrunen은 Calvin의 *Institutes*에 있는 이 핵심 구절들에 추가하여 칼빈의 롬 13:1의 주석과 그의 *Institutes*, 2.2.13에 나오는 "지상의" 것들과 "천상의" 것들 간의 광범위한 구별에 호소한다. VanDrunen, *Natural Law and the Two Kindoms*, 76-77를 보라.

14 칼빈의 "하나님의 이중 은혜"의 이해에 대한 총체적 논의는 Cornelis P. Venema, *Accepted*

의 교리의 확대된 논의를 마무리 지으면서, "칭의의 부록"으로 그리스도인의 자유를 주제로 삼는다.[15]

칼빈에 의하면, 그리스도인의 자유는 세 부분으로 되어 있다.

첫째, 기독교 신자들은 율법의 정죄로부터 자유하다. 이는 하나님이 그들을 받아들이심이 오직 은혜롭게 그들에게 전가된 예수 그리스도의 의에만 견고하게 기초하고 있기 때문이다.

둘째, 기독교 신자들의 양심은 율법의 요구들을 순종하는 데 자유하다. 이는 "율법의 필연성에 의해 강요된 것으로서가 아니라," 불완전한 그대로, 하늘에 계신 그들의 아버지를 즐거움으로 그리고 감사함으로 기쁘게 해 드리기를 추구하는 사람들로서 그러하다.

기독교 신자들의 삶은 그리스도 안에 있는 거저 주시는 칭의에 기초하여 자유로운 순종과 순종하는 자유가 된다. 율법은 사람을 종으로 만드는 "멍에"로서 기능하기보다 신자들의 마음에 법을 쓰시는 성령에 의해 생기를 얻어, 그리스도인의 감사의 규범으로서 기능한다.

셋째, 그리스도인들은 하나님의 율법이 하나님의 선한 은사들의 사용을 요구하지도 금하지도 않는 "무관심한"indifferent, *adiaphora* 주제들에 관하여 자유하다.

칼빈은 기독교의 자유의 세 부분 모두가 본성적으로 "영적"이라고 관찰한다. 신자들의 양심은 심판과 정죄의 두려운 전망으로써 순종하도록 강요당하지 않는다. 오히려, 그들을 위한 그리스도의 사역에 기초하여 하나님

---

and Renewed in Christ: The "Twofold Grace pf God" and the Interpretation of Calvin's Theology (Göttingen: Vandenhoeck & Ruprecht, 2008)을 보라.

15 *Institutes*, 3.19.1.

께 거저 그리고 은혜롭게 받아들여진 신자들은 기쁨과 즐거움으로 선한 양심으로부터 하나님의 계명들을 순종하고 성령에 의해 하나님을 기쁘게 하는 삶을 살 수 있는 능력을 받았다.

칼빈은 얼마의 사람들이 신자들의 양심의 자유가 남자든 여자든 인간의 법들이나 제도들이 무엇이든 간에 거기에 순복할 의무가 없다는 것을 암시한다고 부당하게 주장한다는 것을 주목하면서 그리스도인의 자유에 대한 이 세 부분의 장황한 논의를 결론 내린다.

비록 칼빈은 하나님을 예배하고 섬기는 것에 관해 로마 가톨릭이 신자들의 양심에 강요하는 것같이 교회 제도들이 하나님 앞에서 신자들의 양심을 구속할 수는 없다는 것을 인정한다 해도, 신자들의 자유가 국가 위정자나 주법에 순종하는 것으로부터의 자유를 수반하는 것은 아니라고 적었다. 비록 칼빈이 누구의 입장을 반대하려고 의도했는지를 명백하게 확인하지는 않았지만, 그는 분명히 재세례파가 국가 통치의 법들에 순종할 그리스도인의 의무를 부인한 것에 반박할 의도가 있었다.[16]

그리스도인의 순종에 관해 합법적 국가 위정자의 주장을 부인하는 "선동적" 함의들을 반박하기 위해, 칼빈은 영적 및 시민적, 두 종류의 치리 관할 혹은 정부 간의 구별을 제공한다.

> 그러므로 우리 중 아무도 그 돌에 걸려 넘어지지 않도록, 우리가 먼저 사람에게 이중 통치 *duplex est in homine regimen*가 있다는 것을 고려하자.

---

[16] 이것은 롬 13:1에 대한 Calvin의 주석에서도 증명된다. *Comm. Rom.* 13:1, *CNTC* 8.280을 보라. "그리스도의 왕국은 모든 지상의 권세들이 폐지될 때 비로소 합당하게 높임을 받고, 그들이 인간적인 모든 종의 멍에들을 떨쳐 버리면 비로소 하나님이 그들에게 주신 자유를 누릴 수 있다고 믿는 얼마의 불안정한 심령들은 항상 있다." 이 구절에 대한 Calvin 주석의 더 자세한 논의는, Richard A. Muller, "Calvin, Beza, and the Exegetical History of Romans 13:1-7," in *Calvin and the State*, ed. Peter De Klerk (Grand Rapids: Calvin Studies Society, 1993), 139-70을 보라.

첫째, 영적 *spirituale* 통치가 있다. 그것으로 양심이 경건과 하나님을 경외하는 가운데 가르침을 받는다.

둘째, 정치적 *politicum* 통치가 있다. 그것으로 사람은 사람들 가운데 반드시 유지되어야만 하는 인간의 의무와 시민 정신을 위해 교육 받는다.

이것들이 일반적으로 "영적" 그리고 "일시적" 관할권 *iurisdictio spiritualis et temporalis* 으로 불려지고 있는데(부적당한 용어들은 아니다), 그것에 의해 의도된 것은 전자의 종류의 통치는 영혼의 삶에 관계되는 반면, 후자는 음식과 의복에 관한 것뿐만 아니라 사람이 다른 사람들 가운데서 거룩하게, 명예롭게, 일시적으로 살게 하는 법들을 제정하는 것과 같은 현세의 관심사와 관계가 있다.

이는 전자가 속마음 안에 자리하고 있는 반면, 후자는 오직 외적 행동만 규제하기 때문이다. 하나를 우리가 영적 통치라고 부른다면, 다른 것은 정치적 통치 *regum spirituale ... regum politicum* 라고 부를 수 있다. 이제 우리가 이 둘을 나누고 있는 것처럼, 이 둘은 항상 분리해서 검토되어야만 한다. 그리고 우리는 하나를 숙고하는 동안 정신이 다른 것을 생각하지 않도록 불러내고 돌아오게 해야 한다.

말하자면, 사람 안에는 두 개의 세계가 있으며, 각 세계 위에 다른 왕들과 다른 법들이 권위를 갖고 있다. 이 구별을 통하여 우리가 마치 그리스도인들은 그들의 양심이 하나님 보시기에 자유로워졌다는 것 때문에 외적 정부에 관하여 인간의 법들에 덜 복종해도 되는 것처럼, 또한 마치 그들은 영을 따라 자유하기 때문에 모든 육체적 예속에서 해방된 것처럼, 영적 자유에 긴힌 복음의 가르침을 정치적 질서에 잘못 적용하게 되는 일이 일어나지 말아야 한다.[17]

두 왕국에 대한 이 장문의 구절에, 조심스럽게 주목되어야 할 필요가 있

---

17 *Institutes*, 3.19.15 (*OS* 4.294)

는, 칼빈의 입장에 대한 여러 가지 특징들이 있다.

첫째, 이 구절에서, 하나님의 "영적" 왕국과 "정치적" 왕국 간의 구별과 함께, 주된 강조는 하나님이 신자들의 품행을 다스리는 방법에 관한 것이다. 하나님의 영적 통치에서 신자들은 하나님의 율법의 요구들에 자유롭게 그리고 내적으로 복종하는데, 하나님의 은총을 획득하기 위한 수단으로서가 아니라 감사에서 우러난 헌신의 한 표현으로서 그러하다.

하나님의 시민적 또는 정치적 통치에서 모든 시민 공동체의 성원들은 외적으로 정치적 왕국의 법들에 순종할 의무가 있는데, 그것은 공적 질서와 평화를 유지하기 위해 기능한다. 국가 위정자에게 순종하는 것은 의무이지만 양심이나 하나님의 은총을 획득하기 수단으로서의 이유가 아니라 칼빈이 어디에선가 하나님의 율법의 "시민적 효용"이라고 한 말의 이유로 인한 것이다.[18]

둘째, 칼빈의 두 종류의 관할권 또는 통치에 대한 강조에 일관하여, 칼빈의 "두 왕국"의 언어는 하나님의 형상을 따라 새로워지고 하나님의 통치에 순복하는 신자들의 품행을 다스리는 하나님의 이중 통치에 관하여 두 개의 구별된 영역들이나 세계들이라고 말하지 않는다.

비록 칼빈이 의심의 여지없이 하나님의 이중 통치의 개념을 수단으로 하여 교회와 국가 제도들 간의 구별을 목적으로 삼았다 하더라도, 이 이중 관할권이 반드루넨이 고수하고 있는 것처럼, 한편으로는 제도적 교회, 또 다른 한편으로는 다른 모든 제도들과 인간 삶의 측면들, 특별히 국가라는 두

---

[18] *Institutes*, 2.7.10-11 (*OS* 3.335-36)을 보라. 거기서 칼빈은 법의 "시민적" 효용을 그 첫 번째 또는 "교육적" 효용으로부터 신자들을 위한 감사의 원리로서의 그 세 번째 또는 "주된" 효용으로 구별한다. Calvin에 의하면, 그 "두 번째 기능"(*secundum officium*)에서 율법이 "율법의 가공스러운 위협들을 들음으로 강요되지 않는 한 바르고 옳은 것에 대해 전혀 신경을 쓰지 않는 어떤 사람들"을 억제한다.

총체적 영역이 깔끔하게 분리될 수 있다는 것이 즉시로 명백해지는 것은 아니다.

반드루넨이 "두 왕국"이라는 칼빈의 언어를 마치 주로 인간의 삶과 품행의 두 분리된 영역들인 것처럼 공간적 용어들로 해석하는 반면, 칼빈의 강조는 이 두 관할권이 내면에 공존하는 신자들의 품행을 하나님이 다스리시는 이중적 방법에 있다.[19]

셋째, 영적 관할권과 정치적 관할권 간의 이 구별의 선을 긋는 데 있어서 칼빈의 특정 관심은 신자들이 국가 위정자의 법에 순종할 적법한 의무가 있다는 것을 강조하는 것이다. 그러한 순종은 그리스도인의 자유를 타협하는 것이 아니다. 왜냐하면, 그것은 하나님이 시민 질서와 의의 유지를 위해 제정하신 시민 관할권에 대한 외적 순종이기 때문이다.

두 왕국의 광의적 정의를 제공하는 칼빈의 『기독교 강요』에 나오는 두 번째 구절은 제4권 마지막 장에 있고, 국가 통치에 대한 주제를 언급한다. 이것은 칼빈이 교회의 교리를 상세하게 다룬 마지막에 나온다. 이 구절에서 칼빈은 넌지시 그의 초기 영적 관할권과 정치적 관할권 간의 구별을 언급하는데, 그는 그것을 그리스도인의 자유의 교리라는 맥락에서 소개했지만, 여기서는 하나님의 제도와 국가 통치의 소명을 더 상세하게 다루기 전에 상기시킨다.

> 먼저, 우리가 사안 자체로 들어가기 전에, 반드시 기억하고 있어야 할 것은 우리가 전에 정한 그 구별인데, 완전히 다른 특성을 가지고 있는 이 둘을 (흔

---

19 Calvin이 이 구절에서 용어들 *regimen*과 *iurisdictio*를 주로 사용하고, 그것들에 상응하여 오직 이차적으로만 *regum*을 말한 것은 의미심장하다. 그러므로 Calvin의 주로 두 개의 분리된 "영역들" 혹은 "왕국들"의 교리에 대해 말한다기보다는 "이중 통치" 혹은 "관할권"의 교리에 대해 말한다는 것이 더 정확하다.

히 있는 것처럼) 지혜롭지 못하게 섞지 않기 위한 것이다. 왜냐하면, 어떤 사람들은 복음이 사람들 가운데서 왕이나 위정자를 전혀 인정하지 않고 오직 그리스도만 바라보는 자유를 약속한다는 것을 들을 때, 어떤 권세가 자기들 위에 세워져 있는 것을 보는 한 그들의 자유로는 어떤 유익도 얻을 수 없다고 생각한다. 그러므로 그들은 온 세계가 법정들이나 법들이나 위정자들이나 그들의 의견에 있어서 그들의 자유를 제한하는 그 어떤 것도 없는 새로운 형태로 다시 빚어지기 전에는 아무것도 안전할 수 없을 것이라고 생각한다.

그러나 몸과 혼, 잠깐 지나가는 현세의 생명과 미래의 영원한 생명 사이를 구별할 줄 아는 사람은 누구나 어려움 없이 그리스도의 영적 왕국과 시민 관할권은 완전히 구별되는 것들*spirituale Christi regnum et civilem ordinationem res esses plurmum*임을 알 것이다.

그렇다면, 그리스도의 왕국을 이 세상의 요소들 안에 담아 두려고 추구하는 것은 유대인의 허영심에 지나지 않으므로 오히려 우리는 성경이 분명하게 가르치고 있는 것이 그리스도의 은혜로부터 우리가 거두는 영적 열매라는 것을 깊이 생각하자.

또한, 우리는 그의 안에서 우리에게 약속되어 있고 제공되고 있는 그 모든 자유를 그것들 자체의 한계 안에 두어야 할 것을 기억하자.

이는 영적 자유가 시민적 종 됨과 완전히 공존할 수 있는 것이 아니었더라면, 왜 우리에게 굳세게 서서 "종의 멍에"를 메지 말라고 명령한 동일한 사도가갈 5:1 다른 곳에서는 노예들이 그들의 상태에 대해 염려하는 것을 금지했겠는가?고전 7:21

그의 이 진술문들 역시, 하나님의 나라에서는 "유대인이나 헬라인이나 남자나 여자나 종이나 자주자가 없다"갈 3:28, 불가타 성경, 순서 바뀜라는 동일한 의미에서 취해져야 한다. 또한, 반복하면, "거기에는 헬라인이나 유대인이나 할례파나 무할례파나 야만인이나 스구디아인이나 종이나 자유인이 차별이 있을 수 없나니 오직 그리스도는 만유시요 만유 안에 계시니라"골 3:11.

이 진술문들로 그가 의미하는 바는 그리스도의 왕국이 전혀 이런 것들로 구성된 것이 아니므로, 사람들 가운데서 여러분의 상태가 무엇이냐 혹은 여러분이 어떤 나라의 법들 아래 사느냐 하는 것이 아무런 차이도 만들어 내지 않는다는 것이다.[20]

이 구절에서, 칼빈은 하나님의 이중 관할권 사이의 초기 구별의 주요 강조들을 재언급 하지만, 국가 통치의 역할과 소명의 해설이라는 맥락 속에서 한다. 칼빈은 신자들이 오직 영적 관할권에만 종속되고, 급진적으로 국가 권세자에 대한 어떤 의무로부터도 자유하다는 재세례파의 주장에 반대하여 국가 통치의 지속되는 효용과 필요성에 대해 자신의 긍정적인 견해를 재확언한다.

하나님의 영적 통치와 국가 통치 간의 구별을 재확언하는 즉시로 칼빈은 시민 왕국이 비록 그리스도의 영적 왕국으로부터 "구별"되는 것이지만 결코 그것과 "상충되는" 것은 아니라고 진술한다.

> "그리스도의 영적 왕국"은 이미 우리 속에 지상에서 천상 왕국의 어떤 시작을 착수한 반면 … 여전히 국가 통치는 나름 정해진 목적을 갖고 있는데, 우리가 사람들 가운데 살아 가는 한, 외적으로 하나님을 예배하는 것을 소중히 여기고 보호하는 것, 건전한 경건의 교리와 교회의 입장을 변호하는 것, 우리의 삶을 인간 사회에 맞추도록 조정하는 것, 시민 정의에 적합한 우리의 품행을 형성하는 것, 우리가 피차 화해하도록 하는 것과 보편적 평화와 평온을 촉진하는 것이다.[21]

---

[20] *Institutes*, 4.20.1 (*OS* 5.472).
[21] 1560년의 "갈리칸(Gallican) 신경" 제39조가, 하나님이 "하나님의 첫 번째 돌판뿐만 아니라 두 번째 돌판의 계명들을 거스르는 범죄들을 억제하기 위해 위정자들의 손에 칼을 들

칼빈에게 있어서 하나님의 영적 통치와 국가 통치는 독립적으로 서로 나란히 서지 않는다. 국가 통치 또는 관할권은 비록 그리스도가 자신의 성령과 말씀으로 행사하시는 독특한 영적 통치를 침해하지는 않지만, 그것이 하나님의 구상 안에 교회의 소명을 집행하는 데 필요불가결한 일종의 공적 질서와 평온을 확보해야 하는 과제를 갖고 있다.

이 방법으로, 시민 관할권은 교회를 보호하고 그리스도 아래 교회가 갖고 있는 독특한 소명을 추구하는 교회의 자유를 보장함으로 하나님의 구속적 목적들에 기여한다.

나아가서, 하나님의 종들로서 국가 위정자들은 하나님을 섬기고 예배하는 것을 다루는 첫 돌판과 모든 인류가 피차 섬길 것을 언급하고 있는 두 번째 돌판 모두 존중되고 순종될 것을 보장하는 과제를 갖고 있다.

비록 국가 위정자에게 영적 왕국의 구별되는 대권, 말하자면, 인간의 삶을 하나님의 법에 자유롭게 순종하도록 새롭게 하는, 말씀을 통한 성령의 역사를 침해할 권한이 주어져 있는 것은 아니지만, 그것이 하나님의 도덕법의 요구들에 대하여 외적으로 순응할 것을 요구함으로 영적 왕국의 구속적 목적들을 진척시키는 데 기여한다.[22]

려주었다"라고 선언할 때(Philip Schaff, *The Creeds of Christendom*, vol. 3, *The Evangelical Protestant Creeds* [1931; 재판, Grand Rapids: Baker, 1985], 382), Calvin의 견해를 반영한다는 것에 주목하는 것은 흥미롭다. "벨직(Belgic) 신앙고백서" 제36조의 본문도 동일하다. 비록 국가 위정자의 소명에 관한 칼빈의 관점이 교회와 국가의 분리에 대한 현대의 관점과는 불편하게 어울리겠지만, 그것은 시민 관할권과 영적 관할권 모두 안에 있는 그리스도의 총체적 주 되심에 대한 Calvin의 개념을 반영한다. Calvin에게 있는 이 강조점이 그의 두 왕국의 개념에 대한 해석과 불일치하게 보이는 것 때문에, VanDrunen은 Calvin이 그의 원리들의 적용에서 "일관성이 없거나" 단순히 종교적으로 다원화된 사회에서 교회와 국가의 분리에 대한 그의 두 왕국 신학의 함의들을 볼 수 없었던 "그 시대의 한 사람"이었다고 제안함으로 그것을 설명한다. 실례로 다음을 보라. Van Drunen, "The Two Kingdoms: A Reassessment of the Transformationalist Calvin," 260-66; idem, *Natural Law and the Two Kingdoms*, 82-86을 보라.

22 교회와 국가 각각의 소명에 대한 칼빈의 관점은 복잡한 것이다. 비록 Calvin이 제네비

비록 『기독교 강요』에 있는 칼빈의 종합적 공공신학에 관한 이 두 구절로부터 광범위하게 미치는 어떤 결론들을 이끌어 낸다는 것이 시기상조라고 할 수 있더라도, 칼빈의 두 왕국 개념이 기독교 신자들의 계속된 국가 위정자에게의 순복의 정당성에 우선적으로 초점을 맞추고 있다는 것은 명백해야만 한다.

율법의 정죄로부터의 자유와 감사의 법칙으로서 성령의 주도로 된 율법에 감사로써 순종하는 자유를 포함하는, 그리스도인의 자유가 국가 위정자에게 순종해야 하는 의무로부터 신자들을 면제시키지는 않는다.

그리스도는 신자들을 성령과 말씀으로 내면적으로 영적으로 다스리시지만, 또한 국가 위정자의 제도적이고 긍정적인 법들을 수단으로 신자들을 외적으로 다스린다. 그리스도의 정부는 영적 관할권과 정치적 관할권 모두의 종합이다.

어떻든, 칼빈이 이 구분을 반드루넨이 그것을 해석하는 방법으로 이해하는지는, 말하자면, 칼빈이 이 구분을 모든 인간의 삶과 품행을 두 개의 밀폐되고 분리된 범위 혹은 영역으로 나누는 수단으로서 채용하고 있는지는 분명하지 않다. 또한, 칼빈이 제도적 교회를 그리스도의 영적 왕국과 완전히 동일시하고 나머지 인간의 품행과 문화를 자연 왕국에 넘겨 준 것인지는 분명하지 않다.

칼빈의 두 왕국 개념은 주로 독특한 방법으로 언급되었는데, 거기서는

에서 교회가, 국가 통치권의 간섭 없이, 치리, 특히 출교를 시행할 수 있는 자유를 얻었지만, 그는 시민권세자들이 공적 영역에서 하나님의 말씀의 표준들을 떠받들 의무가 있는 기독교 국가의 사상을 지속했었다. 특별히 제네바에서의 Calvin의 개혁 과제에 있어서 교회와 국가의 관할권들을 구별하기 위한 그의 갈등에 대한 설명에 대해서는 다음을 보라. T. H. L. Parker, *John Calvin: A Biography*, 2nd ed. (Louisville, KY: Westminster John Knox Press, 2006), 108-45; Joset Bohatec, *Calvins Lehre von Staat und Kirche* (Aalen: Scientia, 1961); and John T. Mcneill, "John Calvin on Civil Government," in *Calvinism and the Political Order*, ed. George L. Hunt (Philadelphia: Westminster Press, 1965), 23-45.

영적으로 성령에 의한, 신자들의 갱신/성화이든 혹은 외적으로 국가 통치권의 제정에 의한 것이든 그리스도가 신자들의 품행을 다스린다.

칼빈의 두 왕국 구조에서 주 강조점은 영적 왕국과 자연 왕국에서의 하나님의 통치 방식에 관한 것에 맞춰진다. 전자는 내적, 영적 통치이고, 후자는 외적, 정치적 통치다.

게다가, 칼빈은 국가 위정자의 소명을 묘사함에 있어서 국가 통치가 반드시 그리스도의 권위 아래 신자들의 삶 속에 그리스도의 영적 통치의 유익들에 기여하고 촉진하는 방법으로 소명을 성취해야 한다는 것을 강력히 주장한다.

비록 반드루넨이 올바르게 칼빈의 이 두 형태의 신적 정부들 간의 구별에 관심을 가졌다 하더라도, 하나는 영적이고 다른 하나는 자연적인 두 영역이라는 말로 설명된 인간의 삶의 모든 것에 대한 그의 깔끔한 분깃점이 전체적인 칼빈의 공공신학과 일치한다는 것은 분명하지 않다. 적어도 예비적 방법으로, 반드루넨은 이 두 왕국 간의 대조를 과장하고 두 왕국이 서로 관련되어 있다는 점에 대한 칼빈의 분명한 강조를 경시하는 경향이 있어 보인다.

2) 칼빈의 "자연법"과 특별계시 간의 관계에 대하여

필자가 칼빈의 공공신학에 관한 반드루넨의 두 왕국/자연법 해석을 요약하며 언급했던 것처럼, 반드루넨은 칼빈이 영적 왕국과 시민 왕국 간의 구별을 자연법과, 특별계시로 말미암는 하나님의 뜻의 계시 간의 구별과 상호 연관시켰다는 입장을 지속한다. 자연 왕국 안에 있는 인간 품행은 주로, 비록 배타적으로는 아니지만, 하나님의 자연법에 의해 규제되고 있는 반면, 영적 왕국 안에 있는 그리스도인의 품행은 배타적으로 성경에 있는

특별계시에 의해서만 규제된다.²³

비록 반드루넨의 칼빈의 두 왕국 교리의 해석이 그리스도가 신자들의 품행을 다스리는 이중적 방법들 간의 구별을 과장하는 경향이 있고, 시민 왕국에 속한 것의 범주를 상당히 확대한다 하더라도, 신자들의 이중적 정부 내에서 자연법과 성경 각각의 역할에 대한 칼빈의 관점을 그가 해석하는 바는 특별히 결함이 있다.

칼빈신학에서, 자연계시와 하나님의 특별계시 사이에는 반드루넨의 해석이 암시하는 것보다 훨씬 더 가까운 관계가 있다. 자연계시와 특별계시 간의 관계에 대한 칼빈의 개념은 모든 삶의 영역에서 인간의 품행을 위한 창조주와 구속주이신 하나님의 뜻을 더 분명하고 온전하게 드러내는 특별계시에 우선 순위를 허용한다.

자연법의 도덕적 내용을 포함하여, 자연계시가 창조주로서의 하나님과 그의 뜻에 대한 초보적 지식만 드러낼 수 있는 반면, 특별계시는 좀 더 종합적 계시로서, 창조주와 구속주로서의 하나님의 뜻의 지식을 드러낸다.

특별계시는 그 범주에서 더 부요하고, 그것이 하나님의 도덕적 뜻을 나타낸다는 점에서 더 충만하고 완전하며, 자연법 안의 하나님의 계시보다 훨씬 더 분명하고 뚜렷하다. 성경에 대한 칼빈의 은유인 "안경"은, 예를 들면, 그것들을 통하여 창조주로서의 하나님의 계시가 분명하게 분별되는데, 특별히 반드루넨의 두 왕국/자연법 해석에 의해 축소되는 경향이 있는, 칼빈의 계시의 교리의 중요한 특성을 대표한다.

---

23 VanDrunen, *Natural Law and the Two Kingdoms*, 113에서 Calvin이 시민 왕국에서의 인간의 품행에 관한 그의 관점을 개발하면서 성경에 호소했다는 것을 인정하고 있으나, 이 왕국 내에서는 자연법이 일종의 우위를 보유한다는 입장을 지속한다. "물론 Calvin은, 구약의 왕들과 사건들의 사례들을 현대의 시민 문제들에 적용시키는 그의 습관이 예증하듯, 성경이 다른 왕국 내의 시민법에 대해 부적절하다고 생각한 것은 아니다. 그러나 Calvin은 시민 왕국이 배타적으로 혹은 우선적으로 성경의 교훈에 의해 다스려질 수 있다고 믿지는 않았다."

신자들이 결혼과 가족이든, 사회적 관계들이든, 경제적 노력들이든, 아니면, 예술과 과학들이든, 인간 사회와 문화의 모든 영역에서 그들의 독특한 직업적 소명을 성취할 것을 추구할 때, 칼빈은 하나님이 성령의 성화시키고 중생시키는 사역을 통하여 그리스도의 형상을 따라 회복시키고 있는 사람들의 품행을 위한 더 분명하고 종합적인 하나님의 뜻의 드러내심인 성경에 직접적으로 호소하는 것을 피하지 않았다.

칼빈의 자연법 교리의 주제는 의심할 바 없이 복잡한 것인데, 이는 특별히 자연계시와 자연법 전체의 사상을 급진적으로 배척하는, 칼빈신학에 대한 신정통주의 해석의 영향 때문이다. 칼빈신학에 자연법 교리가 그의 신학의 부수적이고 불일치한 특성을 대표한다는 신정통주의 주장에 반하여, 반드루넨은 적절하게 칼빈이 명백하게 자연법 교리를 확언했다고 주장한다.

비록 칼빈이 자연법을 다루는 데 종종 "부정확하고 비체계적"이지만, 하나님이 자신의 형상대로 창조하신 인간들의 품행을 위해 자연법을 통한 하나님의 도덕적 뜻의 계시를 가르쳤다는 것은 의심할 여지가 없다.[24]

자연법의 주제에 관한 두 개의 글이 있는데, 하나는 로마서 2:14-15에 대한 칼빈의 주석에 있고, 다른 하나는 칼빈이 하나님이 창조하신 존재인

---

24 "부정확하고 비체계적"이라는 말은, Susan Schreiner가 그녀의 종합 연구인 *The Theater of His Glory: Nature and Natural Order in the Thought of John Calvin* (Durham, NC: Labyrinth Press, 1991), 77에서 사용했다. 칼빈의 자연법 이해에 대한 일반적 논술은 다음을 보라. J. Bohatec, *Calvin und das Recht* (Feudigen in Westfalen: Buchdruckerei G.m.d.H., 1934), Arthur C. Cochrane, "Natural Law in Calvin," in *Church-State Relations in Ecumenical Perspective,* ed. E. A. Smith (Pittsburgh: Duquesne University Press, 1966), 176-217, John T. McNeill, "Natural Law in the Teaching of the Reformers," *JR* 26 (1946): 168-82, Mary Lane Potter, "The 'Whole Office of the Law' in the Theology of John Calvin," *Journal of Law and Religion* 3 (1985): 117-39, Paul Helm, "Calvin and Natural Law," *Scottish Bulletin of Evangelical Theology* 2 (1984): 5-22, idem, "Equity, Natural Law, and Common Grace," in *John Calvin's Ideas* (Oxford: Oxford University Press, 2004), 347-88, 그리고, Susan E. Schreiner, "Calvin's Use of Natural Law," in *A Preserving Grace: Protestants, Catholics and Natural Law,* ed. Michael Cromartie (Grand Rapids: Eerdmans, 1997), 52-76.

사람에 대한 지식을 다루고 있는 『기독교 강요』 제2권에 있다. 거기서 칼빈은 모든 인간이 하나님의 도덕적 뜻과 선악 간의 구별에 대한 자연의 의식을 갖고 있다고 주장한다.

> 그러므로 모든 나라가 법을 만들라고 가르침을 받지 않고도 그 자신들에게 맞게 그 자신들을 위한 법을 만들고자 하는 성향이 있다는 것 때문에 그들이 공의와 청렴에 대한 어떤 생각들을 갖고 있어 왔다는 것은 전혀 의심의 여지가 없다.
> 헬라인들은 그것들을 프로렙세이스*prolēpseis*라고 말했고, 그것들은 사람들의 마음에 자연적으로 심겨져 있는 것이다. 그러므로 그들은 율법없이 법을 가지고 있다. 비록 그들이 모세의 기록된 율법을 가지고 있지 않더라도, 그들이 옳음과 공의의 지식을 전혀 완전하게 갖고 있지 않는 것은 아니다. 그렇지 않다면, 그들이 선악 간에 구별하여 악은 처벌함으로 억제하는 반면, 선은 권장하고 인정하며 보상하며 존중하는 일을 못했을 것이다.
> 바울은 기록된 율법과 자연을 대조시킨다. 이방인들은 의의 자연의 빛을 갖고 있었다는 의미다. 그것이 유대인이 가르쳤던 율법의 위치를 대신함으로써 그들 자신에게 하나의 법이었다.[25]

지금 우리가 위에서, 기록된 법으로 묘사한 그 내면의 법은 심지어 모든 사람의 마음에 새겨져 있고, 어떤 의미에서, 두 돌판으로부터 배워야 할 것과 아주 동일한 것을 수상한다. 왜냐하면, 우리의 양심은 우리가 하나님에게 빚지고 있는 것에 대한 내면의 증언과 감독 없이, 우리 앞에 선악 간 차이를 제시함 없이, 그리고 우리가 의무를 다하지 못할 때 우리를 정죄하는 것 없이는 우리가 영구적으로 무감각한 잠을 자도록 허락하지 않기 때문이다.

---

25 *Comm*. Rom. 2:14-15, *CNTC* 8.48 (*CO* 49.37-38).

그러나 사람은 오류들의 어둠 속에 심하게 둘러싸여 있어서 이 자연법을 통해서는 무엇이 하나님께 열납될 만한 예배인지 감을 잡기 시작하는 것조차 어렵다. 정녕 그는 예배에 대한 참된 평가로부터 아주 멀리 떨어져 있다. 이것에 더하여 그는 심하게 오만과 야망으로 우쭐대고 있고 자기 사랑에 눈이 멀어서 아직, 마치 자기 자신 안으로 내려가 듯이 자신을 바라볼 수 없고, 결과적으로 자신을 겸손하게 낮추고 그 자신의 비참한 상태를 고백할 수 없다.

따라서 (우리의 둔함과 오만함 둘 다로 인하여 필요하게 되었기 때문에) 주님은 기록된 율법을 우리에게 공급하여 자연법 안에 너무 모호해져 있는 것에 대한 더 분명한 증언을 우리에게 주고, 우리의 냉담함을 떨쳐버리시고, 더 강력하게 우리의 생각과 기억을 자극하신다.[26]

이와 같은 구절들에서, 칼빈은 창조주로서 하나님이 그의 섭리와 자연법의 계시를 수단으로 인간 사회와 정부 안에 질서와 상대적 의를 보존하시는 방법을 강조한다.

따라서, 칼빈은 국가 통치의 소명에 대한 설명에서 국가 통치에 대한 하나님의 뜻을 분별하기 위해 자연법의 "일반적 형평성"에로의 정당한 호소를 인정한다. 칼빈의 경우, 위정자들이 하나님 아래서 그들의 의무를 시행함에 있어 반포할 수 있는 "긍정적 법들"뿐만 아니라 국가 통치가 다른 때와 장소들에 취할 수 있는 다른 형태들은 단순히 성경적 민사 및 판례법들에 대한 호소라기보다는 자연법의 "일반적 형평성"에 대한 사고에서 나온 것으로 추론될 수 있다.[27]

---

26 *Institutes*, 2.8.1 (*OS* 3.334).
27 *Institutes*, 4.20.16 (*OS* 5.487-88). 칼빈이 "모든 [시민]법들의 목적과 규칙과 한계"라고 부른, 그의 자연법 안에 가르쳐진 "일반적 형평성"의 교리에 대한 논술은 다음을 보라. Guenther H. Haas, *The Concept of Equity in Calvin's Ethics* (Waterloo, ON: Wilfrid Laurier

그러므로 반드루넨은 칼빈의 공공신학에 대한 자신의 설명에서 칼빈이 인간의 삶과 사회의 보존과 질서를 설명하기 위해 부분적으로 자연법과 하나님의 도덕적 뜻에 대한 자연적 감지에 호소한다고 옳바르게 주장한다.

인간의 죄성의 편만한 타락에도 불구하고, 창조주로서 하나님은 질서를 유지하고 그의 모두를 껴안는 섭리로 불신자들이나 신자들의 차별 없이 그들 가운데 인간 사회를 보존하신다. 그 섭리는 하나님의 형상인 모든 인간들에게 주신 자연법을 통한, 또한 비구속적 "하나님의 일반은총"*generalem Dei gratiam*의 억제 효과를 통한 그의 뜻의 계시를 포함하고, 그것은 인간의 삶과 문화의 많은 영역에서의 인간의 불순종이 만개되어 나타날 것을 위축시킨다.[28]

칼빈의 공공신학에 대한 반드루넨의 해석이 자연법에 대한 칼빈의 관점에 대한 이런 특성들에 주의를 기울 것을 바르게 요청하는 반면, 칼빈의 자연법 교리에 대한 그의 해석이 칼빈의 입장을 부적절하게 제시하고 있는 세 가지 중요한 측면들이 있다.

첫째, 비록 칼빈이 사회와 문화 속의 인간 품행을 위한 하나님의 뜻을 드러내는 자연법의 실체와 혜택을 확언하고, 또한 칼빈이 스스로 "지상적"이고 "자연적"인 것들이라고 부르고 있는 것들 속에 있는 인간 노력의 상대적 탁월함과 가치를 인정한다 하더라도, 그는 이런 차원에 있는 인간의 삶뿐만 아니라 본성적으로 분명하게 더 영적인 인간의 삶의 차원들에도 있는 죄와 불순종의 파괴적 효과들을 토마스 아퀴나스를 포함하여, 그의 중세 어느 선임자들보다 훨씬 더 많이 강조한다.

University press, 2004), 347-88.

28 *Institutes*, 2.2.17 (*OS* 3.259). 칼빈의 "일반" 혹은 "보편"은총의 교리에 대한 논의는 다음을 보라. Herman Kuiper, *Calvin on Common Grace* (Grand Rapids: Smitter Book Co., 1928).

폴 헬름Paul Helm은 인간의 죄성이 자연이 요구하는 것을 바르게 감지하는 능력을 의미심장하게 부패시킨다는 칼빈의 주장과 짝하여 그의 자연법에 대한 긍정을 언급하면서 이렇게 관찰한다.

> (아퀴나스와 칼빈 사이에는) 한 가지 중요한 차이가 있다. 자연법이 자연적으로 알려질 수 있는 정도에 대해 살펴보자면, 아퀴나스는 특별은총의 도움 없이 인간의 이성이 그것을 확인하고 그것에 대한 의무감을 어느 정도 인지할 수 있는지의 여부에 관하여 칼빈보다 훨씬 더 낙관적이다. (아퀴나스의 경우) 자연법은 사람들이 선악에 대한 지식을 얻는 것을 허용한다. 아퀴나스에게 있어서 자연법은 창조 때 인간을 위해 주어진 신의 법이라는 의미에서, 그리고 지금은 조력 없이 오직 타락한 이성에 의하여 성공적으로 훈계들의 한 짝으로서 감지될 수도 있다는 의미 모두에서 자연적이다.[29]

반드루넨은 칼빈이 시민 왕국 혹은 자연 왕국을 다스리는 데 자연법에 상당한 역할을 돌리고 있다고 주장할 때, 칼빈의 공공신학의 특징을 제시한 것인데, 그것은 인간 사회와 인간의 삶의 질서를 보존하는 데 자연법의 긍정적 용도를 포함한다. 어떻든, 반드루넨은 자연법을 이해하는 데 있어서 칼빈의 입장과 실제적 실천의 보증보다 더 긍정적이고 강한 평가를 상정한다.

비록 칼빈이 자연법의 실체와 그에 상응하는, 악과 덕 간의 구별에 대한 신자들 및 불신자들과 같은 이들의 보편적 이해를 확언하더라도, 그는 또한 자연법의 죄의 상태 아래에서는 영적 왕국뿐만 아니라 자연 왕국에서의 인간의 품행에 대한 하나님의 뜻을 온전히 깨닫기에 불충분하다는 것을 강조한다. 심지어 우리가 칼빈의 자연법에 대한 확언의 실례로 인용한 구절

---

29 Helm, *John Calvin's Ideas*, 372.

에서조차, 칼빈은 특별계시의 조력 없이 하나님의 뜻을 바르게 감지할 수 있는 인간의 능력을 약화시키고 있는 인간의 죄성의 효과를 강조한다.

둘째, 칼빈은 자연법을 감지하는 인간의 능력을 부패시키는 인간 죄성의 효과에 대한 자신의 강조와 일관하여 이론과 실제 모두에 있어서, 인간 사회와 문화의 모든 영역에서의 인간의 품행에 대한 하나님의 도덕법을 분별하는 데 불가결하고 근본적 역할을 특별계시에 부여한다. 비록 그것이 종종 부적절하게 인식되기도 하지만, 『기독교 강요』에서 성경 교리에 대한 칼빈의 진술은 제1권 창조주 하나님을 아는 지식에 대한 일반적 해설의 문맥 속에 나타난다.[30]

칼빈은 인간이 죄와 불순종 때문에, 창조주 하나님을 아는 지식을 자연 계시에만을 의존하는 한, 그 지식은 "부분적으로 무지와 악의에 의해 그을러 있거나 부패되어 있다"고 강하게 주장한다.[31]

진실로, 창조 질서를 통한 하나님을 아는 지식은 "믿음으로 말미암는 하나님의 내적 계시로 눈들이 밝아지지 않는 한 우리가 이것을 볼 수 있는 눈들을 가지고 있지 않기 때문에,"[32] 창조주 하나님에 대해서조차 참 지식을 제공할 수 없다.

칼빈의 평가에선, 창조주 하나님을 아는 지식은 주로 죄인들의 고의적 불순종에 대한 모든 변명거리를 박탈한다. 하나님에 대한 자연적 지식은 자연 질서 속에서조차 인간의 품행을 위한 충분한 안내자로 창조주 하나님의 뜻에 대한 지식을 긍정적으로 공급하지 않는다. 결과적으로, 칼빈은 하

---

30 특별계시가 창조주 하나님을 아는 지식을 명료하게 하고 보완하는 방법을 포함하여, 칼빈의 특별계시가 일반(혹은 자연)계시에 대해 갖는 관계의 이해에 관한 자세한 논술은 다음을 보라. Edward A. Dowey Jr., *The Knowledge of God in Calvin's Theology*, 3rd ed. (Grand Rapids: Eerdmans, 1993), 86-147.
31 *Institutes*, 1.4.1-4 (*OS* 3.40-44).
32 *Institutes*, 1.5.14 (*OS* 3.59). 또, *Institutes*, 1.5.4-15 (*OS* 3.47-60)을 보라.

나님의 특별계시가 구속주로서뿐만 아니라, 창조주로서도 필요해 왔다는 입장을 유지한다. 칼빈은 다음과 같이 말한다.

> 우리를 진정한 우주의 창조주에게 바르게 인도하기 위해 더 나은 또 다른 도움이 추가되어야 한다는 것이 필요하다. 그렇다고 하면, 구원에 이르게 됨을 알게 해 주는 말씀의 빛을 그가 추가한 것은 헛된 것이 아니다.[33]

자연계시 전반에 걸쳐 드러나 있는 창조주 하나님을 아는 지식의 모호함과 죄악 된 억압 때문에, 성경을 통한 창조주 하나님을 아는 지식에 대한 칼빈의 논의는 두 부분으로 되어 있다.

① 피조계에 주어져 있는 모호해진 지식을 분명하게 하는 성경의 기능의 측면에서 성경을 다루는 것이다.
② 이 지식을 보완하는 성경의 기능이라는 측면에서 성경을 다루는 것이다.

첫 부분에서 칼빈은 성경에 대하여 "안경"*specillis*이라는 이미지를 사용하는데, 이 이미지는 중요하고 많이 논의되었다. 그 성경으로써 우리는 "구별되게 *distincte legere* [창조의 책을] 읽기 시작한다."[34] 이 방법으로 성경은 죄의 영향 때문에 자연계시만으로는 도출될 수 없는 창조주 하나님을 아는 지식을 소통한다.[35]

---

33 *Institutes*, 1.4.1 (*OS* 3.60).
34 *Institutes*, 1.4.1 (*OS* 3.60).
35 *Institutes*, 1.4.4 (*OS* 3.64).

셋째, 칼빈의 성화의 교리는 반드루넨이 자연 왕국 내의 자연법의 역할과 영적 왕국 내의 하나님의 도덕법에 대한 성경적 계시의 역할 간에 두고 있는 일종의 예리한 구분을 지지하지 않는다.

신자들로 하여금 자연법의 도덕적 내용에서 자연법을 바르게 구별하고 그것을 하나님의 도덕적 뜻의 더 온전한 계시로 보완할 수 있도록 만들어 주는 성경 계시의 우월성에 대한 그의 강조와 일관하여 칼빈의 성화의 교리는 신자들이 평생 품고 살아야 할 성경에 계시된 하나님의 도덕법의 요구들에 복종해야 한다는 것을 강조한다.

더 나아가서, 칼빈의 교리가 성령의 사역을 통하여 새로운 복종으로 회복된 신자들의 삶 속에서 그리스도의 영적 통치에 대한 자세한 묘사에까지 이르게 된 까닭에 그리스도의 영적 왕국은 하나님과, 그의 형상을 지닌 모든 인간들 간의 관계에서 신자들의 품행에 대한 하나님의 도덕법의 요구들만큼 넓고 평생 품어야 하는 것이다.

그러므로 반드루넨이 주장하는 것처럼, 칼빈이 그리스도의 영적 왕국을 주로 제도적 교회의 공식적 사역과 삶의 환경들 안에 있는 신자들의 소명과 일치시키고 있다는 것을 계속 유지하는 것은 불가하다. 그리스도의 은혜로운 성화의 사역에 있어서 성령은 신자들의 마음을 정복하여 두 돌판에서 하나님에 대한 완전한 사랑과 다른 사람들의 복지를 위한 사심 없는 헌신을 요구하는 하나님의 거룩한 법의 모든 요구들에 대해 새로운 순종을 하게 한다.

비록 여기가 칼빈의 성화의 교리에 대한 종합적 설명을 제공할 곳은 아니라고 하더라도, 칼빈의 관점의 여러 가지 특징들은 반드루넨의 칼빈의 공공신학 해석의 평가에 특별한 중요성을 갖고 있다. 그리스도의 구원의 중보의 복음에 대한 칼빈의 이해에서, 신자들의 성화는 중보자로서의 그리스도의 사역의 두 주요 혜택들 중 하나다.

칼빈이 복음의 말씀으로 말미암는 성령의 사역에 의해서 이루어진다고 이해하는, 그리스도와의 연합을 통하여 모든 신자들은 거저 받는 칭의와 중생 혹은 회개의 "이중 은혜"에 참여하는데, 칼빈이 선호하는 이 용어들을 후에 신학자들은 "성화"라고 부른다.

거저 받는 칭의로 신자들은 그리스도의 전가된 의에 근거하여 하나님께 열납되는 신분이 주어졌다. 중생 혹은 회개로 신자들은 하나님의 형상을 지닌 인간의 소명, 즉 인간의 품행과 사회의 모든 적법한 영역에서 몸과 혼으로 하나님을 영화롭게 하는 소명을 성취할 수 있도록 거저 능력을 덧입게 되었다.

비록 칼빈이 칭의는 행위에 속한 의를 배제하고 믿음으로만 말미암음을 강력히 주장한다 하더라도, 또한 그는 칭의된 신자들이 동시적으로 하나님의 도덕법을 그들의 마음에 기록함으로 그것이 "생기를 주는" 성령의 사역으로 말미암아 성화되어야 한다는 것을 강조한다.

그리스도인의 자유는 특별계시를 통해 명백하고 온전하게 계시된 것들로서의 하나님의 도덕법의 모든 요구들에 대해 즐거운 마음으로 또한 감사함으로 순종하기 위한 자유다. 성화 혹은 회개는 신자들의 그리스도와의 연합의 두 번째 혜택으로서 성령으로 말미암아 그리스도가 내주하게 된 사람들의 삶의 방향 수정과 변경을 이해하기 위한 칼빈의 종합적 범주를 구성한다.

> 그리스도가 중생의 영을 우리에게 분여하시는 것은 그가 속에서 우리를 새롭게 하기 위함이고, 새 생명이 생각과 마음의 갱신을 뒤따르기 위함이다. 만일 회개하게 하는 기능이 그리스도께 속한 것이라면, 그것은 사람의 능력 안에 주어져 있어 온 어떤 것이 아니라는 결과가 뒤따르기 때문이다.
>
> 그리고 그것이 우리를 새 피조물로 만들고, 우리 속에 하나님의 형상을 회복시키며, 우리를 죄의 종으로부터 의의 순종으로 이동시키는 참으로 놀라운 개혁에 속한 어떤 것이기 때문에 사람들이 자신들을 창조하지 않는 것처

럼 자신들을 회심시키지 않을 것이다.[36]

비록 이쯤에서 모든 삶의 영역에 있어서 신자들의 품행에 대한 예수 그리스도의 총체적 주 되심을 다룬 칼빈의 글에서 구체적 사례들을 제공하고 싶은 유혹이 있다 하더라도, 칼빈의 성화의 교리의 이 간단한 요약은 그의 공공신학의 해석에 대한 칼빈의 입장의 함의들을 충분히 예증한다. 그리스도의 자연적 또는 영적 통치 내에서든, 신자들은 인간의 삶과 품행에 대한 하나님의 명령의 요구들을 존중하도록 부름을 받았다.

그리스도의 자연적 또는 영적 통치 내에서든, 신자들의 품행을 위한 하나님의 뜻의 결정은 결코 단순하게 자연법의 초보적 계시에 근거하고 있지 않다.

오히려 신자들은 성경이 창조주 하나님을 아는 지식을 명료하게 하고 보완하며 모든 적법한 직업 혹은 과업의 인간의 품행에 대하여 모든 삶을 둘러싸고 있는 하나님의 도덕법의 요구를 더 풍성하게 드러내 주고 있다는 것을 인정하면서, 성경에 더 명백하게 그리고 온전하게 드러나 있는 하나님의 뜻에 주의함으로 그리스도께 합당한 순종을 위한 하나님의 뜻을 분별한다.

나아가서, 하나님의 형상을 좇아 새로워진 신자들의 마음과 삶 속에 그리스도의 영과 말씀으로 그리스도의 영적 통치를 표현하는 신자들의 성화는 제도적 교회의 사역으로 좁게 제한되지 않는다.

예수 그리스도의 주 되심 아래 있는 기독교 신자들은 그의 특별계시의 빛으로 말미암아 훈계되고 계몽되어 하나님에게 순종하고, 자기들의 직업을 추구하며, 자기들의 결혼과 가정에 질서를 세우며, 자기들의 사회적이고 경제적 사업들을 이끌어 가며, 자신들과 자기들의 자녀들을 교육하고,

---

36 *Comm*. Acts 5:31 (*CO* 48.111).

국가 위정자에게 순종하며, 예술과 과학을 추구하도록 부름을 받았다.

비록 용어가 칼빈의 것은 아니더라도, 아브라함 카이퍼의 말들이 더 넓은 함의에 있어서 칼빈의 성화의 교리를 충실하게 반영한다.

> 우리 정신 세계의 어느 한 조각도 나머지로부터 밀봉되어 있지 않고, 인간의 존재 영역 전체에서 단 한 뼘도 만유 위에 절대 주권적이신 그리스도가 "내 것"이라고 외치지 않으시는 곳은 없다.[37]

3) 칼빈신학에서 창조와 구속 간의 관계

칼빈신학에 대한 반드루넨의 두 왕국/자연법 해석이 제기하는 중요한 질문들 중 하나는 창조와 구속 간의 관계에 대한 칼빈의 개념에 관한 것이다. 반드루넨의 칼빈신학의 해석은 명백하게 **이원적**이다. 자연 왕국은 예리하게 영적 혹은 교회의 왕국으로부터 구별되고, 현재와 미래의 하나님의 구속적 목적의 실현은 자연 왕국 내의 인간의 삶과 문화를 포함하여, 전체로서 피조물의 구속, 쇄신, 또는 완성을 결과하지 않는다.

비록 그리스도가 피조물의 중보자로서 자연 왕국 안에 인간의 삶을 보존하고 명령하는 것을 계속한다 하더라도, 구속의 중보자로서 그리스도는 오직 교회의 삶과 문화만을 새롭게 하고 다시 명령한다.

반드루넨에게 있어서, 자연 왕국과 영적 왕국 간의 경계가 의미하는 바는 칼빈의 공공신학이 적어도 일관성이 있다면 제도적 교회의 범주들 너머에 있는 인간의 삶과 문화를 위한 혁신적 혹은 구속적 목적을 권장하고 있지 않다는 것이다. 칼빈의 공공신학에 대한 이 해석에서 구속은 창조의 질

---

37 Abraham Kuyper, "Sphere Sovereignty" (1880), in *Abraham Kuyper: A Centennial Reader*, ed. James D. Bratt (Grand Rapids: Eerdmans, 1988), 488.

서 위에 일종의 이차적으로 덧입혀진 것으로 본 것이다. 창조된 질서에 대한 하나님의 구속의 목적은 피조물을 위한 하나님의 원래의 구상과 목적에 완전하게 관련되어 있지 않다.

마찬가지로 구속적 왕국의 미래적 온전함도 현재 피조물의 질서의 갱신과 완성, 혹은 사회와 문화 안에서 하나님을 향한 신자들의 현재의 봉사의 열매들과 가공물들로 말미암는 최종 상태의 부요함을 결과하지 않는다.[38]

그러나 칼빈의 공공신학에 대한 반드루넨의 이원론적 해석의 문제는 그 해석이 칼빈이 명백하게 창조와 구속 간의 긍정적이고 온전한 관계를 강조하고 있는 방법에 대해 공평한 처사를 하지는 못한다는 점에 있다. 칼빈신학의 주요 주제들 중 하나는 그리스도 구속의 역사가 전체 창조 질서의 총체적 재질서와 갱신을 포함한다는 그의 강한 주장이다.

비록 칼빈이 창조주 하나님을 아는 지식과 구속주 하나님을 아는 지식을 구별한다 하더라도, 그가 그렇게 하는 것은 하나님의 구속의 목적이 다름 아닌 전체 피조물을 영화된 완성의 상태로 회복시키는 방법을 강조하기 위한 것이다.

최근 몇몇의 칼빈신학 연구자들 가운데, 때로 칼빈신학의 "추가 차원"이라고 명명된 것이 언급하기도 한다.[39] 이 용어는 칼빈이 창조의 중보자로서

---

[38] 예로, VanDrunen, *Natural Law and the Two Kindoms*, 78-82와 같은 저자의 "The Two Kingdoms: A Reassessment of the Transformationalist Calvin," 263을 보라. VanDrunen은 "천상의" 것들로부터 "지상의" 것들을 구별하는 Calvin의 언어로부터, 엄격하게 전반적으로 인간 문화의 가공물들과 열매들을 포함하는 모든 교회 밖의 성취들이 지나치는 이 세상의 비구속적 왕국에 속한다고 결론을 짓는다. 이 점에서, 필자가 동의하고자 하는 것이기도 한, Calvin의 다른 해석에 관해서는 다음을 보라. Paul Helm, *Calvin: A Guide for Purplexed* (London: T&T Clark, 2008), 134-35.

[39] Heiko A. Oberman, "The Extra Dimension in the Theology of Calvin," *Journal of Eccelesiastical History* 21 (1970): 43-64를 보라. 칼빈신학의 "추가" 차원이라는 말로, Oberman은 하나님의 사역과 목적에서 창조된 질서와 구속 간의 "상호성"과 "불연속성"(48)을 언급한다. 또, E. David Willis, *Calvin's Catholic Christology: The Function of the So-Called Ex-*

의 그리스도의 사역과, 구속의 중보자로서의 그리스도의 사역을 구별하고 상호 연계시키는 방법에 주의를 기울이는 것을 의도한다. 칼빈이 그리스도 안에 있는 구속을 다룸에 있어서 전제는 창조와, 하나님의 말씀과 성령으로 말미암은 만물의 질서에 관한 성경 교리다.

칼빈에 의하면, 구속주 하나님을 아는 지식은 창조에 관한 교리의 틀 내에서만 이해될 수 있다. 만물을 지으신 영원한 아들이 바로 만물을 구속하실 분이시다. 따라서 구속은 그리스도의 중보와 그의 영의 사역으로 말미암은 만물의 적합한 질서에로의 회복과 전혀 다름이 없다는 결론에 이른다.

그리스도가 창조와 중보의 중보자이시기 때문에 칼빈은 그리스도의 초림을 하나님의 구속의 목적의 실현을 위한 결정적인 순간으로 본다. 그리스도의 오심과 함께 옛 언약의 약속들은 성취되었고 만물을 새롭게 하는 하나님의 목적은 진전했다. 칼빈은 그리스도의 오심과 구원 사역의 의미심장함을 묘사하면서, 하나님의 총제적 목적을 만물의 "적합한 질서"에로의 "회복"으로 말하는 것을 좋아한다.[40]

예를 들면, 그의 요한복음 13:31의 주석에서 칼빈은 그리스도의 강림과 십자가 형刑의 목적에 대한 넓은 견해를 제공한다.

> 이는 그리스도의 십자가에서 마치 화려한 극장에서처럼 하나님의 비교할 수 없는 선하심이 온 세상 앞에 제시되었다. 하나님의 영광은 참으로 상하 모든 피조물 가운데 빛나고 있으나, 결코 십자가에서보다 더 밝게 빛나지는 않는다. 십자가에는 놀라운 교환이 있었다. 즉, 모든 인간의 정죄가 드러났

---

tra-Calvinisticum in *Calvin's Theology* (Leiden: Brill, 1966)를 보라.

40 칼빈신학에서 이 주제의 더 자세한 논술에 대해서는 다음을 보라. Schreiner, *The Theater of His Glory*, 제5장, "Creation Set Free," 97-114. Schreiner의 그 장의 첫 문장은 Calvin의 견해를 잘 잡아내고 있다. "Calvin은 재세례파에 대적하는 그의 논증 전반에 걸쳐 교회를 상실된 피조계로부터 고립된 오아시스로 보거나 악마적 세상으로부터 택한 자를 구조해 내는 것으로서의 구원으로 보는 모든 견해들을 멀리했다"(97).

고, 죄가 말소되었으며, 구원이 인간들에게 회복되었다. 다시 말해, 온 세상이 갱신되었고, 만물이 질서로 회복되었다.[41]

칼빈은 요한복음 12:31에 대한 설명에서도 유사한 용어를 사용한다.

> 심판이라는 말을 어떤 사람들은 "개혁"으로, 다른 사람들은 "정죄"로 이해했다. 필자는 오히려 전자에 동의한다. 이들은 그것을 세상이 반드시 합당한 질서*legitimun ordinem*로 회복되어야 한다는 것으로 설명한다. 이는 심판으로 번역된 히브리어 미쉬파트*mishpat*가 훌륭한 질서가 있는 구조를 의미하기 때문이다. 현재 우리는 그리스도가 없다면 이 세상에 혼동 밖에 없다는 것을 알고 있다. 비록 그리스도가 이미 하나님의 나라 건설을 시작하셨다 하더라도, 적합한 질서*status rite compositi*가 있는 상태 및 세상의 완전한 회복의 참된 시작점은 그의 죽음이었다.[42]

이 진술들이나 유사한 진술들에서, 칼빈은 그리스도의 사역을 다름 아닌 전체 피조물의 혁신, 인간의 죄 및 불순종의 결과의 반전을 있게 하는 것으로 보았다. 그리스도는 선지자, 제사장, 왕이라는 자신의 삼중 직분에서 하나님의 말씀을 완전하게 계시하시고 새로운 인류를 하나님과 화목하게 하며 하나님의 말씀, "그의 왕국의 홀"을 수단으로 하여 만물을 정복하여 새

---

41 *Comm.* John 13:31, *CNTC* 5.58 (*CO* 47.317).
42 *Comm.* John 12:31, *CNTC* 5.42 (*CO* 47.293). 그리고 *Comm.* Isa. 65:25, *Calvin's Commentaries* (repr., Grand Rapids: Baker, 1979), 8.405-6 (*CO* 37.434)를 보라. "그러나 그리스도의 직분이 모든 것을 그것들의 상태와 질서로 되돌려 놓기 위한 것이기 때문에, 그 이유 때문에 그는 현재 인간사 속에 존재하는 혼동 혹은 몰락이 그리스도의 강림으로 제거될 것이라고 선언한다. 그때에 부패가 제거됨으로 말미암아, 세상은 그것의 첫 시작(*priman originem*)으로 돌아가게 될 것이다." *Comm.* 2 Thess. 1:5, *CNTC* 8.388-90 (*CO* 52.188-89).

로운 순종에 나아가게 하신다.

그러므로 그리스도의 인격과 사역에 대한 칼빈의 개념은 역사 전체의 과정이 그 정해진 종말, 즉 삼위일체 하나님을 섬기도록 하는 타락한 피조물의 갱신으로 나아가게 하는 강력한 종말론적 비전을 포함한다.

반드루넨이 창조 중보자와 구속 중보자라는 그리스도의 구별된 직분들에 대한 칼빈의 이해를 이중적이고 일관성 없게 묘사한 데 반하여, 칼빈은 그리스도의 구속 사역을 인간의 죄와 하나님의 심판으로 말미암아 무질서해지고 망가진 피조물을 다시 정돈하고 갱신하는 것으로 보고 있다.

칼빈신학에서 창조와 구속 간의 일관성과 상호 연관성에 대해 두 가지 특별히 중요한 사례들이 있다.

첫째, 몸의 부활을 결과하는, 그리스도와의 연합으로 말미암는 신자들의 구속의 정점에 대한 칼빈의 관점이다.

둘째, 그리스도의 구속 사역이 원래 하나님의 선한 창조의 본질에 속한 모든 것을 존속시키며 완전하게 만든다는 칼빈의 가르침이다.

그리스도와의 연합 속에 있는 신자들의 몸의 부활에 대한 그의 개념에서 칼빈은 성도들의 현재 몸이 영화롭게 된 형태가 아니라 전적으로 새롭게 될 것이라고 가르치는 자들의 오류를 배격한다. 칼빈에 의하면, 이 오류는 몸과 지상적 실존을 폄하했던 마니교도들 the Manicheans 의 오랜 오류와 비슷하다. 몸의 부활은 또 다른 몸의 부여를 결과하는 것이 아니라, 신자들의 현재 몸들의 갱신과 영화롭게 함을 나타낸다.

창조와 구속 간의 관계에 대하여 일반적 원리를 제공하는 중요한 하나의 진술에서 칼빈은 다음과 같이 말한다.

> 만일 인간의 타락에 그 기원을 두고 있는 죽음이 우연이라면, 그리스도가 초래한 회복은 필멸적이기 시작한 그 자신의 동일한 몸에 속한다는 것에 주목한다.[43]

육신의 부패와 연약성은 하나님이 처음 그것을 창조했을 때, 몸에 고유하게 속해 있지 않은 우발적이거나 우연적인 특성이다.

그러므로 칼빈은 아리스토텔레스의 "실체"와 "부수적인 것들" 간의 구별을 활용하여 다음과 같이 주장한다.

> 실체에 관하여는 [신자들이] 우리가 현재 지니고 있는 동일한 육신으로 다시 부활하게 될 것이나 … 그 특성은 다를 것이다.[44]

신자들의 삶 속에 있는 그리스도의 구속 사역은 궁극적으로, 하나님이 최초에 창조하신 대로 몸 안에 그리스도와의 연합 안의 더 큰 영광의 상태로 인간의 완전한 생명을 회복시킬 것이다. 구속은 죄가 부패시켰고 기형화하여 온 것을 회복시킨다. 그러나 하나님이 선하게 창조하신 것을 제거하지는 않는다.

결과적으로, 칼빈은 비록 신자들의 부활한 몸의 영광이, 죄 속으로 타락하기 이전 아담의 원래 상태의 영광을 능가할 것을 동시적으로 관찰하고 있으면서도 현재의 몸과 부활한 몸 사이에는 본질적인 연속성이 있다는 것을 강조한다.

칼빈은 그리스도의 구속적 직분이 창조된 질서 전체를 혁신할 방법을 묘사하기 위해 유사한 언어를 사용한다. 그리스도의 구속 사역의 현재와 미

---

43 *Institutes*, 3.25.7 (*OS* 4.447).
44 *Institutes*, 3.25.8 (*OS* 4.449).

래의 정점은 창조된 질서의 본질을 완전히 없애거나 폐기하지 않을 것이다. 오히려, 인간의 죄의 도입과 전체 피조물 위에 가해진 하나님의 저주의 결과인 "우발적" 무질서와 부패의 특색들을 제거할 것이다.

몸 속의 인간 생명을 거슬러 영향을 주는 우발적 죄의 특징들이 그리스도의 구속의 사역으로 말미암아 제거되는 것처럼, 피조물에 역행하여 영향을 주는 우발적 죄의 특색들도 피조물 자체가 회복될 때 제거될 것이나, 반면 그 피조물의 "실체"는 남아 있게 될 것이다.

> 내가 세상의 요소들에 대해서는 한 가지만 말할 것인데, 즉 그 요소들은 단지 새로운 특성을 부여 받기 위해 소멸될 것이다. 반면, 그 요소들의 실체는 동일하게 남아 있게 될 것이다.[45]

피조물의 회복은 구속적 "정화"의 사역을 포함하지만, 그것이 피조물 본래의 온전함 안에 있는 하나님의 피조물 혹은 마지막 완성의 때에 나타날 피조물의 갱신된 영광에 적절하게 또는 본질적으로 속해 있는 것들의 완전한 파괴를 포함하지는 않을 것이다.

하나님의 백성들의 구속을 기대하면서 피조물 자체가 탄식하고 있는 것에 대해 말하고 있는 로마서 8:20을 주석하면서 칼빈은 전체 피조물이 부패에 굴복해 왔으며 갱신의 필요가 있는 위치에 있음을 주시한다.

> 세상의 현재 비참함에 대한 지식으로 맞닿은 세상의 어느 요소도, 어느 부분도 부활의 소망을 응시하지 않는 것은 없다.[46]

---

[45] *Comm.* 2 Peter 3:10, *CNTC* 12.365 (*CO* 55.476).
[46] *Comm.* Rom. 8:19, *CNTC* 8.172 (*CO* 49.152).

그러므로 칼빈에 의하면, 몸 안의 생명을 포함하는 인간 삶의 총체적 구속과 전체 피조물의 구속 간에는 밀접한 병행 혹은 상관관계가 있다. 심지어 신자들의 몸조차 최종적으로 "썩지 않을 것"을 입게 될 것처럼, 피조물 자체도 썩지 않을 영광의 상태로 쇄신되고 완전하게 될 것이다.

> 세상의 모든 구성이 어떤 감추어진 지탱력에 의해 어딘가로부터 지탱되지 않았는다면 … 세상의 모든 구성은 거의 매 순간 톱니바퀴에서 떨어져 나갈 것이고, 그 모든 부분들은 아담의 타락을 뒤따랐던 비통한 혼동 속에서 기능을 잃었을 것이다.
> 그러나 창조된 것들의 대부분은 본래적으로는 무언가 다른 방향으로 기울어져 있었는지도 모르지만, 그것들을 허무한 것에 굴복하게 하는 것은 하나님의 기뻐하시는 바이기 때문에 그것들은 그의 명령에 순종하고, 하나님은 그것들에게 더 나은 상태에 대한 희망을 주셨기 때문에 그것들은 이것으로 자신들을 유지하고, 자신들에게 약속되어 온 썩지 않을 것이 나타날 때까지 계속 기다리고 있다.[47]

칼빈의 공공신학을 해석하기 위한, 창조와 구속의 관계에 대한 그의 견해의 함의들은 확인하기 어렵지 않다. 칼빈은 그리스도의 재림에 있게 될 만물의 완성 이전에 적법한 질서에로 인간의 삶이 혁신되고 만물이 회복된다는 망상을 전혀 묵인하지 않는 반면, 자신의 저서들, 설교들, 그리고 개혁적 노력들 전반에 걸쳐서 삶을 포괄하는 복음의 함의들을 언급했다.

수잔 슈라이너는 자연과 자연 질서에 대한 칼빈의 관점을 훌륭히 연구하여 다음과 같은 괄목할 만한 개요를 제시하는데, 이로써 우리는 본 섹션을 결론 내리고자 한다.

---

47 *Comm*. Rom. 8:20; *CNTC* 8.173 (*CO* 49.152-53).

칼빈의 하나님은 피조물을 회복하시는 데 있어서 그리스도인들의 사회적이고 교회적 활동들을 사용하신다. 칼빈이 재세례파들을 도나티스파^{Donatism}로 정죄했던 반면, 그 자신의 교회론과 영성은 고립주의의 역행이었다. … 개혁주의자의 "행동주의적" 경건은 전체로서 그의 창조신학이라는 관점에서 보여져야만 한다.

피조물의 혁신은 생명의 모든 것을 갱신한다. 그러므로 택함 받은 자들은 그들의 지식과 의지를 그리스도께 복종시킨 후, 교회의 보편적 발전과 그들의 이웃의 선을 위해 바깥을 향해 돌아서도록 격려 받는다.

칼빈은 그렇게 명령된 외적 활동이 세상의 성화 혹은 세상 질서의 재정립에 기여했다고 여겼했다. 칼빈은 교회를 위협적 세상으로부터 고립되어 서 있는 교회로 자리매김을 하는 대신에, 교회가 우주와 사회 둘 다의 갱신을 이끌어 냈던 기관으로 보았다.[48]

3. 결론

필자는 칼빈의 공공신학에 대한 반드루넨의 해석 평가에 대한 예비적 성격을 인정하는 반면, 문제가 되는 해석의 세 가지 특성들을 확인했다.

첫째, 칼빈은 "두 왕국"을 말할 때, 근본적으로 그리스도가 신자들의 삶과 품행을 다스리는 이중적 방법을 확인하기 위한 것을 의미했다. 비록 하나님의 법에 대한 신자들의 순종이 그들 속에 역사하시는 성령으로 말미암

---

[48] Schreiner, *The Theater of His Glory*, 114. VanDrunen은 칼빈신학에서 분명한 자연법 교리를 위한 적당한 사례를 만들어 내기 위해 Schreiner의 연구에 호소한다. 그러나 그는 Schreiner가 칼빈의 공공신학에서 교회적이고 사회적 갱신(변혁)의 강력한 교리를 위해 제시하고 있는 것과 같은 증거는 적절하게 언급하지 않는다.

은 처신으로서 그들의 마음을 새로운 순종에 복종케 하는 자발적 순종이라고 하더라도, 신자들은 여전히 국가 위정자의 법들과 헌법들에 순종하지 않으면 안 된다.

하나는 교회에 제한되고 또 다른 하나는 인간의 삶과 품행에 남아 있는 것을 총체적으로 포함하는 두 구별된 영역을 대표한다기보다는, "두 왕국"이라는 칼빈의 용어는 신자들이 하나님의 도덕법에 자유롭게 순종할 뿐만 아니라 국가 위정자에게 복종할 의무가 있는지 없는지의 질문에 대해 구체적으로 말한 것이다. 국가 위정자는 신자들의 양심을 내면적으로 구속하지 않을 수 있다 하더라도, 민간 영역에서 인간의 삶과 품행을 규제하는 데 감당하는 정당한 역할을 갖고 있다.

우리가 주목한 대로, 칼빈은 심지어 국가 위정자에게 두 돌판에 있는 법을 강화하고 그 나름대로 교회에게 하나님이 주신 명령을 교회가 성취하는 데 기여할 책임을 돌리고 있다. 진실로, 반드루넨이 제안한 것처럼, 그리스도의 영적 왕국을 교회의 영역으로 제한하는 것은 불가능하다. 이는 그리스도의 영적 통치 내의 법에 대한 순종의 의무들이 하나님의 도덕법의 요구들처럼 광범위하기 때문이다.

둘째, 비록 반드루넨은 칼빈이 자연 왕국에서 인간의 삶과 품행을 규제하기 위한 원천과 기준으로 자연법에 호소한다고 주장하지만, 그는 자연법의 도덕적 의무들의 바른 이해를 위해 성경에 주어진 하나님의 뜻의 계시가 절대적으로 필요하고, 중요한 역할을 한다는 데 대해 적절히 설명하지 못한다.

칼빈에게 있어서 성경은 창조주와 구속주이신 하나님의 더 풍성하고 분명한 뜻의 계시를 제공해 준다. 성경의 "안경"을 통해서 신자들은 모든 인간의 직업과 문화의 합법적 영역에 대한 하나님의 뜻을 더 분명하게 분별할 수 있는 능력을 받았다. 성경은 원칙적으로 자연 왕국 안에서가 아니라, 교회 왕국 안에 신자들의 품행을 위한 기준이라고 한 반드루넨의 주장은 칼빈의 삶 전반에 걸쳐 나타난 그의 신학과 실천 또는 제네바에서의 사역으로 인해 거짓이 되었다.

셋째, 칼빈의 공공신학은 반드루넨이 주장한 것처럼, 창조와 구속 간, 혹은 자연 왕국과 영적 왕국 간의 관계에 대한 예리한 이원론적 견해를 발전시키기보다는 전반적으로는 피조물, 구체적으로는 인간의 삶의 회복과 완성으로서 왕성하고 상쾌한 구속관을 제공해 준다.

칼빈의 공공신학은 창조 중보자이며 구속 중보자이신 그리스도의 직분의 이중성, 혹은 자연 왕국과 영적 왕국에서 그리스도의 통치의 이중성에 대한 반드루넨의 강조에 대조적으로, 신자들의 활동들과 소명들의 전체 범주에 걸친 그리스도의 주권적이고 은혜로운 통치의 일관되고 통합된 개념을 제공한다. 구속 중보자이신 그리스도의 사역의 목적$_{telos}$은 다름 아닌 적절한 질서에로의 만물의 완성과 회복이다.

제2장

칼빈, 자연법, 두 왕국

진 하스 Gene Haas 박사

복음주의 개신교계의 자연법에 관한 갱신된 관심이 이 교리에 대한 존 칼빈의 견해들에 갱신된 관심을 갖게 했다. 최근의 두 작품은 존 칼빈의 견해들에 뿌리를 두고 있는 개혁주의 사상에 하나의 일관된 자연법 전통이 있다고 주장해 왔다.

스티븐 그라빌 Stephen Grabill은 다음과 같이 주장한다.

> [칼빈은] 자연법에 대한 수정된 자연 교리를 중세의 선행들로부터 채택하고, 또한 [칼빈은] 하나님의 이중적 지식 duplex cognitio Dei의 교리를 활용하여 자연법 lex naturalis을 창조주 하나님의 자연적 지식 안에 기초하게 한다.[1]

데이비드 반드루넨은 다음과 같은 점에 동의한다.

> 칼빈은 모호함 없이 자연법의 존재를 확증하고 그것에게 긍정적 역할들을 부여했다.[2]

---

1 Stephen J. Grabill, *Rediscovering the Natural Law in Reformed Theological Ethics* (Grand Rapids: Eerdmans, 2006), 70.
2 David VanDrunen, *Natural Law and the Two Kingdoms: A Study in the Development of Reformed Social Thought* (Grand Rapids: Eedmans, 2010), 68.

양심과 이성이 비록 죄로 인해 약화되고 부패했지만, 여전히 비그리스도인들은 하나님의 법의 지식을 어느 정도 얻도록 허용된다. 그라빌과 반드루넨 둘 모두는 이 교리가 칼빈의 뒤를 잇는 개혁신학에 남겨진 유산이라고 주장한다.

더불어, 반드루넨은 칼빈의 자연법 교리와 칼빈의 두 왕국 교리 사이에 긴밀한 연계를 발견한다.

첫째, 반드루넨은 칼빈의 사상 속에서 "영적" 혹은 "천상의" 왕국과 "시민적" 혹은 "지상의" 왕국 사이의 구별에 주목한다.[3]

둘째, 반드루넨은 칼빈의 입장이 시민 왕국의 통치자들과 시민들은 자연법을 통하여 인간의 사회적 시민 생활을 위한 질서와 조화를 함께 유지하기 위해 필요한 법에 관련된 "지상의" 일들에 대한 통찰력을 갖는다고 주장한다.

하나님의 계시된 도덕법이 모든 법들의 척도와 목적이 되는 반면, 자연법은 인간적인 시민법에 구현된 정의를 위해 적법한 표준이다.[4]

어떤 한 기준에서, 칼빈의 저서들 속의 자연법과 두 왕국의 교리들에 대한 이해는 칼빈의 저서들에 대한 신중한 주해와 통합을 포함한다. 여기서의 질문은 다음과 같다.

정확하게 이 두 교리들에 대한 칼빈의 견해들은 무엇인가?

그러나 다른 수준에서 칼빈의 교리들은 더 큰 논의의 부분이다. 그라빌과 반드루넨 둘 다 칼빈의 저서들로 거슬러 올라가 개혁주의 사상에는 자연법과 두 왕국의 교리의 일관된 전통이 있다고 제안한다. 또한, 그들은 최

---

3   VanDrunen, *Natural Law and the Two Kingdoms*, 71–82.
4   VanDrunen, *Natural Law and the Two Kingdoms*, 110–14.

근 역사 속의 개혁주의 사상가들은 이 전통을 포기해 왔다고 주장한다.[5]

그라빌은 구체적으로 자연법을 배척한 20세기 개혁주의 사상가들을 언급한다.[6] 반드루넨은 헤르만 도예베르트 Herman Dooyeweerd와 북미주 쪽에 있는 그의 신칼빈주의자 제자들을 문화적 참여의 변혁적 견해 때문에 비평하는데, 그것은 자연법과 두 왕국의 전통적 개혁주의 교리들을 배척한다.[7]

그러므로 자연법과 두 왕국에 대한 그라빌과 반드루넨의 장황한 주장들을 감안하고, 그리고 칼빈의 두 교리들에 대한 다른 견해들을 견지하고 있는 최근의 개혁주의 사상가들에 대한 그들의 비평들을 감안하면, 칼빈의 교리에 대한 어떤 해석은 암묵적으로 혹은 명시적으로, 현재의 논의에 관련을 갖게 될 것이다.

본 장은 자연법과 두 왕국에 대한 칼빈의 교리들의 해석과 분석에 초점을 맞추고 있다. 동시에 이는 두 왕국 간에는 구별이 있고 자연법이 일시적 왕국에서 긍정적 역할을 한다는 칼빈의 사상에 관한 그라빌과 반드루넨의 두 주장들을 염두에 두고 있다.

---

[5] Grabill과 VanDrunen 둘 다 Karl Barth의 자연법의 배척을 제시한다. Grabill, *Rediscovering the Natural Law*, 21-36; VanDrunen, *Naural Law and the Two Kingdoms*, 316-47. 필자가 Barth의 견해에 덜 관심을 갖는 것은 Barth가 개혁주의 전통에 속하는지가 논쟁적일 수 있기 때문이다.

[6] Grabill은 20세기 개혁주의 전통의 대표들에 주목한다. G.C. Berkouwer, Herman Dooyeweerd, Cornelius Van Til. "이들은 전형적으로 자연법 전통을 배척했는데 그 이유는 자연법이 자연적 인간의 기능들에 대해 타락한 이성적 죄의 효과로 번적이고 있다고 주장하고 그것이 표면상 이원론적 자연-은혜의 이분법에 기초하고 있기 때문이었다."

[7] VanDrunen이 언급한 북미주 신칼빈주의자들은 Henry Stob, Cornelius Plantinga, Albert Wolters, Craig Bartholomew, Michael Goheen이다. VanDrunen의 해석과 비평은 제9장 "The Kuyperian Legacy (I): Herman Dooyeweerd and North American Neo-Calvisnists," in *Natural Law and the Two Kingdoms*, 348-85에 나온다.

1. 칼빈의 사상에서 자연법을 위한 맥락

자연법에 관한 칼빈의 가르침을 위한 맥락은 창조와 그 질서, 하나님 형상에 있어서 인간의 성품, 그리고 피조물과 인류에 끼진 죄의 영향력에 대한 그의 이해다.

1) 창조와 그 질서

칼빈은 하나님이 창조의 행위 속에서 모든 피조물들과 그것들을 구성하고 지시하는 "사물들의 본연적 질서"가 존재하도록 하신다고 진술한다. 이 "자연의 질서"*naturae ordine*가 피조물 전체를 형성하고 모든 피조물들의 특성들과 기능들과 목적들을 포함한다.[8]

이것은 이 창조 질서가 그들의 존재와 기능의 모든 영역에서 인간과 인간이 아닌 피조물들 모두를 포함한다는 것을 의미한다. 세상과 그 피조물들을 다스리라는 명령을 받은 인간들은 하나님과 그의 법에 순종하여 반드시 이 소명을 추구해야 한다.

> 사람들이 하나님에게 순종하기 위해 훈련해야 한다는 것이 진실로 합리적으로 잘 사는 유일한 법칙이다.[9]

칼빈에게 법 속에 녹아 있는 창조 질서는 결코 인간과 하나님 사이의 장벽이 아니다. 오히려 그것은 하나님에 대한 그들의 관계를 살아 내는 수단

---

8 *Institutes*, 1.14.2, 20.
9 *Comm. Gen.* 2:16. Calvin의 구약 주석들에 대한 참조는 John Calvin의 [다양한 편집자들과 번역자들의] 에딘버러 판의 재인쇄인 *Calvin's Commentaries on the Bible*, 47 Vols. (Grand Rapids: Eerdmans, 1948-50)이 출처다.

이다. 하나님의 법은 우리의 생활들에 대해 명령한다. 그것은 하나님이 그의 피조물들인 우리에게 요구하시는 것과, 하나님을 기쁘게 하는 것이 무엇인지를 말해 준다.[10] 그의 법의 목표는 우리가 그의 뜻을 섬기고 그의 영광을 증진하는 것이다.[11] 우리가 하나님의 법에 의해 계시된 이 "바른 삶을 위한 규범"을 따르면, "우리의 삶이 하나님에게 기쁨이 될 것이다."[12]

하나님은 자신의 지속되는 섭리의 사역에서 이 질서를 유지하시는데, 결과적으로 창조의 법들은 역사 전반에 걸쳐 지탱되며 잔존한다.[13] 칼빈에게 섭리의 사역은 "창조의 질서"를 지속하며 그것을 "뚜렷하고 적절한 목적"으로 지향하도록 하는 하나님의 "일반적 섭리"다.[14]

수잔 슈라이너Susan Schreiner 는 다음과 같이 말한다.

> '자연의 질서'ordre de nature, 즉 우주와 사회 전반에 걸쳐 발견되고 칼빈에게 계시된 질서는 피조물의 위계가 아니라 안정성과 규칙성 및 연속성이다.[15]

피조물의 질서와 법들은 성령의 활동을 통하여 하나님에 의해 유지되고 있다. 만일 하나님이 이 질서를 유지하는 데서 자신의 성령을 거두신다면, 우주는 무의 상태로 무너질 것이다.[16]

---

10 *Institutes*, 3.7.1; 2.8.2; *Comm*. Rom. 8:7. 칼빈의 신약 주석들에 대한 참조는 *John Calvin, Calvin's New Testament Commentaries*, ed. David W. Torrance and Thomas F. Torrance [various translators], 12 Vols. (Grand Rapids: Eerdmans, 1972)가 출처다.

11 *Institutes*, 3.14.9.

12 *Serm*. Deut. 4:44-5:5, 39, in John Calvin, *John Calvin's Sermons on the Ten Commandments*, ed. and trans. Benjamin W. Farley (Grand Rapids: Baker, 1980).

13 *Institutes*, 1.16.3.

14 *Institutes*, 1.16.7.

15 Susan E. Schreiner, *The Theater of His Glory: Nature and the Natural Order in the Thought of John Calvin*, 2nd ed. (Grand Rapids: Baker, 2001), 22.

16 *Comm*. Ps. 104:29-30.

칼빈은 다음과 같이 강하게 주장한다.

> 인간은 사는 날 동안 자신들을 위해 어떤 새로운 법도 만들어서는 안 된다. 오늘을 위해서 하나의 법을, 그리고 내일을 위해서는 다른 법을 가져서는 안 된다.[17]

인간들은 항상 하나님의 법을 반드시 지켜야 한다.

> 이는 그것이 영구적으로 존재하고, 세세토록 지탱되며, 세상의 끝날까지 선포되도록 제정되었기 때문이다.[18]

2) 하나님 형상의 인간들

 칼빈은 성경에 의하면 인간들이 다른 모든 피조물들보다 높여져 있고, 그들을 다른 모든 피조물들로부터 구별하는 탁월함의 표지들을 포함한다는 점에 주목한다.[19] 남자와 여자는 하나님의 형상으로 지음을 받았다. 이 형상은 하나님이 아담을 다른 모든 살아 있는 피조물들로부터 구별하셨던 탁월함의 표지들 안에서 발견된다. 아담에게서 "창조주는 친히 자신의 영광이 마치 거울에서와 같이 보일 것을 의도하셨다."[20]
 본래 창조된 대로 인간들은 자기들의 이성과 이해에 의해 인도를 받음으로써 모든 감각들과 감정들이 조화로운 통제 아래 지켜지도록 했다.[21] 그들은

---

17 *Serm*. Deut. 4: 44–5:5, 50.
18 *Serm*. Deut. 4: 44–5:5, 48.
19 *Institutes*, 2.12.6.
20 *Institutes*, 2.12.6.
21 *Institutes*, 1.15.3.

"지성의 은혜"를 내포했고, 결과적으로 "영혼의 타고난 재능을 능가했다."[22]

인간들 속에 있는 형상의 이 능력들이 그들로 하여금 그들의 삶의 적절한 방향을 제공하기 위한 이성에 이끌림을 받을 수 있도록 하여 결과적으로 하나님에게까지 높아지고 영원한 생명을 얻을 수 있도록 한 것이다.[23] 그러므로 인간들의 하나님의 형상은 그들이 그들 자신의 선행들 때문이 아니라, "하나님 안에 참여함으로" 복 받은 것임을 암시한다.[24]

칼빈은 하나님의 형상을 우선적으로 영혼에 둔다. 영혼은 이해와 의지의 두 기능으로 구성된다. 인간의 이성은 창조되었을 때, 선과 악, 옳고 그름 사이를 구별할 수 있었고, 그것으로 어떤 길들을 따르고 피해야 할지를 구별할 수 있었다. 인간은 이성의 인도를 받아 일관성 있게 선택할 수 있는 타고난 능력이 있었기 때문에 영원한 생명을 얻을 수도 있었다.[25] 칼빈은 아담 안에 어떤 흠이 있었다거나 아담이 죄를 짓도록 강요받을 수 있었다는 견해를 배척한다.

아담은 순종으로 견고하게 설 수 있는 역량을 가지고 있었다.

> 사람은 정녕 자신의 의지를 행사할 수 있는 공급된 능력을 받았다. 그러나 그는 자기의 능력을 사용할 뜻the will을 품지 않았다. 왜냐하면, 이러한 의지 행사에는 견인이 수반되었을 것이기 때문이다.

아담이 타락한 것은 전적으로 자기 자신의 의지will 때문이었다. 그는 자신을 파괴했고 하나님께로부터 받은 축복들을 부패시켰다. 그는 하나님께로부터 넘치도록 많이 받았으므로 변명의 여지가 없다. 이는 그가 자기 자

---

22 *Comm*. Gen. 2:9.
23 *Institutes*, 1.15.8.
24 *Institutes*, 2.2.1.
25 *Institutes*, 1.15.2, 7-8.

신의 파멸의 원인이기 때문이다.[26]

3) 죄의 영향력

칼빈이 보기에, 인류에게 끼친 죄의 영향력은 절대적이고 총체적이다. 인간들은 그들의 본래의 상태에서 타락했고 하나님의 나라로부터 멀어졌다.[27] 모든 남자와 여자는 아담으로부터 원죄를 물려받는다.[28]

칼빈은 원죄를 다음과 같이 정의한다.

> 영혼의 모든 부분에 퍼져 있어, 먼저는 우리가 하나님의 진노에 대한 책임을 지게하고, 그 후 성경이 "육신의 일들"갈 5:19이라고 부르는 그런 일들을 우리 속에 열매 맺게 하는 우리 성품의 유전적 부패.

우리 성품의 모든 부분이 손상되고 왜곡되어 있다.

> 사람 안에 있는 것이 무엇이든, 지성에서 의지에까지, 영혼에서 심지어 육신에까지 탐욕으로 더럽혀져 왔고 가득 채워져 왔다.[29]

죄의 영향력이 너무 커서 칼빈은 아담이 "본래 하나님께로부터 받았던 [하나님의] 형상을 잃어" 버렸다고 말한다.[30]

---

26 *Institutes*, 1.15.8.
27 *Institutes*, 2.1.3.
28 *Institutes*, 2.1.5.
29 *Institutes*, 2.1.8. "전체 사람이 마치 홍수로 인한 것처럼 머리부터 발까지 압도되어서 결과적으로 죄로부터 면제된 부분은 하나도 없으며 그에게로부터 나오는 모든 것은 죄로 전가되게 되어 있다." *Institutes*, 2.1.9.
30 *Comm* Eph. 5:24, 그리고 *Comm*. Gen. 1:26을 보라. "그러나 지금은 비록 얼마의 에메한

죄의 결과들은 인류를 하나님으로부터 분리시키는 것이고, 모든 사람을 하나님의 공의로운 정죄 아래 복종시키는 것이다.[31] 우리는 더 이상 하나님을 기쁘게 하는 것을 할 수 없다. 우리의 이성은 남아 있지만 아주 부패되어서 "그것은 … 진리를 찾고 발견할 능력이 없다."

유사하게, 우리의 의지는 남아 있지만 그것도 더 이상은 "바른 것을 추구하여 노력하는" 능력을 갖고 있지 않다. 하나님을 아는 지식과 하나님께로의 순종에 관하여 우리는 오류 속에 방황하고 있고 어둠을 좇아 더듬고 있다.[32]

칼빈은 고전적인 철학자들 및 중세 스콜라주의 신학자들과 날카롭게 갈라서는데, 이 철학자들과 신학자들은 선과 악을 분별하는 능력과 인간의 의지와 감정들이 덕스러운 행동으로 나아가도록 지도할 수 있는 능력 모두에 있어서 이성을 인간의 품행을 위한 충분한 안내자로 보았다.[33]

칼빈은 죄가 생각과 의지와 감정들을 부패시킨다는 입장을 유지한다. 그 결과는 인간들이 우리의 삶을 하나님에게 일치시키는 참된 하나님을 아는 지식과 그의 뜻과 법들을 가지고 있지 않다는 것이다. 이성은 죄의 결과들로 인해 심하게 눈이 멀어서 오직 인간의 마음 속에 하나님의 은혜의 갱신하는 역사와 계속되는 성령의 인도만이 하나님이 요구하시는 윤리적인 삶을 마음으로 받아들이게 하고, 정신으로 이해하게 하며, 의지로 추구할 수 있도록 능력을 줄 수 있다.

이러한 갱신은 예수 그리스도의 구속적 사역을 통해서 성취된다.[34] 죄악된 인간들은 오직 하나님을 아는 지식과 그들에게 하나님이 요구하시는 바

(하나님의) 그 형상의 윤곽이 우리 속에 남아 있다는 것이 발견된다 하더라도, 그것들은 아주 심하게 손상되고 망가져서 그것들이 참으로 파괴되었다고 말할 수도 있다."

31 *Institutes*, 2.1.8.
32 *Institutes*, 2.2.12.
33 *Institutes*, 2.2.2-3.
34 *Institutes*, 1.6.1-4.

를 성경에 주신 신적 계시를 통해서 얻을 수 있다. 성경은 하나님의 법이 "완전한 의의 법칙"으로서 영속적 정당성을 갖고 있다는 것을 계시한다.[35]

칼빈은 "천상의" 사안들에 관한 인간들의 무능력과 대조하여, 인간들이 이생의 삶에 관련된 "지상의" 사안들에 대한 이해를 한다는 입장을 유지하는데, 그것은 정부government, 가사 관리, 기계적 예술, 과학, 교양 과목의 영역들을 포함한다.[36]

이 지식은 성령의 일반적 활동으로 인해 생기는데, 성령은 인류의 공통된 선을 위해 은사들을 나눠 주고 사람들의 피조적 성질 안에 그리고 그것을 통해 역사한다. 그럼에도 이런 지식은 불안정하고 일시적인 것인데 이는 하나님을 아는 지식의 견고한 기초가 결핍되어 있기 때문이다.[37]

인간들은 사회를 확립하고 유지하고자 하는 사회적 피조물들이기 때문에, 그들은 "민사상 공정한 대우와 질서"를 육성하는 그러한 법들을 어느 정도 이해한다. 이것은 성령이 죄악 된 사람들 속에 어느 정도의 공평성aequitatis 개념으로 형성된 공동체를 설립하도록 이성의 빛을 유발하는 정치적 질서의 씨를 심어 놓으신 결과다.[38] 칼빈은 공동체의 삶을 형성하는 공평성의 법들로부터 자연법의 개념을 상술한다.

2. 칼빈의 자연법에 대한 견해

비록 죄가 지성과 의지 모두 위에 큰 혼란을 가져왔지만, 칼빈은 타락한 인간들이 계속하여 피조물의 도덕적 질서를 어느 정도 이해한다는 것을 강

---

35 *Institutes*, 2.8.5.
36 *Institutes*, 2.2.13-14.
37 *Institutes*, 2.2.16.
38 *Institutes*, 2.2.13.

하게 주장한다.

하나님은 성령의 일반적인 사역을 통해 모든 인류 위에 부여하신 하나님의 은혜와 긍휼 때문에 사람들의 마음 속에 어느 정도 옳고 그름, 정의와 불의에 대한 판단력을 각인시키신다.

칼빈은 "본성으로 이방인들이 자기들의 마음에 새겨진 율법의 의를 가지고 있으므로" 자연법을 통해 *lege naturale* 품행의 바른 표준을 교훈 받고 있다고 주장하기 위해 로마서 2:14-15에 호소한다. 그것은 그 자체로 이성은 아니다. 오히려 이것에 증언하는 양심이다.

칼빈은 자연법을 다음과 같이 정의한다.

> 정의와 불의 사이를 충분하게 구별할 수 있고, 그것이 그들에게 그 자체의 증언으로 유죄를 확증하는 동안 사람에게서 무지의 핑계를 박탈하는 양심의 판단력이다.[39]

사람들은 자기들로 하여금 어떤 행동들은 선하고 법으로 제정할 만한 가치가 있다는 것을 알도록 인도하고, 어떤 행동들은 악하여 피하도록 하는 "법에 대한 어떤 자연적 지식"을 얻는다.[40] 그러므로 칼빈에게 자연법은 인간들의 마음과 생각들 위에 하나님이 각인해 두신 도덕적 표준뿐만 아니라 양심을 포함하는데, 그것이 이 도덕법에 증언한다.

칼빈에게 있어서, 불신자들에 의한 자연법의 판단은 모든 민족이 성경에 계시된 법들의 가르침을 받지 않고도 그들 자신에 맞는 법들을 만들고 있다는 사실에서 분명해진다.

---

39 *Institutes*, 2.2.22.
40 *Comm*. Rom 2:14-15.

그러므로 그들은 법 없이, 법을 갖고 있다. 이는 그들이 비록 모세의 기록된 법을 가지고 있지는 않지만, 그들에게 어떤 경우에도 옳음과 정의의 *recti et aequi* 지식이 완전히 결여된 것은 아니다.[41]

비신자들은 하나님이 그들의 마음에 본성적으로 각인하신 것을 나타내는데, 그것은 "그들이 정의와 불의 *aequum et iniquum*, 정직과 부정직 사이를 구별할 수 있는 식별력과 판단력"이다.[42] 거기에 몇가지 행동들은 선하고 본받을 가치가 있는 것으로, 또 다른 행동들은 악하고 수치스러운 것으로 여기는, "법에 대한 어떤 자연적 지식"이 남아 있다. 이것은 양심의 역할 속에 반영되어 있는데, 왜냐하면 그것은 행위들이 선하면 위로하지만, 악하면 괴롭게 하기 때문이다.[43]

칼빈은 이것을 죄악 된 인간들 속에 "법에 대한 **완전한** 지식"이 있는 것이 아니라, 단순히 "그들의 본성에 심겨진 얼마의 정의의 씨들"이 있다고 하며 제한을 둔다.[44] 이것은 죄악 된 인간들이 어떻게 하나님의 법에 따라 자기들의 삶을 구성해야 하는지를 알게 하는 그들의 능력에 영향을 준다.

칼빈은 그들이 보편적으로 "사물의 일반적 정의 혹은 본질" 속에 있는 법의 진리를 인정할 것이라고 말한다. 그러나 법이 구체적인 사례에 적용되었을 때, 특별히 그들이 제정한 어떤 것을 평가할 때, 그들은 망각하게 된다. 그들은 그들 자신의 행동들을 적절하게 평가하지 못하고 악행을 완강하게 고집한다.[45]

---

41 *Comm.* Rom. 2:14.
42 *Comm.* Rom. 2:15.
43 *Comm.* Rom. 2:15. Klempa는 "Calvin이 양심을 의지보다는 이해와 연관시킨다[*Comm.* Rom. 2:15]"고 지적한다. William Klempa, "John Calvin on Natural Law," in *John Calvin and the Church: A Prism of Reform*, ed. Timothy George (Louisville, KY: Westminster/John Knox, 1990), 83.
44 *Comm.* Rom. 2:15.
45 *Institutes*, 2.2.23. Calvin은 비록 그들이 그들의 죄에 대한 의식으로 회개에 나아가지만,

칼빈은 이 동일한 성향이 자연법에 관하여 국가들에 관한 사상과 실천 속에 존재한다는 것에 주목한다. 불신자들은 보편적으로 사회를 다스리기 위한 법들의 필요에 동의하지만, 그 법들의 구체적인 내용들은 동의하지 않는다. 몇 사람은 법적 압박들에 저항한다. 또 다른 사람은 정의의 법들을 불의하게 여긴다. 그리고 누군가는 법적으로 금지된 것을 인준한다.

> 그들은 자기들의 지성으로 인준한 것을 자기들의 정욕 때문에 미워한다.

그래서 그들은 사회생활을 위한 "일반적 공평의 aequitatis 개념"에 동의하는 반면, 칼빈은 "인간 생각의 유약함"을 인정하는데, "그것은 길을 따르는 것처럼 보일 때조차 … 절뚝거리고 비틀거린다."[46] 이것은 다양한 로마 황제들의 통치 속에 분명히 나타나 있는데, 어떤 사람은 정의와 공평으로 다스리고 또 다른 사람들은 바르고 공정한 법들에 대한 경멸로 다스렸기 때문이다.[47]

칼빈이 하나님의 법을 아는 죄악 된 인간들의 능력에 대해 긍정적인 평가와 부정적인 평가 둘 다를 한 사실은 개혁주의 사상가들이 칼빈의 사상 속에 있는 자연법의 위치에 대한 다른 평가들을 하도록 이끌어 냈다. 존 헤셀링크 John Hesselink와 데이비드 반드루넨 David Vandrunen은 학자들을 세 집단으로 나누었다.

첫째, 자연법이 칼빈에게는 지엽적이고 중요하지 않았다고(심지어는 그의 나머지 신학과 불일치하다고) 여기는 사람들이 있다.

둘째, 자연법이 (중세의 자연법의 가르침의 연속으로서) 법적이고 정치적인 관

그들의 무절제가 그들로 하여금 완강하게 "그것의 습관적 악의 선택을" 고집하도록 이끈다는 것에 주목한다.

46 *Institutes*, 2.2.13.
47 *Institutes*, 3.14.2. 그리고 *Institutes*, 4.20.15-16을 보라.

점들을 위해 중요하다고 간주하는 사람들이 있다.
셋째, 중재하는 관점들을 견지하는 사람들이 있다.[48]

헤셀링크와 반드루넨 둘 다는 자연법이 칼빈신학의 본질적인 부분이라는 광범위한 논증을 한다. 그들의 주장들의 상당한 부분은 칼빈의 저서들 속에 있는 자연법 개념에 대한 자기들의 장황한 설명 가운데 발전되었다. 핵심이 되는 질문은 그것들이 감당하는 역할이다.

칼빈은 모든 사람의 마음에 각인된 법이 십계명과 같은 것들을 옹호하지만, 다음과 같은 입장을 유지한다.

> 사람은 오류의 어둠 속에 싸여 있어서 자연법을 통해서는 하나님께 열납되는 예배가 무엇인지 파악하는 것을 시작조차 할 수 없다.[49]

비록 모든 사람이 그들의 마음 속에 신성에 대한 감각과 종교의 씨앗을 갖고 있지만, 역사는 그들이 하나님과 그의 의에 대하여 적대적이라고 증언한다. 그들의 양심은 참된 예배의 지식을 부패시켜 결과적으로 미신들과 우상 숭배가 발흥하게 한다. 그리고 그들의 자연적 이성은 결코 그들을 그리스도께로 인도하지 않는다.

칼빈은 다음과 같이 결론 내린다.

> [양심의 자연적 이성은] 우리의 믿음을 하나님께 두는 것, 하나님의 탁월함과 의로 인해 마땅한 찬양을 드리는 것, 그의 이름을 부르는 것, 그리고 안

---

48 I. John Hasselink, *Calvin's Concept of the Law*, Vol. 30 of Princeton Theological Monograph Series, general ed. Dikran Y. Hadadian (Allison park, PA: Pickwick Publications, 1992), 57; VanDrunen, *Natural Law and Two Kingdoms*, 94-95.

49 *Institutes*, 2.8.1.

식일을 참되게 지키는 것 등과 같은 (십계명의) 첫 번째 돌판의 주요 사항들에 전혀 순응하지 않는다.[50]

칼빈은 죄악 된 인간들 속에 있는 이성의 빛이 십계명의 두 번째 돌판을 더 잘 이해할 수 있다고 믿는다. 이것은 그 명령들이 "그들 가운데 있는 시민 사회의 보존에 밀접하게 관련되어 있기" 때문이다.[51] 이 교훈들은 우리의 이웃과의 관계 속에 정의와 공평 *droiture et équité*의 원리들을 구현한다.[52] 하나님이 모두의 생각 속에 얼마의 정치적 질서의 씨와 도덕법 속에 녹아 있는 공평을 각인해 오셨다. 양심에 의해 입증되어, 이것은 시민의 삶 속에서 분명하다.[53] 칼빈은 다음과 같이 진술한다.

> 사람은 본성적으로 사회적 동물이므로, 자연적 본능을 통하여 사회를 형성하고 보존하려는 경향이 있다. 결과적으로 우리는 모든 사람의 생각 속에 어떤 시민의 공정한 대우와 질서의 보편적 인상들이 존재한다는 것을 목격한다. 그런 까닭에 모든 종류의 인간적인 조직은 반드시 법으로 규제되어야 한다는 것을 이해하지 못하고, 그 법들의 원리들을 파악하지 못하는 사람은 아무도 발견되지 않는다. 이런 이유로 법들에 관하여 모든 나라와 각 인간들은 변함없이 동의한다.[54]

비그리스도인들은 법의 개별적 항목들에 대해 동의하지 않지만, 그들은 여전히 공평의 보편적 원리들에 대해서는 동의한다. 비록 인간 사고의 유약성이 여기에 분명하더라도, "이 삶의 배치에 이성의 빛이 없는 사람은 아

---

50 *Institutes*, 2.2.24.
51 *Institutes*, 2.2.24. 그리고 *Comm*. John 1:9를 보라.
52 *Serm*. Deut. 5:22, 247-49.
53 *Institutes*, 4.20.16; *Comm*. Gen. 29:14; Eph. 4:17.
54 *Institutes*, 2.2.13.

무도 없다는 풍부한 증거"가 있다.[55]

칼빈에게 율법의 두 번째 돌판과 모든 인간의 마음 위에 기록된 자연법에 관한 핵심 개념은 공평^{라틴어: aequitas; 불어: équité}이다. 칼빈에게, 공평의 본질적 의미는 흔히 황금율이라고 불리는 마태복음 7:12에서 발견된다.

> 그러므로 무엇이든지 남에게 대접을 받고자 하는 대로 너희도 남을 대접하라 이것이 율법이요 선지자니라^{마 7:12}.

칼빈은 여기서 다음과 같이 진술한다.

> 그리스도가 그의 제자들에게 공평한 대우^{aequitatem}의 법칙을 제정하시고, 그것의 짧고 단순한 정의를 제시하셨다.

황금율은 모든 사람의 마음속에 빛나는 "공평의 법칙"^{aequitatis regulam}이다.

> 그래서 그리스도는 그들에게, 자신들의 이웃과 바르게 또한 공평하게^{recte et iuste} 사는 데 있어 각자가 사용할 법칙은 각자가 다른 사람에게 그 사람이 자신에게 해 주기를 바라는 것을 제공하는 것이라고 가르쳤다. 이것은, 사람들이 그들의 모든 불의^{iniustitiam}를 가리거나 위장하기 위해 생각해 낸 모든 공허한 겉치레를 극복한다. 의심의 여지없이 우리가 그 주제에 관해 우리가 제시하는 수동적 교훈들에 매우 민감해지면서, 만일 우리가 내가 능동적 사랑^{charitas}이라고 부를 수 있는 것의 신실한 제자들이 되었다면, 우리 가운데서 완전한 공평^{aequitas}이 다스렸을 것이다.[56]

---

55 *Institutes*, 2.2.13.
56 *Comm*. Matt 7:12.

칼빈은 진술하기를, 황금율이 율법과 선지서들을 요약하는데, 이는 거기서 사랑에 대해 *de caritate* 가르쳐진 모든 것과 거기서 발견된, 의를 권장하기 위한 모든 법들과 권면들은 반드시 이 법칙과 관련이 있어야 하기 때문이라고 한다.

> 그래서 그 의미는 다음과 같다. 즉 십계명의 두 번째 돌판은 만일 어떤 사람이 다른 사람들을 향하여, 다른 사람이 그 자신에게 처신해 주기를 바라는 것처럼 처신한다면 충족된다는 것이다.

율법과 선지서들 안에서 가르쳐지고, 십계명의 두 번째 돌판에 요약된 이웃 사랑은 공평의 주제와 관련되어 있는데, 이는 칼빈에게 공평은 황금율의 요약으로서, 우리가 다른 사람들을 대할 때 사랑의 이행을 위한 지침을 제공하기 때문이다.[57]

칼빈에게, 공평은 자연법과 두 번째 돌판의 계명들 속의 본질적 성격을 구현하고 있는 기본적 원리다.[58] 그는 마태복음 7:12에 요약된 이웃 사랑의 법칙을 자연법뿐만 아니라, 두 번째 돌판의 성취로서 언급한다.

칼빈이 만들고 있는 공평과 자연법 간의 긴밀한 연결은 그가 **공평**을 수식하기 위해 "자연적" natural 그리고 "자연" nature과 같은 말들의 잦은 사용에서 분명해진다. 다음의 표현들은 종종 자연법과 연관된 공평에 대한 그의 논의들에서 자주 발견되는 것이다.

---

57 *Comm*. Matt. 7:12. "다시 말하면, 만일 우리가 단순한 길에서 벗어나지 않으면, 그리고 우리의 마음으로부터 게다가 각인된 공평의 표준을 지워내기 위해 허황되게 과장된 자기 사랑을 허용하지 않는다면, 길고도 혼란스러운 논의가 필요 없다는 것이다."
58 *Institutes*, 4.20.16을 보라.

naturalis aequitas,[59] *équité naturelle*,[60] *équité de nature*.[61]

인간의 법들에 관해서, 그는 다음과 같이 진술한다.

공평 *aequitas*은 자연적 *naturalis*이기 때문에 모든 사람에게 동일하지 않을 수 없다.

이것이 그가 공평의 원리들이 다양한 나라들의 헌법들에서 발견될 수 있다고 믿는 이유다.[62] 나아가서, 칼빈은 황금율이라는 관점으로 "자연적 공평" 혹은 "자연의 공평"을 정의한다. 그는 다음과 같이 말한다.

자연법 *équité naturalis*은 우리가 다른 사람들이 우리에게 해 주기를 원하는 대로 우리도 마땅히 그 사람들에게 해 주어야 하는 것이다.[63]

칼빈은 자연법의 요구들이 두 번째 돌판의 요구들과 같다고 여기고, 이것들이 공평의 원리의 법칙, 이웃 사랑의 법칙의 이행의 표현들이 된다고 믿는다. 그의 설교들 가운데 하나에서 발췌한 다음의 진술은 이런 관계들을 표현한다.

---

59 *Institutes*, 4.20.11. Battles는 이것을 "자연적 공평"이라고 번역한다.
60 *Serm*. Deut. 15:11-15, 347.
61 *Serm*. Deut. 5:22, 247. Farley는 이것을 "자연법"이라고 번역한다.
62 *Institutes*, 4.20.16.
63 *Serm*. Deut. 5:19, 189. "무엇보다도 우리는 오직 우리가 우리에게 해 주었기를 원하는 것을 다른 사람들에게 해 줄 때 그것을 마땅히 자연적 공평(*équité naturelle*)으로 간주해야 하다." *Serm*. Deut. 15:11-15, 347.

두 번째(돌판)은 우리가 우리의 이웃에게 속한 것을 우리의 이웃에게 돌려야 하는 것과 우리가 누군가가 우리에게 하지 않았으면 하는 것은 어떤 것도 누군가에게 해서는 안 되는 자연법 ceste équité de nature 을 지키도록 요구한다.[64]

칼빈에게 공평—그것의 바깥을 향한 사회적 표현에 있어서—과 이웃 사랑의 규범은 하나님이 사람들의 생각에 심어 주시고 그들의 양심이 증언한 자연법의 본질적 특성들이다.

그럼에도 칼빈은 그러한 자연적 지식의 결과들은 멀리 떨어져서 계명들의 의도에 이를 수 없다고 강조한다. 제정된 시민법은 오직 외적 순종만을 있게 할 뿐이지, 하나님의 법이 요구하는 영혼의 내적 순종을 있게 하지는 못한다. 법의 결과들과 공적 수치의 두려움이 사람들을 외적으로 억제하게 하지만, 그들은 여전히 내적으로 법에 대적하고, 자기들의 의지에 반하여 그것을 순종한다.

> 강요되고 강제된 의는 사람들의 공적 공동체를 위해 필요한데, 주님이 여기서 그들의 평온을 제공하신다.[65]

인간 사회 보존에 대한 관심으로써 사람들이 공평에 대한 더 큰 민감성을 나타낼 때조차도, 칼빈은 특별히 공평이 그들에게 요구될 때 그들이 상당한 불일치를 보이고 있다는 것을 눈여겨보고 있다. 그들은 자신들의 이익이 관계될 때 마치 공평한 내우 aequitatis 에 대한 정확한 학자들인 것처럼 행하고 자신들에게 그것을 엄격하게 적용할 것을 요구한다. 그러나 그들은 그것이 다른 사람의 혜택이나 손해를 수반할 때는 이 동일한 공평의 법칙 ad

---

64 *Comm*. Deut. 5:22, 247.
65 *Institutes*, 2.7.10. 그리고 *Institutes*, 2.8.6.을 보라.

*aequitatis regulam*에 대해 모른 체한다.⁶⁶

유사하게도 비록 사람들은 율법의 두 번째 돌판의 계명들이 시민 사회의 보존에 관한 것이기 때문에 그것들에 대한 이해를 나타내지만 그들이 불의가 될 것이라고 생각하는 것에 복종해야 할 때는 견디지를 못한다. 너무나 자주 "정욕이라는 질병들은" 자연인 속에 있는 "자연의 빛을 꺼지게 (하는)" 원인이다. 심지어 철학자들도 이런 악한 욕망들에 대해 설명하지 않으며, 감지된 손해에 대해 복수하는 것과 같은 죄악 된 행위들을 정당화한다.⁶⁷

3. 분석

칼빈이 자신의 신학에 자연법의 개념을 유지한다는 것은 분명하다. 심지어 그리스도의 구원의 지식 없이도, 죄악 된 사람들이 하나님의 법에 대한 얼마의 지식을 가질 수 있다. 자연법에 대한 칼빈신학의 두 요소는 다음과 같다.

첫째, 하나님이 모든 인간들의 마음에 그의 십계명, 특별히 두 번째 돌판을 각인해 오셨다.
둘째, 인간들이 이 법을 증언하는 기능을 하는 양심을 수여받았다. 양심은 이 법에 대한 얼마의 지식을 얻으므로 옳고 그름, 정의와 불의 사이를 구별할 수 있고, 우리의 도덕적 행위들에 대해 우리가 하나님께 책임을 지게 만든다.

---

66 *Comm.* Matt. 7:12
67 *Institutes*, 2.2.24. 이 장에서 Calvin이 언급하고 있는 고전적 철학자들은 Plato, Seneca와 Cicero다.

이러한 이해는 인간의 두 활동에서 명백하다.

첫째, 그들 자신과 다른 사람들의 행위들의 도덕적 성격을 판단하기 위한 인간들의 일반적인 성향이다.

둘째, 이들 시민들의 삶을 지도하기 위해 정의와 불의의 행위들을 구별하도록 하여 시민법을 만들기 위한 모든 나라의 보편적 활동들이다.

그러나 칼빈은 죄악 된 인간들 속에 이 자연법의 존재를 확언하더라도, 또한 이것을 한정한다. 그리스도를 떠나서 죄인들은 법에 대한 **완전한** 지식을 가지지 못하고, 다만 정의의 씨들을 가질 뿐이다. 그들은 어쩌면 대체로 법의 진리를 인정하겠지만 그것이 그들 자신의 행위들에 적용될 때, 그들은 둔한하게 된다.

이것은 나라의 법들에서도 역시 명백하다. 몇 사람은 이 법들에 저항하고, 또 다른 사람은 정의로운 법들을 불의하다고 간주하며, 누군가는 금지된 것을 인준한다. 국가의 통치자들 중 얼마는 정의와 공평으로 다스리고, 다른 사람들은 옳고 정의로운 법들에 대한 경멸심으로 다스린다.

그것이 칼빈이 자연법과 두 번째 돌판의 명령들의 본질이 되어야 할 것이라고 여기는 공평의 원리를 이룰 때, 사람들은 어쩌면 사회의 보존을 위해 그것의 중요성을 인정할 수도 있다. 그러나 그들은 그것이 그들에게 요구하는 것들이 있을 때 저항하고, 그것이 다른 사람들의 혜택들이나 손해들에 영향을 줄 때 그들은 공평의 법칙을 간과한다. 심지어 역량 있는 고전적인 철학자들조차도 악과 불의한 행동들의 정당화에 달려든다.

반드루넨은 칼빈에게 자연법이 "시민 왕국인 지상의 삶에서 아주 긍정적 기능"을 하고 있으므로 "죄악 된 사람이 이성과 자연적 지식을 사용하여 땅의 것들의 영역, 즉 시민 왕국 안에 있는 상당한 것들을 얻어 낼 수 있다"⁶⁸고 주장할 때 과장해서 말한다.

칼빈에게서 영적 왕국과 시민 왕국 간의 구별을 이끌어 낼 때, 반드루넨은 전자에서는 "성경이 교회의 교리와 치리를 위한 유일한 표준[이다]"라고 바르게 주목한다. 그러나 시민 왕국을 영적 왕국으로부터 구별하려는 그의 시도에서, 반드루넨은 칼빈이 자연법을 주요하고 적합한 "시민 왕국의 삶을 위한 표준"⁶⁹으로서 본 것처럼 묘사할 때 너무 멀리 나간다. 자연법에 관한 칼빈의 해설들을 면밀히 읽으면 이 입장을 전혀 지지하지 않을 것이다.

정의와 공평에 대한 죄악 된 인간들의 지식과 실천에 관하여 칼빈의 긍정적이고 부정적인 해설이 이전에 언급되었다 해도, 자연법에 대한 그의 신학의 신실한 이해는 반드시 그의 해설들 전체에서 주목되어야 한다. 거기에 사람들이 그리스도에 대한 구원의 지식을 떠나서 하나님의 법을 알기도 하고 모르기도 한다는 양자의 의미가 있다.

공평의 법은 하나님에 의해 그들의 양심에 각인되어 있지만, 개인적으로나 사회적으로는 여전히 그들이 이것을 부인할 준비가 되어 있는데, 특별히 그것이 그들 자신의 행위들이나 나라들의 행위들에 해당될 때다. 그들의 행위들과 정당화의 근거 위에서, 그들이 자연법을 확언하기도 하고 부정하기도 한다는 것이 칼빈에게는 분명한 것이다.

칼빈신학에 있는 이런 긍정적이고 부정적인 특성들을 설명하는 한 가지 방법은 지성과 의지에 미친 타락의 결과들 사이를 구별하는 것이다. 듀이 호이팅가 주니어Dewey Hoitinga Jr.는 자신의 저서 『존 칼빈과 의지』*John Calvin and the Will*에서 이런 구별을 한다.⁷⁰ 그는 칼빈에게는 타락이 지성을 부패시

---

68 VanDrunen, *Natural Law and the Two Kingdoms*, 112.
69 VanDrunen, *Natural Law and the Two Kingdoms*, 113.
70 Dewey J. Hoitinga Jr., *John Calvin and the Will: A Critique and Correction* (Grand Rapids: Baker, 1997), Hoitinga의 주장의 핵심은 45-91쪽, 제2장과 제3장에 나온다.

킨 반면, 그것이 얼마의 진리를 찾는 성향과 진리를 알 수 있는 능력을 보유하고 있었다고 주장한다.

반대로, 칼빈의 견해는 타락 후 예정론의 결과로 죄의 부패시키는 효력이 참된 도덕적 선택을 할 수 있는 역량을 상실시킬 것이다. 즉, 오직 악을 행하는 성향으로 나간다. 그것은 더 이상 선을 찾는 어떤 도덕적 성향도 갖고 있지 않다. 타락 전에 의지가 지성의 안내를 따랐던 데 반해, 타락 이후의 의지는 더 이상 그러지 않는다. 지성이 어쩌면 여전히 어느 정도 선과 악 사이를 알고 분간하겠지만, 의지는 항상 악을 선택한다.[71]

이런 설명은 칼빈의 해설들과 맞지 않다. 확실히, 그는 죄악 된 인간들이 정의와 공평에 대해 안다고 주장하는 것에 직면해서도 악을 행하는 그들의 성향에 주목한다. 그러나 지성은 단순히 의지에 의해 악으로 질질 끌려가지 않는다. 칼빈은 지성이 만일 악의 교사자가 아니라면 자원하는 공범자로 제시한다. 지성은 종종 악한 행위들을 적절하게 평가하지 못하고, 정의의 법들을 불의하다고 여기며, 법적으로 금지된 것을 인준한다.[72]

사람들은 공평이 자기들에게 해당될 때는 그것에 관한 학자들처럼 되지만, 그것이 다른 사람들의 혜택들이나 손해들에 해당될 때는 이 동일한 원리를 간과한다.[73] 그러므로 타락은 이성과 의지 모두가 적극적인 악의 행위자가 되는 결과를 가져왔다.

어쩌면, 타락한 지성에 의해 얻어진 지식에 관해 칼빈이 내린 긍정적인 평가와 부정적인 평가에서 최선의 의미를 찾는 길은 법의 일반적 원리들에 대한 지식과 사람들의 이해들이 고려되어야 하는 곳의 구체적인 적용들에

---

71 Hoiting는 Calvin의 의지에 대한 이해가 결함이 있고 일관성이 없다는 것을 발견하고, 개혁신학은 이것을 바로 잡을 필요가 있다고 주장한다. Hoitinga, *John Calvin and the Will*, 94–104.
72 *Institutes*, 2.2.13, 23.
73 *Comm*. Matt. 7:12.

대한 지식을 구별하는 것이다. 자연법은 우리에게 전자에 대한 더 분명한 깨달음을 주지만, 후자에 대해서는 분별력이 투명하지 않다.

칼빈은 사람들이 "일반적 정의 혹은 사물의 본질에서" 법의 진리를 인정하지만 구체적인 사례에 적용되었을 때, 특별히 그들 자신의 이익이 위태로울 때, 법을 적절하게 평가하지 못한다.[74] 사람들은 "일반적 공평 aequitatis 개념"에 동의하고, 사회의 보존을 위한 그것의 필요성을 수용한다. 그러나 그들은 공평이 그들에게 요구들을 부과할 때, 그리고 그것이 다른 사람들의 혜택이나 손해를 포함할 때, 그것을 무시한다.[75]

그라빌 Grabill 역시 자연법과 같이 지성이 단지 일반적 교훈들에 대한 지식만을 공급하여, "참된 것이라고 알려진 것을 변명하거나 합리화시키거나 억압하는 지성의 타고난 경향"[76]을 결과하게 되었다는 것을 시인한다.

칼빈의 해설들이 보증하는 결론은 자연법에 의해 얻어진 지식은 도덕법을 구성하는 공평의 일반적인 수준에 있다. 죄악 된 인간들은 마태복음 7:12의 황금율, 즉 다른 사람들이 자신에게 해 주기를 원하는 것을 남들에게 해 주는 것으로 요약되는 하나님의 법에 대한 이해를 갖고 있다. 그들은 쉽사리 이 원리에 동의할 것이다. 이것은 십계명의 두 번째 돌판의 일반적 가르침들로 연결되는데, 이는 칼빈이 그 모든 것들은 인간 생활의 다양한 활동들을 위한 공평의 세세한 설명들로 보기 때문이다.[77]

---

74 *Institutes*, 2.2.23. Aquinas가 본질적으로 이 동일한 견해를 지지한다. 사람들은 자연법의 보편적 원리들을 알지만, 구체적 적용들의 세부 사항들로 나아갈 때, 그들은 이 원리들을 한정하거나 열외를 만들어 내려는 성향이 있다(*Summa Theologica*, Ia IIae.94, 4).
75 *Institutes*, 2.2.13; 2.2.24.
76 Grabill, *Rediscovering the Natural Law*, 96.
77 두 번째 돌판의 계명들에 대한 Calvin의 해설에 나오는 공평의 역할에 대한 필자의 해설은 다음을 보라. Guenther H. Haas, *The Concept of Equity in Calvin's Ethics* (Waterloo, ON: Wilfred Laurier University Press, 1997), 93-106.

그러나 자연법은 그것이 구체적인 인간 생활의 결정들에 적용되었을 때, 옳고 그름, 선과 악에 대한 분명한 이해를 갖게 해 줄 가능성은 매우 적다. 여기의 결과들은 칼빈 자신이 주목하는 것처럼, 뒤섞여져 있다. 이것은 여전히 죄악 된 인간들이 그들 자신과 다른 사람의 행위들에 대한 바른 결정들을 내린다는 것을 인정한다. 그리고 통치자들 역시 어쩌면 구체적인 행위들에 대해 법들을 바르게 적용할 수 있다. 그러나 칼빈이 보기에, 적용이 더 구체적이면 구체적일수록, 더 많은 잘못된 결정들과 판단이 만들어질 가능성은 높아진다.

자연법에 대한 이런 이해의 결론은 그것이 인간 사회의 생활을 다스리기 위한 법을 만들기에는 매우 신뢰할 수 없는 안내자라는 것이다. 인간들은 어느 정도의 조화와 평화 속에서 함께 살기 위해 그런 법들을 만들 것이다. 그러나 그 결과는 정의와 불의의 혼합, 공평할 수 있는 법과 공평할 수 없는 법들의 혼합이 될 것이다.

인간의 이해와 의제에 미친 죄의 결과들을 고려하면 그리스도인들은 자기들이 불신자들의 양심 속에 있는 자연법에 호소하는 일이 불신자들로 하여금 사회의 시민법을 하나님이 성경에 계시해 주신 법들에 더 많이 일치하도록 인도해 갈 것이라고 확신할 수 없다.

4. 국가의 성격과 목적

칼빈에 의하면 국가는 "시민 정의와 외적 도덕성의 확립"을 위해 "하나님이 확립하신 질서"다.[78] 그 관할권은 전 인류를 에워싸고 있는 삶의 일시

---

[78] *Institutes*, 4.20.1. William Stevenson Jr.는 Calvin이 일시적 권위에 대한 자신의 견해를 하나님의 섭리 안에 기초시킨다는 입장을 유지한다. "Calvin and Political Issues," in *The Cambridge Companion to John Calvin*, ed. Donald K. McKim (Cambridge: Cambridge Uni-

적 영역이다. 하나님은 이 목적들을 성취하기 위해 통치자들에게 칼의 힘을 부여한다.[79] 이 목적들은 하나님이 정하신 것이므로, 세상 안에 있는 하나님의 목적들을 입법하여 바르게 다스리는 통치자는 "하나님의 사자"다. 모든 통치자들은 왕들의 왕 아래서 다스리므로 그들은 궁극적으로 그들의 권력의 사용에 대해 그에게 대답할 수 있어야 한다.[80]

칼빈은 『기독교 강요』 마지막 장에 있는, "국가 통치"에 대한 자신의 제시에서 이 시대에 하나님이 제정하신 국가의 목적은 다음과 같다고 시사한다.

> 하나님에 대한 외적 예배를 소중히 여기고 보호하는 것, 건전한 경건의 교리와 교회의 입장을 변호하는 것, 우리의 삶을 인간 사회에 맞도록 조정하는 것, 우리의 사회적 행동을 시민의 의에 맞도록 만드는 것, 우리가 서로 화목하게 하는 것, 보편적 평화와 평온을 조장하는 것이다.[81]

칼빈은 이것들을 두 개의 본질적 목표들로 요약한다.

첫째, "공적 신앙의 표현이 그리스도인들 가운데 존재하게 하는 것"이다.
둘째, "인간성이 사람들 가운데 유지되도록 하는 것"이다.[82]

전자는 참된 그리스도의 교회의 지위, 예배와 설교를 보호할 것을 포함한다. 후자는 강한 자가 약한 자를 이용하려는 죄악 된 성향을 억제하는 것

---

versity Press, 2004), 181.
79 *Institutes*, 4.20.9; *Comm*. Matt. 5:38; Rom. 13:4; 1 Tim. 2:2를 보라.
80 *Institutes*, 4.20.32.
81 *Institutes*, 4.20.2.
82 *Institutes*, 4.20.3.

과 인간의 거래에서 어느 정도의 사회적 정의를 확보하는 정부의 조치를 포함한다.[83] 이런 목적들과 임의로 사용할 수 있는 권한을 가지고서도, 국가 통치는 그것이 성취할 수 있는 정의에 제약을 받는데, 이는 일시적 세상의 타락한 또는 죄악 된 성격 때문이다. 그럼에도 그것은 이 세상 가운데 인간의 삶 속에서 감당해야 하는 중요한 역할을 가지고 있다.

그리고 칼빈은 다음과 같이 주장한다.

> 국가 권세자는 하나의 소명으로, 하나님 앞에서 거룩하고 합법적일 뿐만 아니라, 인간의 전 생애에서 가장 성스럽고 모든 소명들 가운데 단연 가장 명예로운 것이다.[84]

칼빈이 국가에 대한 긍정적 견해를 가진 것은 국가가 단순히 타락한 세상에서 질서를 유지하도록 하나님이 제정하신 것이기 때문만은 아니라, 그리스도 안에서 성취된 구속을 통하여 하나님이 일시적 왕국에 영향을 주는 새 질서를 시작하셨기 때문이다. 그리스도 안에 있는 새 질서(즉, 영적 왕국)의 성원들은 또한 시민 왕국의 성원들이다. 그들은 국가 통치를 통하여 경건과 시민의 의를 장려하도록 동기를 부여 받았다.

그러나 그들 역시 타락한 세상에서 질서를 유지하기 위해 새 질서의 성원들이 아닌 사람들을 위해서는 외적 강요가 필요하다는 것을 인정하는데, 이는 그들에게 내적 동기가 결핍되어 있기 때문이다. 물리력을 사용함으로써, 국가는 외적 의를 권장하고 외적 악을 억제한다.[85]

---

83 *Comm*. Ps. 82.3; *Institutes*, 4.20.13. *Comm*. Rom. 13:1-3: 하나님이 국가 통치를 명하여 "선한 자의 평화를 위해 공급하게 하시고," "악한자의 변덕을 억제하게 하신다."
84 *Institutes*, 4.20.4.
85 Calvin은 국가 통치의 이 이원적 성향에 대해 *Institutes*, 4.20.1-2에서 말한다.

1) 국가 위정자

칼빈은 위정자를 하나님이 인준하셨으며, 수용 가능한 것으로 간주한다. 일시적 권세는 하나님의 조례다. 하나님이 제정하신 조례들 외에 권세는 없고, 군주들은 선한 자를 칭송하고 악한 자들을 벌주기 위한 하나님의 대리자들이다.[86] 하나님은 자신의 신적 섭리와 거룩한 조례로 통치자들에게 일시적 사안들 위에 권위를 행사하도록 하신다. 그러나 실제로는 인간 권위자들을 통하여 사람들의 일들을 다스리시는 분은 하나님이신데, 그 이유는 다음과 같다.

> 그가 그들과 함께 계시고, 정의의 법정들에서 법들을 만들어지고 공평 $_{aequitate}$을 행사되는 것을 관장하신다.[87]

칼빈에게 위정자들은 하나님의 대행자들과 대리자들로서 그들은 "반드시 사람들에게 그 자신들 속에 있는 얼마의 하나님의 섭리, 보호, 선함, 자비와 정의의 형상을 나타내야만 한다."[88] 그들은 이것을 율법의 첫 번째 돌판의 경건을 따라서, 그리고 두 번째 돌판의 정의와 공평을 따라서 다스림으로 성취한다.[89]

경건은 그리스도인들 가운데 신앙의 공적 표현을 규정하고, 정의는 무고한 자를 보호하고, 신원하며, 자유롭게 하는 것과 사악한 자의 비행들에 저항하고, 억누르며, 처벌하는 것을 포함한다.[90]

---

86 *Institutes*, 4.20.4. Calvin은 이것을 롬 13:1-4에 호소함으로 지지한다.
87 *Institutes*, 4.20.4.
88 *Institutes*, 4.20.6.
89 *Institutes*, 4.20.9.
90 *Institutes*, 4.20.3; 4.20.10-11.

통치자들의 의한 힘의 사용은 그들로 하여금 "모든 사람의 공통된 안전과 평화"를 규정하기 위한 능력을 준다. 그리고 덕에 부여된 명예와 악에 가해진 형벌들을 통하여 위정자들은 국가가 보편적으로 공평과 정의를 존중한다는 것을 보여 준다.[91]

그러므로 위정자들은 자기들의 힘을 행사함에 있어서 "평화와 공평의 수호자들"이 되기 위해, 모든 사람의 권리를 보존하기 위해, 그들을 행악자들에 의한 해로부터 벗어나 지내도록 하기 위해, 자기들의 소명을 수행한다.[92]

2) 시민법

칼빈에 의하면, 국가의 시민법은 십계명에 요약된 하나님의 도덕법, 즉 하나님의 "영원하고 불변하는 뜻"[93]에 기초했다. 한 나라의 법은 반드시 도덕법의 돌판 둘 다에 관한 것이어야 한다.[94] 십계명을 가지고 있지 않은 그 나라들도 여전히 나라의 통치자들과 시민들의 양심에 계시된 하나님의 뜻

---

[91] *Institutes*, 4.20.9: "이는 공평과 정의(*aequi iustique*)의 돌봄은, 덕을 위한 당연한 명예가 준비되어 있지 않다면, 많은 사람의 생각 속에서 차갑게 식어 가고, 사악한 자들의 정욕은 형벌의 가혹함과 고통으로가 아니면 제어될 수 없기 때문이다."

[92] *Comm. Rom.* 13:10: "위정자들은 평화와 공평(*pacis et aequitatis*)의 수호자들이므로, 각 개인이 반드시 그의 권리들을 보존해야 한다는 것과, 모든 사람이 상해로부터 자유롭게 살 수 있어야 한다는 것을 바라는 그들은, 반드시 그들의 최대한의 힘으로 위정자들의 명령을 옹호해야 한다." *Comm. 1 Tim.* 2:2. "그러므로 평화를 지키는 바른 길은 각 사람이 반드시 자신에게 속한 것을 받아야 하고(*quum unicuique redditur quod suum est*), 힘 있는 자의 폭력은 반드시 제어되어야 한다."

[93] *Institutes*, 4.20.15: "따라서, 그것은 그들의 삶을 하나님의 뜻에 일치시키기를 소원하는, 모든 나라와 시대들의 사람들을 위해 명해진, 참되고 영원한 의의 법칙이다."

[94] *Comm. Deut.* 5:8-10: "이는 정치적 법들이, 사람들이 반드시 피차에게 상호 공평을 유지하도록 하기 위해, 그리고 반드시 옳은 것을 따르고 지키기 위해, 땅에 속한 사건들의 관해 제정되었을 뿐만 아니라, 그들은 스스로 반드시 하나님 경배하기를 훈련해야 하기 때문이다."

을 가지고 있는데, 이는 양심이 십계명과 동일한 도덕적 명령들을 드러내기 때문이다.[95]

비록 인간 이성의 자연 빛이 도덕법을 이해하는 데 죄로 인해 어두워졌지만, 칼빈은 사람들이 십계명의 두 번째 돌판의 교훈들을 어느 정도 이해한다고 믿는다. 이는 이 교훈들이 사회를 보존하기 위해 필요하기 때문이다.[96] 하나님이 모든 사람의 생각 속에 도덕법에 있는 정치적 질서의 씨와 공평의 체계를 어느 정도 각인해 놓으셨기 때문에, 공평은 어느 정도 모든 나라의 법들에서 시행되고 있다.[97]

칼빈은 유대인의 재판법들이 모든 나라의 시민법을 위한 표준이라고 생각하지는 않았다. 사람은 반드시 법의 구성(혹은 형태)과 구성의 기초가 되는 공평 *aequitatem*을 구분해야 한다.

> 공평은 자연적이기 때문에 모든 사람을 위해 같을 수밖에 없다. 이 동일한 목표가 그들의 목적이 무엇이든지 간에 마땅히 모든 법들에 적용되어야만 한다. 헌법들은 부분적으로 의존하는 어떤 상황들을 갖고 있다. 그러므로 모두가 동등하게 공평의 *aequitatis* 동일한 목표를 향해 나아간다면 그것들이 서로 다르더라도 문제 되지 않는다.[98]

법의 정체들 constitutions은 "시대와 장소와 나라의 조건"을 고려에 넣는 특정한 나라에서 법이 취하는 특유의 형태들이다. 나라들마다 동일한 범죄에 대해 가하는 형벌의 유형은 다양할 수 있다. 모두에게 반드시 동일해야 하는 것은 하나님의 도덕법에 규정된 공평의 *aequitatis* 원리다.

---

95 *Comm*. Rom. 2:14-15; *Institutes*, 2.8.1을 보라.
96 *Institutes*, 2.2.24; *Comm*. John 1:19.
97 *Serm*. Deut. 5:22, 247, 249; *Comm*. Gen. 29:14; Eph. 4:17.
98 *Institutes*, 4.20.16.

이런 까닭에 이것[공평]만이 반드시 모든 법들의 목적과 한계가 되어야 된다.[99]

칼빈은 유대인의 재판 법이 "확실한 공평과 정의의*aequitatis et iustitiae* 공식들을 부여했고, 이것에 의해서 그들은 흠 없고 평화롭게 함께 살 수 있었을 것이다"라고 주장한다. 특정한 규정들은 지속되는 권위가 없지만 하나님의 도덕법이 명령하고 있는 사랑과 공평은 지속적인 권위를 갖고 있다.

이 재판 법들이 없어질지라도, 영속적인 사랑의 의무와 교훈들은 여전히 남아 있을 수 있다.[100]

이것은 시민법의 구체적 형태 혹은 구성에 진정한 다양성을 위한 여지를 남겨 놓았다.

무슨 법이든 (공평의) 법칙에 맞게 틀이 잡히고 그 목적을 향해져 있으며 그것에 의해 한정될 것이라면, 그 법이 유대인의 법으로부터 혹은 그들의 법들 가운데서 어떻게 다르든지 간에 우리는 그 법이 무효라고 할 이유가 전혀 없다.[101]

물론, 칼빈은 나라 법들의 다양성 저변에서 사람이 항상 공평할 수 있는 법들을 찾을 수 있다고 말하는 것은 아니다. 심지어 그도 이스라엘의 시민

---

99 *Institutes*, 4.20.16.
100 *Institutes*, 4.20.15. *Comm*. Ex. 22:25: "어떻든, 하나님이 자신의 고대 백성들에게 규정해 주신 재판 법은 자비가 행사되는 것이 남아 있을 정도에서만 철폐되었다."
101 *Institutes*, 4.20.26. 그 법들이 사랑과 공평의 실천을 그들의 목표로 가지고 있는 한, 나라들은 그들의 생각에 적당하고 신중한 그런 법들을 만드는 데 자유하다.

법이 다 공평에 기초되었다고 생각하지 않았다. 어떤 법들은 유대인의 완고함과 소경 됨에 대한 하나님의 융통성이었다. 칼빈은 어떤 나라들의 법들은 너무 야만적이고 포악해서 그것들은 법으로 간주될 수 없다고 생각했다.

> 왜냐하면, 그것들은 모든 정의에 있어서뿐만 아니라, 모든 인류와 관용에 있어서도 혐오스럽기 때문이다.[102]

그러나 칼빈은 나라의 법들에 정의와 공평의 요소들이 아주 절대적으로 결여된 시민 정치의 어떤 형태를 가진 나라는 전혀 없다고 주장한다. 하나님이 국가 권세자들 속에 역사하셔서 그들의 헌법 안에서 하나님께 속한 바른 질서의 요소들이 유지되도록 하신다. 이것 때문에 칼빈은 기형적이고 부패한 정부조차 전혀 정부가 존재하지 않는 것보다 낫다고 주장한다.[103]

3) 국민들

하나님이 위정자들에게 힘과 치리 관할을 허락하셨기 때문에 칼빈은 국민들이 그 위정자들을 하나님의 대표자들로서 공경하고 일시적 영역에 있어서 하나님의 사자들인 그들에게 복종해야 한다고 강하게 주장한다.[104] 두려움이 동기가 된 그러한 복종은 사회 정의, 시민 질서와 인간적인 교제를

---

102 *Institutes*, 4.20.15.
103 *Comm.* 1 Peter 2:14: "폭정이 잔인하고 고삐 풀렸다 할지라도 거기에 어느 정도의 공평(*aequitatis*)이 나타나지 않은 적도 없고 그런 폭정은 상상될 수도 없다. 하나님은 자신의 바른 법도(*ordinem iustum*)가 어둡게 되지 않고 남아 있는 얼마의 그 윤곽조차 인간의 죄로 말미암아 파괴되는 것을 결코 허락하지 않으신다. 그리고 끝으로, 얼마나 기형적이고 부패했든지 간에, 어떤 종류의 정부가 여전히 무정부보다는 더 낫고 더 유익하다."
104 *Institutes*, 4.20.22-23. 그리고 *Comm* Ex. 20:12; Rom. 13:5-7을 보라.

증진시킨다.[105] 위정자들은 자기들이 섬김으로 다스리는 사람들 가운데 형제애(*fraternum amorem*)를 조장함으로써 자기들의 소명을 수행한다.[106]

심지어 위정자들이 불의로 다스리고 자기들 아래 있는 사람들을 섬기는 것을 거의 고려하지 않아도, 국민들은 여전히 그들을 공경하고 복종해야만 한다.[107] 이것이 통치자들이 무엇을 명령하든지 그들에게 순종해야 한다는 것을 의미하지는 않는다. 만일 그들이 사람들로 하여금 하나님을 순종하는 데서 벗어나게 하거나, 하나님의 권위를 찬탈하는 어떤 것을 명령한다면, 통치자들에게 순종할 수 없다.[108] 그러나 사람들은 재판장이 불의할 때조차도, 결코 사법적 절차를 거부해서는 안 된다.[109]

칼빈은 시민들이 사적으로 통치자의 동의 없이 정치적 영역에 있는 법들을 수정하거나 어떤 것을 착수할 수 있는 권위가 없다고 강력히 주장한다. 하나님은 공적 조례들을 바꿀 수 있는 권한을 위정자에게만 주신다.[110] 그리고 시민들은 사적으로 악한 폭정을 전복시키기 위한 행위들에 가담해서는 안 된다.

---

[105] *Comm*. 1 Peter 2:17: "[베드로는] 시민법이 우리 가운데 편만하고, 위정자들이 그들의 권위를 유지하지 않는 한, 하나님을 두려워하지 않을 것이고, 사람들에게 정의(*suumius*)가 시행되지 않을 것이라는 뜻으로 말한다. 뭇 사람을 공경하며 … 라는 그의 명령은 인간적 교제를 돈독히 할 것에 대한 언급이다."

[106] *Institutes*, 4.20.24, 26; 4.20.7; *Comm*. Rom. 13:1-3; 1 Tim. 2:2. *Comm* 1 Peter 2:14에서, Calvin은 폭군들에게도 마땅히 순종되어야 할 것은 정치적 질서가 하나님에 의해서 설립되었을 뿐만 아니라, "폭정이 잔인하고 고삐 풀렸다 할지라도 거기에 어느 정도의 공평(*aequitatis*)이 나타나지 않은 적도 없고 그런 폭정은 상상될 수도 없"기 때문이라고 주장한다.

[107] *Comm*. 1 Peter 2:14.

[108] *Institutes*, 4.20.32; *Serm*. Deut. 5:16, 143.

[109] *Institutes*, 4.20.19. Calvin은 행 25:10-11의 바울의 실례를 드는데, 그는 "필요 시, 불의한 판사에게로부터 가이사의 재판석에로 호소했다."

[110] *Institutes*, 4.20.23.

[위정자들이] 인간의 삶의 보존을 위해 임명되었기 때문에, 그들의 멍에를 벗어 버리거나 떨쳐 버리기를 원하는 사람은 공평과 정의의 적이고 인간성의 모든 것이 결핍된 사람이다.[111]

하나님은 종종 사람들의 악을 처벌하기 위해 불의하고 무능력한 통치자들을 세우신다. 그래서 사람들은 자신들의 죄에 대한 의식을 가지고, 하나님에게 이 악한 폭정자들을 제거해 주시라고 탄원해야 한다.[112] 그러나 이 악한 군주들을 제거하는 것은 하나님의 대권prerogative이다. 개인들이 사적으로 정치적 변화를 초래하기 위해 물리력을 사용하는 것은 금지되어 있다.[113]

5. 두 왕국

칼빈은 『기독교 강요』에서 영적 왕국과 시민 왕국 간의 구별을 세 곳에서 언급한다.

첫째, 왕국 열쇠들의 권한으로 말미암는 교회의 관할권들과 권징에 대한 그의 논의다.
둘째, 국가 통치에 대한 그의 서론적 해설이다.
셋째, 자유와 양심에 관한 그의 해설이다.

---

111 *Comm*. Titus 3:1.
112 *Institutes*, 4.20.25, 29. Calvin은 그러한 폭정자들 아래서 고통을 당하는 자들에게 마지막 심판까지 앞을 바라볼 것을 강권하는데, 그때 그리스도가 그런 모든 폭정자들을 괴멸하실 것이다.
113 Calvin은 하나님으로부터 백성의 자유의 수호자들로 임명받은 "더 열등한 위정자들"이 불경건하고 불의한 통치자들, 즉 자기 국민을 억압하는 통치자들에 대해 저항하고 그들을 전복시키는 것을 허용한다. *Institutes*, 4.20.31.

우리는 권징에 관한 교회의 관할권에 대한 그의 논의에서 시작한다.

칼빈은 그리스도가 교회에 주신 묶고 푸는(마 16:9) 권한에 대한 자신의 해설에서 도덕적 권징들과 관련된 교회의 권한 실행에 관한 사안을 제기한다. 죄 사함의 복음에 관한 사도들과 설교자들의 설교에서, 그리고 회개하지 않는 자들을 위한 그들의 교회 권징 실행에서 그리스도 자신의 선고가 그들의 입술들을 통하여 선포된다. 하나님의 말씀을 따라 그들이 이 땅에서 선언하는 것은 하늘에 계신 하나님에 의해 인준된다. 여기서 칼빈은 교회의 권한과 국가의 권한 간의 두 구분을 간단히 기록한다.

첫째, 교회의 영적 관할권은 영적 특성을 가지고 있다. 말하자면, 하나님의 말씀에 따라 묶고 푸는 권한이다. 교회는 칼의 권한을 가지고 있지 않는데, 그것은 물리적 힘이나 처벌로 강요하는 권한이다. 교회는 교인들을 주의 성찬에 참여할 수 없도록 막고, 가장 심한 처벌의 형태인 출교로써 권징할 수 있다. 그러나 교회는 물리적 힘을 통해 강요할 수 없다.[114]

둘째, 교회는 단순히 교인들의 외적 행동에만 관심이 있는 것이 아니라 그들의 영적 상태에도 관심이 있다. 도덕성을 다룸에 있어서 교회 권징의 목적은 "죄인이 자원하는 형태로 회개의 고백을 하도록 하는"[115] 사안이다. 이것은 그리스도의 교리를 설교함으로 성취되고, 결과적으로 교회의 부분인 그들은 그것으로 인해 판단 받으며 그것에 순복하도록 감동을 받는다.[116]

영적이고 내적인 교회의 치리권과 대조적으로, 국가의 권한은 강제적이고 외적인 치리권을 가진다.

---

114 *Institutes*, 4.11.1-2, 4.
115 *Institutes*, 4.11.3.
116 이것은 Calvin이 *Institutes*, 4.11.5에서 언급하고 있는 교회 권징의 세 번째 목적이다.

첫째, 그것은 칼로 그 치리권을 행사하는데, 이것은 외적 힘과 처벌을 수단으로 한다는 뜻이다.

둘째, 그것은 오직 외적 범법에 관한 요구들을 만족시키는 것에만 관심이 있다. 사람이 죄를 지을 경우에, 위정자들에 의해 제정된 처벌은 "외적 정의"[117]을 만족시키는 것에 초점이 맞춰져 있다. 정의의 요구가 충족될 때, 범법자가 회개하지 않을지라도, 통치자는 더 이상 처벌할 수 있는 권리가 없다.

칼빈에 의하면, 영적 치리권과 국가 치리권은 반드시 거리를 두어야 한다. 국가 통치자가 그리스도를 영접했다 하더라도, 국가 치리권이 결코 영적 치리권과 혼동되어서는 안 된다. 위정자들은 결코 교회를 대해 권한을 행사해서는 안 되며, 감독들은 결코 위정자의 직임이나 권한을 취해서는 안 된다.[118] 칼빈은 감독들, 특별히 로마의 교황들에 대해 비판적인데, 그들은 시민적 통치에 관여하기 위해 칼을 들었다.[119]

『기독교 강요』에 있는 국가 통치에 관한 장에서, 칼빈은 인류 위에 있는 "이중 통치" 간의 구분에 대해서도 논의한다. 칼빈은 명백하게 이 항목을 『기독교 강요』 3.19.15에 나오는 자유와 양심에 대한 자신의 제시 안에 있는 동일한 주제에 속한 그의 논의와 연결시키고 있다. 그는 두 곳에서 모두에서 동일한 라틴어 표현 *duplex in homine regimen*, 즉 "인간 속의 이중 통치"를 사용한다. 그러므로 칼빈이 이 두 글이 주제에 관하여 상호 연관되도록 의도했다는 것은 합리적인 결론이다.[120]

---

117 *Institutes*, 4.11.5.
118 Ibid., 4.11.4.
119 Ibid., 4.11.9-11.
120 *Institutes*, 4.10.1의 각주 2에서, 1960년 웨스트민스터출판사 판의 편집자 John T. McNeill은, 3.19와 4.20은 연결되어 있고, 뒷 장은 "실세직 의미에서" 앞장의 "연속"이라고 해설한다.

칼빈의 해설들은 이 점에서 교회 치리에 대한 자신의 입장을 확언하고 확대한다. 인류 가운데 이중 통치 혹은 이중 왕국*regimen*이 존재한다.

첫째 측면은 영적인 것인데, 그것으로 인해 양심이 경건과 하나님을 경외함에 관하여 교훈을 받는다.

둘째 측면은 정치적인 것인데, 그것으로 인해 사람은 인간들 가운데 반드시 유지되어야 하는 인류와 시민 정신의 의무들에 대한 교육을 받는다.[121]

우리는 여기서 교회 치리에 대한 칼빈의 논의에서 발견되는 동일한 대조들을 보게 된다. 영적 왕국은 영혼의 삶과 관계가 있다. 결론은 훈계와 지도가 하나님의 말씀에서 나온다는 것이다. 정치적(혹은 일시적) 왕국은 시민 정의와 외적 도덕에 관한 사안들과 관계가 있다.[122] 영적 왕국은 내면의 정신에 상주하고, 정치적 왕국은 다만 외적 행위를 규제한다.[123]

칼빈은 두 왕국이 항상 반드시 구별되어서 고려되어야 한다고 선언하는데, 이는 다른 왕들과 다른 법들이 각각 위에 권위를 갖고 있기 때문이다.[124]

이 두 항목에서 칼빈은 두 왕국에서의 삶의 성격을 자세히 설명한다. 그는 사람들이 그리스도의 영적 왕국의 구성원들이 될 때 그리스도의 복음이 그들에게 자유를 준다는 것에 주목한다. 그들은 더 이상, 그의 거룩하고 의로운 요구들을 만족시키기 위해 완전한 순종을 요구하는 율법의 종살이 아래 있지 않게 된다.

---

121 *Institutes*, 3.19.15.
122 *Institutes*, 4.20.1.
123 여기서 칼빈의 강조는 영적 왕국의 "다른 세상적" 차원에 관한 것으로 나타나 보이는데, 그것은 사회의 구조들과 상관없이 최고의 중요성을 갖는다.
124 *Institutes*, 3.19.5. 그리고 *Institutes*, 4.20.1을 보라. "몸과 영혼 사이, 이 현재의 덧없는 삶과 장래의 영원한 삶 사이를 어떻게 구분할지 아는 사람은 누구라도 그리스도의 영적 왕국과 시민 치리 관할은 완전히 구별되는 것들임을 어려움 없이 알게 될 것이다."

또한, 그리스도의 왕국에서 그들이 서는 것은 인간의 기준으로 결정된 신분에 의존하지 않고[갈 3:28], 그들을 통제하는 시민법에 의존하지도 않는다. 그럼에도 그들은 다른 사람들과 함께 사는 그들의 외적 삶에서 인간 법들과 권위들로부터 자유한 것은 아니다.[125]

역으로, 그리스도의 영적 왕국은 이 세상의 제도적 구조들로 축소되거나 그것들 안에 갇힐 수 있는 것이 아니다.[126] 신자들은 그리스도의 재림의 종말론적 실체들과 죄악 된 세상의 사회적 실체들 둘 다를 위한 삶의 긴장을 갖고 있다.[127]

6. 경계들을 흐리게 하는 것

칼빈이 영적 왕국과 시민 왕국 간에 예리한 경계들을 긋고 있는 것처럼 보이는 반면, 이 경계들이 불분명해지는 많은 길들이 있다. 두 왕국은 상당한 중복 또는 심지어 상호 침투의 영역들을 갖고 있다. 두 왕국이 서로, 그리고 두 왕국의 구성원들이 서로 교차되는 많은 길들이 있다.

우리는 영적 왕국의 구성원들이 시민 왕국에 참여하는 것에 대한 칼빈의 견해를 고찰하는 것부터 시작한다. 그 후 우리는 영적 왕국과 관련하여 위정

---

[125] *Institutes*, 3.19.15. *Comm*. John 8:11. "비록 그리스도가 사람들의 죄를 용서하시더라도, 그가 사회 질서를 전복시키거나 법적 판결들이나 형벌들을 철폐하시는 것은 아니다."
[126] *Institutes*, 4.20.1.
[127] Calvin은 우리가 반드시 그리스도의 재림을 "우리 여정이 목표"로 삼아야 한다고 진술한다. 그러면 그는 하나님에 의해 제정되어 온 모든 합법적 권세들을 폐하실 것인데, 그것들은 일시적이기 때문이다. 동시에 칼빈은 다음과 같이 말한다. "모든 땅에 속한 통치와 권위들의 지위들은 … 우리가 알고 있는 여기서의 삶을 유지하는 것과 관계가 있고, 같은 이유로, 이 세상의 빠뜨릴 수 없는 일부다"(*Comm*. 1 Cor 15:24). 우리는 우리의 개별적 소명들을 따라 이 일시적 질서들 안에서 우리들의 의무들을 수행해야만 한다(*Comm*. Col. 3:18).

자들과 법들의 성격을 고찰한다. 그리고 우리는 칼빈의 사상과 실천에 있어서 두 왕국의 중복되는 관할권들에 관해 몇 가지 언급들로 결론을 내린다.

칼빈은 그리스도인들이 시민의 영역과는 아무런 상관이 없어야 한다고 말하는 사람들의 주장들을 다룬다. 어떤 이들은 그리스도의 복음의 완전한 왕국의 성원들로서 자기들은 통치자들이나 통치자들이 감독하는 법적 절차들에 종속되지 않는다고 주장한다.[128] 다른 사람들은 자기들의 양심이 하나님이 보시기에 자유하게 되었기 때문에 더 이상 위정자들의 외적인 정치적 통치에 종속되지 않는다고 강력히 주장한다.

그러나 그리스도가 신자들에게 주신 양심의 자유는 이생에 관련된 사안들에 있어서 시민 통치자들에게 복종해야 될 책임을 그들에게 면제시키지 않는다.[129]

칼빈은 "시민 질서의 전복은 하나님을 대적하는 반역이라"[130]는 것에 주목한다. 우리가 그리스도의 왕국의 성원 됨은 우리가 국가 통치자들에게 순복하고 심지어 그들을 위해 기도해야 할 의무로부터 우리를 벗어나게 하지 않는다.[131]

그리스도인들은 시민 왕국의 능동적인 참여자가 되어야만 하고, 심지어 공적 직무를 떠맡을 의지가 있어야 한다. 칼빈은 로마서 12:8의 다스리는 은사가 단순히 교회 안에서의 다스림에만 적용되는 것이 아니라, "모든 종류의 통치자"를 포함하는 것으로 간주했다. 그는 국가 권세자의 소명은 "가장 신성하고, 필멸의 인간의 전체 삶의 소명들 중에서는 여전히 가장 명예스러우며,"[132] 하나님 앞에서 "거룩하고 적법하다"라고 칭찬한다.

---

128 *Institutes*, 4.20.5-7, 19.
129 *Institutes*, 3.19.15.
130 *Comm*. Matt. 22:21.
131 *Institutes*, 1 Tim. 2:2.
132 *Institutes*, 4.20.4; *Comm*. Rom. 12:8.

앞에서 주목한 것처럼, 이것은 칼빈이 국가 통치자들을 하나님의 사역자들, 대표자들, 대리인들, 부관들과 같은 말들로 언급하고 있는 이유다.[133]

추가로, 칼빈은 국가 권세자의 직분을 그리스도인들이 이웃을 사랑하라는 소명들을 성취할 수 있는 수단으로서 추천한다. 그는 정부의 목적들이 "우리들을 피차에 화목하게 하고, 보편적 평화와 평온을 조장하기 위해 우리의 사회적 행위가 시민적 의에"[134] 부합시키는 것을 포함한다는 것에 주목한다.

정부는 약한 자들을 그들을 이용하는 강한 악한 자들에게서 보호하고 이 억압자들을 정의 앞에 세운다.[135] 악한 자를 억제함으로, 통치자들은 질서의 보존을 고려하며, 모두의 안전을 증진한다. 공공의 선을 증진함으로, 그들은 그들의 국민 모두의 복지를 진척시킨다.[136]

칼빈에게 있어서, 일시적 왕국 또는 정치적 왕국의 삶은 신자들을 현재 삶의 관심사에 주목하게 하는데, 이는 단순히 육체적 필요들에 대한 것뿐만 아니라 거룩하고, 명예롭고, 온건한, 인간의 사회생활을 낳는 법들에 대한 것이기도 하다. 여기서 우리는 사람들 가운데서 "반드시 유지되어야 하는 인류와 시민 의식의 의무들에 대한 교육을 받는다."[137]

사실상, 그것이 시민 왕국의 목적이고, 우리가 마땅히 그 목적에 순복해야 하는 것은 얼마의 사회 공동체적 의미를 창출하고, 우리의 사회적 행동이 시민적 의에 부합되도록 하며, 사회적 통일성과 조화를 창출하기 위한 것이다.[138]

이것이 처음에 아담과 그의 자손들에게 주어졌으나 죄로 인해 박탈되었던, 피조물 위에 우리가 가졌던 다스림의 갱신된 의미의 한 부분이다. 아담

---

133 *Institutes*, 4.20.4-6.
134 *Institutes*, 4.20.2.
135 *Comm*. Ps. 82:3; *Institutes*, 4.20.9.
136 *Comm*. Rom. 13:1-4.
137 *Institutes*, 3.19.15.
138 *Institutes*, 4.20.2.

이 상실했던 주인 됨이 "우리 주 예수 그리스도의 인격 안에서 성취되었다. 말하자면, 하나님이 그에게 땅을 소유로 주신 것이다."[139] 신자들은 오직 그리스도를 믿는 믿음을 통해서만 세상의 상속자들로서의 자기들의 신분을 회복한다.[140]

> [하나님은] 우리를 자신의 아들의 몸에 합병시킴으로, 우리를 땅의 새 주인들로 만드셔서 그가 공급하시는 모든 부를 마치 우리 자신의 소유처럼 우리가 합법적으로 누릴 수 있도록 하신다.[141]

그리스도 안에서, 우리 그리고 하나님의 선한 선물들 모두가 성화되어서, 결과적으로 우리가 광범위한 사회적이고 시민적인 활동들에서 자유로운 양심을 갖고 그것들을 사용할 수 있다.[142]

칼빈은 만물 위의 하나님의 통치가 위정자의 직무와 관련된다고 주장한다. 시민 사회의 통치자들은 반드시 자기들의 소명이 오직 하나님의 구상들에 따라서만 성취될 수 있다는 것을 인정해야 한다. 그들은 하나님께로부터 명령을 받았고, 신적 권위를 부여 받았으며, 하나님의 대표들이다.[143]

그들은 자기들이 "스스로 신적 섭리와 보호와 선함과 자애와 정의의 어떤 형상을 대표하기 위해" 부지런한 "하나님의 대리인들"임을 반드시 기억하여야 한다.[144] 그들은 자기들의 백성들 위에 집행하는 자기들의 통치의 방법에 대해 하나님께 책임을 진다.[145] 그들은 자기들의 권위의 사용에 있어

---

139 *Comm*. Ps. 8:5-9.
140 *Comm*. 1 Tim. 4:4.
141 *Comm*. 1 Tim. 4:5.
142 *Serm*. 1 Tim. 364, 365b.
143 *Institutes*, 4.20.4.
144 *Institutes*, 4.20.6.
145 *Comm*. Rom. 13:4.

서 반드시 하나님께 명예를 돌리고 자기들의 백성들 역시 하나님을 섬기게 이끌어야 한다.[146]

칼빈은 또한 위정자들이 통치 수단으로 사용하는 법들을 하나님의 계시된 법으로 간주했다. 우리는 이미 국가 영역의 법이 십계명 안에 요약된 하나님의 법에 기초한 것임을 주목했었다. 몇몇 민족들은 자기 마음에 각인된 이 법에 대한 자기 양심의 증언을 통하여만 하나님의 법을 알게 되는 반면롬 2:14-15, 그것은 십계명과 같은 동일한 법이다.

그들의 헌법들 또는 법의 형태들은 다른 문화에서 다양할 수 있는 반면, 그 법들은 모두 법의 본질인 공평 *aequitas*을 내포해야만 한다. 칼빈은 또한 모든 나라가 통치 받아야 하는 법의 핵심을 "영구적인 사랑의 법칙"으로 묘사한다. 나라들이 편리하고 지혜롭다고 여기는 법들이 무엇이든지 간에 그 법들은 반드시 사랑과 공평의 법칙에 일치되어야만 한다.[147]

만일 시민 사회의 법들이 십계명의 핵심인 사랑과 공평을 내포해야만 한다면, 분명한 결론은 십계명에 있는 계시된 하나님의 법들을 아는 그리스도인 통치자들이 더 적절한 시민법을 제정하기 쉽다는 것이다. 왜냐하면, 전에 주목한 바처럼, 양심을 통한 자연법의 증언은 극도로 신뢰할 수 없기 때문에, 계시된 하나님의 법에 의해 시민 사회의 법들이 형성될 때 시민 사회는 적절하게 기능할 것이다.

칼빈에 의하면, 법 안에서 자기들이 추구할 목표를 인식하게 될 사람들은 의로운 사람들이다.[148] 하나님의 법과 판단이 이기는 사회에서는 선의가 형통할 것이다.[149]

---

146 *Serm*. Deut. 5:16, 142-45.
147 *Institutes*, 4.20.5-16. 그리고 *Comm*. Rom. 13:8을 보라.
148 *Institutes*, 2.7.13.
149 *Comm*. Rom. 12:8.

우리는 칼빈이 두 왕국의 관할권 사이에 예리한 구분 선을 그었다는 것을 인정하면서, 교회와 국가의 목적들과 조치들에 대한 그의 설명에서 이 관할권들이 흐려지고 있다는 것에 주목한다.

칼빈이 국가 통치를 위해 작성한 우선되는 목적들의 목록은 "외적 하나님의 예배를 소중히 여기고 보호하는 것, 건전한 경건의 교리와 교회의 입장을 방어하는 것"[150]이었다. 이것은 국가 통치자에게 하나님의 법들에 포함된 참 종교가 아무런 제지 없이 공개적으로 그리고 공적 신성모독에 의해 강압되고 더럽혀지지 않도록 보호하라고 명령한다.[151]

반드루넨은 기독교 신앙을 촉진하기 위해 국가 권세자가 교회와 협력하는 여러 가지 방법들, 즉 정부가 장로들을 임명하는 것, 출교된 사람들의 처벌, 회개하지 않은 죄인들에 대한 법적 벌금들, 그리고 이단자 세르베투스Servetus의 사형을 인정한다.[152]

칼빈은 법적 소송 개요들을 쓰는 것과 제네바 시를 위한 법들을 다시 쓰는 일에 참여했고, 시 의원들은 시 의회에서 봉직했다.[153] 혹자는 이것에 가난한 자들을 돌아보기 위한 교회와 국가 통치의 협력을 더 할 수 있다. 칼빈은 이민자들, 가난한 자와 병든 자를 돌아보는 과제를 위해 집사의 직분을 임명했다.[154] 집사들은 시 의회의 보조와 지원금으로 사회 복지의 중심인 병원들을 설립하여 이것을 시행했다.[155]

반드루넨은 제네바에서의 칼빈의 가르침들과 실천 모두에서 두 왕국의

---

150 Calvin에게 위정자의 직임은 "두 돌판 모두의 법들로 확장된다." *Institutes*, 4.20.9.
151 *Institutes*, 4.20.2-3.
152 VanDrunen, *Natural Law and the Two Kingdoms*, 84-85.
153 Jeannine E. Olson, "Calvin and Social-Ethical Issues," in *The Cambridge Companion to John Calvin*, ed. Donald K. McKim (Cambridge: Cambridge University Press, 2004), 161-63.
154 *Institutes*, 4.3.9. *Comm*. 1 Tim. 3:8.
155 사회 복지에서 집사들의 역할에 대한 간략한 해설은, Olson, "Calvin and Social-Ethical Issues," 163-67을 보라.

경계들이 흐려지는 것을 인정한다. 그는 교회가 시민적 사안들에 참여하는 것은 "영적 영역"을 가지고 있고, 국가 통치가 영적 사안들에 참여하는 것은 다만 "종교의 외형, 외적 나타남"만을 다루고 있다는 것을 주장함으로 이것을 약하게 정당화한다.

그러나 반드루넨은 칼빈의 사상 속에 있는 두 왕국에 대한 자기 자신의 예리한 구분에 따라, 칼빈이 자기의 교훈과 실천의 많은 영역에서 분명하게 일관성이 없었다는 것을 인정한다. 칼빈 속에 있는 이 불일치들에 대하여 반드루넨이 제시하는 마지막 호소는 칼빈이 단순히 자기 시대의 사람이어서 "종교적으로 기능하는 다원적 사회"를 상상할 수 없었다는 것이다.

즉, 각 국가가 그 자체를 하나의 기독교 교회에 의해 연합된 하나의 사회로서 보았다는 통상 주장되어 온 견해를 고려할지라도, 칼빈은 교회가 시민 생활에서 갖는 역할이 없거나 국가 위정자가 종교적 신앙과 행위를 유지하기 위해 힘을 사용하는 것에 관여하지 않는 사회를 상상할 수 없었다는 것이다.[156]

칼빈의 사상 속에 불일치들이 있다는 것과, 그가 어느 정도 자신의 역사적 상황에 의해 영향을 받았다는 것이 확실한 사실인 반면, 필자는 반드루넨이 주장하는, 두 왕국 간의 대조적 구별을 칼빈이 하고 있지 않다는 것이 증거에 의해 암시된다고 생각한다.

칼빈은 시민 관할권과 교회의 가르침 둘 다에 의해 살면서 자기 시대의 전통을 깨뜨리려는 의지가 있다는 증거를 제시했다. 그는 누가 주님의 만찬을 받을 수 있는지를 결정하는 교회 회의의 권위에 관하여 제네바의 위정자들과 계속 싸웠다.[157] 칼빈은 교회 정책과 가르침과 실천에 있어서 온갖 종류의 변화를 규정했다.

---

156 VanDrunen, *Natural Law and the Two Kingdoms*, 83, 86-90.
157 *Calvin* (New Heaven, CT, and London: Yale University Press, 2009), 88-89, 213에서 Bruce Gordon에 의해 주목 받았다.

칼빈의 신학과 실천을 인도하는 궁극적 권위는 하나님의 말씀의 가르침이었다. 필자에게는 칼빈의 사상과 행위 둘 다의 증거는, 두 왕국이 구별된 관할권의 영역을 가지고 있는 그대로 하나님의 말씀에 의해 인도되는 것이다.

7. 분석

우리가 칼빈의 국가관이라는 맥락에서 두 왕국에 관한 그의 견해를 고찰할 때 두 가지가 성립된다.

첫째, 칼빈은 교회와 연관된 영역과 국가 통치와 연관된 영역 간의 구분을 옹호한다. 두 영역 각각은 서로 아주 다른 성격들, 목적들, 그리고 그 각자의 목적들을 성취하는 수단들을 갖고 있다.

교회는 영적 왕국으로서, 하나님의 말씀을 선포함으로써 부여된 묶고 푸는 권세의 대리인에 의해서, 하나님의 구속 받은 백성들을 창조하고 세우기 위해 존재한다. 국가 권세자는 일시적 왕국으로서, 외적 힘과 처벌의 강압적 권력을 수단으로 하여, 평화와 조화의 인간 사회를 유지하기 위해 존재한다. 이 둘은 반드시 구별되어서 유지되어야 하고 혼동되어서는 안 된다.

둘째, 국가 영역에 대한 신자들의 참여에 관하여 칼빈이 그들에게 지시한 사항들을 면밀히 검토할 때, 칼빈의 생각 속에 있는 경계들이 흐려지고 있다는 것이 시사된다. 신자들은 국가 영역에서 국민들과 통치자들 둘 다로서, 반드시 능동적인 성원들이 되어야 한다. 칼빈은 다스리는 은사(롬 12:8)가 교회 치리자들과 국가 위정자들 모두에게 적용된다고 생각했고, 결과적으로 후자는 적법하게 하나님의 대표자들로 명명되었다.

우리의 이웃을 사랑하라는 명령은 악을 억제하고 사회적 조화를 촉진하는 국가의 사역을 통하여 어느 정도 성취된다. 신자들은 두 번째 아담이신 그리스도의 주권 아래 그들에게 주어진 피조물을 다스리라는 명령을 성취하기 위해 사회생활의 다양한 활동들에 종사하도록 부름을 받았다.

위정자의 직임과 국가 영역의 법들에 관한 칼빈의 설명에서 두 왕국 간의 예리한 구분이 흐려지고 있다. 통치자들은 하나님의 대표들이고, 하나님에게 대답할 수 있어야 하며, 자기들의 직임에서 하나님을 공경하도록 부름을 받았다. 그들이 제정하고 강화하는 시민법은 반드시 십계명에 기초하여 이 법들의 핵심에서 공평과 사랑이 반영되어야 한다.

결론은 최선의 시민적 다스림은 하나님 앞에서 자기들의 소명이 무엇인지 인식하고 사회 속에 하나님의 법들을 시행하는 기독교 위정자들에 의해 달성된다는 것이다. 칼빈은 위정자가 십계명 전체를 강화할 의무가 있는 것으로 보았고, 그것은 그리스도의 신앙과 교회의 증진 및 보호를 뜻한다.

이것이 제네바에서 교회와 국가에 의해 제정되고 확립되었던 여러 가지 협력적 노력들을 낳았다. 자기들의 활동을 수행에 있어서 서로를 돕기 위한 양쪽 영역의 지도자들에 의한 상호 활동이 있었다.

반드루넨은 칼빈에게 있어서 두 왕국이 두 영역들과 지식의 두 원천들을 가진다고 주장한다.

시민 왕국은 땅의 것들에 관련하고 자연법 속의 이성에 의해 얻어진 지식으로 정보를 받는다. 하나님이 이 영역을 구속적 방식으로 다스리지 않으시지만, 창조와 섭리의 지도로 다스리신다. 영적 왕국은 하늘의 일들에 관련하고 성경의 가르침에 의해 지도를 받는다. 하나님이 이 영역을 성경의 가르침을 통하여 구속적 방식으로 다스리신다.[158]

필자가 보기에 반드루넨은 증거로 뒷받침되지 않는 두 가지 큰 주장들을 한다.

---

158 VanDrunen, *Natural Law and Two Kingdoms*, 110-13.

첫째, 그가 "칼빈은 시민 왕국이 유일하게 또는 우선적으로 성경의 가르침에 의해 다스려질 수 있다고 믿지 않았다"라고 진술한 것이다. 칼빈에게 교회는 하나님이 자신의 말씀의 가르침과 설교를 통하여 성령의 능력으로 직접 다스리는 영역이라는 것이 확실하게 사실이다. 그리고 하나님이 교회 안에서처럼 국가 영역에서 다스리지 않으신다고는 것도 사실이다.

그러나 본 장에서 제시된 많은 증거에 의하면, 칼빈은 성경의 가르침이 국가 영역의 통치자와 법들을 지도하고 인도하는 데 어떤 역할을 갖고 있다고 생각했음이 시사된다. 하나님 앞에서 국가적 직무의 성격 및 소명, 그리고 칼빈에게 있어 시민 왕국을 통제하는, 공평과 사랑에 기초하는 법들의 내용은 성경적 가르침의 중요성이 국가로 하여금 하나님이 국가를 설립하셨던 대로 기능할 수 있도록 한다는 것을 시사한다.

둘째, 자연법은 "국가 영역에서 참되고 유용한 현세적인 것들의 지식"[159]을 제공한다는 것이다. 칼빈의 자연법에 관한 결론적 항목에서 필자가 이전에 언급한 바에 의해 시사된 바는 칼빈은 죄악 된 인간들이 법에 관한 어떤 지식을 가진다는 것을 확실히 인정하지만, 이것들은 단순히 "정의의 씨앗들"이라는 것이다. 그들 자신의 이익들이 위태로워질 때, 이 씨앗들은 마르고 죽는다.

반드루넨은 칼빈 안에 있는 이 부정적 평가들을 인정하지만, 그것들을 칼빈이 그리스도의 왕국을 위한 자연법의 가치를 평가한 것으로 본다. 달리 말하면, 칼빈의 요점은 자연법이 구원을 위해서 아무런 가치를 갖고 있지 않다는 것이다.

반드루넨은 자연법에 대한 칼빈의 부정적 평가를 기각했는데, 이러한 기각은 칼빈 자신의 말들과 상충된다. 칼빈은 불신자들이 그 법들의 특정한 내용들에 관해 동의하지 않는다는 것, 그리고 몇몇의 로마 황제가 불의와

---

[159] VanDrunen, *Natural Law and Two Kingdoms*, 113.

만행으로 통치했었다는 것 둘 다를 주목했는데, 이것은 정확하게 그의 시민법에 대한 논의 안에 있다.

사람들은 사회를 위해 시민법에 대한 인준을 표현할 수도 있지만, 그들의 정욕은 스스로 이런 법들에서 그들 자신을 면제시키도록 이끈다. 그들은 자기들에게 가해진다고 인식된 어떤 불의에 대해서도 저항적이지만, 다른 사람들에게 행해진 불의에 대해서는 거의 신경 쓰지 않는다. 칼빈의 이 언급들은 명백하게 영적 왕국을 위한 자연법의 가치에 관한 것이 아니다.

8. 결론

칼빈의 저서들에 대한 이 해설은 두 가지 중요한 점들을 성립시켰다.

칼빈 안에 나무랄 데 없는 자연법 교리가 있다. 양심은 마음에 각인된 하나님의 도덕법, 하나님에 의해 제정된 대로 창조 질서 안에 계속하여 존재하게 될 법에 대해 증언한다. 그러나 인간의 성품에 가해진 죄의 영향력이 절대적이고 총체적이기 때문에, 하나님의 법들에 대한 이해는 제한적이다. 죄악 된 인간들이 아는 것은 하나님이 모든 사람에게 베푸시는 일반은총에 의해, 보편적인 성령의 활동을 통하여 산출된다.

이 자연법은 비그리스도인들이 인간 사회를 다스리기 위한 그 법들을 어느 정도 통찰하게 하는 작용을 하지만, 이 지식은 일반적으로 결함이 있고, 왜곡되었고, 일관성이 없다. 일반적인 차원에서, 죄악 된 사람들은 마태복음 7:12의 황금율 속에 담겨 있는 공평과 사랑의 보편적 원리들을 인정할 수도 있는 반면, 특정한 상황들에 대한, 특별히 그것이 그들 자신의 일을 포함할 때, 그것들의 적용은 믿을 만하지 못하다. 이것은 통치자들에 의해 제정된 법들에서도 역시 명백하다.

칼빈은 자연법에 대한 긍정적인 평가와 부정적인 평가 둘 다를 제공한다.

자연법은 종종 나라들이 자기들의 법들을 구성하기 위해 사용하는 수단이지만, 인간의 죄성은 그 자연법을 한 나라의 시민법을 위해서는 아주 불신된 인도자로 만든다. 칼빈에게 있어서, 역사와 경험의 증언은 이러한 불신을 증거한다.

더 나아가서, 본 장은 칼빈의 영적 왕국과 시민 왕국 간의 구분을 성립시켰는데, 그것은 순서대로 천상과 지상에 관한 것들을 다룬다. 두 왕국은 각각의 목적을 성취하기 위한 다른 관할권들과 목표들과 수단들을 가지고 있다. 이것이 그리스도의 교회의 성격과 소명을 국가 통치의 성격 및 소명으로부터 구분한다.

그러나 칼빈에게 이 구분은 성령이 그리스도인들에게 주신 은사들과 그들이 하나님의 계시된 말씀에서 얻는 통찰력들을 갖고 시민 생활에 참여하는 것을 부정하지 않는다. 국가 위정자의 기능에 대한 그리스도인들의 통찰력은 그들로 하여금 위정자의 역할과 그들에 대한 백성들의 의무에 대해 적절한 이해를 갖게 한다.

성경에 계시된 하나님의 법에 대한 신자들의 이해는 사회의 법을 형성하는 데 있어서 그들을 통치자들로서 또는 백성들로서 인도할 것이다. 신자들은 또한 국가의 중요성을 악의 제어와 사회 평화 및 조화의 증진을 통하여 그들의 이웃을 사랑하기 위한 하나님의 도구로서 이해할 것이다.

그리스도인들은 정부의 영역에 대해서뿐만 아니라 공공의 삶의 모든 영역에 대해서도 성경의 통찰력이 영향력을 끼치도록 할 수 있다. 이것은 모두 아담에 의해 상실되었으나 예수 그리스도의 주권 아래 신자들을 위해 갱신되고 성취된 문화적 소명의 부분이다. 신자들은 다시 그 소명으로 회복되었으므로 자신이 하는 모든 것 안에서 모든 피조물의 왕과 주님께 영광을 돌릴 수 있다.

제3장

헤르만 바빙크의 사상 속의 자연법과 두 왕국

넬슨 클루스터만^{Nelson Kloosterman} 박사

본 장은 때로 무시되기도 했지만 신칼빈주의의 발전에 주요 인물인 헤르만 바빙크의 생애와 노고에 대해 숙고한다. 본 장은 특별히 바빙크의 사상이 자연법과 하나님의 나라에 이르면 그 속에 근본적인 불일치가 존재한다는 것을 주장하는 두 왕국론_{the Two Kingdoms}의 주장에 대응한다.

어떤 사람들은 본 장에 근거하여 두 왕국 관점과 바빙크에 대한 신칼빈주의 관점 간의 차이를 단순히 강조점의 차이일 뿐이라고 결론지을 수도 있다.[1] 실로, 우리가 동의할 수 있는 많은 것이 바빙크에게서 나온다. 그럼에도 필자는 강조점의 차이들이 무해하다고 여기지 않는다. 왜냐하면, 그 차이들은 실제로 분명한 의사소통과 상호 이해에 장애가 될 수 있기 때문이다.

필자는 두 왕국관의 선도적 옹호자인 데이비드 반드루넨^{David VanDrunen}에 의한, 헤르만 바빙크의 사상에 대한 분석에 의미심장한 동의점들이 있

---

1 이 자료의 초기 형태는 2008년 9월에 칼빈신학교가 후원했던 Bavinck 컨퍼런스에서 발표되었고, 여기에 축소 및 확대 둘 다 있어 왔다. 여러 가지 진술문들을 명료화 하는 관점에서 축소되었고, 아래 각주4와 동일시되는 원래의 발표에 대한 참조와 더 온전히 상호 작용을 하도록 하기 위해 확장되었다. 여러 가지 편집을 위한 각색을 제외하고, 이 글은 이른 초기에 다음 제목으로 출판되었다. "A Response to 'The Kingship of Christ Is Twofold': Natural Law and the Two Kingdoms in the Thought of Herman Bavinck by David VanDrunen," *CTJ* 45 (2010): 165-76. 그것은 여기에 허락을 받아 재인쇄되었다.

음을 시사한 후, 필자의 의구심들을 시사하고, 바빙크의 자연법과 하나님의 나라에로의 통합된 접근을 하나의 대안으로 대략적으로 제시해 볼 것이다. 필자는 만일 두 왕국론적 접근이 지나치게 강조될 경우 두 개의 부록, 즉 "두 바빙크?"The Two Bavincks?에 관한 글과 "기독교 교육"의 가능성에 관한 글로 결론을 짓는다.

필자는 아브라함 카이퍼와 헤르만 바빙크의 신칼빈주의자 후계자들 중 몇몇에게 뚜렷한 승리주의에 대하여 두 왕국론 입장의 관심사를 공유한다.[2] 물론 이 경우에 제자들의 오류가 적법하게 스승들 탓으로 돌려질 수 있는지는 반드시 결정되어야 한다. 불행하게도, 1960년대와 그 이후, 신칼빈주의 프로젝트는 리처드 니버H. Richard Niebuhr의 변혁적 칼빈주의를 포용하는 데까지 오도되었는데, 그의 프로젝트는 현재 의미심장한 분석과 교정을 겪고 있다.[3]

---

[2] 이 승리주의는 단순히 수사적이 아니라, 신학적 강조들에까지도 확장된다. 필자는 그리스도인들이 예수 그리스도의 주권을 "확장하는 것"에 대해, 그리스도인들이 문화를 "구속하는 것" 혹은 "갱신하는 것"에 대해, 그리스도인들이 그리스도를 위해 문화를 "변혁하는 것"과 그 비슷한 것에 대해 염두에 두고 있다. 그러한 수사들은 비전 선언문의 본질을 구성하며 북미에 있는 여러 개혁주의, 장로교, 복음주의 대학들의 표어들로 광고한다.

[3] H. Richard Niebuhr, *Christ and Culture* (New York: Hrper & Row, 1951). 분석, 비판, 수정에 대해서는 다음을 보라. Craig A. Carter, *Rethinking Christ and Culture: A Post-Christendom Perspective* (Grand Rapids: Brazos Press, 2006), reviewed by Nelson D. Kloosterman in *MAJT* 18 (2007):221-23; D. A. Carson, *Christ and Culture Revisited* (Grand Rapids: Eerdmans, 2008), reviewed by Nelson D. Kloosterman in *MAJT* 19 (2008):297-301, 그리고 Andy Crouch, *Culture Making: Recovering Our Creative Calling* (Downers Grove, IL: InterVarsity Press, 2008). Niebuhr의 프로젝트 속에서 확인된 문제들은 이것들을 포함한다. (1) 그의 분류는 축소적인데, 이는 그가 한 범주에 속하고 있는 것으로 분류하는 여러 대표들은 사실 다른 사람들과 함께 분류될 수도 있다. (2) 그의 분류들은 성경 계시 전체와 통일성에 명확하게 근거하고 있지 않다. (3) 그의 변혁적 칼빈주의의 분류는 그 자체의 예정과 반립에 소홀함으로 Augustine에게나 Calvin에게나 신실하지 않다.

필자는 바빙크에 관한 반드루넨의 이해에 대하여 중추는 아니지만 하나의 실마리를 형성하고 있는 논문에[4] 대해 반론을 제기하고 싶다. 그는 근거 없이 주장된 "두 바빙크"의 존재가 우리에게 일관성 없고 사리에 맞지 않는 신학을 남겨 주었다고 암시한다.[5]

오히려 필자는 전체로는 바빙크의 일생의 작업이, 그리고 개별적으로는 자연법과 하나님의 나라에 대한 그의 논법이 신학적 진리 속에 있는 이중성과 그의 종교 경험과 우리의 종교 경험 안에 작용하는 이중성을 융화시키는 데 도움이 되는 모델을 우리에게 공급한다고 제안하고 싶다.

바빙크의 삶과 사상 속에 긴장들, 심지어 양극들이 있다는 것은 논쟁의 여지가 없다. 그러나 필자의 판단에 이것들은 사리에 맞지 않는 불일치들 혹은 화해될 수 없는 주제들의 수준까지 끌어올려질 필요가 없다.

---

4 David VanDrunen, "'The Kingship of Christ is Twofold': Natural Law and Two Kingdoms in the Thought of Herman Bavinck," *CTJ* 45 (2010): 147-64를 보라.

5 VanDrunen은 자연법과 두 왕국에 관한 Bavinck의 가르침에 대한 자기의 결론적 평가들 가운데 하나로 다음과 같이 말한다. "셋째로, 필자는 Bavinck가 우리에게 이 세상에 대한 그리스도인의 기본적 관계에 대해 완전히 일관성 있는 묘사를 남겨 주었다고 확신하지 못했다." VanDrunen, "'The Kingship of Christ is Twofold': Natural Law and Two Kingdoms in the Thought of Herman Bavinck," 162. 이 순간 그는 자기의 각주에서 "두 Bavinck 가설"에 호소한다. 이 맥락에서 그는 George Harinck의 글, John Bolt의 글, 그리고 Bolt가 바빙크의 『개혁교의학』(*Reformed Dogmatics*)에 붙인 편집자의 서문을 언급한다. "두 Bavinck 가설"에 동의를 암시하는 이런 자료 중 적어도 두 개의 사용은 놀라울 정도로 모호한데, 이는 Harinck가 분명하게 Bavinck 사상의 통합성과 통일성의 성취를 강조하고 있고, Bolt의 서문의 글은 단지 Bavinck의 삶 속에 있는 "긴장들"을 말하고 있기 때문이다. 어떻든, 더 문제가 되는 것은 같은 각주에 담겨 있는 이 교묘한 암시다. "비록 완전한 설명은 더 복잡하지만, 필자는 그[Bavinck]의 자연법과 두 왕국의 범주들에 대한 변호는 정통적 Bavinck에게 속해 있고 자연과 왕국을 누룩처럼 회복시키는 은혜와 같은 주제들에 대한 그의 옹호는 현대의 Bavinck에게 속해 있다는, 괜찮은 보편적 주장이 만들어질 수 있다고 믿는다." 추측할 수 있는 것은, 우리가 "정통적" Bavinck는 포용하고 "현대의" Bavinck는 혐의를 품고 피하도록 초대받고 있다는 것이다. "두 Bavinck" 가설에 대한 더 긴 논의는 이후 부록 I을 보라.

1. 헤르만 바빙크의 자연법

바빙크가 자신의 저서들에서 자연법 교리를 자세히 설명한다는 것은 의심할 바 없다. 우리가 아는 바와 같이 루터와 츠빙글리와 칼빈은 자연법에 대해 말했다.

그러나 이 개혁주의 저자들은 자연법에 대해 말하면서, 로마 가톨릭과 인본주의자의 자연법 교리들과 구별되어, 한결같이 고전적 자연법 교리의 의미심장한 요소들을 반대했다. 개혁주의자들의 자연법 교리는 급진적인 타락의 심각성, 인간 이성에 널리 퍼져 있는 부패와 일반계시의 모든 것을 바르게 해석하기 위한 안경으로서 성경이 필요하다는 그들의 굳센 고백과 조화될 필요가 있다.

예를 들면, 비록 칼빈이 규칙적으로 자연 질서$^{ordo\ naturae}$, 자연법$^{lex\ naturalis}$, 그리고 자연의 교훈$^{natura\ docet}$을 언급했을지라도, 타락한 인간 이성에 의한 그것들의 올바른 인식과 타락한 인간 양심 속의 그것들의 올바른 기능은 둘 다 성경에서 학습된 지혜에 의해 다스려진다.

게다가 개혁주의자들은 결코 그들의 자연법 교리를 이중 윤리—하나는 자연으로부터, 다른 하나는 은혜로부터 추론되고, 하나는 인간의 이성에 의해, 다른 하나는 기독교 신앙에 의해 다스려지는—의 기초로 사용한 적이 없다.

인간의 도덕성에 대한 바빙크의 조심스러운 인정은 "도르트 신경" 3.4.4에 고백된 것 같은 인식에 의해 배양되었다.

> 그러나 타락 후, 인간 안에, 자연의 빛의 가물거리는 것들이 남아 있어, 그것으로 그는 얼마의 하나님에 대한, 자연물들에 대한, 선과 악 사이의 차이에 대한 지식을 보유하고, 도덕과 선한 외적 행동에 대한 호감을 보인다. 그러나 이 자연에 대한 이해는 사람으로 하여금 구원 받게 하는, 하나님을 아

는 지식과 참된 회심에 이르도록 하기에는 너무 부족하여 사람이 심지어는 자연적이고 시민적인 사안들에서조차도 그것을 바르게 사용할 수 없다. 게다가 오히려 사람은 그러한 이해를 다양한 방법으로써 총체적으로 부패하게 하며 불의로 가로막아 하나님 앞에서 변명할 수 없게 된다.[6]

그러므로 개혁주의 정통 계보를 따랐던 한 사람으로서 바빙크는 자연법에 대한 자신의 이해와 사용에 있어서, 다음과 같은 동등하게 중요한 자신의 신학적 체계의 요소들로 조율되어야만 한다.

첫째, 우리가 우리 주변에서 보는 모든 외적인 도덕적 의를 설명하는 것은 자연이 아니라 하나님이시다. 하나님은 자신의 섭리로 세상을 다스리시고 피조물의 도덕적 구조뿐만 아니라 물질적 구조를 유지하신다.

칼빈이 우리를 가르쳤던 것처럼, 하나님의 일반계시는 역사를 통해 역동적이고 인격적이며 실존적이다. 하나님과 인격적인 피조물 간의 계속되는 상호 작용에 대한 바빙크의 강조는 개념의 역사 전반에 걸쳐 너무 종종 그래왔던 것처럼, 자연법이 세속화의 하녀가 되어 가는 것으로부터 보호한다.

둘째, 이 능동적이고 인격적인 하나님의 섭리는 결혼, 권위, 노동, 여가 같은 피조물의 법령들의 계속성과 인지성에 대해 설명한다. 하나님의 일상적 우주의 통치에서 우리는 인간들을 억제하는 역할을 하는 불변하는 것들을 인식하게 되는데, 그런 것이 없다면 인간은 그들의 절대적 파멸에 이르

---

6 라틴어 원문. "Residuum quidem est post lapsum in homine lumen aliquod naturæ, cujus beneficio ille notitias quasdam de Deo, de rebus naturalibus, de discrimine honestorum et turpium retinet, et aliquod virtutis ac disciplinæ externæ studium ostendit: sed tantum abest, ut hoc naturæ lumine ad salutarem Dei cognitionem pervenire, et ad eum se convertere possit, ut ne quidem eo in naturalibus ac civilibus recte utatur, quinimo qualecumque id demum sit, id totum variis modis contaminet, atque in injustitia detineat, quod dum facit, coram Deo inexcusabilis redditur."

기까지 반역의 삶을 살고자 할 것이다. 예를 들면, 무정부 상태가 파급하는 것은 어떤 종류의 권위를 전제한다. 심지어 결혼에 대한 피조물의 경계를 부인하는 것조차 어떤 점에서는 "사물들이 작용하는 법칙"에 대한 인정을 가정한다. 그러므로 십계명의 내용과 하나님의 우주 안에서 주고받는 인간의 삶 속에 깔려 있는 법 사이에 섭리적 대응이 있다.

셋째, 이 맥락에서, 구조와 방향 간의 관계에 관해 알 월터스Al Wolters가 제공한 탁월한 분석을 추천하는 것은 도움이 될 것이다. 아무도 피조물의 기준적 구조가 타락 이후 인간 존재의 모판과 경계를 계속 제공한다는 것을 부인하지 않을 것이다. 신자들을 불신자들로부터 구별하는 것은 그들 각자의 피조물 사용에 있어서의 방향성과 동기와 목적성이다. 이 구분으로 말하면, 나아가서, 월터스는 피조물의 기준들은 **오직 성경의 빛에 의해서만** 적절하게 분별될 수 있다는 것을 강조한다.[7]

넷째, 하나님이 "율법의 일"을 이방인들의 마음 속에 새겨 두셨다. 만일 우리가 로마서 2:14-15의 문맥을 조심스럽게 연구한다면, 두 가지 주석학적 주해가 이 논의에 적합하다.

① 여기 바울이 논쟁하고 있는 맥락에서 언급된 율법은 모세의 법, 십계명이지 "자연법"이 아니라는 것이다.
② (자연이나 이성이 아닌) 하나님은 그들의 마음에 이것을 기록하셨다. 한 때 두 돌판들 위에 기록되었고, 율법과 선지서들 안에 규정된 하나님의 법으로부터 우리가 알고 있는 것을 우리가 불신자들 가운데서 발견하는 이유는 그들이 하나님이 그들의 마음에 쓰신 율법의 일, 율법

---

7 Albert M. Wolters, *Creation Regained: Biblical Basics for a Reformational Worldview* (Grand Rapids: eerdmans, 1985), 49-52, 72-95. 오직 성경의 빛에 의해서만 피조물의 기준들을 분별할 수 있는 능력에 대한 요점은 91쪽을 보라.

의 활동을 받았다는 것을 스스로 보여 주기 때문이다.

그러므로 만일 우리가 행동에서 법으로, 즉 자연법이 아니라 성경에 계시된 법으로 유도되었다면 우리는 그런 도덕적 행동을 부인하거나 무시할 필요가 없다. 거기서 우리는 우리가 세상에서 보는 도덕적 강직함을 해석하기 위한 해석학적 열쇠를 발견한다. 보편성은 개별성에 의해 명료해지고, 인간은 그리스도인에 의해 설명된다. 그 반대로, 자연법 lex naturae이 성경의 법 lex scripturae을 위한 해석의 열쇠가 되는 듯이 입장을 돌려놓을 수는 없다.

2. 헤르만 바빙크의 두 왕국론

1) 하나님의 나라: *ipsissima verba Bavincki*(바빙크 자신의 말)

우리는 바빙크의 "두 왕국론"의 이해를 조사하면서, 운 좋게도 명백하게 하나님의 나라를 다루고 있는 그 자신이 친히 쓴 두 개의 의미심장한 글들을 보유하게 되었다. 이 논의의 시작의 요점에 각각은 오직 네덜란드어로만 볼 수 있지만,[8] 둘 다 바빙크의 왕국신학에 주요한 성경적인 신학적 성향을 제공한다. 두 번째 글[1893]은 하나님의 나라에 관한 바빙크의 관점을 확장하여 그것의 정치적 의의를 포함한다.[9]

---

[8] 첫째는 "het Koninkrijk God," in *Handboekje ten dienste der Gereformeerde Kerken in Nederland woor het jaar* 1894, ed. J. H. Feringa and A. Littooij (Le Cointre, 1893), 243-52이다. 둘째는 "Het rijk Gods, het hooste goed," in *Kennis en leven: Opstellen en artikelen uit vroegere jaren* (Kampen: Kok, 1922), 28-56으로, 지금은 영문 "The Kingdom of God, The Highest Good," trans. Nelson D. Klooserman, in *Bavinck Review* 2 (2011): 133-70에서 볼 수 있다(http://bavinck.calvinseminary.edu/wp-content/uploads/2011/04/TBR2.pdf).

[9] Bavinck, "Het Koninkrijk Gods," 249. "우리가 하나님의 나라를 이 충만한, 부요한 의미

12년 전인 1881년 2월 3일에, 바빙크는 캄펀 신학도들에게 "하나님의 나라, 최고의 선"에 관해 강의했다. 이 강의가 절반을 지나자, 바빙크는 "하나님 나라와 공동체(가족, 국가, 교회, 문화)"의 주제를 다루었다. 바빙크는 하나님의 나라가 조직화된 제도적 교회보다 크다고 주장했는데, 그 이유는 기독교가 삶의 모든 영역들과 형태들에 파고들어 활력을 줄 수 있는 완전히 새로운 생명의 능력을 성립시키기에 예배 그 이상이기 때문이다.

> 그 이유 때문에 우리가 기독교 사회, 기독교 학교에 대해 말한다. 거기는 기독교적이라고 불릴 수 없는 인간적인 것은 아무것도 없다. 만물 위에 절대 주권을 행사하시는 그리스도에 의해서 활력을 받고 다스림을 받는, 교회의 안팎에 있는 모든 것이 하나님의 나라를 구성하고 거기에 속해 있다.[10]

교회 사역의 목적은 그 성원들이 자기들의 자연적, 도덕적, 시민적, 정치적 삶에서 인격적으로 하나님께 헌신하며 살아가게 하는 것이다.[11] 바빙크

에서 설명할 때, 구약의 하나님 나라의 개념이 신약에서는 완전히 영적으로 되어서 그것의 감각적(zinnelijke)이고 정치적 요소 모두가 벗겨 나갔다고 주장할 수 있는 아무런 근거가 없다. 왜냐하면, 신학에서 역시 하나님의 나라는 땅에 도래하기 때문이다(마 5:5). 그것은 자주 결혼과 명절의 축제(마 8:11)의 그림들로 묘사되었다. 그리고 그것은 정치적 의미심장함도 보유한다(마 20:20-23; 눅 19:11-27; 행 1:6-7; 계 21:23-24)." 네덜란드어 원문: "Wanneer we het Koninkrijk Gods opvatten in dezen vollen, rijken zin, is er geen grond voor de bewering, dat de Oudtestamentische idee van het Koninkrijk Gods in het N. Test. geheel vergeestelijk Gods op aarde Matth. 5:5; het wordt meermalen geschilderd onder de beelden van een bruiloft en feestmaal Matth. 8:11; en heeft ook eene politieke beteekenis Matth. 20:20-23. Luk. 19:1-27. Hand. 1:6, 7, Openb. 21:23v."

10 Bavinck, "The Kingdom of God, The Highest Good," 158. 네덜란드어 원문: "Wij spreken daarom ook van eene Christelijke maatschappij, van eene Christelijke school; niets menschelijks is er, wat niet Christelijke heeten kan. Al wat in en butien de Kerk door Christus, die de souvereiniteit draagt over alle dingen, wordt bezield en beheerscht, vormt mee en behoort tot het Rijk van God." "Het rijk Gods, het hoogste goed," 46-47.

11 이 점에서, 반드루넨은 황당스럽게도 전반적으로는 신칼빈주의 그리고 개별적으로는 헤

는 21세기 청중들을 놀라게 하는 명료성으로, 심지어 국가조차도 하나님의 나라에서 그 목표와 국운을 발견해야 한다고 주장한다.

> 마치 개인적으로 사람은 반드시 그의 땅에 속한 직업 밖에서가 아니라 그 안에서 하나님의 나라를 찾아야만 하는 것처럼, 마찬가지로 하나님의 나라는 국가가 그 자체의 지상적 소명, 그 자체의 국가성을 포기하도록 요구하는 것이 아니라, 정확히는 국가에게 하나님의 나라가 그 국가의 백성과 민족에 영향을 주고 파고들 수 있도록 허락할 것을 요구한다. 오직 이 방법으로만 하나님의 나라가 도래하여 존재한다. 하나님의 나라는 이 백성들 혹은 저 백성들, 심지어는 한 민족과 한 국가의 수고가 아니라, 모든 백성들과 모든 국가들의 수고다. 그것은 인류의 총체적 과제Gesammtaufgabe다.[12]

물론 국가는 은혜 아닌 법에 속한 기관이다. 국가는 하나님의 나라를 설립하지도 구속redemption을 초래하지도 않는다.

그러나 국가는 정의를 추구하고 도덕 질서를 세우는 그 자체의 신적 소명을 수행함으로써 그리스도께로 인도하는 초등교사paidagogus 혹은 가정 교사가 될 수 있다. 바빙크는 네덜란드어 "tuchtmeester"를 사용하여, 갈라디아서 3:24을 암시한다. 그런 뜻에서 국가는 하나님의 나라를 위해 봉사할

르만 바빙크 둘 다에 대한 자신의 가장 기본적인 비판으로 나타내는 것을 확인하기 위해 각주를 채용한다. 이것에 대한 더 많은 논의와 함께 그에 대한 대응은, 아래 부록 2를 보라.

[12] Bavinck, "The Kingdom of God, The Highest Good," 160. 네덜란드어 원문: "Evenals de enkele her Rijk Gods niet moet zoeken buiten, maar in zijn aardsche beroep, zoo ook eischt het Godsrijk niet van den Staat, dat hij zijn aardsche roeping, zijn eigene nationaliteit prijs geve, maar juist dat hij het Rijk Gods in zijn volk en nationaliteit late inwerken en doordringen. Zoo alleen kan het Rijk Gods tot stand komen. Want dit Rijk is niet een werk van dezen of fenen, zelfs niet van één volk en van één Staat, maar van alle volken en alle Staten, het is de, Gesammtaufgabe' van het menschelijk geslacht." "Het rijk Gods, het hoogaste goed," 49.

수 있는 능력과 소명을 갖고 있다.[13]

하나님의 나라와 문화 간의 더 넓은 관계에 대하여, 바빙크는 이것들을 같은 가족의 성원들로 본다. 바빙크는 심오한 상상력의 유비analogy를 사용하여 이것을 목도했다.

> 의식과 문화는 당연히 자매가 될 수 밖에 없다. 확실히 독립적이기는 하지만, 여전히 사랑을 통해 서로에게 묶여 있는 자매들이다. 많은 일들로 점령된 문화를 대표하는 마르다는 최선의 몫을 선택하는 의식을 대표하는 마리아와 다르기는 하지만, 그럼에도 예수님이 그들 둘 다를 사랑하셨다는 것은 진리로 남아 있다.[14]

우리가 찾고 있는 강조점은 비록 바빙크가 그리스도의 이중적 왕권을 인정했다 하더라도, 이것은 결코 이중적 윤리를 위한, 혹은 종교와 정치를 포함하여 세상 속의 문화적 삶 사이의 독립적 이중성을 위한 근거로서 그의 신학 안에 기능하지 않는다.

2) 하나님의 사역들에 대한 기독론적 통일성과 통합

바빙크의 "두 왕국론"의 주제에 관해서, 필자는 바빙크가 두 왕국론 지지자들이 제시하는 것보다 더 자세하게 소위 두 왕국론의 기독론적 통일성과 통합에 대해 강조한다고 믿는다.

---

13 Bavinck, "The Kingdom of God, the Highest Good," 161.
14 Bavinck, "The Kingdom of God, the Highest Good," 162. 네덜란드어 원문: "Cultus en cultuur behooren dus zusters te wezen, wel zelfstandig maar toch zusters, door liefde aan elkander verbodnden. En al is het dan, dat van beide Martha, dat is de cultuur zich om vele dingen bekommert, en Maria, dat is de cultus, het beste deel heeft gekozen, toch blijft het waar, Jezus had ze beide lief." "Het rijk Gods, het hoogste goed," 50.

예를 들면, 바빙크의 다른 저서들에서 우리는 바빙크에게 국가는 영적 실체들을 향해 무색의 중립성으로가 아니라 오히려 성스러운 과업으로 특징지어지고, 진리와 거짓 사이에서 중립적 입장을 채택할 수 없는 것으로 특징지어진다는 것을 배운다.[15] 교회와 국가의 분리는 결코 국가가 종교로부터, 혹은 예수 그리스도 안에서 하나님의 주장들로부터 자유했다는 주장을 결과한 적이 없다.

어떤 의미에서 카이퍼보다 바빙크는 국가가 하나님의 명예와 교회를 진전시키도록 부름을 받았다는 원리를 유지했다. 비록 이것이 무력을 통해서 일어나지 않아야 하고, 복음의 특성과 백성들 및 다양한 삶의 영역에 속한 권리들에 상충되어 일어나지 않을 수 있어야 하지만 말이다.[16]

바빙크에 의하면, 교회와 세상 사이의 관계를 규제하는 것과 연관하여 마음에 두어야 할 일곱 가지 요약된 원리들의 첫 번째는 다음과 같다. 즉 교회는 모든 피조물들, 예술, 과학들, 가족, 사회, 국가 등이 반드시 주의 말씀에 순복하여야 한다고 요구하는 것을 저항할 수 없다는 것이다.[17]

이 통일성과 통합은 특별히 그리스도 예수의 인격과 사역에 뿌리를 두고 있다. 로고스와 성육신하신 분 사이에 계속되는 이중성을 가정하는 것에 대조적으로, 바빙크는 예수 그리스도가 자신의 단일적이고 결합적인 중보적 활동을 통하여 점진적으로 인간 역사 속에 자신을 계시해 오신 것으

---

15 Herman Bavinck, "Christian Principles and Social Relationships," in *Essays on Religion, Science, and Society*, ed. John Bolt, trans. Harry Boonstra and Gerrit Sheers (Grand Rapids: Baker Academic, 2008), 119-43을 보라. 또, Herman Bavinck, *Christelijke en neutrale staatkunde. Rede ter inleiding van de deputatenvergadering, gehouden te Utrecht, op 13 April 1905* (Hilversum: Witzel & Klemkerk, 1995)를 보라.

16 Klaas van der Zwaagd의 이 관찰은, *Onverkort of gekortwiekt? Artikel 36 van de Nedelandse Geloofsbelijdenis en de sapanning tussen overheid en religie. Een systematisch-historische interpretatie van een 'omstreden' geloofsartikel* (Heerenveen: Groen, 1999), 405-7에 나온다.

17 Bavinck, *RD* 4, 439-40.

로 보았다. 비록 그의 성육신 전에는 삼위일체의 제2위가 참으로 '로고스 아사르코스' Logos Asarkos였지만, 그의 성육신 이후로 그는 로고스 엔사르코스 Logos Ensarkos로 계신다.

성육신의 심오한 의미는 정확하게 창조에 있어서의 그리스도의 사역이 그의 구속 사역 안에서 계속되고 그의 구속 사역을 도울 수 있게 되었다는 것이다. 이것이 교회와 세상 사이의 관계를 위한 함의들이다. 바빙크는 자신의 『개혁교의학』 Reformed Dogmatics 제4권에 나오는 중요한 구절에서 이 기독론적 통일성을 교회와 세상 사이의 관계에 적용한다.

> 따라서, 교회와 세상 사이에 존재하는 관계는 특성상 첫째로 유기적이고 도덕적이며 영적이다. 그리스도는 현재에도 선지자, 제사장, 왕이시고, 자신의 말씀과 성령으로 온 세상에 감화력 있게 영향을 주신다. 그 때문에, 그를 믿는 모든 사람으로부터 가족, 사회, 국가, 직업, 사업, 예술, 과학 등을 새롭게 하며 거룩하게 하는 영향력이 발산된다. 영적 삶은 하나님의 법을 따라 자연적이고 도덕적인 삶을 그것의 온전한 깊이와 범위에 이르도록 개조하려고 의도되었다 [네덜란드어 원문: Het geestelijk leven is bestemd, om het natuurlijk en zedelijk leven in volle diepte en omvang weer aan de wet Gods te doen beantwoorden].
> 이 유기적 경로와 함께 기독교 진리와 그리스도인의 삶은 모든 자연적 삶의 집단들에게 소개되었고, 결과적으로 가정과 대가족에서의 삶은 명예롭게 회복되고, 아내(여자)는 다시 남편(남자)과 동등으로 여겨지며, 과학과 예술은 기독교화 되며, 도덕적 삶의 수준은 향상되며, 사회와 국가는 개혁되며, 법들과 제도들, 도덕과 관습들은 기독교적이게 되었다 [네덜란드어 원문: Christelijk gestempeld worden].[18]

---

18 Bavinck, *RD* 4, 437.

이 문장은 그리스도와 문화 간의 관계에 대해 바빙크가 이해한 바의 요약으로서 매우 중요하다. 바빙크에게, 교회와 세상, 은혜와 자연, 신앙과 이성은 **구별될 수는 있지만** 그리스도 예수 안에서 **통합된 것**으로 이해하는 것이 최선이다.

우리가 아는 것처럼, 바빙크는 어느 쪽에서 발견되든 진리의 관심사들을 통합하는, 전체에 걸쳐 있는 통일성, 특별히 하나님 자신 안에서 발견되는 통일성에 호소함으로 다양한 이원성들을 반대하여 싸웠다. "성경 전체가 하나님의 통일성을 선포한다"라고 바빙크는 1911년에 선언했다.

> 그것은 자연의 하나님의 통일성과 은혜의 하나님의 통일성을 의미하는 것이고, 그 이유 때문에 성경은 창조와 구속을 이원론적으로 나눌 수 없고, 오히려 항상 그것들을 유기적으로 그리고 조화롭게 같이 묶고 있다.[19]

이원성을 통합하는 통일성에 대한 그의 관심사는 그의 인간론을 포함했다.

> [인간의] 인격들을 둘로 나누는 것—로마 가톨릭처럼, 부분적으로는 루터교처럼—과 초자연적이고 영적인 영역에서 그들이 아무 선도 행할 수 있는 능력이 없지만 자연적 영역에서는 그들이 절대적으로 volkomen 선한 것들을 할 수 있다고 말하는 것은 인간성의 통일성과 반대되고, 도덕법의 통일성과 반대되며, 그리고 인간들이 반드시 항상 하나님의 형상이어야만 하고 행하는 모든 것이 하나님의 영광을 위해야 하며 항상 어디서나 그들의 마음과 생각

---

19 Herman Bavinck, *Modernisme en orthodoxie* (Kampen: Kok, 1911), 37: "Heel de Schrift predikt de eenheid Gods, dat is de eenheid van den God der natuur en van den God der genade, en kan daarom schepping en herschepping niet dualistisch scheiden, maar bindt ze altijd organisch en harmonisch saam."

과 힘을 다해 하나님을 사랑해야 한다는 성경의 가르침과 반대가 된다.[20]

바빙크의 이런 종류의 통일성에 대한 관심사는 개혁주의 영성도 포함했다. 조지 하링크George Harinck는 바빙크가 신앙과 과학 사이에서 선택할 것을 거부한다는 것을 주목하면서 다음과 같이 주장했다.

> 그의 모든 신학 작품은 신앙과 문화의 이원성을 반박하는 것으로 간주될 수 있다. 그가 분리주의자secessionist라는 배경을 고려할 때 그것은 그에게 아주 익숙한 것이고 그것에 대해 현대신학과의 만남은 그런 기회를 제공했다. 그가 분리 운동the Secession으로부터, 그리고 라이덴Leiden으로부터 알았던, 이 이원성에 대한 배척은 바빙크의 영적 개발에서 결정적인 걸음이었고 그의 개혁주의 영성의 특성이 되었다.[21]

하링크는 신앙과 학문 간의 통일성에 대한 바빙크의 강조를 "바빙크의 삶의 **중심 사상**Leitmotiv"이라고 표현한다.[22] 기독교와 문화 간의 그러한 통일성은 한 분 만물의 창조주와 한 분 구속주이신, 기독교의 한 하나님에 대한 고백에 뿌리를 두고 있다.

> 이 구속주는 사람들의 죄를 위해서뿐만 아니라 모든 피조물을 위해서도 자신의 피를 흘리셨다.[23]

---

20 Herman Bavinck, *Reformed Dogmatics*, vol. 3, *Sin and Salvation in Christ*, ed. John Bolt, tans. John Vriend (Grand Rapids: Baker Academic, 2006), 123.
21 George Harinck, "'Something That Must Remain, If the Truth Is to Be Sweet and Precious to Us': The Reformed Spirituality of Herman Bavinck," *CTJ* 38 (2003): 252
22 Harinck, "'Something That Must Remain, If the Truth Is to Be Sweet and Precious to Us'," 254.
23 Harinck, "'Something That Must Remain, If the Truth Is to Be Sweet and Precious to Us'," 255.

3) 예수 그리스도 안에 있는 하나님 사역의 우주적 범주

우리가 현대의 두 왕국론 신학에 의해 간략히 그려진 묘사에 동의하지 않는 부분은 그리스도인의 신앙과 삶의 보편성과 통합성에 대한 바빙크의 강조에 불충분하게 주의를 기울인 데서 비롯된다. 여기서 보편성은 역사적이고 지역적인 것 이상으로 문화적인 것을 포함한다. 존 볼트(John Bolt)는 다음과 같이 말했다.

> 보편성에 대한 이 강조는 모든 형태의 이원론, 즉 로마 가톨릭과 루터교와 재세례파와 경건주의의 이원론에 대적하는 바빙크의 칼이 되고 있다. 바빙크는 "복음은 한 사람 개인을 위해서뿐만 아니라, 인류, 가족, 사회, 국가, 예술, 과학, 우주 전체, 탄식하고 있는 피조물 전부를 위해서도 기쁨의 소식"이라고 썼다.[24]

동시에, 바로 이 그리스도인의 신앙과 삶의 보편성과 통합은 칼빈과 루터 사이의 중요한 차이, 그리고 루터의 결함을 나타냈다. 바빙크는 다음과 같이 기록했다.

> 그러므로 루터는 칼빈이나 츠빙글리처럼 교회의 영역으로부터 땅에 속한 영역을 풀어 주었다. 그러나 그는 그것이 연접된 영적 영역과 연결 없이 홀로

---

24 Herman Bavinck, "The Catholicity of Christianity and the Church," trans. John Bolt, *CTJ* 27, 2 (1992): 220-51. 여기 인용은 224쪽에 있다. 네덜란드어 원문은 Herman Bavinck, *De Katholiciteit van Christendom en Kerk*, with an introduction by G. Puchinger (Kampen: Kok, 1968)을 보라. 이 인용의 네덜란드어 원문: "Het Evangelie is eene blijde boodschap, niet slechts voor de enkele mens, maar ook voor de mensheid, voor het gezin en de maatschappij en de staat, voor kunst en voor wetenschap, voor den ganse kosmos, voor heel het zuchtend creatuur." Bavinck, *De Katholiciteit van Christendom en Kerk*, 7.

서게 남겨 둠으로써 때로는 외적인 것을 전혀 신경 쓸 일이 없고 윤리적으로 갱신될 수 없는 사안인 것처럼 말한다. 여기서 루터의 실수는 그가 복음을 제약하고 하나님의 은혜를 제한한다는 점이다. 복음은 오직 속사람, 양심, 마음만 변화시킨다. 나머지는 마지막 심판 때까지 동일하게 지속된다. 결과적으로 이원론은 완전히 극복되지 않는다. 참되고 온전한 보편성은 성취되지 않는다. 재창조herschepping는 계속하여 창조schepping와 나란히 서게 된다.[25]

개혁주의자들 가운데 중요한 차이점들을 밝혀 주고 칼빈주의의 진정한 보편성을 설명하는 바빙크의 글을 한 번 더 다음과 같이 인용해 보겠다.

[칼빈은] 죄의 작용을 루터보다 훨씬 더 자세하게, 츠빙글리보다 훨씬 더 깊이 추적했다. 그 이유 때문에 하나님의 은혜는 루터에 의해서 더 제약 받고 츠빙글리보다 칼빈에게서 더 풍성하다. 강력한 프랑스 개혁주의자의 마음에, 재창조는 로마 가톨릭처럼 창조를 보완하는 체계가 아니고, 루터교처럼 창조를 있는 그대로 남겨 두는 종교적 개혁도 아니고, 재세례파처럼 근본적인 새로운 창조에 훨씬 미치지 못하는 것이 아니라, 모든 피조물들의 갱신에 대한 기쁜 소식이다.

여기서 복음은 온전히 그 진가를 나타내며, 참된 보편성을 나타낸다. 거기에는 복음화 될 수 없거나 되어서는 안 되는 것이 전혀 없다. 교회뿐만 아니

---

25 Bavinck, "Catholicity," 237 네덜란드어 원문: "Luther maarkt dus het wereldlijke wel, evenals Zwingli ennCalvijn, vrij van het kerkelijke, maar hij laat het verder los naast het geestelijke staan en spreekt soms alsof het uitwendinge geheel onserschillig is e voor zedelijke vernieuwig niet vatbaar. De fout ligt daarin, dat Luther het Evangelie beperkt en de genade Gods verkeint. Het Evangelie verandert alleen het inwendige, het gemoed, het hart, maar al het andere blijft zoo tot den jongsten dag. Het dualisme wordt hier dus niet geheel overwonnen; tot de ware volle katholiciteit van het Christendom komt het hier niet. De herschepping blijft naast de schepping staan." *Katholiciteit*, 22-23.

라 가정, 학교, 사회와 국가도 기독교 원리의 통치권 아래 놓인다. 칼빈은 제네바에서 이 통치권을 강철 같은 의지와 불굴의 엄격함으로 확립했다. 그러므로 독일의 개혁은 예배와 설교의 개혁이었던 반면, 스위스의 개혁은 국가와 사회의 갱신을 포함했다. 전자는 성격상 오로지 교회적인 것이었고, 후자는 사회적이고 정치적인 성격도 나타내 보였다. 이 모든 것은, 루터의 경우 성경이 오직 구원 진리의 원천인 반면, 칼빈의 경우 성경이 모든 삶의 규준norm이라는 사실에서 결과한다.[26]

3. 그리스도인의 영적 순례와 문화 참여의 통합

우리는 순례와 참여 간의 관계에 대한 얼마의 생각들로 결론을 짓는다. 세상 안의 그리스도인들로서 우리의 삶의 성경적이고 신학적인 기초를 세우는 일은 마지막 아담이신 그리스도의 완성된 사역으로 성취된 것으로서의 문화 명령이 되어야만 한다. 이렇게 보면, 두 왕국론의 신학자들이 과장

---

[26] Bavinck, "Catholicity," 237-38; 네덜란드어 원문: "Calvijn heeft de werking der zonde breeder dan Luther, dieper dan Zwingli nagespeurd. Maar daarom is de genade Gods bij Luther ook beperkter, bij Zwingli armer dan bij Calvijn. Hier in de machtige geest van de franse Hervormer, is de herschepping niet een stelsel, dat de schepping aanvult als bij Rome, niet een godsdienstige hervorming die de schepping intact laat als bij Luther, veel minder een nieuwe schepping als bij de wederdopers, maar een blijde boodschapp van vernieuwing aan alle creaturen. Hier komit het Evangeli tot zijn volle recht, tot waarachtige katholiciteit. Niets is er dat niet geëvangeliseerd kan en behoort te worden. Niet de ke가 alleen, ook het huis en de school, de maatschappij en de staat worden onder de heerschappij van het Christelijke beginsel gesteld; en et ijzeren wil en onverbiddelijke gestrengheid heeft Calvijn die heerschappij te Genève ingevoerd. De duitse reformatie was daarom een hervorming van godsdienst en predikambt, de zwitserse een vernierwing ook van staat en maatschappij; gene droeg een uitsluitend godsdienstig, deze evenzeer een sociaal en politiek karakter. Alles gevolg daarvan, dat de Bijbel voor Luther alleen bron is van de heilswaardheid, voor Calvijn de norma van geheel het leven." *Katholiciteit*, 23-24.

되게 실현된 종말론—우리의 노력이 하나님의 나라를 확립하고 맞아들이는 것처럼 보는—으로부터 야기되는 승리주의의 독소에 대해 우리에게 경고하는 바는 옳다.

그러나 또 다른 동등하게 위험한 독소가 있다. 말하자면, **율법의 제3용법의 확장—개인적 윤리를 넘어 사회-문화적 관계들에 이르는—을 거부하는 덜 실현된 종말론**으로부터 야기되는 배은망덕, 왕 예수의 능동적 통치와 그것에 대한 공동체의 원칙적 반응을 교회 주차장으로 격리시키는 배은망덕이다.

우리는 순례자들이라는 그리스도인들에 대한 성경적 묘사에 대해 깊이 감사하지만, 순례자의 신분이 그리스도인의 문화적 참여에 대한 **하나의 대안**으로서 보여서는 안 되고, 오히려 그리스도인의 문화적 조우의 **형식**으로 보여야 한다. 그것이 정확하게 순례자들로서 우리가 여기서 지금 하나님의 나라의 도래를 위해 구하고 기도하는 까닭이다.

예수님이 가르치신 대로 우리가 하나님의 나라를 구하는 것은 지금 여기서의 음식과 음료와 의복의 선물들로 이미 동반한다.

만일 우리가 음식을 즐길 때 하나님의 나라를 구해도 좋다면, 사실상 반드시 구해야 한다면, 우리가 씨앗을 심고 우리에게 음식을 공급하는 땅을 갈아 농사를 지을 때는 왜 그렇지 않겠는가?

왜 우리는 우리의 음식을 팔고 포장하고 배송을 하면서 하나님의 나라를 구하지 않겠는가?

우리가 하는 모든 것, 즉 우리가 먹고, 마시고, 사고, 팔고, 결혼하고, 아이를 기르고, 교육하고, 즐기고, 장사하는 우리의 모든 것은 반드시 하나님의 영광을 향해야 한다. 미래를 향한 우리의 방향성이 현재의 피조물을 책임 있게 개발하는 것을 마비시킬 필요는 없다.

교회는 그리스도의 승천과 재림 사이의 시간을 복음을 전하고 가르치는 것과 이 세상의 삶을 위한 그것의 모든 영향력들로도 채운다. 그렇게 복음을 전하는 것과 가르치는 것은 필연적으로, 그리고 기꺼이 그리스도인의 문화적 활동을 위한 열매도 맺는다.

끝으로, 우리가 세상의 종말론적 갱신에 대해 주목해야 할 것은, 바빙크는 세상이 현재의 형태로 영구적으로 계속한다는 입장과 이 세상의 실체가 소멸되고 완전히 새로운 세상으로 대치된다는 입장(오리겐, 루터교, 소시니안파, 항론파, 몇몇 개혁주의자)이라는 두 극단 사이에 성경적 입장을 취한다는 점이다. 바빙크는 구속이 "결코 두 번째 완전히 새로운 창조가 아니라 기존하는 세상의 재창조"라고 말한다.

> 모든 피조물, 즉 하늘과 땅에서 참되고, 영예롭고, 정의롭고, 순결하고, 기쁨을 주고, 칭찬할 만한 모든 것은, 갱신되고 재창조되어 가장 영광스럽게 고양된, 하나님의 미래의 도성에 모일 것이다.[27]

4. 요약

우리가 그리스도 예수 안에 있는 창조된 실체에 속한 만물의 현재와 미래의 통합과 회복에 대한 바빙크의 끊임없는 강조와 조우하면서, 그리고 바빙크가 여자들의 참정권, 정치 수완, 교육과 심리학의 영역의 삶에 자신의 신학을 적용시키는 것을 검토하면서, 우리는 결코 바빙크의 몸부림과 성취 둘 다를 존중해 주지 못하는 일이 없어야 할 것이다.

더 나아가 우리는 바빙크의 사상과 삶 속에 나타나 있는 약점이나 강점이 무엇이든지 함께 성찰하면서, 바빙크의 구원자와 주 되시는 예수 그리스도께 감사드리는 것을 거부하지 말아야 할 것이다.

---

27 Bavinck, *RD* 4.717, 720

부록 1

실제로 "두 바빙크"가 존재했는가?

칼빈신학교 조직신학 교수인 존 볼트John Bolt는 북미에서 헤르만 바빙크의 작품의 수용에 대한 자신의 논의에서[28] "불편한 고백"그의 표현으로 시작하는데, 그것은 바로 "하나의 바빙크만 있는 것이 아니라 오히려 두 바빙크가 있다"[29]는 것이다.

가정적으로, 1번 바빙크는 청년기에 교회의 경건과 정통성에 충실했지만, 문화적 금욕주의에 대해 비판적이었던 분리 운동의 아들이었다. 반면, 2번 바빙크는 동시대의 철학과 신학에서 부상된 문제들에 매료되었지만 그 문제들의 답에 대해 비판적이었던 들떠 있는 근대성의 학생이었다.

이 점에서 볼트의 결론은 아네마A. Anema, 베르까우어G. C. Berkouwer, 페인호프J. Veenhof의 분석에 의지하는데, 그들은 모두 바빙크의 신학과 경험의 "긴장"과 "양극성"을 공감한다. 그러나 반드루넨과는 다르게 (볼트를 포함하여) 아무도 이것들을 일관성 없고 모순되는 두 바빙크의 수준까지 고양시키지 않는다.

볼트는 "두 바빙크"가 있었다는 자신의 주장을 뒷받침하기 위해, 어떻게 근본적으로 반대되는 사안들을 가진 사람들이 그들 자신의 관점을 방어하는 데 바빙크의 신학을 연계했는지거기에 호소했는지에 대한 네덜란드 신학자 베르

---

[28] John Bolt, "Grand Rapids between Kampen and Amsterdam: Herman Bavinck's Reception and Influence in North America," *CTJ* 38 (2003): 263-80.

[29] Bolt, "Grand Rapids between Kampen and Amsterdam," 264-65.

까우어의 관찰과 네덜란드어 원문을 각주로 제시한다. 볼트는 자신의 글에서 베르까우어가 어떻게 판단했는지를 아래와 같이 주목한다.

> 베르까우어가 [바빙크를 그들의 대의에 연계시키는] 이 위험을 극복하는 것이 어렵다고 판단한 것은 "바빙크의 신학이 긴장 가운데 **조화될 수 없는** 너무 많은 주제들을 포함하고 있기 때문이다."[30]

그러나 베르까우어가 쓴 글을 조심스럽게 살펴보면 그가 말하고 있는 것은 바빙크에게 호소하는, **반대되는 관점을 가진 다른 사람들의** 위험에 대한 것이 아니라, 오히려 **베르까우어 자신**이 직면했던 위험에 대한 것임이 드러날 것이다. 네덜란드어로 된 베르까우어 작품의 전체 인용문은 다음과 같다.

> Het gevaar van een beschrijving en beoordeling van Bavincks levenswerk is, dat men hem annexeert voor eigen inzichten. Het is echter[이 말은 볼트의 인용문에서 누락되었다] niet onmogelijk boven dat annexatie-gevaar uit te komen, doordat in het werk van Bavinck allerlei onweersprekelijke motieven zichtbaar worden.[31]

볼트가 베르까우어의 주장이 "바빙크의 신학이 긴장 속에 너무 많은 화해할 수 없는 주제들을 담고 있다"는 효과가 나도록 표현한 것 대신에, 더 정확한 네덜란드어 원문의 표현은 이렇게 될 것이다.

---

30 Bolt, "Grand Rapids between Kampen and Amsterdam," 265n6(강조 추가됨).
31 G. C. Berkouwer, *Zoeken en Vinden: Herinneringen en Ervaringen* (Kampen: Kok, 1989), 55.

어떤 사람이 바빙크 평생의 작품을 묘사하고 평가하는 데 현존하는 위험은 자신의 통찰력을 위해 바빙크를 연계하려는 것일 수 있다. 그러나 그 연계의 위험에서 벗어나는 것이 불가능한 것은 아니다. **이는 다양한 <u>부인할 수 없는</u> 주제들이 바빙크의 작품 속에 명백하게 나타나기 때문이다**(이탤릭체와 밑줄은 추가됨).

우리는 여기서 반드시 두 가지 주석적 설명을 붙여야 한다.

첫째, 네덜란드어 "onweersprekelijke"는 "반대될 수 없는" 또는 "반대하여 말해질 수 없는"의 의미이기 때문에 "**부인할 수 없는**"이 된다.

둘째, 그 자체 문맥 속에서 베르까우어의 요점은 다음과 같다. 즉 반대하는 관점들을 변호하기 위해 바빙크의 사상을 **왜곡하는** 위험은 만일 우리가 바빙크 안에 부인할 수 없는 **다양한** 주제들이 있음을 인정하는 것과 존중하는 것 둘 다를 한다면 피해질 수도 있다는 것이다. 다시 말하면, 바빙크 자신의 사상의 일관성을 존중해 주는 것은 바빙크 안에 있는 하나 또는 다른 하나의 "가닥"에 대한 자기 자신의 관점을 격리시키거나 동화시키는 대중적 접근 속에 녹아 있는 위험에 굽히지 않도록 지켜 줄 것이다.

요약하면, 어떤 사람이 헤르만 바빙크의 사상 속에 있는 다양한 "긴장들"을 확인시킬 수 있다 하더라도(존 칼빈을 포함하여 모든 신학자들에 대해 그리 할 수 있는 것처럼), 이것은 "두 바빙크," 즉 바빙크의 신학 속에 화해될 수 없는, 사상의 두 가닥들이 존재했다는 주장에 대해서는 부적절한 보증이다.

부록 2

"기독교" 학교와 "기독교" 예술은 어떠한가?

어떤 이의 통찰력에 대한 학문적 발표의 맥락에서, 본질적 주장들이 각주들 안에 매장되는 것은 쉽게 일어 날 수 있는 일이다.

반드루넨이 주장했으나 각주들로 이관된 여러 가지 중요한 주장들에 이런 일이 일어나지 않도록 우리가 함께 그것들 중 하나를 좀 더 충분하게 고찰해 보자.

반드루넨은 하나님이 교회에 주신 권위와 하나님이 국가에 주신 권위 간의 바빙크의 구분을 설명할 길을 찾으면서, 적절하게 국가 통치가 하나님에 의해 위탁받지 않은 치리 관할권을 빼앗아서는 결코 안 된다는 바빙크의 경고를 지적한다. 이 설명은 다음과 같은 각주 내용을 수반한다.

> 예를 들면, 바빙크의 『개혁교의학』*Reformed Dogmatics*, 4.370. 필자의 판단에 따르면 여기서 "기독교 정부"와 이와 유사한 용어에 대한 바빙크의 언어 사용은 혼란스럽다. 만일 그리스도로서의 성자로부터 특별하고 구속적인 은총의 역사를 통해서라기보다는 일반적이고 보존적인 은총의 역사를 통해서, 로고스로서의 성자[로부터 국가 통치가 나온다면], 심지어 국가 권세가 그리스도인들에 의해 정당한 태도로 행사되었을 때조차도, "기독교적" 언어를 국가에게 돌리는 것은 일종의 범주적 혼동이다. 다시 말하지만 필자의 판단에 따르면, 유사한 역학과 혼동이 아브라함 카이퍼의 작품에도 나타난다.[32]

---

32 VanDrunen, 153n28(강조 추가됨).

만일 "기독교 정부"에 대한 바빙크의 언어가 반드루넨이 제시한 이유들 때문에 범주들의 혼동을 수반한다면(우리가 동의하지 않는 주장), 어떤 이는 확실하게 반드루넨의 주장으로부터 동일한 혼동이 "기독교 교육"과 "기독교 예술"과 "기독교 과학"에 대한 바빙크와 카이퍼의 언어에 수반되고 있다고 추론할 수도 있다.

필자가 이 두 왕국 교리에 대한 최근의 해석이 오늘날 받고 있는 지지를 이해하는 바에 따르면, 이러한 지지는 정확하게 개혁교회와 장로교회 신자들 가운데 수 세기 동안 있어 온 신칼빈주의 유산이 배척됨을 수반한다. 이것은 이러한 사람들이 두 왕국 교리에 대한 이러한 해석의 함의들에 중요한 관심을 갖도록 형성해야만 한다.

어쩌면, 만일 "기독교 정부"의 언어가 범주의 혼동이라고 하면, 오늘날 바빙크의 후예들은 개혁교회와 장로교회의 신자들이 "기독교 교육"과 "기독교 예술"과 "기독교 과학"을 계속하여 말할 수 있는 방법으로 보일 수 수 있다.

반드루넨의 분석이 맞다고 하면, 이 어구들 역시 범주들의 혼동이 아니겠는가?

나아가서, 만일 "기독교" 정부와 교육과 예술과 과학에 대한 언어가 범주들의 혼동을 만들어 낸다면, 어쩌면, 두 왕국 교리에 대한 최근의 해석을 옹호하는 자들은 **세상에 있는 "기독교 학교들"의 확립과 지지를 받치고 있는 세계관에, 한 세기가 넘도록 정확하게 근거 없이 주장되고 있는 이 카이퍼와 바빙크의 "혼동시키는 언어"로 배양되어 온 개혁주의 기독교 세계관과 인생관에** 그들이 동의할 수 없다는 것을 밝힘으로써 개혁주의 기독교 공동체를 섬길 수 있을 것이다.

제2부

왕국의 시민권

제4장 "그리스도와 위정자" 그리고 "교회와 국가":
 더그라프 S. G. de Graaf의 두 연설문
 · "그리스도와 위정자"
 · "교회와 국가"
제5장 이중 시민권, 이중 윤리?:
 문화 속의 그리스도인에 대한 두 왕국 관점을 평가함
제6장 혁명의 신학자:
 교회와 국가를 위한 아브라함 카이퍼의 급진적 제안
제7장 두 도시인가? 두 왕국인가?:
 개혁주의 사회사상에서 궁극적인 것의 중요성

제4장

"그리스도와 위정자" 그리고 "교회와 국가"
더그라프 S. G. de Graaf의 두 연설문

넬슨 클루스터만 Nelson Kloosterman 박사

역자의 머리말

1) 전기적 상술

시몬 헤릿 더그라프 Simon Gerrit de Graaf, 1889-1955는 대부분 그의 장년 시절을 암스테르담에 있는 네덜란드 개혁교회 GKN의 회중 가운데 저명한 설교자로 살았다. 주일학교 교사들의 수업 준비를 돕기 위해 쓴 성경의 언약사에 관한 그의 대표작은 영어로 *Promise and Deliverance*『약속과 해방』이라는 제목으로 번역되었다.[1]

이 네 권의 작품은 영어 독자들에게 언약적-역사적(또는 구속적-역사적) 성경 읽기로 알려진 것을 소개하는 데 기여했다. 최근에 그의 "하이델베르그 요리문답"의 첫 22개 주일들에 대한 단권 주석도 영어로 *The True Faith*『참 믿음』이라는 제목으로 번역되었다.[2]

---

1 디지털로 볼 수 있다. http://www.reformationalpublishingproject.co/rpp/paideia_books.asp.
2 디지털로 볼 수 있다. http://www.spindleworks.com/library/DeGraaf/DeGraafTheTrue-Faith.pdf.

2) 1930년대의 네덜란드

　더그라프의 연설들의 중요성을 인지하려면 그것들의 발표를 둘러싸고 있던 1939년 네덜란드의 몇 가지 역사적 상황들에 익숙해질 필요가 있다. 비록 네덜란드가 제1차 세계 대전 동안에 중립을 지키는 데 성공적이었지만, 제2차 세계 대전 동안에, 1940년 5월 10일에 독일이 네덜란드를 침공하면서, 유사한 시도가 불가능해졌다. 그때가 되기 전까지, 네덜란드는 독일 국가 사회주의에 동조하는 정당들과 목소리들이 점진적으로 우세해지는 것을 보았다.

　1939년 더그라프가 이 연설들을 하게 될 무렵에, 네덜란드의 국가 사회주의자 운동NSB이 공식적으로 반유대주의로 돌아섰고 국가에 소탕권을 맡기려는 국가주의자의 정체성을 위해 그 운동의 이상들을 강력하게 옹호하고 있었다. 다른 편에서는, 평화주의의 자세와 해결안이 신학자들과 목사들로부터 광범위한 동조를 이끌어 내면서, 기독교 민주주의 연합CDU에 의해 옹호되었는데, 그들 중 많은 사람이 개혁주의자들이었다.

　그러므로 더그라프와 다른 사람들의 경우에, 진정한 목회적 위기는 양쪽으로부터 파생된, 문제가 되고 있는 정치적이고 사회적인 이상들이 네덜란드의 개혁교회들 안의 지도자들 그리고 마찬가지로 추종자들 중 많은 사람에 의해 공유되었을 때 일어났다.

　NSB와 CDU 둘 다에 의해 설정된 선전과 논쟁들을 통하여, 개혁주의 사람들은 반혁명당ARP의 정책을 지탱하는 성경적 원리들에 대한 자기들의 헌신으로부터 멀어져 갔다. 아브라함 카이퍼가 설립한 이 정당은 이 때 네덜란드 정치 생명의 전선에 있었고, GKN에 소속된 사람들과 매우 가까웠다.

　이 목회적 위기는 1936년 암스테르담의 GKN 총회로 하여금 독일의 "지도자 원리"Führerprinzip, 민족적 전체주의 국가, 모든 형태의 전쟁을 배척하는 평화주의 등과 같은 비성경적인 원리들에 대한 헌신이 개혁교회의 회원 됨과 양립될 수 없는 것으로 간주되므로, 목회적 교회 치리건이라고 선언하도록 이끌었다. 그리고 그때 1936년의 이 교회적 결정 이후에, 그리고 또 정치적 혼란이 확산되는 가운데 더그라프가 이 연설들을 첫 번째는 1939년 2월 23일에, 두 번째는 1939년 4월 26일에 했다.

1년 전에 아돌프 히틀러Adlof Hitler가 체코슬로바키아의 주데텐란트Sudetenland를 점령했고, 독일과 오스트리아에 있던 유대인 전부는 "수정의 밤"Kristallnacht이라는 폭동으로 공포에 떨었으며, 10,000명의 독일계 유대인 어린이들은 안전을 위해 보호자 동행 없이 영국으로 이송되었으며, 320,000명에 가까운 독일계 유대인이 피난을 갔으며, 히틀러는 폴란드를 침공할 태세를 갖추고 있었다.

이것에 대해 우리가 확실하다고 말할 수 있는 것은 이 연설들이 방송되던 그 저녁마다 더그라프와 그의 시청자들이 뉴스를 듣고 있었다는 것이다.

이 연설들의 세 가지 본질적 요소들은 북미의 개혁주의적이고 장로교인인 저자들이 자연법과 두 왕국의 주제들에 관하여 동시대 사람들과 논의한 것들에 전적으로 적합하다.[3]

---

[3] 이 논의들은 책들, 잡지들, 및 인터넷 블로그들을 통하여 이루어져 왔다. 자연법과 두 왕국의 이 새로운 해석을 옹호하는 자료들은 다음과 같다. Michael Horton, "A Tale of Two Kingdoms," *Tabletalk* (September 1, 2008); David VanDrunen, *A Biblical Case for Natural Law*, Studies in Christian Social Ethics and Economics, no. 1 (Grand Rapids: Action Institute, 2006); idem, *Natural Law and the Two Kingdoms: A Study in the Development of Reformed Social Thought*, Emory University Studies in Law and Religion (Grand Rapids: Eerdmans, 2009); idem, *Living in God's Two Kingdoms: A Biblical Vision for Christianity and Culture* (Wheaton, IL: Crossway, 2010); and Darryl Hart, *A Secular Faith: Why Christianity Favors the Separation of Church and State* (Chicago: Ivan R. Dee, 2006).

이것들에 대한 철저하고 건설적 대응들과 유사한 글들은 다음을 보라. Nelson D. Kloosterman, "Review of A Biblical Case for Natural Law," *New Horizons* 28, 6 (June 2007): 22-23; idem, "A Biblical Case for Natural Law: A Response Essay," Ordained Servant (December 2007) (http://www.opc.org/os.html?article_id=77); idem, "A Response to 'The Kingdom

첫 번째 요소는 국가의 성화를 위한 통합된 기독론을 포함한다. 여기서 고려하는 바는 예수 그리스도의 두 **본성** 간의 관계가 아니라, 예수 그리스도의 구별되었으나 여전히 연합된 **사역**이다.

어쩌면 두 왕국 관점을 받쳐 주고 있는 가장 기본적인 기독론적 가르침은 적어도 가장 자주 반복되고 있는 것으로서, 삼위일체의 제2위가 창조의 중보자요 구속의 중보자 둘 다라는 것이다. 이것은 이중 중보직을 가리키는 것이 아니라, 두 개의 중보직을 가리키는 것이다. 삼위일체의 제2위는 '로고스 아사르코스' *logos asarkos*, 혹은 성육신 이전 말씀으로서 창조의 중보자이셨다. 덧붙여 말하자면, 그는 예수 그리스도로서 구속의 중보자이시다.

이 구분이 두 왕국에 대한 교리적 토대를 제공한다. 그러한 기독론은 성자가 (주 예수 그리스도로서) 구속적 방법으로 한 왕국을 다스리시고, (로고스로서) 비구속적인 방법으로 다른 왕국을 다스린다는 결론을 초래한다. 게다가 이러한 기독론은 더그라프가 선언한 바와 같은, 예수 그리스도가 모든 인간의 삶 위에 주가 되신다는 신칼빈주의자의 강조에 대한 두 왕국론의 비판과 거절을 명백하게 뒷받침한다.

더그라프의 입장의 핵심은 하나로 연합된, 삼위일체의 제2위와 그의 사역의 연합과 완전, 즉 통합을 포함한다. 로고스는 주 예수 그리스도이시다. 비록 우리가 그의 우주적(창조적) 중요성과 그의 구속적(재창조적) 중요성을 **구분할 수 있다** 하더라도, 우리는 결코 그것들을 각각 갈라놓거나 고립시키는 못할 것이다. 왜냐하면, 만물을 지으셨고 때가 찼을 때 육신이 되신

---

of God Is Twofold': Natural Law and the Two Kingdoms in the Thought of Herman Bavinck by David VanDrunen," *CTJ* 45 (2010): 165-76; idem, "The Bible, the Church, and the World: A Third Way," *ChrRen* 28.16-28.9 (May 2008-January 2010) (http://worldviewresourcesinternational.com/ecclesial_ethics.html); and idem, "Natural Law and the Two Kingdoms: A Review," *ChrRen* 29.1-14 (2010-11) (http://worldviewresourcesinternational.com/ecclesial_ethics.html).

분은 다름 아닌 동일한 말씀이기 때문이다. 지면을 갱신하고 죄인의 마음을 변화시키는 분은 다름 아닌 동일한 성령이시다.

바로 그 동일한 하나님이 자연과 은혜로, 창조와 재창조로, 로고스와 그리스도로, 하나님의 영과 그리스도의 영으로 우리에게 말씀하신다. 자연과 은혜는 반대되는 것도, 삶의 영역에서 병립되는 것도 아니다. 우리에게는 한 하나님이 계시고, 자연과 은혜 둘 다가 그로부터 시작하고 그로 말미암으며 그에게로 돌아가도록 존재한다.

두 종류의 통치, 두 종류의 왕국, 두 종류의 중보자 등을 포함하는 이 모든 이원성들의 다름과 분리를 강조하는 오늘날의 두 왕국론의 옹호자들은 그것으로 인해 이원론이나 영지주의의 죄책을 질 필요가 없다. 그 옹호자들의 경고는 필요하고 적합한데, 말하자면, 우리가 이 긴밀한 연합을 동일성으로 혼동해서는 안 된다는 것이고, 반드시 구별되어 있어야 할 것을 함께 섞어서도 안 된다는 것이다.

그러나 동등하게 긴급한 경고가 반드시 울려져야 한다. 그것은 우리가 이것이나 저것도 선택해서는 안 된다는 것이다. 신비주의는 은혜 때문에 자연을 희생하는 반면, "실용적 이신론"은 자연 때문에 은혜를 희생한다. 그럼에도 구별되어 남아 있어야 할 필요가 있는 것은 반드시 연합되고 통합되어서 남아 있어야 한다.

십계명의 두 돌판 모두를 포함하는, 모든 삶과 관련된 하나님의 하나의 법에 대한, 예수 그리스도의 통합된 통치와 주권에 대한, 그리고 그리스도 안에서 창조와 구속 둘 다의 통합에 대한 더그라프의 강조는 두 왕국론적 기독론에 대한 하나의 건전한 성경적 대안을 제시한다. 우리는 더그라프가 자신의 네덜란드 동료 신자들에게 마지막으로 호소하며 그리스도 중심의 공공의 정치적 증언으로 나아가도록 통렬하게 권고한 것을 주목해야 한다.

국가는 왕으로서의 하나님과 예수 그리스도의 주권을 인정함을 거부하는 것과 국가의 찬란한 힘을 숭배하는 것과 주님을 대적하여 자만하여 반역하는 것 … 의 준엄한 위기를 직면한다. 우리는 국가와 그 삶의 성화를 위해 싸우라고 부름을 받았다. … 마지막까지 인내하는 자가 구원을 받을 것이다.

더그라프와 그의 동료들은 닥치는 대로 집어 삼키던 국가 사회주의에 자기들이 갖고 있던 유일한 효과적 무기로 영웅적으로 저항했다. 그것은 그리스도 중심의, 그리스도에 기초한 특별계시와 일반계시, 은혜와 자연, 믿음과 이성, 성경의 도덕적 교훈들과 창조의 도덕적 교훈의 연합 및 통합이었다. 1939년, 다가오는 독일 탱크들의 덜커덕거리는 소리들과 멀리서 들려오는 독일 공군 Luffwaffe 폭격기들의 윙윙거리는 소리 가운데서 더그라프는 국민들이 이 하나님 나라와 그 나라의 왕의 비전을 가지고 국가의 성화를 위해 싸울 것을 준비시키고 있었다.

두 번째 요소는 다음과 같다. 즉, 더그라프는 하나님과 그의 뜻(법)은 예수 그리스도를 떠나서 파악될 수도 없고, 실로 파악되지 않는다는 것을 강조했다. 창조 속에 깔려 있고 창조 안의 신적 역사들을 통해 위정자들에게 알려질 수 있는 하나님의 법은 그리스도의 법이다. 영원한 말씀에 의해서 피조물을 다스리도록 정해진 하나님의 법은 성육신하신 말씀으로 말미암아 인간의 삶 위에 그것의 복된 통치를 회복했다. 하나님 – 인간이신 예수 그리스도는 자신의 순종의 삶으로 하나님의 세상에서 진정으로 인간이 된다는 것이 무엇을 뜻하는지를 완전하게 계시해 주셨다.

게다가 하나님의 나라가 인간의 삶 모든 것을 둘러싸도록 설계되어 있기 때문에, 산상수훈에 있는 십계명의 의미에 대한 그리스도의 계시는 시민 공동체를 포함하는 공적 왕국의 모든 삶의 형태에 영향을 끼친다. 반복하지만, 하나님의 법이 예수 그리스도로 말미암아 회복되어 모든 삶 속에 복을 가져왔다. 반면 그 법은 그림에도 가족, 국가, 교회 등과 같은 여러 영역들 안에 있는 삶을 위해 개체화되어 있다.

더그라프는 "그리스도와 위정자"라는 자신의 연설에서 이 주제를 밝히기 위해 상당한 노력을 들여 성경딤전 2:1-7; 시 2편; 롬 13장; 요 8:36과 개혁주의 고백적 전통"벨직 신앙고백서" 제36조을 개괄했다. 그리스도 중심적인, 은혜와 자연의 통합과 함께 이 자료들에 대한 그의 그리스도 중심적 해석 때문에, 더그라프는 위정자가 그리스도를 지상의 왕들의 통치자로 인정하도록 부름을 받았다고 강하게 주장할 수 있었다.

> 위정자는 자신이 강화하도록 부름 받은 정의를 확립하기 위해, 그리고 자신이 반드시 강화해야 할 정의의 방법을 결정하기 위해 그리스도의 말씀에 있는 지시들을 따르도록 부름을 받았다.

확실히 이 "지시들"은 적고 거의 간접적이며, 원리적 수준에서 작용하는 것으로서, 혹자들이 성경적 교훈의 "선하고 필연적 결과"라고 부르는 것이다. 그러나 강조되어야 하는 점은 이 원리들이 **그리스도의** 말씀으로부터 파생된다는 것이고, 위정자의 공적 정의의 강화가 왕과 통치자로서의 **그리스도의** 권세에 순종하여야만 한다는 것이다.

명백하게도 오늘날 북미의 상황에서 공적 정의에 대하여 국가의 성화와 그리스도의 탁월함을 공경하기 위해 싸울 것을 말하는 것은 신정/기독교의 재건이라는 용어와 매우 유사하게 들린다. 실은 신칼빈주의에 대한 오늘날의 비판자들은 사려 없이 그 둘을 일치시키며 얼굴을 붉히는 일을 거의 하지 않는다.

그러나 두 가지 의미심장한 차이들이 신칼빈주의를 신정/기독교의 재건으로부터 구별하는데, 그것은 바로 해석학과 역사다(후자에 대해서는 아래를 보라). 신정/기독교의 재건과의 해석학적 차이는 구약 법의 현대의 사용을 포함한다.

더그라프와 신정/기독교의 재건 둘 다는 전체 성경이 모든 시대에 모든 삶의 영역에서 모든 사람에게 말한다는 것에 동의하겠지만, 오늘날도 국가가 전체 성경을 공공 도덕의 표준들의 직접적 원천으로서 반드시 사용해야 한다는 후자의 주장에 대해서는 의견이 일치하지 않을 것이다.

더그라프는 성경을 직접적 원천으로 사용하는 것에 반하여, 개혁주의의 고백적이고 신학적인 전통이 어떻게 전체 성경을 간접적 원천으로서 사용하는지를 보여 준다. 교회는 반드시 성경의 율례들을 언약 역사 속에 있는 그것들의 장소와 기능이라는 말로 해석하여야 율례적 원리를 그것의 언약적-역사적 적용으로부터 구별하게 되고, 우리는 그 원리를 오늘날 우리가 살아가는 데 적용할 수 있게 된다.[4]

그리스도 중심의 공공의 정치적 증언에 대한 더그라프의 헌신은 어쩌면 강당 안에서 오히려 불편할 수 있었던 순간이 무엇이었는지를 설명한다. 그는 "그리스도와 위정자"에 대한 자신의 연설의 결론이 가까웠을 때 다음과 같이 선언했다.

> 사람이 국가에서 예수 그리스도의 이름을 떠나서 하나님의 이름을 언급할 수도 있다고 생각되는 한, 우리 여왕은 "하나님의 은혜로" 다스린다는 표현은 가끔 추억 때문에 자랑스럽게 내보이는 멋진 것으로 남게 된다.

진실로 하나님은 우리를 추억의 기독교, 그리스도가 없는 기독교로부터 구원하신다.

---

4 여기의 해석학적 대안에 대한 도움이 되는 자세한 논의는 다음을 보라. J. Douma, "Appendix: The Use of Scripture in Ethics," in *The Ten Commandments: Manual for the Christian Life*, trans. Nelson D. Kloosterman (Phillipsburg, NJ: P&R Publishing, 1996), 355-90, esp. 376-84.

세 번째 요소는 다음과 같다. 즉, 우리가 "필요 불가결한 역사적 구체성"이라고 부르는 그리스도와 위정자에 대한 더그라프의 가르침의 이 요소는 우리가 간과할 수 없는 중요한 혜택을 제공한다.

만일 그리스도를 섬기는 위정자가 역사 속에서 자신의 시대와 장소, 그리고 자기가 다스리도록 부름을 받은 사람들의 도덕적 역량의 역사적 발달을 이해한다면 깨끗한 양심으로 다스릴 수 있다. 이 필요 불가결한 역사적 구체성의 요소가 그리스도를 섬기는 위정자로 하여금 일관성에 굴복하지 않고 타협할 수 있도록 한다. 이 요소가 시대와 상황이 바뀌는 것에 따라 효과적인 법 제정을 위한 현실성과 유연성을 공급한다.

정치적 수완 또는 정치를 "가능성의 예술"로서 이해하고 시행하는 것은 마카아벨리주의도 공리주의도 될 필요가 없고, 오히려 그것이 역사적 구체성과 시민법과 법령들의 특성을 존중하는 한 진정으로 기독교적이 될 수 있다. 더그라프의 상정안 속에 있는 이 요소는 신정/기독교의 재건의 접근 방식에 의미심장한 대안을 제공한다. 역사적 현실주의라는 측면에서 타협을 이 세상에서 그리스도를 섬기기 위한 본질적인 기독교적 도구로서 보는데 있어서 신정/기독교의 재건은 방법론적으로 가능하지 않고, 기질상 원하지도 않는 것처럼 보인다.

앞에 진술한 바는 매우 온건하고 유용한 이론적 관찰로서 더그라프의 기여로부터 발생한 우리 절정의 호소의 전주곡으로서 기능한다. 더그라프의 기여로 우리는 마무리를 지을 것이다. 역자의 이 머리말은 1939년 더그라프와 GKN을 둘러싸고 있던 역사적 상황의 간략한 묘사를 제공하여 독자들로 하여금 그들의 중대한 역사적 구체성을 감지할 수 있도록 할 것이다. 독자들은 반드시 더그라프와 그의 청중들이 예수 그리스도와 위정자, 교회와 국가에 대한 이 확신들을 옹호하고 말하기 위해 언젠가 죽을 수도 있음을 충분히 잘 알고 있었다는 것을 실감해야 한다.

본 역자는 네덜란드의 개혁교회 그리스도인들의 삶에 있었던 그 역사적 사건들에 대하여 개인적으로 반동적 이해를 가진 사람으로서, 또한 더그라프와 그의 영웅적 동료들—그중 얼마는 본 역자의 가족이었다—로 하여금 망명 중에 있는 자기들의 여왕과 정부에 대한 충성으로써 국가 사회주의의 폭정에 저항하도록 이끌었던 용기 있는 확신에 깊이 감동을 받은 자로서, 이 소심하고 무덤덤한 추천의 글들을 심각하게 받아드리기가 매우 어렵다는 것을 알게 되었다.

> 진짜 어려움은 신자들이 성경에 언급된 도덕적 사안들을 포함하는 공공의 정치 문제들을 고려할 때 일어난다. 현대의 미국 상황에서 낙태와 결혼과 전쟁에 대한 질문들은 가장 논란이 된 사안에 속한다. 성경은 이런 주제들에 대해 적절하게 많은 것을 말한다.
> 그런데 이런 주제들이 정치적 논쟁들이 되었을 때 그리스도인들은 실제로 얼마나 많은 자유를 가지고 있는가?
> 낙태와 같은 정치적 질문들에 대해서는 어디까지가 교회가 그것들을 권장하고 한 그리스도인이 다른 그리스도인에게 그것들을 옹호하도록 기대하는 "기독교적" 입장들인가?[5]

마지막 질문을 다시 읽어보고, 역사적으로 구체적인 1936년 암스테르담 GKN 총회를 회상해 보라. 그들에게 마귀적 국가 사회주의의 기초가 되는 원리들을 포함하는 **정치적 질문**은 확실히 그리스도인의 자유가 **아니라** 생사에 관한 문제였다. 조언은 다음과 같이 계속된다.

> 나의 판단에 따르면, 일반적 규칙은 교회가 반드시 도덕적 사안들과 같은 그런 주제들에 대하여 성경이 말하는 것을 모두 다 가르치고 그리스도인들

---

5 VanDrunen, *Living in God's Two Kingdoms*, 199-200.

이 믿는 일에 대해 피차 책임을 지도록 해야 하지만, 구체적인 정치적 혹은 공공의 정책 사안들과 같은 그런 주제들에 대해서는 침묵해야만 한다.

이 주제들에 대한 성경적 가르침은 분명히 정치적 파생 효과를 갖고 있다. 거의 모든 경우, 도덕적 사안이 구체적인 정치적 혹은 공공의 정책 사안이 되었을 때, 어떻든 신자들은 명백한 성경적 가르침을 특정한 상황에 어떻게 적용해야 할지를 결정하기 위해 반드시 분별력 있는 판단을 해야 한다. 그리고 성경적 가르침이 분별 사항인데 성경 자체에 구체적으로 명시되어 있지 않을 때마다 교회는 반드시 침묵해야 하고 그리스도인들은 그들 자신의 분별적 판단들을 다른 그리스도인들의 양심에 부과해서는 안 된다.[6]

이런 경고들의 얼마는 전반적으로 국가 종교와 특별히 미국화 된 기독교에 반대하는, 가치 있는 경계일 수는 있다.

그러나 왜 교회가 **구체적인 정치적 혹은 공공의 정책 사안들로서의** 낙태와 결혼과 전쟁에 대해 침묵할 것을 권하는가?

정녕 이런 사안들은 우리의 주택 단지를 지나는 2차선 혹은 4차선 대로를 세우는 문제와 동일한 수준이 아니다.

아니면 그 사안은 그런 수준인가?

금시초문이다.

바로 여기에서 우리는 두 왕국론의 사고의 결과물에 대한 문제의 핵심에 다가간다. 두 왕국론으로 알려진 현대의 해석은 자연법과 십계명의 내용을 예수 그리스도의 인격과 사역으로부터 갈라냄으로써, 그것이 주장하는 바로 그 도덕성이 십계명 각각과 모두에 의해 요구되고 있다는 것을 신실한 그리스도인이 공공의 광장에서 증인으로 증언하도록 촉구하기를 거부한다.

두 왕국론의 옹호자들에게는, 오직 제도적 교회만 실제로 예수 그리스도

---

6 VanDrunen, *Living in God's Two Kingdoms*, 199-200.

께 속해 있고 그의 권위와 통치권 아래 존재할 의무가 있다. 이것은 제도적 교회 밖에 있는 정치, 교육, 사업, 과학과 다른 모든 인간의 삶의 영역에 적용된다. 간단히 말하면, 교회―더 나아가 그리스도인들―은 어떤 구체적인 비교회적 정치 사안의 도덕성에 대해 구속력을 갖고 말할 수 없는데, 이는 한 사안의 도덕성과 그 도덕성의 구체적 이행은 완전히 구별된 영역들이기 때문이다.

교회와 그리스도인들은 예수 그리스도의 이름으로 낙태가 도덕적으로 잘못된 것이라고 선언할 수는 있지만, 그것이 법적으로 금지되도록 할 수는 없다. 교회와 그리스도인들은 동성 결혼이 잘못된 것이라고 선언할 수 있지만, 그것이 법적으로 금지되도록 할 수는 없다.

두 왕국론에 따르면, 제도적 교회 밖에서 기독교 도덕성은 오직 신자 개인의 경건한 행위들 혹은 신자 개인의 품행에 의해서만 표현될 수 있다. 기독교 도덕성은 결코 **공유된** 관계, **공동체적** 행위, 신앙에 기초한 **제도들**, 즉 **기독교적**이라고 적법하게 불릴 수 없는 어떤 것 안에서도 역사적으로 구체적이 될 수 없다. 기독교 도덕성은 결코 사회와 문화 속에 사례를 들어 설명될 수 없고, 결코 세상 역사 속에 성육신될 수 없다.

실제로, 두 왕국론 책을 조심스럽게 읽어 보면, **기독교적**이라는 형용사가 교회가 결코 아닌 것 또는 교회 밖의 신자 개인에게 적용될 때 변함없는 혐오감이 나타낸다. 기독교 학교, 기독교 국가, 기독교 사업 경영, 혹은 논리적으로 더 나아가, 기독교 **가족**과 같은 것은 없다.

긴급히 긴장을 풀어주려는 의미에서 우리에게 다음과 같이 말한다.

> 많은 독자 여러분을 위해 나 역시 바라는 바는 이 책이 여러분의 작업장[혹은 가정, 혹은 학교, 혹은 신문]을 "변혁시키거나" 일상적인 업무들을 독특하게 "기독교적"으로 하는 길들을 찾게 해야 한다는, 다른 그리스도인들로부터 오는 비성경적 압박감으로부터 여러분을 해방하고 자유롭게 하는 것이다.

모든 독자들을 위해서 내가 바라는 바는 이 책이 여러분의 마음이 직장에서의 승진이나 가장 최근 대법원의 결정보다 훨씬 더 중요한 것들, 즉 그리스도의 사역의 충족성, 교회의 선교사적 과제, 새 하늘과 새 땅에 대한 소망에 초점을 맞추도록 돕는 것이다.[7]

비평가들이 지적했듯이, 거짓 선택의 더 파괴적인 사례를 상상하기 어렵다. 확실하게 하자. 낙태, 결혼, 전쟁(또한 우리가 여기에 고삐 풀린 정부 지출, 빈곤의 정치화, 유사한 많은 사안들을 추가할 수 있을 것이다) 같은 문화적으로 중요한 사안들을 생각할 때, 도덕적 사안으로서의 "x"를 구체적인 정치적 정책 사안으로서의 "x"로부터 갈라내는 것이 정확하게 수 많은 독일과 네덜란드의 시민들로 하여금 독일의 국가 사회주의에 협력하는 것을 허용했던 초현실적인 종교적 세속화의 이원론을 성립시키는 것이다.

어쩌면 "개인적으로는" 반대 받은 적은 있었지만 결코 정치적으로 반대받아 본 적이 없는 이 나치 휘장의 동조자들이 자신들의 국민 수천 명이 부당하게 죽음을 당하는 동안 방관했던 이유는 적지 않은 부분에서 **그들의 교회**가 국가 사회주의를 **하나의 구체적인 도덕적-정치적 사안으로 보고 침묵했기 때문이다**.

그 어느 때보다도 오늘날, 우리는 통합되고, 총체적이며, 역사적으로 구체적인, 예수 그리스도의 주권에 대한 자신의 성경적-신학적 비전을 제시해 준 더그라프에게 감사해야만 한다.

그 어느 때보다도 오늘날, 우리는 그리스도인의 문화적 순종을 위해 계속되는 성경적 비전이 강단에 의해 **연료를 얻게 하시고**, 공동체적 공 예배에 의해 **형성되게 하시며**, 전체 삶을 변혁시키는 복음의 능력에 의해 영원히 **열매 맺게 하시는** 하나님께 감사드려야만 한다.

---

7 VanDrunen, *Living in God's Two Kingdoms*, 27.

3) 번역에 대한 부언

이 두 연설은 1937-1939년에 더그라프가 연설한 연설문들 모음집 속에 나타나는데, 『그리스도와 세상: 여러 가지 연설들』*Christus en de wereld. Enkele Referaten*이라고 제목을 붙여, 캄펀 Kampen의 콕 J. H. Kok이 1939년에 출판했다. 더그라프는 그 둘에 추가하여 다음의 주제들에 대해서도 언급했다. 즉, "에큐메니칼 Ecumenical 운동," "삶에 감사," "교회와 전도," "스탠리 존스 Stanley Jones와 공산주의," "은혜와 자연"이다. (이 연설들 중에서 마지막 것은 오늘날 전반적으로는 개혁신학을 위해, 그리고 개별적으로는 기독교와 문화의 관계들에 대한 질문들을 위해 결정적으로 중요하게 남아 있다.)

20세기 네덜란드의 신학 작품들을 영어로 번역하는 데 종종 요구되듯이, 아래 연설의 모든 소제목들은 독자의 유익을 위해 소개되었다. 이 연설들 속에 언급되는 개인적 이름들은 원본에서 설명이 없기 때문에 우리는 번역문에서 그것들을 빼는 것이 바람직하다고 생각했다. 끝으로, 다양한 영어 구두점을 찍는 습관들은 독해를 위해 유지되었다.

연설문 1

그리스도와 위정자[8]

더그라프 S. G. de Graaf

최근에 우리 가운데 있는 모든 질문들이 해결되어 오지 못했다는 것은 매우 분명해졌습니다. 반대로, 많은 질문들이 남아 있습니다. 이것은 교회적 영역의 경우뿐만 아니라, 그에 못지않게 많은 정치적인 무대에서도 그러합니다. 어느 곳에서나 우리는 많은 수의 어려움을 직면하고 있고, 그것들에 대한 논의들은 계속 생겨나고 있습니다.

이러한 관찰을 하는 것은 이 상황에 대한 비탄의 노래를 부르기 위한 것이 아닙니다. 반대로, 우리는 모든 영역에서 관련된 원리에 관한 사안들이 매우 주목 받고 있다는 사실에 대해 기뻐할 수 있습니다. 우리는 결코 그런 사안들과의 관계를 끊을 수 없을 것입니다.

이것은 불평이 아닙니다. 실제적 맥락에서 우리는 반복적으로 그 배경이

---

[8] 영역자 주: 이 연설은 1939년 2월 23일 암스테르담에서 있었던 APR 정당 회의에서 했다. 단어에 대해 말하자면, 이 엽설 전반에 걸쳐 나오는 네덜란드어의 명사 "overheid"는 일반적으로 **정부** 혹은 **권위**를 뜻한다. **위정자**(magistrate)에 대한 우리의 용법은 국가 내에서 정치적이고 법적 권위를 행사하는 사람들 혹은 단체에 대한 일반적인 명칭을 지칭하려고 노력했다. 편집자에게 이 번역을 제출하기 바로 직전, 필자는 P. J. Boodt의 영어 번역을 인터넷에서 볼 수 있다는 것을 발견했다. http://www.reformationalpublishingproject.com/pdf_books/Scanned_Books_PDF/ChristandGovernment.pdf. 이 번역은 (2011년 7월 30일에 접속한) 웹사이트에서 정확하지 않게 "Christ and Government; by S. A. de Graaf"로 확인되었다. 필자는 이 초기 번역을 감사하게 다음에 이어지는 번역에 사용했다.

원리적 사안들로 구성된 결정들에 직면합니다. 그런 배경이 우리에게 완전히 명백하지 않다는 점은 하나의 어려움이 되었습니다. 그럼에도 신자로서 우리는 다행히도 종종 직감적으로 적법한 결정을 하도록 이끌림을 받았습니다.

그러나 여러분은 우리가 그것으로 만족할 수 없다는 것을 느낄 것입니다. 그래서 우리는 확실한 지침의 부재를 드러내고, 기껏해야 되는 대로 이루어진 정책들을 추구할 위험에 처할 수 있었습니다. 그러므로 우리가 그 원리들에 대해 점점 더 많은 성찰을 하는 것은 극도로 필요합니다.

대답을 필요로 하는 우리들 가운데 논의되고 있는 질문들 중 하나는 다음과 같습니다.

위정자는 단지 전능하신 하나님, 삼위일체 하나님, 천지의 창조주에게만 지배를 받는가, 아니면 위정자는 반드시 하나님이 왕관을 씌어 주신 왕으로서의 그리스도께도 마찬가지로 지배를 받아야만 하는가?

그 질문은 자주 다음과 같이 대답되었습니다. 위정자는 참으로 주권적이신 하나님께 지배를 받아야 하므로 신적 존재의 제2위로서의 영원한 아들에게도 역시 지배를 받아야 하지만, 중보자, 성육신하신 말씀, 그리스도―역시 사람이시고, 고난을 받으셨고, 죽으셨으며, 부활하셨으며, 하나님의 우편에 좌정하신 그리스도―께는 지배를 받지 않는다는 것입니다.

이 관점을 따르면, 그리스도의 주권은 그의 교회에게 적용됩니다. 사람들은 한 가닥의 선을 주권자로서의 하나님으로부터, 교회가 순복하는 그리스도께 이르도록 그리고, 다른 한 가닥의 선을 국가에서 시민들이 순복하는 위정자에게 이르도록 그립니다. 그리스도가 교회에 관계되듯이 위정자는 국가에 관계됩니다.

이 생각은 우리 가운데 있는 여러 집단들 속으로 들어가는 길들을 찾았고 우리 백성들 가운데서 많은 글들을 통해 계속하여 가르쳐지고 있습니다. 저는 특별히 이 문제를 "그리스도와 위정자"라는 주제로 논의하려고 합니다.

첫째, 그것으로 저는 우리가 예수 그리스도께 대한 위정자의 종속을 고백해야 한다는 점을 성경을 통해 보여 주고자 합니다.
둘째, 저는 우리가 어떻게 국가 위의 그리스도의 주권을 이해해야만 하는가라는 질문에 대해 대답할 수 있기 바랍니다.
셋째, 저는 이 개념의 실제적 결과들에 대해 무언가 말할 수 있게 되기를 바랍니다.

1. 위정자가 예수 그리스도께 종속됨을 가르치는 성경적 증거

1) 성경의 가르침

그래서 저는 바로 성경적 증거를 가지고 시작할 것입니다. 왜냐하면, 성경은 무엇보다도 신앙을 일깨우는 데 초점과 의도가 맞추어져 있기에 직접적으로 정치적인 선언들을 하고 있지 않다는 것을 우리가 아주 잘 의식하고 있기 때문입니다. 그럼에도 그리스도의 위치를 포함하는 그런 중요한 문제에 성경이 우리에게 불확실성을 넘겨주려고 한다고 가정하는 것은 수용될 수 없습니다.

여기서 저는 바로 그리스도 자신의 선언을 제시할 수 있습니다.

> 하늘과 땅의 모든 권세를 내게 주셨으니(마 28:18).

이것은 포괄성으로 많은 것을 말하는 선언입니다. 이 선언은 더 많은 분석을 필요로 하는데, 그 분석은 제가 그리스도의 주권에 관한 저의 두 번째 요점의 논의까지 미루어 두겠습니다.

(1) 디모데전서 2:1-7

그러므로 저는 먼저 이 연설 바로 전에 봉독했던 본문, 디모데전서 2:1-7로 돌아가기를 원합니다. 그 본문은 다음과 같습니다.

> 그러므로 내가 첫째로 권하노니 모든 사람을 위하여 간구와 기도와 도고와 감사를 하되 임금들과 높은 지위에 있는 모든 사람을 위하여 하라 이는 우리가 모든 경건과 단정함으로 고요하고 평안한 생활을 하려 함이라 이것이 우리 구주 하나님 앞에 선하고 받으실 만한 것이니 하나님은 모든 사람이 구원을 받으며 진리를 아는 데에 이르기를 원하시느니라 하나님은 한 분이시요 또 하나님과 사람 사이에 중보자도 한 분이시니 곧 사람이신 그리스도 예수라 그가 모든 사람을 위하여 자기를 대속물로 주셨으니 기약이 이르러 주신 증거니라 이를 위하여 내가 전파하는 자와 사도로 세움을 입은 것은 (참말이요 거짓말이 아니니) 믿음과 진리 안에서 내가 이방인의 스승이 되었노라 딤전 2:1-7.

성경의 이 본문 역시 더 많은 분석이 필요합니다. 여기서 우리는 모든 사람, 특별히 다스리는 사람들을 위해 간구할 것을 명령 받습니다. 그 훈계는 모든 사람, 즉 온갖 종류의 사람들, 단순히 일반적인 사람들뿐만 아니라 다스리는 사람들도 구원 받아야 한다는 하나님의 뜻을 지적함으로 강조됩니다.

그 후 한 번 더 추가된 설명이 따르는데, 그것은 모든 사람, 즉 일반적인 사람들뿐만 아니라 다스리는 사람들도 창조하신 한 하나님이 계시다는 것과, 하나님과 사람을 위한 한 중보자, 즉 사람이신 그리스도 예수가 계시다는 것입니다. 그는 다스리는 사람들이 포함된 모든 사람을 위해서 오신 것이고, 그가 없이는 아무도 구원에 이를 수 없습니다.

성경의 이 선언과 함께 결정적 요점은 구원 받은 왕과 통치자들에 의해서 우리가 이해해야 하는 바에 있습니다.

바울의 관점은 단순히 다스리는 자들이 그들의 개인적인 삶에 관한 한 구원 받는다는 것입니까?

아니면 그가 의도하는 바는 다스리는 공직자들로서 그들이 구원을 받을 것이고 자신들의 직무를 이행하는 데 있어서 하나님께 순복하는 것을 배우게 될 것이라는 겁니까?

바울은 단지 개인들로서 이 다스리는 공직자들의 구원만을 바라본 것입니까?

아니면 그 다스리는 자들이 그리스도인 통치자들이 될 것과 그로 말미암아 그리스도인답게 다스릴 미래를 바라본 것입니까?

우리는 마땅히 바울과 그 당시의 교회가 살았던 상황들에 주목해야 합니다. 특별히 로마 제국에서 사람들은 권세의 화려함을 우상화했습니다. 그들은 그 권세가 하나님이 주신 것이고 하나님께 종속되어 있다고 보지 않았고, 오히려 그 권세 자체를 신적인 어떤 것처럼 숭배했습니다. 그러므로 권세는 반유신론적인 정신을 갖고 있는 다양한 권세자들에 의해서 행사되었습니다. 그런 상황 속에서 바울은 위정자와 기독교 교회 사이에 충돌이 터져 나올 것을 미리 내다본 것이 틀림없습니다. 그 충돌은 이미 다양한 핍박으로 그 모습을 나타내 보여 왔습니다.

지금 바울은 높은 지위를 가진 사람들을 위해 기도할 것을 권고하고, 이렇게 함으로써 하나님의 뜻을 따르는 것이라고 말하는데, 그것은 다스리는 자들의 구원을 고려한 것입니다. 그러므로 기도는 반드시 다스리는 자들의 지혜뿐만 아니라 특별히 그들의 회심을 위해 드려져야 합니다. 그 결과, 신자들은 모든 경건과 단정함으로 고요하고 평안한 생활로 나아가게 할 수 있습니다.

그러므로 바울은 불가피하게 교회와의 다툼을 일으켰던, 다스리는 자들의 직무 행사에 그때까지 동기를 부여했던 정신을 깨뜨리며 그들이 하나님께로 회심하기를 의도했습니다. 다스리는 자들은 자기를 하나님께 복종시키는 자리까지 나아가야 합니다. 그들이 다스리는 가운데 하나님을 섬기는 것을 배워야 그 다스림으로써 그리스도인의 삶이 진전하는 결과를 낳게 될 것입니다.

여기에 바울은 위정자들이 종속된 한 하나님이 계실 뿐만 아니라, 다스리는 자들을 하나님께 회심케 하는 한 중보자가 계시다는 개념을 추가합니다. 그래서, 이것은 위정자들이 예수 그리스도를 중보자로 인정해야 한다는 요구를 포함합니다. 그를 통하여 그들도 하나님께 갑니다.

위정자들의 권위의 원천이 하나님 안에 놓여 있다는 고백은 예수 그리스도를 인정하는 것을 떠나서는 그들에게 불가능한 것입니다. 그들의 권세의 행사에 관한 한, 그리스도로 말미암지 않고서는 하나님과 그들 간에 다른 아무런 연결이 없습니다. 예수 그리스도로 말미암아 하나님께로부터 그들에게 권세가 주어지는 것이기 때문에 그들은 오직 예수 그리스도를 통하여 그들의 권세를 사용함으로써 하나님을 섬길 수 있습니다.

(2) 시편 2편

추가로, 시편 2편 전체가 있다. 거기서 시편 기자는 주와 그의 기름 부음 받은 자를 대적하는 나라들 및 왕들의 반역을 말하고 있습니다. 저는 바로 여기에 "주"라는 이름이 대문자들로 쓰여 있다는 것과, 그러므로 그것이 야웨, 즉 그리스도 안에서 우리와 언약을 맺으신 언약의 하나님을 언급하고 있음에 주목하려고 합니다.

이 시편은 계속하여 작정에 대해 이야기하는데 그 작정에 따라 그리스노는 왕으로 기름 부음을 받았습니다. 그리고 왕들은 야웨를 섬기고 신정적 왕인 아들에게 입 맞추라고 소환되었습니다. 저는 여기서 칼빈이 쓴 것을 인용합니다.

따라서, 세상의 군주들이 자신들의 영민함으로 얼마나 훌륭한 의견을 소유하든지 간에 우리는 그들이 그리스도의 발 앞에서 겸손한 학생들이 될 때까지는 형편없이 어리석은 자들임을 확신할 수 있다.

어쩌면 누어드치Noordtzij 교수가 이 시편의 간명한 해설에서 쓴 것이 여전히 더 명료합니다.

이스라엘의 메시야-왕은 주의 아들이시다. 하나님 자신이 그를 그의 신정적 직분에 임명했다. 그래서 세상의 통치가 그에게 속해 있다. 그는 나라들을 가지고 그를 기쁘게 하는 것을 할 수도 있다.

실제로, 여기서 왕들이 "그의 아들에게 입 맞추라," 혹은 누어드치가 번역하듯이 "아들에게 신하로서의 예를 표하라!"라고 지시를 받았다고 할 때, 왕들이 마땅히 자기들의 순복을 그에게 드려야 하고, 오직 그의 뜻에 의해서만 다스리며, 그에게 순종을 돌릴 의무가 있다는 사실에 대해 의식적이어야만 한다는 것 이외의 다른 무슨 의미가 있을 수 있습니까?

(3) 요한계시록

또한, 저는 요한계시록에서 주 예수 그리스도와 동일시된 이름들에 대해 언급하려고 합니다. 만일 "만주의 주시요 만왕의 왕"계 17:14이라는 표현이 조금이라도 확신을 주는 힘이 부족하다고 생각이 된다면, "땅의 왕들의 통치자"계 1:5; 17:14; 19:16과 비교라는 칭호에 대해서도 같은 것을 말할 수 없게 됩니다.

그레이다누스S. Greijdanus 박사는 이 칭호에 대해 다음과 같이 설명합니다.

이 왕들 역시 그 아래 서서, 반드시 그를 섬기고, 순종하며, 그의 앞에 머리를 숙여야 한다.

그러므로 이렇게 말해진 것은 영원한 아들에 대한 것이 아니라 "예수 그리스도, 신실한 증인, 죽은 자들의 첫 열매"에 대한 것입니다.

2) 개혁주의의 고백적이고 의례적인 전통

이것과 함께 저는 제가 성경으로부터 왕들과 위정자들이 예수 그리스도께 종속되어 있다는 것과 그에게 순종해야 할 의무가 있다는 것—혹은 다른 말로, 예수 그리스도가 위정자들 위에서도 왕이시다는 것—에 대한 충분한 증거를 제공했기를 바랍니다.

다른 질문은 '우리의 신앙고백들 안에도 이렇게 되어 있느냐?' 는 것입니다. 그 대답 역시 반드시 긍정적이어야 합니다. "하이델베르그 요리문답" 제50문답에서 우리가 고백하는 바는 그리스도가 하나님의 우편에까지 높이 올려지신 것은 그가 거기서 교회의 머리로서 나타나시기 위한 것이고, 성부가 그로 말미암아 왕국들과 위정자들을 포함하여 모든 것을 다스리신다는 것입니다.

그리스도의 다스림 안에 위정자들이 그에게 순복하라는 소명이 놓여 있다는 현실을 무시한다면, 그 문답의 진술이 의미하는 바가 그리스도가 그 왕들이 자기를 인정하지 않으려고 함에도 불구하고 그들을 다스리신다는 것이라고 설명하는 것은 효과가 없을 것입니다.

그리고 저는 교회 회의들을 위한 폐회 기도에 주목합니다. 그 기도에서 우리는 정부의 공직자들이 통치자들 위에 계신 왕 중 왕의 지상권을 향하도록 전적으로 지도되고, 그렇게 다스려지게 해 달라고 하나님께 기도드립니다. 이 간구는 위정자들이 의지석으로 예수 그리스도의 주권에 순복하기를 바라는 갈망을 명료하게 표현합니다.

3) 로마서 13장

그 반대 증거로서, 사람들은 종종 로마서 13장을 인용합니다. 거기서 우리는 위정자가 하나님의 종이라는 말씀을 듣습니다. 그러나 거기에 그리스도는 전혀 언급되지 않습니다. 만일 그 사실로부터 사람들이 그리스도가 국가 위에 왕이시라는 주장에 대한 반론을 추론해 내기를 원한다면, 그런 결론은 어떤 사람이 하나님에 대해 예수 그리스도를 떠나 있는 어떤 영역에 관련하여 말할 수 있다는 가정에서만 나올 수 있습니다.

그 점에서 혹자는 특정한 방식으로 하나님을 '예수 그리스도 안에서 하나님의 나타나심'으로부터 갈라내었습니다. 그러나 모든 성경에서 하나님은 다름 아닌 바로 예수 그리스도 안에서 자신을 우리에게 계시하신 하나님이십니다.

어쩌면 불필요하겠지만, 또한 저는 예수 그리스도의 통치는 파생된 통치라는 것을 말하려고 합니다. 중보자는 자신의 권위를 삼위일체 하나님께 돌려야 합니다. 그러므로 사람들이 로마서 13장에 나타난 권위의 원천에 대해 논의할 때, 예수 그리스도에 대해서가 아니라 하나님에 대해 말하는 이유가 명백해집니다.

그러나 그렇게 하는 것은 그러한 신적 권위가 예수 그리스도로 말미암아 우리 위에 행사되고 있다는 것을 부인하지 않습니다. 저는 다른 곳에서 위정자가 그리스도의 은혜로 다스린다고 썼습니다. 만일 이것으로 제가 권위의 원천이 중보자 안에 놓여 있다고 말하려 했었다면, 저는 오해를 받았을 수도 있습니다. 아무튼, 저는 위정자가 하나님의 은혜로 다스린다는 것과, 하나님의 은혜는 다름 아닌 예수 그리스도로만 우리에게 임한다는 것을 말하려고 의도한 것입니다.

2. 예수 그리스도의 주권

이제 저는 예수 그리스도의 주권이 국가와 위정자 위에 있다는 것이 어떻게 보아야 할지에 대한 질문을 논의하려고 합니다. 여기서 두 가지 반대가 생겨나는 것이 보입니다.

첫째, 국가와 정부는 죄 때문에 단지 일시적으로 제정되었다는 사실입니다.
둘째, 이것과 연관된 다른 하나의 사실은 위정자에게 특별하게 칼의 권세가 맡겨져 있다는 것입니다.

실로, 여기서 우리는 두 개의 가공할 만한 반대와 부딪친 것처럼 보입니다. 이는 우리가 그리스도의 주권에 대해 그것은 영원한 주권이고 평화의 주권이라고 고백하기 때문입니다.
영원한 그리스도의 주권과 일시적 위정자의 특질 사이에 무슨 연관성이 있을 수 있습니까?[9]
그리고 그리스도의 평화로운 주권과 위정자의 칼의 권세 사이에 무슨 연관성이 있을 수 있습니까?
이 질문들은 둘 다 답을 들을 만합니다.
그러므로 저는 첫째로 그리스도의 주권과 연관하여 일시적 위정자의 권세의 특질에 대해 말할 것입니다. "벨직 신앙고백서" 제36조에는 다음과 같이 선언되어 있습니다.

---

[9] 네덜란드어 "*tijdelijk*"은 "임시"를 뜻하지만, 정치적이고 땅에 속한 권위가 논의되는 문맥에서는, 영어 단어 "현세의"(temporary)가 종종 선호되는 상당 어구다.

우리는 우리의 은혜로우신 하나님이 인류의 타락 때문에 왕들과 군주들과 위정자들을 임명하시고 세상이 반드시 특정한 법들과 정책들에 의해 다스려질 것을 뜻하셔서, 궁극적으로 인간들의 방종은 억제되고 그들 가운데 모든 것들이 선한 질서와 품위를 가지고 계속되게 하신다고 믿습니다.

여기에 국가 통치는 죄 때문에 존재한다는 것이 명백히 고백되고 있습니다. 혹자는 만일 죄가 있지 않았다면 현재 위정자들의 손에 있는 권세가 행사되었을 것인지를 질문할 수 있을 것입니다. 그러나 우리는 이 맥락에서 그 사안을 논의할 필요가 없습니다. 정부는 죄 때문에 현재의 형태로 존재합니다.

그렇다고 하면 일시적으로 삽입된 위정자의 권세는 그리스도의 주권과 어떤 관계인 것입니까?

그 현세적 성격은 그것을 그리스도의 주권까지 역으로 추적하는 데 있어서 장애물이 아닙니까?

만일 그리스도의 주권으로 우리가 실로 그의 영원한 주권만을 생각해 오고 있다면 혹자는 이 점에서 망설일 수 있을 것입니다. 그러나 실상은 그렇지 않습니다. 그 영원한 주권과 나란히, 현세적 권세 역시 그에게 주어졌으며, 그것은 종말에 그가 아버지의 손에 돌려 드릴 것입니다 고전 15:24를 보라.

그리스도의 영원한 권세와 현세적 권세 간의 차이는 무엇이며, 그의 현세적 권세의 특별한 특성을 무엇입니까?

그 구분은 우리가 그리스도의 권세를, 죄가 아직 세상에 들어오지 않았을 때 아담이 잠시 소유했던 권세, 그리고 만일 죄가 세상에 들어오지 않았더라면 아담이 행사했었을 권세와 비교할 때 명료해집니다. 죄로 인해 타락하지 않았다면, 아담은 계속하여 우리의 머리가 되었을 것이며 그는 계속하여 자신의 공적 지위로 옷 입혀져 왔을 것입니다.

그것은 모든 사람이 그의 안에 포함되어 있었다는 것뿐만 아니라, 그가 각 사람 위에 특정한 권세를 행사하고 있었다는 것을 의미하기도 합니다. 그것이 비록 모든 사람 역시 아담과 더불어 하나님의 손으로 지으신 피조물들을 다스리는 것을 의미하게 된다 하더라도, 아담은 인류의 머리로서 다스렸을 것입니다. 이 첫째 아담의 권세가 지금은 두 번째 아담의 손에 들려졌습니다. 이렇게 해서 그리스도는 영원한 왕이시고, 그의 주권은 영원한 주권입니다.

그러나 죄의 결과로, 그는 그 밖에 다른 것, 현세적 권세로 옷 입혀지는 것이 필요했습니다. 이제 그 역시 그의 적과 싸우기 위한, 그리고 이 세상에서 그의 왕국의 승리를 추구하기 위한 권세를 받는 것이 필요해졌습니다. 그런 권세가 아담에게는 결코 부여될 수 없었겠지만, 그리스도께는 허용될 수 있었는데, 이는 그가 사람이실 뿐만 아니라 동시에 하나님이시고, 성육신하신 말씀이시기 때문입니다.

위정자의 권세는 그리스도의 현세적 권세와 상응합니다. 그리스도의 현세적 권세가 그러하듯이, 마찬가지로 위정자의 권세 역시 죄를 거슬러 싸우기 위해 섬깁니다. 그 그리스도의 통치 안에서 위정자는 그를 섬겨야만 합니다. 저의 세 번째 요점의 논의에서 저는 위정자의 권위의 경계들을 마땅히 알리게 될 것이지만, 지금 저는 단순히 위정자의 권세의 현세적 특성이 위정자의 권세가 그리스도의 권세까지 추적해 가는 데 아무런 장애도 조성하지 않는다는 것을 알려 드리고 있습니다.

동일한 것이 두 번째 생겨난 반대에 대해서도 사실입니다. 위정자는 칼을 찹니다.

그러므로 이것이 평화로운 그리스도의 주권과 상반되는 그 위정자의 권세의 특성이 아니겠습니까?

그리스도의 영원한 주권이 평화로운 주권이라는 데는 의심의 여지가 없습니다. 그러나 그는 현세적 권세를 받으셨는데, 정확히 그것은 계속되는 충돌을 통하여 이 세상에서 자신의 왕국의 승리를 추구하시기 위한 것입니다. 이런 의미에서 우리는 주 예수 그리스도 역시 칼의 권세를 소유한다고 말할 수 있습니다. 그러나 이 맥락에서 두 가지를 언급해야만 하겠습니다.

첫째, 그가 칼의 권세를 소유하신 것은 정확하게 결과적으로 그의 은혜의 왕국, 평화의 왕국이 승리하게 하기 위한 것입니다. 그리스도에 의해 소유된 이 칼의 권세는 그의 평화로운 주권의 정신과 무관한 것이 아니며, 전혀 그것에 대한 모순을 조성하지도 않습니다. 언젠가 그의 적들을 심판하시고 멸하실 그리스도는 다름 아닌 우리에게 그의 영원한 평화를 제공하시는 그리스도이십니다.

사랑은 정의를 떠나서 존재하지 않습니다. 언젠가 그는 자신의 사랑의 정의를 강화하실 것입니다. 만일 사람들이 여기서 어떤 모순을 보게 되었다면, 그것은 그들이 여전히 사랑과 정의가 가정적으로 반대된다는 잘못된 가정을 간직했음을 무심코 내보이는 것입니다.

나아가서, 그렇다면 혹자는 평화의 왕국이 결코 이 세상에 들어 올 수 없으며 단지 계속하여 이 세상 위에 맴돌아야 한다는 주장을 필요로 하게 되는데, 이는 만일 그 왕국이 이 세상에 들어온다면, 그것은 반드시 충돌을 야기할 것이기 때문입니다. 이것은 그리스도가 자신이 세상에 오신 것은 평화가 아니라 칼을 가져오기 위한 것이라고 말씀하신 이유입니다. 진실로, 칼의 권세가 그에게 맡겨져 왔습니다.

둘째, 게다가 그리스도는 칼의 권세를 종말의 때에만 완전하게 사용하실 것입니다. 이 때 그는 참으로 세상에 그의 심판을 내리실 것인데 이는 사람들이 그의 은혜를 배척하기 때문입니다. 그러나 그는 여전히 그의 이 권세를 억제하고 계십니다. 그러므로 그것은 그가 자기의 은혜의 권세 역시 일시적으로 억제하신다는 것을 의미합니다. 그가 자기의 은혜로 하여금 궁극적으로 승리하게 하실 때, 그것은 그의 모든 적들 위에 내리는 마지막 심판으로 말미암아 즉시로 성취될 것이기 때문입니다.

 그리하여 이 점에서 우리는 두 번째 결론에 도달하게 되는데, 현재 정부의 특성, 즉 칼의 권세는 우리가 위정자의 권세를 그리스도의 권세로부터 추론하지 못하도록 방해하지 않습니다. 이것으로 저는 여러분을 위해 저의 두 번째 요점을 충분하게 전개했다고 생각합니다. 우리는 그리스도가 위정자 위에 통치권을 갖고 계신다고 선언할 때, 특별히 이 충돌의 시기를 목도하면서 그의 왕국의 도래를 위해 그에게 주어진 현세적 주권을 생각하는 것입니다. 여기서 저는 이 권세가 삼위일체 하나님에 의해 그에게 주어졌다는 사실을 더 이상 강조할 필요가 없습니다.

 제가 여러 번 위정자의 권세가 그리스도의 권세에서 파생되었다는 표현을 사용했을 때, 그런 공식은 위정자의 권세의 원천이 그리스도의 권세 안에서 찾아져야만 한다는 것을 암시하지 않습니다. 제가 이미 첫 번째 요점과 연관하여 언급했듯이, 원천은 하나님 안에 있고, 그리스도는 자신의 권세를 하나님에게로부터 받은 것입니다. 그것을 그리스도 자신이 말씀하셨습니다.

> 하늘과 땅의 모든 권세를 내게 주셨으니 마 28:18.

 저는 이 말씀에서 그가 특별히 그에게 주어졌던 현세적 권세에 대해 언급하셨다고 생각합니다. 왜냐하면, 그는 이어서 이 말씀을 하시기 때문입니다.

> 그러므로 너희는 가서 모든 민족을 제자로 삼아! 마 28:19

 다르게 표현하면 다음과 같습니다.
 이 세상에서 나의 왕국을 추구하는 몸부림으로 나를 섬겨라.

3. 실제적 결론들

위정자는 반드시 그리스도의 왕국의 도래를 위해 그를 섬겨야 한다고 말하는 것은 더 자세한 설명을 요구합니다. 저는 그 맥락 속에서 위정자의 권세의 적법한 성격과 한계들을 설명해야만 할 것입니다. 이렇게 하여 저는 저의 세 번째 개념을 다루게 되는데, 여기서 저는 저의 주 논제의 실제적 결론들에 대해 언급하기를 원합니다.

사람들이 주 논제가 요구한다고 상상할 수 있는 하나의 결론은 "벨직 신앙고백서" 제36조를 그 원래 판에 있는 대로 유지할 것에 대한 결단인데, 그것은 위정자가 모든 우상 숭배와 거짓 종교를 대항하고 근절할 것을 요구합니다. 혹자는 심지어 이 주장의 표현으로 인해 위정자들에 의해 행사되는 양심에 대한 어떤 강요가 정당화될 수도 있다는 것을 두려워할 수도 있습니다.

그 위험은 어떻든 전혀 존재하지 않습니다. 그러나 양심의 강요와 원래 판의 제36조의 배제는 위정자가 자신의 신적인 왕적 권세라는 측면에서 그리스도를 섬길 필요가 없다는 비난 받을 만한 개념에 의해 자극을 받아서는 안 됩니다. 오히려 그 대신 그것은 위정자의 권세의 적법한 성격과 한계들에 의해 자극 받아야 합니다.

위정자는 국가에서 부여받은 대로 사법 질서 안에서 자신의 활동 영역을 찾습니다. 정부는 반드시 기존하는 사법 질서를 시행할 뿐만 아니라, 스스로 사법 질서를 창조하는 데 능동적입니다. 그것의 과제는 정의를 조성하고 시행하는 데 있습니다. 그렇기 때문에, 일반적으로는 사법 질서를 가지고 정부 활동의 목표가 주어진다고 말할 수 있게 됩니다.

따라서 이 개념으로부터 많은 사람은 위정자가 반드시 그리스도께 순복해야 하고 그의 과제를 이행하는 중에 그를 섬겨야 한다는 주장을 배척하는 경향이 있습니다. 그래서 사람들은 생각하기를, 그리스도가 자신의 왕국에 대해 말씀하실 때, 그는 사법 질서에 전혀 가치를 돌리지 않고 그것을 시행하는 데 전혀 가치를 두지 않으시는 것으로 여깁니다. 그 결론은 특별히 산상수훈의 낮익은 구절로부터 명백해진다고 생각하게 되는데, 거기에서 그는 사람이 결코 악에 저항해서는 안 될 것을 가르치십니다.

산상수훈에 있는 이 구절과 관련하여 그 많은 혼돈이 계속하여 존재한다는 것은—재세례파들과의 논쟁에 의해 강요되어 왔음에도 불구하고—놀라운 일입니다.

직전에 있는 구절의 의미를 통하여 명료하게 생각해 보십시오.

그 선행하는 구절에서 그리스도는 맹세에 대하여 동등하게 절대적인 금령을 말씀합니다. 이 점에 관해 우리는 그리스도가 우리 자신의 이익에 도움이 되는 모든 맹세를 금하신다고 이해할 필요가 있지만, 계속하여 유지되어야만 하는 것은 하나님을 위해 "정절과 진실을 확언하기 위한" 맹세 요구입니다.*하이델베르그 요리문답* 제37주일, 제101문답.

따라서, 이 구절의 의도는 전체 산상수훈의 의도와 완전히 일치합니다. 그 설교에서 그리스도는 자신을 위한 어떤 삶도 배제하십니다. 우리는 우리 자신에게 속해 있지 않습니다. 오히려 우리 삶의 돌봄에 있어서 우리는 하늘에 계신 아버지께 속해 있고, 그렇기 때문에 우리는 마땅히 오직 그만을 위해 살아야 합니다. 이렇게 하여 그리스도는 자기의 왕국의 법을 표명하시는데, 그것은 다름 아닌 십계명의 법들이지만, 유일하게 그 법의 바른 적용이기도 합니다.

예수 그리스도의 왕국에서, 맹세는 하나님을 위해 할 수 있고 또한 반드시 해야만 합니다. 이렇게 하여 맹세를 하는 것은 왕국의 정신과 상충되지 않습니다. 이제 동일한 것이 정의를 시행하는데 적용됩니다. 그리스도는 자기 보존의 추구로 인해 동기를 부여 받은, 모든 악에 대한 저항을 금하십니다.

여러분의 자기 보존을 위한 욕망에 대한 여러분의 완전한 승리는 반드시 여러분의 한 뺨을 때리는 자들에게 다른 뺨을 돌려 댈 수 있는 것에 대한 준비됨으로 증명되어야만 합니다. 예수 그리스도의 왕국에는 여러분 자신을 위해 여러분 자신을 보존하는 것은 결코 있을 수 없습니다.

하나님을 위해 신적 정의를 시행하는 것은 완전히 다른 어떤 것입니다. 악이 신적 정의를 공격하는 것 때문에 하나님을 위해 악에 저항하는 것은 천국의 정신과 상충될 수 없습니다. 왜냐하면, 그 왕국이 이 땅에 나타난 것은 정확하게 그 결과로 하나님의 정의가 이 세상에 회복되도록 하기 위해서입니다. 저는 이미 이 의미에서 칼의 권세가 그리스도께도 마찬가지로 맡겨져 왔다는 것을 주장했습니다.

이렇게 하여, 위정자가 정의를 구성하고 시행하는 것을 위한 자신의 권세로 반드시 그리스도를 섬겨야만 한다는 것이 철저하게 확립되어야만 합니다. 심지어 중립적이며 이교도인 위정자도 원하지 않음에도 불구하고, 즉 다스리는 자의 의도를 떠나서 다양한 측면에서 그를 섬깁니다. 왜냐하면, 만일 국가 안에 현재하고 있는 것으로서의 전체 시민 질서가 실증주의적으로 이해되는 것이 아니라, 만일 그것이 반드시 신적 정의의 한 표현이 되어야만 한다면, 이 시민 질서의 존재는 반드시 그리스도의 십자가의 한 열매로서 보여야만 하기 때문입니다.

이 연설에서 저는 이 마지막 개념을 상세하게 변호할 수 없습니다. 그것은 은혜와 자연 간의 관계를 다루어야 하는 또 다른 연설을 필요로 합니다.[10] 이 개념은 이 연설의 주 논제를 위한 배경을 형성합니다. 하나님이 그

---

10 영역자 주: S. G. de Graaf는 실제로 그 달 초, 1939년 2월 9일, 라이덴(Leiden)의 모임에서 "은혜와 자연"에 대한 강의를 했다. 그 중요한 연설에서 그가 제공한 놀라운 결론들 중에는 이것들이 있다. 요 1장, 잠 8장, 골 1장 및 다른 구절들에 따르면, 하나님의 은총(gunst)이 모든 피조물의 배경과 다스리는 동기이므로, 우리는 자연과 은혜가 아니라 오직 은혜와 자연을 말해야 한다. 나아가서, 세상의 존재는 아담과 맺은 하나님의 은총(gunst)의 언약을 통해서만 가능했었고, 지금은 그리스도와 맺은 하나님의 은총(gunst)의 언약을 통해서만 가능하다. 은혜의 언약은 모든 사람에게 말하며, 그것은 세상을 향한 은혜의 소환과 더불어 전 세계와 인간 존재의 각 영역을 위해 특정한 복을 생성한다. 각 영역에서, "자연의 빛"으로 바르게 보는 것은 예수 그리스도 안에 있는 하나님의 계시의 빛을 필요로 한다.

리스도의 손에 위정자를 다스리는 통치를 두셨다는 것은 국가의 사법 질서의 존재가 그의 십자가의 열매라는 사실과 관계되어 있습니다. 사법 질서가 신정 정의와 상응하는 한, 이 사법 질서를 유지하는 것으로 위정자는 높임 받으신 그리스도를 섬기는 것입니다.

이 모든 것으로 인해 우리는 위정자가 자신의 권세를 남용할 수 있고, 권세를 위한 권세를 높일 수 있으며, 자신이 모든 더 높은 표준으로부터 면제되었다고 볼 수 있으며, 그 자신의 지시를 따르기로 선택할 수 있으며, 불의를 저지를 수 있다는 사실에 대한 안목을 잃어버릴 수 있습니다. 그는 자신이 여전히 지상에서 신적 정의의 어떤 것을 시행하기 위해 자신의 권세를 사용한다는 데까지는 예수 그리스도를 섬기는 것입니다. 그가 그의 권세를 남용하는 한, 그는 예수 그리스도께 저항하는 것입니다.

땅에 속한 왕들의 통치자로서 그리스도는 언젠가 그 위정자 역시 심판하실 것입니다. 그리스도에 대한 순복에 위정자의 소명이 놓여 있으므로, 그를 땅에 속한 왕들의 통치자로 인정하여야 하고, 그의 말씀의 빛으로 그의 소명을 성취하는 삶을 살아야만 합니다. 그가 시행하도록 부름을 받은 정의를 확립하기 위해, 그리고 그가 반드시 정의를 시행해야 하는 방법을 결정하기 위해, 위정자는 그리스도의 말씀에 있는 지시들을 따르도록 부름을 받았습니다.

그것으로 인해 우리는 위정자가 지식의 다른 원천, 즉 하나님이 손으로 지으신 작품들 안에 있는 그의 계시를 반드시 충분히 고려해야만 한다고 것을 부인하는 것이 아닙니다. 그러나 위정자가 결코 계시된 말씀의 빛을 떠나서 이 계시를 순전하게 알 수 없을 것입니다.

위정자가 시민 질서 내에서 자신의 활동 목적을 찾는다는 사실은 그의 과제에 대한 분명한 한계를 제공합니다. 의심할 것도 없이 무엇이 시민 질서에 속하고 무엇이 거기에 속하지 않는지를 구체화하기 어렵습니다. 일반적으로 말해질 수 있는 것은, 시민 질서는 공동의 이익을 목적으로 한다는 것입니다. 그것은 공동의 이익이 그 정의 아래서 보호를 받는 한 신적 정의를 시행하는 역할을 합니다.

그러므로 아무도 여기서 하나님의 정의와 사람들의 이익이 서로 모순을 이룬다는 반론을 제기하지 않기 바랍니다. 그 반론은 누구든 예수 그리스도를 통하여 하나님과 이 세상 간에 교제가 또 다시 있고, 따라서 하나님의 정의를 시행하는 것이 인류의 안녕을 포함하는 것이라고 인식할 때 그 타당성을 잃어버립니다.

위정자의 권세의 성격과 한계들에 관해서는, 반드시 두 가지가 주목되어야 합니다.

첫째, 위정자는 공동의 이익의 증진을 위한 역할을 해야 합니다.
둘째, 그 공동의 이익은 정의의 영역 안에 들어오는 범주 내에서만 증진해야 합니다.

위정자의 관심의 영역은 국가의 시민들 간의 올바른 관계들에 놓여 있습니다. 위정자의 소명은 율법의 두 번째 돌판에 제약되지 않습니다. 이 임의대로의 제약은 불가능합니다. 위정자가 반드시 하나님의 전체 율법을 시행해야만 합니다만, 주의 법이 국가의 시민 질서 안에 표현될 수 있는 범주 내에서만 할 수 있습니다.

우리나라^{네덜란드 - 역주}에서는 하나님의 이름을 모독하는, 제3계명의 위반이 처벌 받을 수 있습니다마는, 제 의견에는, 그것이 하나님의 이름을 모독한 것으로서가 아니라, 그로 인해 동료 시민들의 종교적 감정들이 상처를 받는 것이기 때문에 위정자에 의해 적절히 처벌되어야 합니다. 이렇게 위정자는 자신이 보호해야 하는 시민 질서 가운데 그것이 표현되는 범위 내에서 제3계명을 시행합니다.

조금 전에 저는 위정자가 반드시 기존의 사법 질서를 시행해야 할 뿐만 아니라, 긍정적인 법을 만드는 일에도 능동적으로 참여해야 한다고 말씀드렸습니다. 그는 백성들의 대표들과 협력하여 그것을 합니다. 그것에 관련하여 우리는 두 가지를 반드시 주목해야 합니다.

첫째, 위정자가 반드시 역사와 전통을 고려해야 합니다. 그는 모든 법 전체를 단번에 바꿀 수 없습니다. 그는 혁명적인 방법으로 행동할 것이 아니라, 오히려 반드시 역사적 발달을 고려해야 합니다. 만일 그가 조금이라도 다르게 행동했다면 정치적 삶에서 모든 안정성이 사라져 버릴 것입니다.

따라서 예수 그리스도께 대한 위정자의 순종은 가능한 한 짧은 시간 안에 정치 체계의 완전한 갱신을 초래하도록 하는 시도를 포함할 수 없습니다. 그리스도는 역사의 주인이시기도 합니다. 따라서 위정자가 부주의하게 역사의 과정에 간섭하려고 시도했다면 그것은 자기 왕권의 부정이 될 것입니다.

둘째, 위정자가 반드시 백성들 가운데 무엇이 살고 있는지에 대해 충분히 고려해야 합니다. 국가는 위정자와 백성들 모두를 포함하고 있습니다. 그러나 위정자가 어떤 모양이든 백성들 위에 떠다니는 것은 아닙니다. 오히려 위정자와 백성들은 국가 안에서 피차에 함께 묶여 있습니다.

만일 위정자가 주‡의 법이 국가의 삶을 위한 특정한 필요를 바로 잡을 수 있다고 확신했다 하더라도, 어떤 경우들에 그는 국가의 법 안에서 그 필요에 대한 표현을 성취할 수 없게 될 것입니다. 이는 그러한 법이 대중의 양심에 맞는 수용을 즐거워하지 않으려고 하기 때문입니다. 위정자는 그 법의 시행을 추구하지 못하게 될 것입니다. 그리고 위정자가 그것을 추구하지 못한다면, 그는 그 자신의 권위를 손상하게 될 것입니다. 이렇게 하여 예수 그리스도께 머리 숙이기를 원하는 위정자가 계속되는 타협으로 방향을 잡게 됩니다.

여기서도 마찬가지로 아무도 이것을 위정자가 그리스도께 순복해야 한다는 고백에 대한 반대로 보려고 하지 말아야 합니다. 진실로, 하나님의 나라의 법은 확실히 절대적입니다. 그러나 그리스도는 아무 제도에게도 그것의 능력을 벗어나는 어떤 일도 하라고 요구하지 않으십니다. 사람들 가운데 사는 이에게 전혀 동정심을 갖지 않는 어떤 것을 추구하기를 원하는 것은 위정자의 적성에 포함되지 않습니다.

따라서 하나님의 나라에는 그 스스로가 여기 지상에 그것을 나타내 보이듯이, 잘 고려되고 원리화된 타협을 위한 여지가 있습니다. 따라서 원리와 타협은 상호 배타적이지 않습니다. 그런 원리화된 타협은 단순히 실용적 사실들의 수용과는 다른 어떤 것을 의미합니다.

여러분들은 저의 세 번째 요점의 전개와 연관하여 제가 단지 몇 가지 것들만 언급할 수 있었다는 것을 이해하실 것입니다. 이 온건함은 시간 때문에 필요했습니다마는, 동시에 의도적이기도 했습니다. 저는 제가 법관이 아닌 사람으로서 미끄러운 빙판으로 나아가는 모험을 했음을 의식합니다.

여러분은 이 영역에서 제가 제 자신을 최대한 억제하기를 선호하는 것을 이해하실 것입니다. 제가 보여 주어야 할 의무가 있다고 느낀 유일한 것은 국가와 위정자 위에 있는 예수 그리스도의 왕권을 유지함으로 아무도 그들의 강령이 APR로부터 벗어나는 정당으로 끝나지 않다는 것이었습니다.[11] 반대로, 저는 누구든 원리화된 반혁명적 정치를 훨씬 더 많이 옹호할 수 있

---

11 영역자 주: 반 혁명당(ARP)은 1879년 4월 3일에 네덜란드 안에 최초의 전국적으로 조직된 정당으로서 Abraham Kuyper에 의해 창설되었다. 1877년에 Kuyper는 APR의 정치적 목표들을 설명하는 책 *Ons Program*을 집필했는데, 그것의 많은 부분이 공공 분야와 사설 분야 간의 교육의 동등성에 초점을 맞추었다. 정당의 이름은 Groen van Prinsterer의 영향력으로 거슬러 돌아간다. 그는 프랑스 혁명의 계몽주의 정신에 반대하여, 사회 속의 그리스도인의 삶은 믿음으로 말미암아 나오며 사회 안에 있는 다양한 관계들의 영역들 혹은 지역들에 주어진 신적 권위 아래 있고, 따라서 반혁명적이라고 주장했다.

고 진전시키기 위한 시도를 할 수 있다고 생각합니다.

저는 특별히 이 그리스도의 왕권에 대한 고백을 한다고 해서 필연적으로 CDU와 함께하는 것은 아니라는 추가 설명을 하기 원합니다.[12] 저는 강조해서 그 설명을 하는데, 이는 아무든 국가 위에 있는 그리스도의 왕권을 위해 설 때마다, 그 사람은 아주 쉽게 그 정당에 대한 어떤 동정심을 품는 것이 당연한 사람들에게 속해 있는 것처럼 분류되기 때문입니다. 저는 그 정당이 그리스도의 왕권에 대한 잘못된 견해에서 나왔다고 생각합니다. 제가 제공한 저의 두 번째 요점에 대한 설명이 이 의견을 정당화하기에 충분할 것입니다.

만일 누가 그리스도의 왕권을 바른 의미에서 인정하고, 따라서 왕의 말씀 역시 존중한다면, 누구나 일방적인 무장 해제와 사회 민주주의 노동자들의 정당의 사회적 프로그램들로부터 많은 것을 채택한 그러한 CDU의 다양한 실용적 강령들의 요점들에 대해 반대할 것입니다.[13] 혹자는 NSB에 대해서도 마찬가지로 반대할 것이고,[14] 전체주의 국가의 정부가 월권하는 것 같은 권

---

12 영역자 주: 기독교민주연합(CDU)은 1926년 세 개의 작은 정당들의 합병체로 형성되었다. 그것은 작은 교단(Gereformeerde Kerken in Hersteld Verband)과 연결되었고, 부분적으로 Karl Barth의 신학에서 추출된 평화주의자의 가치들과 원리들을 장려했다. 1936년에 네덜란드 개혁교회(GKN)의 총회는 CDU에 의해서 변호된 것 같은 그런 정치적 원리들을 개혁교회의 회원 정신과 양립할 수 없는 것으로, 따라서 목회적 교회 치리에 해당하는 문제라고 비판했다.
13 영역자 주: 사회 민주주의 노동자들의 정당은 1894년에 창설되었고, 독일 사회 민주당의 강령과 목표들을 따랐다. 불평등을 해결하기 위해 사회적이고 정치적인 혁명과, 노조의 적대적 정책들과, 자본의 사회화에 대한 그 당의 방침이 개혁주의 정치적 원리들에 대해 불친절한 당으로 만들었다.
14 영역자 주: 네덜란드의 국가 사회주의 운동(NSB)은 1931년에 Anton Mussert와 Cornelis van Geelkerrken에 의해 설립된 국수주의 국가 사회당이었다. 그 당의 강령은 독일 국가 사회주의의 사상들을 이탈리아의 국수주의의 사상들에 합친 것이었다. 1936년 이전에, NSB는 반유대주의가 아니었고, 폭력적 혁명에 빠져 있던 것이 아니라, 오히려 민주주의적 지배에 기울어 있었다. 그 후에, 접증하는 반유대주의와 독일의 나치주의에 공개적으로 공감하는 것과 더불어, NSB가 독일이 네덜란드를 점령하기 이전에, 그리고 점령 기간 동안 강력한 정치 세력이 되었다

위가 오직 국가뿐만 아니라 이생의 각 영역도 좌우하는 그리스도의 손에만 주어질 수 있게 된다는 것을 그가 보게 될 때, 훨씬 더 그럴 것입니다.

이 연설에서 제가 국가와 교회 모두를 다스리는 그리스도의 왕권에 대한 인정이 두 영역의 권위 간에 있는 경계들을 지워 버리는 결과를 낳지 않는다는 것을 보여 주는 것은 가능하지 않습니다. 그것은 교회와 국가 간의 관계에 대한 별도의 논의가 필요합니다.[15]

결론적으로, 특별히 이것을 언급하는 것을 허락해 주십시오. 어떤 사람이 국가 내에서 예수 그리스도의 이름을 떠나서 하나님의 이름을 언급할 수도 있다고 생각하는 한, 우리의 여왕께서 "하나님의 은혜로" 통치한다는 표현은 어쩌다 한 번 과거에 대한 추억 때문에 꺼내 보여 주는 우아한 것으로 남아 있게 됩니다.

예수 그리스도 안에서만 하나님은 우리의 살아 계신 하나님이 계십니다. 그리고 오직 예수 그리스도 안에서만 우리는 하나님과 국가의 삶 간의 연관성을 신앙적으로 이해할 수 있습니다. 우리가 이런 방법으로 국가의 삶 속에 있는 하나님의 주권을 위해 기꺼이 일어서야만, 우리의 신앙은 의미심장함을 얻게 될 것입니다. 반면에 예수 그리스도를 떠난다면, 하나님의 주권은 죽은 구호로 남게 됩니다.

다가오는 경선 투표에 관하여, 우리가 매우 의식해야 할 바는 성부께서 구원을 위해 하늘과 땅의 모든 권세를 주신 그의 주권 아래 우리가 경쟁하고 있다는 사실입니다. 오직 나라가 그것이 그리스도를 섬기는 것이고 우리의 구속주의 깃발들을 따라 행진하는 것임을 보게 될 때만, 그 나라는 그의 궁극적 승리의 날에 이 영역에서조차 철저하게 순종하게 될 것입니다.

---

15 영역자 주: 정확하게 바로 그 논의를 다루고 있는, 본서에 포함된 다음에 나오는 번역된 연설을 보라.

연설문 2

교회와 국가

더그라프 S. G. de Graaf

여러분은 "교회와 국가"라는 주제를 다루는 것이 제게 하나의 도전임을 이해하실 것입니다. 누가 이 주제에 대해 구체적인 견해를 가지려고 하면 그 사람은 법조인이면서 동시에 신학자이어야 하고, 그뿐만 아니라 교회와 국가 간의 관계에 대한 전체 역사를 연구해 왔어야 할 필요가 있습니다. 저는 이 여전히 해결되지 않은 영구적인 질문에 대해 여러분에게 연설을 해야 한다는 제 책임을 잘 감당할 수 없습니다.

그러나 이 초대를 받아들이도록 저를 강권하는 무엇이 있었습니다. 저는 우리 사회 안에 나타나는 글들을 좀 더 자주 읽고 있습니다. 그 글들은 사람들이 다음의 공식, 즉 교회는 특별은총의 열매이고 국가는 일반은총의 열매라는 말로 그 주제에 접근한다고 합니다. 그런데 제가 이 해석에 대한 반대들을 갖고 있다는 것은 잘 알려져 있습니다. 게다가 저는 최근에 ARP 정당 회의를 위해 두 번 "그리스도와 위정자"[16]에 대해 말했고, 위정자가 예수 그리스도께 순종할 의무가 있다는 개념을 변호했습니다.

만일 혹자가 교회는 특별은총의 열매이고 국가는 일반은총의 열매라는

---

16 영역자 주: 앞에 있는 번역된 연설을 보라. 단어에 대해 말하자면, 이 연설 전반에 걸쳐 나오는 네덜란드어의 명사 "*overheid*"는 일반적으로 **정부** 혹은 **권위**를 뜻한다. **위정자**에 대한 우리의 용법은 국가 내에서 정치적이고 법적 권위를 행사하는 사람들 혹은 단체에 대한 일반적인 명칭을 지칭하려고 노력했다.

구별을 유지하지 않는다면, 교회와 국가의 차이 및 독특성이 분명하게 고려될 수 있을지에 대한 질문이 반드시 나타날 것입니다. 이것에 관해 제가 제 견해에 대한 설명을 제시하지 않을 수 없게 되었습니다.

이 설명과 함께, 이 연설의 의도가 동시에 명료해졌습니다. 아무도 제게서 이 어려운 사안에 대한 광범위한 취급을 기대해서는 안 됩니다. 저는 제가 채택한 입장, 즉 교회와 국가의 혼동이 불가피한 결과가 되어야 할 필요가 없다는 것을 보여드리려고 시도를 할 뿐입니다. 저는 제가 볼 때 이 사안이 반드시 어떻게 접근되어야만 할 것인지를 보여 드리려고 노력하는 것에 지나지 않습니다.

저는 심지어 제가 어떤 사람이 그 사안에 통상적 출발점과 다른 각도에서 접근한다면 경계들이 좀 더 분명하게 보이게 될 것임을 명료하게 만들어 줄 수 있다는 희망을 마음에 품고 있습니다.

아무도 이 저녁에 제게서 그 이상의 다른 것을 기대해서는 안 됩니다!

더 나아가는 서론으로 저는 다음 것을 언급하려고 합니다. 우리가 교회와 국가를 말할 때, 우리는 두 개의 사회적 관계들, 사람들이 서로 함께 사는 두 개의 관계들을 고려하고 있습니다. 그 관계들은 하나님의 법에 의해 다스려집니다. 창조물 그 자체로부터가 되었든 혹은 창조주의 말씀으로부터가 되었든, 그 법이 우리에게 어떻게 알려졌느냐 하는 것과는 관계가 없습니다. 그 관계들 안에 하나의 특정한 공동체가 존재합니다.[17]

사람들은 그 관계들 안에서 서로 함께 살고 그 관계의 성격에 의해 특징 지어진 하나의 특정한 공동체를 유지합니다. 그 공동체가 주의 성령에 의해 생겨납니다. 성령은 주의 법에 권세를 부여하고 결과적으로 그것으로 인해 하나의 특정한 공동체가 그 특정한 관계 속에서 만들어집니다.

---

17 영역자 주: 네덜란드 명사 *gemeenschap*은 문맥에 따라 "교제," "공동체," 혹은 "성찬식"을 의미한다.

저는 여기서 성령의 사역이 반드시 어떤 관점에서 보여야 하는 것에 대한 질문은 곁으로 밀어 두겠습니다. 우리가 다루는 주제의 배경 속에 놓여 있는 모든 질문들을 제가 논의한다는 것은 불가능합니다. 그러나 분명한 것은 이 각 사회적 관계 안에 하나의 특정한 공동체가 존재한다는 점입니다.

아무튼, "교회와 국가"에 대한 주제를 다룸에 있어서, 우리는 특별히 교회와 국가의 그 두 사회적 관계들을 계속하여 고려해야 합니다. 저는 사람이 신자들에게 초점을 맞추게 하는, 제도로서의 교회를 먼저 생각하는 것이 아니라, 교회의 기관에 대한 것을 생각합니다.

또한, 저는 국가 안에서 발견되는 그 특정한 사람들의 공동체에 관한 것을 먼저 생각하는 것이 아니라, 그 조직 자체에 관한 것을 생각합니다. 그것을 통해서 시민 공동체 rechtsgemeenschap는 존재합니다. 오직 두 번째 자리에서 우리는, 한편으로는 신앙 공동체로서, 또 다른 한편으로는 시민 공동체로서 그들의 공동체 안에 있는 사람들에게 초점을 맞추어야 합니다.

이 사회적 관계들의 독특한 성격을 확립하는 것은 필연적이 될 것인데, 그래야 그들의 차이점들과 상호 관련성이 명료해질 것입니다. 자연적으로 이것은 순수하게 이론적 논술이 될 것입니다. 비법조인으로서 제가 야기될 실제적 질문들에 대한 평가를 표명할 수는 없을 것입니다.

그러나 그것이 이 사안에 대한 논의를 가치 없는 것으로 만들지는 않습니다. 삶을 드려다 보는 우리의 통찰력과 삶을 향한 우리의 태도를 위해, 우리가 특정한 질문들에 관련하여 분명한 평가를 형성한다는 것은 최고 중요한 것에 속합니다. 일반적으로 우리는 먼저 특정한 질문들로부터 그것들의 기초를 이루는 주 질문들로 나아가는데, 그것들이 삶 전체를 다스립니다.

더 나아가서, 우리가 실제적 어려움들을 논의하면서, 오직 우리가 주요 구분들을 명료하게 볼 수 있다면 안전하게 계속 진행하겠습니다. 그러면, 이것이 제가 여기에 상정한 제 주제에 대한 일종의 논술을 정당화시킬 것입니다.

1. 간략한 역사적 개관

우리는 결코 교회와 국가 간의 관계에 대한 역사의 간략한 개관을 빠뜨리지는 말아야 할 것입니다. 왜냐하면, 이것이 사안을 명료하게 하는 데 도움을 줄 수 있기 때문입니다. 그러나 그것은 아주 간략한 개관이 될 것입니다. 만일 여러분이 이것에 대해 더 알기를 원하시면, 제가 여러분에게 우리 가운데 있는 정치와 철학과 역사의 영역들에 전문가들이신 분들의 책들과 연설들에 제공된 비교적 간략한 개관들을 반드시 추천해 드려야 할 것입니다.

한편으로 저는 이교도들의 세계 속에 있는 종교와 종파들 간에 존재하는 관계와 다른 한편으로는 종교와 국가 간에 존재하는 관계를 옆으로 밀어 둘 것입니다. 교회가 신약의 시작에 세계적인 교회로 부상했을 때, 처음에 로마 국가의 태도는 적대적이었습니다. 그것은 콘스탄틴 대제가 332년에 즉위한 후에 바뀌었는데, 그때 기독교가 처음으로 허용되었고, 그 이후에 특권을 가진 종교로 인정되었습니다. 그때부터 신자들은 핍박에서 자유로워졌지만, 그것과 동시에 황제는 교회 위에 국가의 멍에를 지웠습니다. 그것이 **황제교황주의**caesaropapism로 알려진 것의 시작이었습니다.

이 기간 동안, 로마 제국의 서방에서 로마의 감독은 이미 교회 위에 위계적 권세를 행사하는 것에 대한 꿈을 꾸고 있었고, 그래서 그는 국가의 멍에에 순복하는 것을 거부했습니다. 국가와 관련하여 교회의 독립은 서방에서 보존되었습니다.

어떻든, 이렇게 하여 교회와 국가의 관계에 대한 질문은 처음으로 적법하게 논의되었는데, 특별히 서방에 있는 국가들이 샤를마뉴Charlemagne의 대서방 제국으로 합병될 때였습니다. 그 기간 동안 카롤링거 왕조의 국가-교회의 개념은 교황들의 교회-국가 개념들에 대항하여 논쟁했습니다. 이 충돌의 현저한 특징은 어느 편도 교회와 국가를 다른 것과 나란히 그 나름의 질서와 중요성을 갖고 있는 두 개의 독립체들로 인식하지 않고, 오히려 각 편은 그 나름의 방법으로 이 두 독립체들 간의 어떤 통일성을 얻기 위해 애를 썼습니다.

카롤링거 왕조는 자기들이 자기들의 제국 안에 하나님의 나라를 증진시킨다는 것을 가정하는 사상으로부터 착수했습니다. 이 사상을 그들은 교회를 위한 돌봄이 국가와 황제에게 속해 있었다는 것을 뜻한다고 이해를 했습니다. 그들은 교황들이 자신들을 그리스도를 위한 통치자들로 보았던 것만큼 자신들의 방법으로 자신들을 그리스도를 위한 통치자들로 보았습니다.

교황들은 자기들의 지배에 황제들이 순복하도록 애를 썼습니다. 진실로, 출발점은 '코르푸스 크리스티아눔' *corpus Christianum*, 즉 기독교 안의 제사장직과 왕권이 하나의 제국적 본질로서 협력할 것을 필요로 했었다는 사상입니다. 아무튼 두 개의 칼의 교리와 연관하여 교황은 황제의 영주로서, 군주의 지휘관으로서 기능했습니다.

처음에 루터가 이끌었던 종교개혁은 교회와 국가 간의 유대를 로마 가톨릭의 위계적 체제에 의해 태동되어 온 것으로 오해하여 절연했습니다. 그러나 루터의 종교개혁은 그 문제에 대한 해결책을 제공하지 않았습니다.

루터는 율법과 은혜에 대한 자신의 관점과 연관하여 삶을 두 영역들로 나누었습니다. 한 영역에서는 율법이 다스립니다. 다른 영역에서는 은혜가 다스립니다. 후자는 신앙의 영역이고, 거기에선 사람이 율법으로부터 자유합니다. 회중은 은혜의 영역에 속하는 반면, 위계적 체제의 조직으로서의 교회가 그러하듯이, 국가는 율법의 영역에 속합니다.

그러나 교회 안에서 다스릴 권세는 그 지역 위정자에게 양도되었습니다. 이렇게 하여, 위정자가 교회도 다스렸다는 의미에서, 교회와 국가 간의 외적 관계가 한 번 더 확립되었습니다.

칼빈은 교회와 국가 피차에 관하여 독립성을 두었습니다. 그는 이 방법 아니면 다른 방법으로 그 둘 다 사이의 통일성을 강요하는 시도를 배척했습니다. 그는 그 둘 다가 하나님의 말씀에 순복해야 하지만, 각각은 다른 하나로부터 독립된 그 나름의 과제가 있었다고 보았습니다.

그럼에도 그는 다른 한편으로 교회와 국가 간에 일종의 연결점을 찾았습니다. 위정자는 교회를 보호하고 증진해야 하는 한편, 교회는 교회의 직분자들을 통하여 하나님의 말씀을 위정자에게 알려야 했습니다. 추가로, 그는 국가 안에는 오직 하나의 교회만을 위한 여지가 있다는 사상으로 진행했습니다.

칼빈의 사상은 네덜란드에서 진전을 보였습니다. 특별히 교회와 국가 간의 밀접한 연결점을 포함하는 그의 사상이 그랬습니다. 네덜란드에서는 점차적으로 오직 개혁주의 종교만이 허용되었습니다. 사람들 역시 국가에 대하여 교회의 독립성을 유지하려고 시도했습니다.

그러나 그 결과는 사람들이 이 해방의 초기에 기대했던 것과는 달랐습니다. 우리나라 역시 정부가 교회의 사안들에 간섭했고 교회로부터 교회의 독립성을 강탈했습니다. 독일과 영국에서와 마찬가지로, 그 당시에는 여기 네덜란드에도 국가-교회가 생겨났습니다. 이 시기는 프랑스 혁명과 나폴레옹 시대까지 지속되었는데, 그때 교회와 국가 간의 연결점이 끊어졌습니다.

윌리엄William 1세가 다시 한 번 교회에 국가의 멍에를 메웠습니다. 윌리엄 2세는 교회 행정으로부터 물러섰지만, 교회와 국가의 관계에 대한 명확한 규제가 설정되지 않았으므로, 설득력 있는 규범에 대한 질문은 해결하기 어려웠던 문제의 하나로 계속 남게 되었습니다.

교회와 국가의 관계의 역사에 대해 더 많은 말을 할 수 있을 것입니다. 그러나 이 간략한 개략은 제가 즉시 언급할 수 있는 여러 가지 정보들을 우리에게 제공합니다.

2. 교회와 국가 간의 유사점들

이제 제 주제를 실제로 다루어야 할 때가 되었습니다. 저는 교회와 국가가 서로 비슷하고 특정한 합치를 보이는 네 요점들을 가정하려고 합니다.

1) 하나님의 법

교회와 국가 모두의 조직들은 하나님의 법 안에 기초하고 있고 그 법에 의해 다스림을 받습니다. 국가의 제도나 교회의 제도 어느 것도 인간의 고안으로 생겨나지 않았습니다. 역사의 과정 전반에, 국가는 자주 다른 형태를 띠어 왔지만, 국가 자체는 임의로 된 인간의 창작품이 아니었고, 사회계약의 수단으로 생겨난 것도 아니었습니다.

인간 삶 위에 있는 법의 통치[18]가 그것과 함께 역사의 이 죄악 된 세대 속에 국가의 기원을 초래했습니다. 국가 안의 위정자의 권세가 삶 위에 있는 복된 법의 통치에 기초하고 있습니다. 위정자 자신이 그 법에 순복하고 국가의 영역에서 그것을 시행해야만 합니다.

그 이유로 인해, 비록 우리가 왕들, 영주들과 위정자들이 하나님으로 말미암아 임명 받았다고 고백하지만, 역사 속에서 국가의 기원을 지적하는 것은 어려움으로 남게 될 것입니다. 아무도 정부의 제도를 찾기 위해 창세기 9:6 같은 데를 보아서는 안 됩니다. 인간의 삶 위에 있는 신적인 법적 질서의 통치는 역사의 과정 속에서, 하나님의 인도 아래 그리고 그의 뜻에 의해 국가의 기원과 위정자의 권세에로 이어졌습니다. 하나님의 의도에 따라, 신적인

---

[18] 영역자 주: 정치, 법학과 사회 정책의 맥락에서, 네덜란드 명사 "recht"는, 그것이 속해 있는 맥락과 언어학적 합성에 따라, "옳음," "정의," "법"을 뜻할 수 있다. 형용사로서 "recht"는 "옳은," "맞는," "적합한" 또는 "합법적"뿐만 아니라, "시민의" 혹은 "시민다운"을 뜻할 수 있다.

법적 질서가 국가의 시민 질서 안에 특정한 표현을 얻게 되었습니다.

유사하게, 교회의 제도와 교회 안에 있는 직분들의 권세는 하나님의 법에 기초하고 있습니다. 나중에, 제가 교회와 국가 간의 차이점을 설명할 때, 한편인 국가의 법과 다른 한편인 교회의 법 간의 구별을 반드시 지적해야 할 것입니다. 또한 저는 교회의 제도가 하나님의 법에 기초하고 있고 하나님의 법에 의해 다스려진다는 주장이 칼빈주의 사회들 안에서 의심될 문제가 될 수 없다는 것을 보여 줄 필요가 있을 것입니다.

교회의 조직과 국가의 조직 모두 인간의 삶 위에 있는 하나님의 법의 통치로 말미암아 존재합니다. 하나님의 법이 그 권세를 소유하고 있는 것은 그리스도의 십자가의 결과입니다. 물론, 법이 죄 때문에 그 정당성을 잃어버린 것은 아닙니다. 그러나 죄의 귀결로, 법은 사망 외에 아무것도 할 수 없습니다. 예수 그리스도의 십자가로 말미암아 법은 한 번 더 인간의 삶을 위한 복으로 지정될 수 있습니다. 따라서 국가와 교회 모두 그리스도의 십자가의 열매입니다.

2) 교회와 국가 안의 공동체들

국가와 교회 모두 안에 특정한 공동체가 존재합니다. (나중에 국가의 공동체와 교회의 공동체 간의 구별을 분간하는 것이 제 과제가 될 것입니다마는 지금은 단순히 유사점과 합치점을 확인하고 있습니다.) 국가와 교회 모두 안에 그 공동체를 창조하는 것은 성령의 역사입니다. 성령으로 말미암아 법이 그런 권세를 행사하는데, 그것으로 말미암아 사람들의 공동체가 존재하게 되어집니다. 이 복된 법의 역사가 없이는, 따라서 성령의 능력 없이는 단순히 흩어짐이 있을 뿐입니다. 법을 통하여 어떻게 하든 사람들을 함께 묶어 두는 분은 성령이십니다.

따라서 저의 처음 논제와 관련시키면, 성령은 반드시 그리스도의 영으로서 이해되어야 합니다. 만일 법이 오직 그리스도의 십자가만을 통하여 그의 복된 역사를 실행할 수 있다면, 그 목적으로 성령을 주신 분도 그리스도이십니다.

따라서 국가와 교회 모두 그리스도의 구속 사역의 영향을 받습니다. 예수 그리스도로 말미암아 사람들은 구속을 받고, 심지어 그 공동체가 죄가 없었다면 나타내 보였을 수도 있는 것과는 다른 형태들을 선택한다 하더라도, 그들의 공동체 안으로 회복됩니다. 예수 그리스도로 말미암아 아무도 하나의 추상적 개인으로서 구원 받지 않습니다. 오히려 항상 하나의 공동체의 한 성원으로 구원 받습니다.

국가 안에 신자들과 불신자들이 함께 거주한다고 해서 실상이 우리로 하여금 국가가 하나님 앞에서 사람들의 구속과 회복에 초점을 맞추고 있다는 사실에 대한 시각을 잃도록 이끌어서는 안 됩니다. 범죄와 부정을 처벌하는 위정자의 칼은 단순히 불의를 억제하고 막는 것이 아니라, 사람들에게 의를 가르치는 것을 그것의 주 목표로 가지고 있는데, 그것이 하나님 나라의 의입니다.

따라서 이렇게 하여 국가와 교회는 모두 하나님 앞에서, 한편으로는 그것의 시민 공동체 안에서, 다른 한편으로는 그것의 신앙 공동체 안에서 인류의 구원과 회복을 위한 하나님의 손에 있는 도구들입니다.

불신자들 역시 국가의 시민 공동체 안에 살고 있고 위정자의 권세에 의한 다스림을 받는다는 사실은, 비록 그들이 하나님의 의를 배우지 않는다 하더라도, 국가의 목표를 철폐하지 않습니다. 국가 안에 불신자들의 삶을 위한 복이 있습니다.

그러나 이 복을 분간하기 위해 저는 **일반은총**이라는 말을 사용하고 싶지 않습니다. 왜냐하면, 그 복은 일반적이지 않고 은혜도 아니기 때문입니다. 국가 안에 있는 불신자들에게 주어진 복은 국가 안에 있는 신자들을 위해 준비된 복과 질적으로 구별되고, 따라서 일반적이지 않습니다. 추가로 그 복은 불신자를 위한 은혜도, 죄책을 용서하는 은총도 결과하지 않습니다. 이는 하나님이 그 은혜를 오직 자기의 사람들에게만 보여 주시기 때문입니다.

3) 그리스도는 교회와 국가 위에 왕이시다

선행되고 있는 개념들 모두와 연관된 것은 그리스도가 교회 위에뿐만 아니라 국가 위에도 왕이시라는 주장입니다. 누가 이전의 요점들 모두에서 주장되어 온 것을 수용한다면, 이 주장은 이미 명료해질 것입니다.

추가로, 이 주장은 우리를 위해서 문자적으로 성경에 진술되어 있습니다. 제가 APR 정당 회의에서 "그리스도와 위정자"에 관하여 연설했을 때 이 주장을 했습니다. 여기서는 제가 요한계시록에 있는 그리스도가 지녔던 칭호, "땅의 왕들의 통치자"에 대한 언급만 하려고 합니다.

그러므로 국가와 교회 모두에서 그리스도의 법이 반드시 인정되어야만 합니다. 그리스도의 법은 다름 아닌 하나님의 법입니다. 산상수훈에서 그리스도가 주신 법은 다름 아닌 십계명의 법입니다. 세상의 창조 때, 하나님의 법은 모든 피조물을 다스리는 원리가 되도록 영원한 말씀에 의해 지정되었고, 성육신하신 말씀에 의해 인간의 삶 위에 그것의 복된 통치력을 회복 받았습니다.

산상수훈에서 그것들은 그리스도의 왕국에 적용하실 때, 그리스도는 다름 아닌 십계명을 옳게 해석해 주신 것입니다. 그리고 그의 왕국은 국가의 시민 공동체를 포함하여, 인간 삶의 모든 것을 포함할 것입니다.

따라서 이렇게 하여, 하나님의 법인 그리스도의 법은 하나님의 말씀으로부터뿐만 아니라 하나님의 모든 사역들로부터도 알려지도록 되어 있습니다. 위정자가 예수 그리스도를 섬기고 순종해야만 한다는 것은 그가 반드시 하나님의 말씀에 있는 그의 계시만 고려해야 한다는 것을 뜻하지 않습니다. 모든 피조물과 세계 역사는 위정자를 가르칠 많은 것을 갖고 있습니다. 그리스도가 아버지의 이름으로 역사를 이끌고 계시기 때문에, 위정자는 역사와 전통을 온전히 고려해야만 합니다.

4) 죄로 인한 현행의 형태들

교회와 국가 모두 죄로 인해 그 현재 형태로 존재합니다. 이것이 국가에 대해서는 사실임이 매우 힘 있게 우리 가운데 끊임없이 변호되었습니다. 그러나 동일한 것이 교회에도 적용됩니다. 이것에 연관해서 특정한 구별이 필요합니다. 죄를 떠나서라도, 시민 공동체는 사람들 가운데 존재해 왔을 것입니다.

혹자는 거기에 정의를 시행하게 하거나 혹은 구성하게 하려는 권세 있는 제도 역시 있어 왔을 것인가라는 질문에 대해 논쟁할 수 있습니다. 저는 그 질문을 해결할 필요가 없습니다.

현재 국가 안에 존재하고 있고, 정부의 칼에 의해 유지되고 있는 대로의 시민 질서는, 우리의 고백에 따르면, 죄로 인해 주어진 것이었습니다. 그와 같은 사람들의 시민 공동체는 죄와 상관없이 존재합니다. 어떤 차원의 이 시민 공동체가 국가의 시민 질서를 통하여 유지되고 있다는 사실은 죄와 연관됩니다. 그래서 국가 안에는 무언가 애매한 것이 있습니다. 현행의 국가 안에 있는 위정자의 권세는 대체로 그리스도께 주어진 현세적 권세와 연관되어 있습니다.

동일한 것이 교회에 대해서도 사실입니다. 종교 공동체는 죄와 상관없이 존재해 왔을 것입니다. 화해의 말씀이 설교되고, 성례들에 의해 확증되며, 직분들이 특정한 권위를 소유하고 있으며, 권징이 시행되는 현재 존재하는 교회 공동체는 죄와 연관하여 존재합니다.

그 관점으로부터 우리가 그의 교회 위에 있는 그리스도의 왕권을 본다면, 우리는 먼저 이 세상에서 그의 왕국을 추구하고 죄를 정복하기 위해 아버지가 그에게 주신 현세적 권세를 생각합니다. 따라서 교회에서도 우리는 동일한 모호성과 부닥치게 됩니다.

3. 교회와 국가 간의 상이점들

교회와 국가의 유사한 네 가지 특징들을 확인했으므로, 이 네 가지 각각의 말들로 우리는 둘 간의 차이점을 반드시 확인해야 합니다.

1) 하나님의 법을 아는 것의 원천

교회의 제도가 기초하고 있고 그것에 의해 다스림을 받고 있는 법은 우선적으로 성경으로부터 알려진 것인 반면, 국가의 기초와 다스리시는 원리로서 역할을 하는 법은 우선적으로 창조와 역사로부터 알려진 것입니다.

저는 일찍이 하나님의 손의 작품 속에 있는 하나님의 계시가 말씀의 계시의 빛을 떠나서는 결코 순결하게 알려질 수 없다는 것을 설명했습니다. 그것이 국가의 법을 위한 우선적 지식의 원천이 그의 작품 속에 있는 하나님의 계시라는 것을 부인하는 것은 아닙니다. 하나님의 말씀은 다만 몇 개의 지침들을 제공합니다. 그러나 이것들은 결정적입니다.

제가 한편으로 교회를 위한 법에 대해서, 또 다른 한편으로 국가를 위한 법에 대해 말할 때, 그렇게 하는 것이 하나님이 온 세상을 순복하게 한 오직 하나의 법이 있다는 것을 부인하는 것이 아닙니다. 그러나 그 한 법은 우리의 다양한 삶의 표현들과 연관하여 개별화 되었습니다. 우리의 신앙생활을 위한 법은 하나의 하나님의 법이 우리의 시민 생활을 위한 법들과는 달리 개별화 된 것입니다.

하나의 하나님의 법이 예수 그리스도에 의해 회복이 되어 모든 삶 속에 복을 가져오게 되었지만, 그것이 다른 삶의 표현들을 위한 그것의 개별화를 폐기하지는 않았습니다. 예수 그리스도에 의한 그것의 회복이 인간의 삶을 억제하지도, 어떤 구별들을 제거하거나 다른 삶의 표현들이 같이 섞이는 것을 유발하지도 않습니다. 따라서 만일 혹자가 국가와 교회 모두의 존재를 그리스도의 십자가의 열매로서 본다면, 그 사람은 더 이상 둘 간의 구분을 계속하여 고려할 수 없다고 미리 논쟁할 수는 없을 것입니다.

교회의 법이 우선적으로 말씀-계시로부터 알려질 수 있는 반면, 국가의 법은 우선적으로 하나님의 작품 속에 있는 하나님의 계시로부터 알려질 수 있다는 것은 반드시 이 제도들 각각의 성격과 목적에 관련되어야 합니다.

교회는 그 목적을 하나님과 그 백성들 간의 만남에서 찾기 때문에, 교회에서 우리는 하나님과 그 백성들 간의 만남의 장막을 보게 됩니다. 그 만남은 하나님이 자신의 말씀으로 자신의 백성들에게 말씀하시고 그 백성들이 고백과 기도로 응답하는 방법으로 존재하게 됩니다. 이것이 그 백성들 가운데 신앙이 창조되고 강화되는 방법이며 주의 이름이 찬양을 받게 되는 방법입니다. 저는 이것을 한마디로 말할 수 있습니다. 교회의 목적은 그것의 **종교 의식***cultus*, 즉 예배에 있습니다.

이 만남은 절대적으로 그의 말씀으로 하나님이 말씀하시는 것에 의존하기 때문에, 이 예배의 방식과 그 만남을 위한 법들 역시 반드시 그의 말씀에서 공급되어야 합니다.

그러나 국가에서는 사람들의 시민 생활이 구체적 차원의 용어들로 규정되어 있습니다. 분명히 우리는 우리 삶의 표현들에 대한 사법적 차원의 용어들에서도 주를 섬겨야만 합니다. 우리가 살고 있는 각 관계는 하나님과 우리의 관계에 의해 다스려집니다. 이것이 우리가 왜 사법저 영역에서도 말씀-계시의 빛 없이는 살아 갈 수 없는지를 설명합니다.

그럼에도 세상 안에서 우리의 관계를 다스리는 것은 정의입니다. 국가가 관계하고 있는 것이 정의입니다. 그러므로 국가의 옳은 시민 질서는 우선적으로 이 세상으로부터 알려진 것입니다.

이 국가와 교회 간의 구분은 사람들이 국가는 그 존재를 일반은총에 빚지고 있고 교회는 그 존재를 특별은총에 빚지고 있다고 말할 때 사람들이 만드는 구분과는 다른 것입니다. 하나의 하나님의 법의 회복이 인간의 삶 모두에서 복을 가져오는 것은 예수 그리스도 때문입니다. 아무튼, 그것과 연관하여, 그 하나의 하나님의 법의 개별화가 반드시 고려되어야 합니다.

2) 이 공동체들의 본성들

교회 안에 존재하게 된 공동체는 국가 안에 존재하는 공동체와 다릅니다. 교회에서, 예수 그리스도를 믿는 교제의 공동체와 그리스도 안에서 하나님을 예배하는 교제의 공동체는 말씀의 사역으로 깨어납니다.[19]

그러나 국가의 시민 질서로 말미암아 하나의 법적 공동체가 겨우 확보됩니다. 그런데 의심할 것도 없이 이 시민 공동체는 예수 그리스도의 신앙 공동체를 통하여 복을 받습니다. 후자가 없이는, 정의가 언제나 불의와 강요와 학정으로 쇠퇴할 위험이 있습니다. 복음은 국가 안에서 통치를 달성하고, 결과적으로 불의와 힘의 학정을 정복한 정의를 통하여 국가 안의 인간의 삶도 복을 주고 해방시켜 왔습니다.

택한 자들을 위한 예수 그리스도로 말미암는 하나의 하나님의 법의 회복에 불신자들을 위한 복도 있다는 것은 여전히 사실입니다. 그러므로 심지어 이교도의 세상에서도 국가는 여전히 가능하고, 한 국가 안에 신자들과 불신자들은 하나의 특정한 종류의 시민 공동체 안에 살 수 있습니다.

---

19 여기서 우리가 제도로서의 교회에 대하여, 그리고 우리가 교회에서 갖고 있는 하나님의 말씀을 믿는 신앙으로 말미암는 교제 공동체에 대하여 말한다는 것을 기억하라. 말씀으로 말미암는 성령의 사역 뒤에 그가 직접적으로 우리의 마음 속에 수행하는 사역이 있다.

교회에 신앙 공동체가 존재하게 되었기 때문에, 예수 그리스도를 믿는 참 신앙으로 말미암는 그런 교제가 없이 하나의 특정한 교회를 유지한다는 그런 것은 어리석습니다. 교회 안에서 불신자가 되겠다는 자들을 향해서는 반드시 권징이 시행되어야 합니다. 이렇게 하여 교회 안에서의 교제는 영화롭게 된 상태의 새로운 인류가 갖는 영원한 교제의 예표입니다.

그러나 국가의 활동의 목적은 하나의 특정한 시민 질서에 있습니다. 이것이 왜 정부가 신앙에 대한 질문을 해결하기 위해 정부의 복수의 칼을 사용할 수 없고, 오직 시민 질서가 손상되었을 때만 사용할 수 있는지를 설명합니다. 정부가 모든 우상 숭배와 거짓 예배에 저항하고 근절하려고 해야 한다는 것은 국가의 성격과 목적에 부합하지 않습니다.

이것에 연관된 또 다른 것이 있습니다. 신앙—그리고 신앙으로 말미암는 마음의 교제—는 어떤 특정한 땅을 소유하는 것과 묶여 있지 않습니다. 그것은 옛 언약의 경우였습니다. 물론 거룩한 땅의 소유는 신자들이 땅을 기업으로 받게 될 것이라는 약속의 표적입니다. 이렇게 하여 그 약속은 온 땅의 소유에 대한 신앙에 주어졌습니다. 그러나 정확하게 바로 그 이유 때문에, 교회는 민족적이 아니라 세계적 ecumenical입니다.

물론 국가의 시민 질서는 하나의 특정한 땅의 소유를 전제합니다. 이 시민 질서는 특정한 영토의 경계들에 묶여 있습니다. 이것이 국가들이 서로 반드시 유지해야 하는 교제와, 그 교제를 국제적 법령을 통하여 표현하도록 할 의무를 부인하는 것은 아닙니다. 만일 다양한 국가들이 그것을 부인한다면, 그리고 그들 자신의 존재에 대한 자족함을 선포한다면, 그렇게 함으로 그 국가는 즉시로 마귀적 특성을 취하려는 것이 됩니다.

어떻든 국가는 그것의 영토의 경계들을 인정합니다. 국가-교회 혹은 교회-국가의 의미에서의 국가와 교회의 통합은 국가와 교회 둘 다의 독특한 특성을 오해하는 것입니다.

국가 안에 하나의 특정한 시민 공동체가 유지되고 있다는 것과 이 시민 공동체가 신앙 공동체가 되지 않고도 존재할 수 있다는 사실이 우리가 시민 공동체를 성령의 사역의 하나로 보는 것을 막지 않습니다. 사람들이 함께 정의에 순복할 때, 그것은 법을 이끌어 그들의 삶 위에 지고한 것으로 세우는 그리스도의 영의 권세로 말미암아 일어납니다.

3) 예수 그리스도가 왕으로서 통치하시는 방법들

예수 그리스도는 국가와 교회 모두 안에서 왕이십니다. 그러나 이것들 각각에서 그는 다른 방법으로 통치하십니다. 교회에 신앙과 예배의 공동체가 존재하게 된다는 사실과 연관하여, 우리는 예수 그리스도가 그의 말씀과 성령에 의해 통치하시고, 권징은 오직 영적 방법으로만 시행되었다는 것을 알게 됩니다. 그러나 정확하게 교회 안에 신앙 공동체가 있다는 것과 그로 인해 교회가 새 인류의 영원한 교제에 대한 예표라는 것 때문에, 교회 안의 죽은 지체는 반드시 끊김을 당하고 금령에 의해 그 공동체로부터 배제되어야 합니다.

국가 안에서는 법에 대한 순복이 칼로 강요됩니다. 국가는 특정한 시민 공동체를 유지하기 위해 섬기기 때문에, 거기서 그리스도는 다른 수단을 통하여 통치하십니다. 강요적 권위로서 위정자의 권위는 질적으로 교회 안의 직분자의 권위와 구별됩니다. 그리고 그는 범죄를 다른 형벌들로 처벌합니다. 이 정의 유지 속에는 항상 외적인 어떤 것이 있습니다. 많은 사람이 신적 정의로서의 정의 앞에 머리를 숙인 적이 없는 위정자들에 대하여 결백할 수 있을 것입니다.

이 마지막 진술로 오직 그 시민 모두가 하나님의 연고로 법 앞에 머리를 숙일 때만 국가는 그 궁극적 목적에 도달하게 될 것임을 우리가 부인하는 것이 아닙니다. 그것은 예수 그리스도가 국가 위에도 역시 왕이시라는 사실과 관계가 있습니다. 그는 "이 시대," 즉 그의 재림에 선행하는 시간 동안에 일시적으로 여전히 자신의 권세를 자신의 은혜의 구원과 승리를 위해 억제하고 있습니다. 이것이 어떻게 하나의 특정한 시민 공동체가 신적 정의로서의 정의에 순복하는 태도가 부재하는 동안에도 존재할 수 있는지를 설명합니다.

사람들은 중세 시대에 교회와 국가 간의 이 구분을 보는 안목을 상실했는데, 그때에 그들은 한편으로 교회-국가의 이상을, 다른 한편으로 국가-교회의 이상을 추구했었습니다. 그러한 교회와 국가의 통합으로, 그 둘 다 위의 권세는 반드시 교황의 손이거나 황제의 손이거나, 한 손에 쥐어져 있는 것으로 이해되어야만 했습니다.

사람들의 마음과 삶 위에 그러한 강제적 권세가 존재했을 때, 그 권세를 행사하는 사람은 그리스도를 위한 지상의 대리인으로 이해되어야만 했습니다. 교황들과 카롤링거의 왕들 모두가 자신들을 그리스도의 위정자들로 보았습니다.

4) 죄로 인한 모호성의 차이들

우리가 국가와 교회 둘 다 안에 있는 얼마의 모호성을 살펴보았습니다. 그들 각각 안에 죄와 상관없이 존재할 수도 있었던 무언가가 있었습니다만, 현행의 각 조직들은 죄와 연관되어 있습니다. 이 점에서 우리는 반드시 그 중요성에 대해 좀 더 분석해야 합니다.

교회 안에서 우리는 예수 그리스도를 믿는 신앙 공동체의 나타남을 발견합니다. 거기서 우리는 죄와 상관없이 존재했을 수도 있고 예수 그리스도 안에서 회복되어 온 예배를 드립니다. 따라서 아무도 우리가 교회 안에서 하나님의 나라의 나타남을 알게 된다는 것을 의심할 수 없습니다. 하나님의 나라는, 일시적이고 현세적인 그리스도의 왕권에 관련된 교회의 조직

속에는 그 자체를 그리 많이 나타내지 않지만, 그 조직과 연관되어 존재하는 신앙 공동체 안에는 많이 나타내고 있습니다.

국가 안에서도 유사하게, 죄와 상관없이 존재했을 수도 있는 시민 공동체가 있습니다. 그 시민 공동체는 단지 현재의 국가 안에 있는 시민 질서를 통하여 특정한 차원과 특정한 방식이라는 측면에서 유지됩니다. 그러나 시민 공동체 자체는 죄와 연관되어 있지 않습니다. 그것도 다시 예수 그리스도로 말미암아 회복되었고, 특정한 의미에서 그것이 국가 안의 시민 질서를 통하여 유지되고 있다는 사실은 그의 십자가와 왕권의 열매입니다.

하나님의 나라의 나타남 역시 국가 안에서 보일 수 있습니까?

그 나타남은 단지 현세적이고, 교회의 조직과 반대되는 것과 같은 조직에서는 결코 찾아서 안 된다는 규정이 성경에는 없습니다. 마찬가지로 하나님의 나라는 항상 국가의 보호 아래 유지되고 있는 시민 공동체 안에 나타나 왔다고 주장될 수도 없습니다.

어떻든 그런 시민 공동체가 이교도들 가운데 역시 존재합니다. 오직 위정자가 하나님의 주권을 자신의 권위의 원천으로서, 예수 그리스도를 역시 국가의 왕으로서 인정할 때만 그리고 오직 그 한도까지만, 정부가 스스로 하나님의 말씀의 빛에 의해 인도되는 것을 허용하는 한도까지만, 그리고 국가 안에 있는 백성이 자원하여 신적 정의로서 정의 앞에 머리를 숙이는 그 한도까지만 국가 안에 있는 그 시민 공동체에 하나님의 나라가 도래한 것입니다.

이 주장에 반대하여 누구도, 종종 일어나는 것처럼, 다음의 주 예수 그리스도의 말씀으로 반대해서는 안 됩니다.

> 내 나라는 이 세상에 속한 것이 아니니라 만일 내 나라가 이 세상에 속한 것이었더라면 내 종들이 싸워 나로 유대인에게 넘겨지지 않게 하였으리라 이제 내 나라는 여기에 속한 것이 아니니라(요 18:36).

사람들은 이 말들로 그리스도가 그의 왕국과 지상의 왕국들과 같은 것 간에 대립을 가정한다고 제안하기 위해 이 반대를 제기합니다. 만일 그것이 그렇다면, 아무도 기독교 국가에 대해 말할 수 없습니다. 그러나 이 가정은 이 말씀들에 대한 잘못된 주석에 기초하고 있습니다.

위에 인용된 말씀들로 그리스도가 말씀하시는 것은 무엇입니까?

> 내 나라는 그 단어들이 문자적으로 진술하고 있듯이, 이 세상 안으로부터, 혹은 이 세상으로부터 존재하게 된 것이 아니다. 그것은 그것의 반대적 특성을 가진 이 현재 세상으로부터 기인하지 않는다. 만일 이 세상으로부터 난 것이라면, 나의 종들이 매 기회마다 나를 위해 싸워 왔을 것이다. 왜냐하면, 스스로 하나님으로부터 해방되었다고 생각하는 세상 안에서는 자기 보존의 정신이 통치하기 때문이다. 그러나 나의 왕국에서는 사람들이 자신들도 자신들의 권리들도 보존하지 않는다. 오히려 나의 왕국은 오직 하나님의 권리들을 보존하는 것을 수반한다.

그 권리들을 방어하기 위해, 마치 그리스도가 제물로 자신을 드린 것처럼, 가끔 자기희생이 필요할 수 있습니다. 하나님의 나라 안에서는 누구나 자기 자신을 위해 악에 전혀 저항하지 않을 수도 있습니다. 오히려 그 왕국 안에서는 누구나 반드시 하나님을 위해, 그리고 그의 왕국의 의를 위해 악에 저항해야만 합니다.

이렇게 보면 왕국들이 세상으로부터 생겨나기 때문에 그리고 그 한도까지, 하나님의 나라는 진실로 그것들과 상충되지만, 그러하기에 그 왕국들과 상충되지 않을 수도 있습니다. 따라서 국가 안의 삶이 하나님께 성별되었다면, 그 국가는 하나님의 나라의 도래에 유용하게 될 수 있습니다.

이것과 연관하여, 누구나 반드시 모든 종류의 완전주의, 예를 들면, "성자들의 의회"[20]의 꿈으로 표현되는 것 같은 완전주의를 경계해야 합니다. 심지어 그 국가가 기독교 국가라고 불려질 수 있고, 그 안에 하나님의 나라의 어떤 것이 나타난다 할지라도, 신자들과 불신자들의 사회는 계속하여 한 국가 안에 존재하며, 심지어 신자들 가운데도 여전히 하나님의 의 앞에 자원하여 머리를 숙인다는 면에서는 결핍된 것이 많습니다.

그러므로 국가와 교회 모두 안에 하나님의 나라가 나타날 수 있습니다. 그러나 결코 이것 아니면 저것이 하나님의 나라의 독단적인 나타남으로 이해되어서는 안 될 것입니다. 불가피하게 그런 견해는 항상 국가를 교회에 순복시키는 것으로 나아가게 하거나, 국가 안에 있는 교회를 합병하여, 그것으로 교회가 국가에 굴종하도록 만듭니다. 교회와 국가는 반드시 각각 그들 자체의 제도라는 측면에서 인식되어야 합니다. 이 요점까지 말해진 것에서, 교회와 국가 간에 연관성이 있다는 것 역시 분명합니다.

국가에 대한 교회의 중요성에 관하여는, 다음을 반드시 주목해야 합니다.

첫째, 교회를 통하여, 모든 삶 위에 있는 그리스도의 왕권과 함께, 모든 권위의 원천으로서 하나님의 주권은 반드시 계속하여 전파되어야 합니다.

둘째, 교회에서 말씀의 시행을 통하여, 위정자의 소명에 빛이 비춰져야 합니다. 위정자가 하나님의 말씀에 묶여 있는 것은 교회에 의해서가 아니라 그의 양심에 의해서이기 때문입니다. 그러나 교회에서 하나님의 말씀이 개방되어 있고 이 말씀의 시행이 시민들과 위정사의 통찰력을 위해 매우

---

20 영역자 주: 이 의회는 Oliver Cromwell이 잔부 의회(Rump Parliament)를 해체한 후, 1653년 7월에 소집했다. 그것은 부분적으로 군대 지휘관들에 의해서, 그리고 부분적으로 "경건한 사람들"의 회중들에 의해서 선택된 140명의 회원으로 구성되었다. 초기에 성자들의 의회로 알려졌으나, 후에 그것의 경건한 지도자들의 한 사람을 따라 "하나님 찬양"(Praise-God) Barbon, 혹은 Barebones(c. 1596-1679)이라는 별명이 붙여졌다.

중요하다는 사실은 남아 있습니다.

셋째, 하나님의 정의의 거룩성은 모든 사람에게 장황하게 설명되어 있어서, 사람들은 하나님을 위해 그 정의 앞에 머리를 숙일 것입니다. 이렇게 하여 교회와 교회의 설교는 국가의 삶을 보존하기 위해 최고로 중요한 것이 됩니다.

다른 한편, 국가는 반드시 교회를 그 자체의 질서와 함께 하나의 독립체로 인식해야 하고, 교회가 공공의 삶 속에서 기능하는 한도까지, 국가가 교회를 보호할 수 있어야만 합니다. (여러분은 이 마지막 사안에 대한 논의에서 제가 평소 같지 않게 간략한 것을 허용하시기 바랍니다. 왜냐하면, 이제 저는 제가 장황하게 더 설명하고 싶지 않은 영역에 들어와 있기 때문입니다.)

저는 간단히 국가가 왕으로서의 하나님과 예수 그리스도의 주권을 인정할 것을 거부하고, 그 자체의 화려한 권세를 숭배하며, 자족함으로 주를 대적하여 거역하는 중대한 위험에 직면한다는 것에 주목함으로써 결론지으려고 합니다.

그 미래 역시 우리에게 예언되어 왔습니다. 그때에 국가는 한층 더 마귀적 특성을 띠게 될 것이고 그리스도는 언젠가 국가와 그 삶에 대한 자신의 심판으로 승리하실 것입니다. 우리는 국가와 그 삶의 성화를 위해 싸우도록 부름을 받았는데, 이는 교회와 국가가 하나님의 나라의 증진을 위해 협력하도록 하기 위한 것입니다.

그것은, 심지어 우리의 역사가 인간의 손들에 의해 파괴되는 것을 우리가 보게 된다 하더라도, 우리가 반드시 끝까지 수행해야만 하는 소명입니다. 끝까지 견인하는 자가 구원 받을 것입니다.

제5장

이중 시민권, 이중 윤리?
문화 속의 그리스도인에 대한 두 왕국 관점을 평가함

티머시 슈어스 Timothy R. Scheuers 박사

신실한 그리스도인들은 "내가 그리스도인으로서 공적 영역에서 어떻게 살아야 하는가?"라는 질문에 균형잡힌 대답을 찾고 있다. 이 질문은, 복잡하고 의심할 것도 없이 다면적인 응답의 가치가 있는 반면, 성화된 신자의 가장 실제적이고 매일의 관심사들을 자극한다.

하나님의 백성들은 문화적 활동과 그리스도인의 관점의 관계를 중요하지 않거나 심지어 존재조차 하지 않는 것으로 보기보다는 없어서는 안 될 것으로 보는 것으로 정당화되는가?

아니면, 제이슨 스텔만 Jason Stellman 이 우리의 성경적 세계관을 문화의 영역에 적용하는 것은 문화를 "신성화하고" 기독교 신앙을 "하찮은 것으로 만든다"고 강조했을 때, 그는 옳은 것인가?[1]

간략하게 교회사를 살펴보면 그리스도인이 그리스도와 문화, 성경과 공적 삶을 관련짓기 위해 채택해 온 다양한 전형들이 나타난다. 어떤 사람들은 그리스도의 문화를 두 개의 경쟁적 권위들로 간주하여 손을 대지 않는 접근법을 취해 왔다. 많은 사람은 자연적으로 그들의 때의 문화적 형태를 흡수하면서 그것들에 대한 평가를 거의 하지 않거나 비판적 평가를 제공하지 않았다.

---

1 Jason Stellman, *Dual Citizens* (Orlando: Reformation Trust, 2009), 32.

폭넓은 복음주의 집단들 내에서 "대안적 기독교 문화"의 공식화가 인기 있는데, 공적 영역에서 그리스도의 추종자로 사는 것은 그들의 세상적 파생물로부터 적법한 문화적 형태들을 "회수하여" 그것들을 기독교 하부 문화의 안전한 경계 안으로 들여오는 것이라고 제안한다.

유감스럽게도, 많은 그리스도인이 그리스도인들로서 세상과 모든 면에서 연관되어 있는 반면 그리스도인들로서 구별되게 사는 것을 추구하는 데는 모든 점에서 의기소침해 왔는데 이는 많은 사람이 "문화의 절정의 지휘" (이 어구는 칼 마르크스Kal Marx에게서 기원한다)를 통제하고 있고 기독교적이라고 표시된 것은 무엇이든 "2류의, 당파적, 특별한 간청의 경우"로 여겼기 때문이다.² 리처드 뉴하우스Richard Neuhaus는 공적 삶에 관한 이 기독교적 무력감을 적절하게 진단한다.

> 너무 많은 그리스도인이 배양된 기독교의 경멸자들에 의해 조장된 그 견해를 내면화해 왔다. 그들은 자신들을 기독교 하부 문화의 삶에 맡기고, 가련하게도 최고 지휘의 위치에 있는 자들의 식탁에서 떨어지는 칭찬의 빵부스러기를 받을 때 만족해했다. 다른 그리스도인들은 가련하게도, 그들이 지나치게 기독교적이 되지 않기로 약속한다는 것을 의미하는 "선행에 근거하여" 식탁에 한 자리가 주어졌을 때 만족해했다."³

고백적 개혁교회들의 다양한 목사들과 장로들은 현재 그리스도와 문화, 성경과 공적 삶, 그리스도인과 직업 간의 관계에 관한 구별되는 인식의 틀을 전파한다. "두 왕국 관점"이라고 불리는, 사회적 사상 속의 이 발전은

---

2   Richard John Neuhaus, forwarded to T. M. Moore, *Culture Matters* (Grand Rapids: Brazos Press, 2007), 8.
3   Neuhaus, *Culture Matters*, 8.

어거스틴에게까지 거슬러 올라가는 신학자들의 관점을 대표한다고 주장한다. 두 왕국 교리는 하나님이 모든 인간 제도들과 노력들을 통치하시지만 아주 구별된 두 방법들로 하신다는 것을 강력히 주장한다.[4]

이 관점에 따르면, 하나님은 그의 교회를 예수 그리스도를 통하여 구속주로서 통치하신다. 따라서, 교회는 하나님의 "영적 왕국"이다. 그는 교회 밖의 국가와 다른 모든 사회적 제도들 역시 통치하신다.

그러나 그는 이 "시민 왕국"을 구속주로서가 아니라 단지 창조주와 보존자로서 통치하신다. 두 왕국 관점은 의미심장하게 자연법의 중요성을 강조한다. 그것은 하나님이 각 개인의 마음 위에 그의 도덕법을 기록하셨으므로 모든 사람은 "그들의 기본적 도덕적 의무들에 대한 지식[과] 시민법의 발전을 위해 보편적으로 접근할 수 있는 표준"[5]을 갖고 있다는 것이다. 이 자연법은 시민 왕국에서 그리스도인과 불신자 모두의 삶을 위한 도덕적 기준을 제정한다.[6]

실제적으로 말하면, 두 왕국 관점은 그리스도인들이 하나님이 정하신 두 별개의 왕국들의 시민들이다. 그러므로 신자는, 그가 시민 왕국에 참여할 때 성경에 호소하는 것 없이 엄격하게 "공통된" 방법으로 문화적 노력들을 성취하는 반면, 교회적 또는 영적 왕국에서는 성경의 구속적 redemptive 법전에 순복한다.[7]

본 장의 목적은 이중적이다. 그리스도와 문화에 연관하여 성경 전체의

---

4   David VanDrunen, *Natural Law and the Two Kingdoms* (Grand Rapids: Eerdmans, 2010), 1.
5   VanDrunen, *Natural Law and the Two Kingdoms*, 1.
6   VanDrunen, *Natural Law and the Two Kingdoms*, 2.
7   필자는 두 왕국 관점의 신봉자들 중에 미미한 합의가 존재한다는 것을 알고 있다. 본 장은 (인기적이든 학문적이든) 어떻든 자신들이 두 왕국관에 공감한다는 다양한 신학자들의 관점들로부터 추론한다. 두 왕국 관점의 발전이 여전히 진행 중에 있지만, 그 지지자들은 그들이 말하는 것과, 마찬가지로 그들이 그들의 사회적 인식의 틀로부터 추론하는 것의 함의들에 대해 직접적으로 책임이 있다.

정경이 묘사하는 것처럼 구속사의 주제를 적절하게 해석하는 유용한 원리들을 제공하는 반면, 필자는 두 왕국 관점과 대화하며 그것의 의미심장한 함정들 몇 가지를 확인하는 것을 목적한다.

필자는 이 견해가 그리스도인들에게 세상에서 그리스도인답게 살기 위한 성경적 혹은 도움이 되는 인식의 틀을 제공하지 못한다는 최종 결론을 내렸다. 하나님의 말씀은 그리스도인이 칸막이가 된 삶을 살거나 이원론적 윤리를 고려할 것을 허용하지 않는데, 그것이 두 왕국 관점의 신조들을 수용하는 것의 논리적 결과이기 때문이다.

오히려 그것은 하나님의 백성들이 모든 삶을 예수 그리스도의 총체적 주권하에서 보도록 명령하는데, 그것은 그리스도의 왕국의 각 영역에서 신앙과 문화적 삶 간의 총체적 관계를 확언하는 관점이다.[8]

다섯 가지 중요한 원리들이 우리가 그리스도와 문화, 성경과 공적 삶 간의 관계에 대한 균형 잡힌 인식을 확인하기 위한 시도를 할 때 우리의 생각하는

---

8   *Living at the Crossroads: An Introduction to Christian Worldview* (Grand Rapids: Baker, 2008) 의 저자들, Michael W. Goheen과 Caig G. Bartholomew는 도움이 되는 추억거리를 제공한다. 그것은 신자들이 동시적으로 (세상에 대한 참되고 성경적인 이야기를 믿으면서) 그들이 속한 기독교 공동체와 (의미심장하게 서구 문화와 사상에 의해 영향을 받은 실상에 대한 그 자체의 이야기들을 갖고 있는) 그들이 속한 문화 공동체의 성원들로 산다는 것이다. 그리스도인들은 이 두 대체적으로 상충되는 형이상학적 이야기들 간의 "교차로에서" 사는데, 이 이야기들은 "둘 다 사실이라고 주장하며, 우리 삶들의 전체라고 주장한다" (8). 그러므로 모든 그리스도인들이 반드시 제기해야 되는 질문은 "우리가 세계관을 가지고 **있느냐, 아니냐?**"가 아니라, 오히려 "어떤 세계관으로부터 우리가 생각하고, 살고, 일해야 할 것인가?"(29; 강조 추가됨) 어느 종교가 우리의 삶을 위한 길잡이의 표준이 될 것인지에 대한 것이다. 더 나아가서, 그리스도인과 불신자의 종교적 확신들이 불가피하게 충돌하는 동안, 저자들은 우리가 결코 "둘러싸고 있는 문화를 기피하시"(8) 말아야 한 것을 상기시킨다. 그러므로 세상 안에는 있지만 세상에 속해 있지 않은 모든 그리스도인들이 반드시 직면해야 하는 필연적 도전은 "우리의 신앙이 세상과 세상의 역사 전체를 이해하는 단서로서 예수와 그의 왕국에서 그 초점을 찾을 것인가, 아니면, 우리가 반드시 문화적 이야기를 참된 것으로 받아드리고, 따라서 우리의 신앙을 단순한 "종교"(8)의 사적 영역으로 제한하라는 그 압력에 굴복할 것인가라는 실문이다.

것을 안내해야 한다.

첫째, 우리의 관점은, 우리 개혁주의의 고백적 문서들이 창조와 타락과 구속의 틀 속에 반영하고 있는, 강력한 성경신학의 단단한 기반에 기초해야만 한다.

둘째, 우리의 전망은 반드시 그리스도 중심적으로, 모든 피조물 위에 있는 그리스도의 주권의 우주적 의미심장함을 확언해야 한다.

셋째, 세계관과 세상의 활동 간의 총체적 관계를 고무하는 것은 기독교 영성을 보존하는 것과 이중 시민권이 그리스도인의 삶을 위한 이원론적 윤리를 결과하지 않는다는 것의 유지를 필요로 한다.

넷째, "이미와 아직" 속에서 삶을 신실하게 균형 잡고 있는 종말론적 초점이 중요하다.

다섯째, 우리의 관점은 그리스도인들이 그리스도의 추종자들로서 문화적인 일들에 종사하는 곳에서(부분적임에는 틀림없지만) 사실적 변혁이 일어 날 수 있다는 것을 확언할 것이다.

1. 기독교적 관점을 위한 성경적 기초

만일 우리의 목적이 공적 영역에서 그리스도인으로 사는 것이라면, 우리의 긴검은 반드시 하나님의 특별계시인 성경의 유형에 일치해야 한다. 창세기의 시작부터 요한계시록의 마감하는 권면들에 이르기까지 하나님은 자신을 신이시고, 전지하시며, 무한하시며, 영원하시며, 주권적인 삼위일체로 계시하신다. 한 하나님이 삼위 가운데 주통치자 예수구원자 그리스도기름부음 받은 자를 중심으로 하는 이 삼위일체의 고백은 반드시 우리 기독교적 관점의 기초를 설정해야 한다(요 14장).

만일 우리가 그를 구원자로만 고백하고, "만물이 그로 말미암아 지음을 받았으며"라고 한 창조주로서, "아버지의 우편에 계신" 승천하신 통치자로서, 그리고 "죽은 자와 산자를 심판하기 위하여 영광 중에 다시 오실"니케아-콘스탄티노플 신조, AD 381 심판자로서의 그의 기능을 소홀히 한다면, 우리는 토막 쳐진 예수 그리스도의 인격에 대한 견해를 갖게 될 것이다.

예수 그리스도의 사역에 대한 성경적 개념은 동등하게 중요하다. 복음의 좋은 소식은 예수 그리스도가 인간의 육체로 자신을 가리셨고, 하나님 나라의 특별한 취임을 선포하셨으며, 구속을 성취하셨다는 것이다. 따라서, 성경적 세계관은 구속사 속에서 예수가 누구신지, 그리고 그가 하신 일이 무엇인지를 바르게 하는 것에 관한 것이다.

마이클 고힌Michael Goheen과 크레이그 바돌로뮤Carig Bartholomew는 자기들의 책, 『교차로에서 살기』Living at the Crossroads에서 만물의 회복을 위한 그리스도의 죽음, 부활과 승천의 의미심장함에 대한 도움이 되는 요약을 제시한다. 그것은 (본 장이 제공할 수 있는 것보다) 더 완전한 배경 그림을 제공한다. 그것을 배경으로 하여 설정된 구속의 이야기는, 말하자면, 우주의 창조와 그것의 죄로의 타락이다.

간명하고 분명하게, 고힌과 바돌로뮤는 하나님의 창조적 구조들의 조화 및 선함과, 마찬가지로, 하나님의 형상을 지닌 자들이 자기들의 조물주Maker와 소중하고 긴밀한 교통을 함과 동시에 하나님의 세상을 그것의 잠재력의 최상에 이르도록 경작하고, 개발하며, 배양하는 문화적 사명을 묘사한다.[9]

---

9 David VanDrunen은 자기의 최근 책, *Living in God's Two Kingdoms: A Biblical View for Christianity and Culture* (Wheaton, IL: Crossway, 2010)에서 오늘날의 그리스도인을 위한 적법한 문화적 사명은 없다는 것을 보여 주려고 시도한다. 그리스도가 아담의 (실패한) 처음 명령을 성취했기 때문에, 믿음으로 그리스도께 속해 있는 사람들에게 그 문화적 과제가 더 이상 주어지지 않는다고 그는 말한다. VanDrunen은 다음과 같이 진술한다. "그리스도인들은 이미 영생을 소유하고 있고 영원한 기업에 대한 권리를 주장한다. 하나님은 그들이 오는 세상에 있을 그들의 처소를 얻도록 하기 위해 문화적 수고에 종사하도록

이어서, 에덴의 반역은 인류를 하나님으로부터 소원하게 만들었고, 우주적 황폐가 죄의 짐 아래 "탄식하고" 있는 인간 외의 전체 피조물들에게 미치게 했다롬 8:20-22. 따라서 우리가 조우하는 모든 문화적 형태의 경우, 우리는 반드시 "… 죄의 비틀고 부패시키는 힘에 의해 만들어져 온 것으로부터 선한 창조적 설계를 구분해야 한다."[10]

부르시지 않으신다"(28). 두 문제들이 이런 논리의 선을 괴롭게 한다.

첫째, 성경은 반복적으로 하나님의 세상을 관리하도록 인류를 계속하여 부르신다는 것에 대해 증언한다. 심지어 타락 후에도, 우리로 하여금 하나님의 피조물에 대한 지혜롭고 신실한 관리인 혹은 "청지기들"이 되도록 하는 신적 소명은 남아 있다(시 8:6-8; 창 48:3-4). 이 청지기직은 피조물에 기초하고 있고, 그것은 좀 더 종합적인 의미에서 하나님의 형상을 지닌 자들이 되는 것을 결과한다는 것의 일부다(창 1:28-30). 심지어 타락 후에도, 제한된 의미에서 하나님의 형상을 상실한 것이기 때문에, 인류는 창조적 사명을 성취함으로 하나님의 형상으로 남게 된다. 이 청지기직은 여전히 그리스도 안에 있는 우리 인간의 직업을 포함한다. 정확히 우리는 믿음으로 그리스도의 지체들이고, 대적하는 모든 영적 권세들 위에 이미 그와 함께 영적으로 통치하고 있기 때문에(엡 6:10-12), 우리가 그의 만물 위에 왕으로 기름 부으심을 공유하여, 왕들로서의 우리의 직분을 통해 그것을 신실하게, 그리고 유익하게 감독한다(H.C. LD 12; A 32). 하나님의 영광과 우리 이웃들의 선은 하나님의 세계 위에 통치를 펴기 위한 우리의 사명의 목표다.

둘째, 반드루넨은 자기의 독자들에게 거짓 딜레마를 제공한다. 우리는 단순히 계속되는 사명이 하나님의 영광을 위해 이 세상의 관리자들이 되고 인간 문화를 배양하기 위한 것이라고 확언함으로, 율법주의나 위선, 혹은 우리의 문화적 수고를 통하여 오는 세상을 (공로로) 얻으려는 의도에 빠지지 않는다. 물론, 우리는 에덴 동산에서 영구적인 의의 상태를 얻기 위해 아담이 했던 것처럼 일하지 않는다. 우리는 감사하게 예수 그리스도를 믿는 믿음으로 수고하고, 그의 의를 신뢰하며, 그의 왕으로서의 승리를 영광스러워하고, 그가 기존의 세상을 재창조하여 우리가 새롭고 (더 나은) 동산 도시, 예루살렘에서 영원히 다스리게 될 것이라는 그의 약속을 믿는다! 우리는 구약의 이스라엘이, 심지어 그들이 영생을 소유했고, 오실 구세주를 기대했으며, 그들의 영원한 기업을 예상했을 때조차, 하나님의 문화적 사명을 계속하여 주의하고 있었다는 것을 알고 있다. 그리스도를 위해 인류 문화를 발전시켜야 하는 계속되는 사명을 확언하는 것이, 반드루넨이 우리로 하여금 믿게 하려는 것처럼, 행위-의의 심성을 초래할 필요는 없다. 그리고 타락한 인류 문화 자체가 새 창조를 획득할 수 없다는 사실이 우리를 "문화적 사명"의 남아 있는 것, 즉 우리의 나날의 활동들에서의 청지기로서의 소명과 그리스도의 주권에 대해 증언하는 것을 성취하지 못하게 하지 않는다.

10 Goheen and Bartholomew, *Living at the Crossroads*, 49.

그러나 타락의 파상 속에 하나님은 그의 독생하신 아들을 통한 회복의 복음의 약속을 소개했는데, 그 아들이 창조주이신 동시에 구속주이시다 골 1:14-17. 두 번째 아담으로 활동하시면서, 그는 자기 백성들의 죄를 속죄하시고 그들을 참되고 온전한 무흠의 상태로 복원하시고자 할 뿐만 아니라, 그들을 위해 영원한 기업을 확보하시고자 했다.

선조들은 영원한 기업이 하늘나라에 있게 될 것임을 이해하는 동시에 히 11:10, 믿음으로 이 땅에 대한 상징적 주장을 하는 것으로 그들의 기업을 받았다. 그 까닭에, 아브라함과, 믿음으로 그의 영적 후손들인 모든 사람이 새 땅과 새 예루살렘으로서 물려받을 기업은 회복된 상태에 있는 이 땅이다 히 11:39; 계 21:1-22:6. [11]

> 모든 참된 신자들은 땅즉, 새 땅에서 (진실로 영원히!) "장수"할 것인데, 그것을 우리는 우리의 아버지께로부터 오랫동안 약속되었던 기업으로서 받게 될 것이다 엡 6:2-3. [12]

그러나 저자들이 매우 알맞게 시사하고 있듯이, 그리스도의 회복의 사역은 단순히 "복원"의 조치로 우리를 미개발된 에덴 동산으로 돌아가게 하는 것이 아니다. 오히려, 우리는 갱신되었고, 완전하게 되었고, 향상된 새 땅을 예상한다.

---

11 창 48:3-4은 야곱과 그의 아들 요셉 간의 흥미로운 대화를 기록하고 있는데, 그것이 그리스도가 만물을 갱신하실 것이라는 소망으로 우리가 우리의 문화적 사명을 성취해야 할 것을 촉구시켜야 한다. 그의 죽음 전에, 야곱은 그의 아들을 곁으로 오게 해서 그에게 문화적 사명과 (내가 너로 생육하고 번성하게 하여 네게서 많은 백성이 나게 하고) 땅을 "영원한 소유"로 하나님이 공급하시겠다고 한 언약의 약속에 그것이 밀접하게 묶여 있음을 상기시켰다. 창조 사명을 성취하는데 있어 요셉의 사역은 그에게 약속되었던 영원한 기업의 빛에 비추어 의미심장함을 지탱했다.

12 David Bruce Hegeman, *Plowing in Hope* (Moscow, ID: Canon Press, 2007), 67.

우리로 하여금 구원이 하나님의 원래의 창조된 질서와 갱신된 창조물 간의 연속성을 포함한다는 것을 보도록 돕는 것은 정확하게 창조주로서와 동시에 구속주로서의 예수 그리스도의 사역이다. 사실, 하나님은 여전히, 계속하여 모든 것을 그의 사랑하는 아들, 예수 그리스도의 머리 됨 아래 두심으로, "만물을 새롭게 하시는 것"을 진행하고 계신다계 21:5; 엡 1:9-10.[13]

독특하게 기독교적 관점이 생겨 날 수 있는, 이 성경적 배경을 확립하는 것은 본 장의 목적을 여러 가지 이유로 매우 잘 돕고 있다.

첫째, 오늘날 그리스도인들은 반드시 그들이 진공 속에 살고 있지 않다는 것을 이해해야 한다. 오히려, 그들은 계속하여 펼쳐지고 있는 하나님의 구속 계획 속의 특별한 시대를 점한다. 하나님의 구속적 사안들의 과거, 현재 및 미래의 측면들에 대한 적절한 이해가 반드시 오늘날 그리스도인들로서 우리가 공적 영역에 참여하는 것을 안내해야 한다.

둘째, 하나님이 인류를 대해 오신 성경적 역사를 따름으로 우리는 두 왕국론 형제들이 발판으로 채택한 두 개의 연관된 교리들과 조우하게 된다. 그들은 그 발판들을 기초로 하여 그리스도와 문화, 교회와 공적 삶의 관계에 대한 그들의 인식의 틀을 옹호하게 되었다. 간략한 일반은총과 자연법에 대한 검토가 두 왕국 관점에 대한 우리의 이해에 조력할 것이고 우리로 하여금 이 교리들과 신실한 문화적 삶 간의 적절한 균형을 개발하도록 도울 것이다.

---

13 확실한 것은, (두 왕국 관점이 강력히 주장하는 것처럼) 하나님이 교회와, 교회가 신실하게 은혜의 방편들을 시행하는 것을 통하여 이 회복을 초래하신다. 그러나 우리는 결코 하나님이 그리스도 안에서 우주적 화해를 결과했다는 더 넓은 중요성을 빠뜨려서는 안 된다. 십자가의 피를 통하여, 그리스도는 그의 백성을 위한 구속과 평화를 얻었고, 땅과 천상의 처소들에 있는 반역과 적대적 권세들을 패배시키고 있다(엡 3:10; 골 1:15-20을 보라). 그가 지금 "갱신"을 진행한다는 하나님의 약속은 절정을 향해 가리키는데, 그때 그가 그 전체 창조된 질서를 그것의 뒤엉켜진 모든 부분들에 이르기까지 변혁시키실 것이다(계 21:5).

2. "하나님의 두 왕국" 안의 일반은총과 자연법

마이클 호튼*Micahel Horton*은 『약속의 하나님』*God of Promise*이라는 제목이 붙은 자신의 책에서, "일반은총" 혹은 "일반"에 대한 두 왕국 관점을 사람이 죄에 빠진 타락 이후에 발현되고 있는 것으로서 묘사한다. 그는 다음과 같이 말한다.

> 타락 전 아담과 하와의 인격들과 사역은 거룩했다. 심지어 그들의 현세적 과업들조차 하나님의 나라를 온 땅위에 확장시키고 모든 피조물을 완전한 의 속에 확립하기 위한 그들의 임무의 부분이었다.[14]

그러나 아담의 죄 때문에, "모든 피조물은 … 이제 일반적인 저주 아래 있다. 신자나 불신자나 모든 사람은 마찬가지로 삶을 고통스럽고 어려우며 낙담스러운 것으로서, 그리고 결국 죽음으로 경험한다.[15]

그러나 이 일반적인 저주는 타락 후에 떠오른 모든 것이 아니다. 두 왕국 관점에 따르면, 신자들과 불신자들은 마찬가지로 자기들의 삶과 수고에 대한 하나님의 일반은총을 누릴 수 있는 엄격하게 "공통된" 영역 역시 발현된다. 성스러움(구별됨)에 반대되는 것으로서 일반적이기도 하고 세속적^{일시적}이기도 한 이 인간의 왕국에서, 모든 사람은 "구원하지도 않고 죄악스럽지도 않으며, 거룩하지도 않으며, 불명예스럽지도 않은" 직업들에 종사한다.

> [신자들은] 우리의 일 위에 베풀어진 하나님의 일반적인 복을 나누는 데 비그리스도인들과 어깨를 나란히 하고 선다.[16]

---

14 Michael Horton, *God of Promise* (Grand Rapids: Baker, 2006), 114.
15 Horton, *God of Promise*, 115.
16 Horton, *God of Promise*, 115.

그럼에도 하나님의 특별한 언약의 백성으로서 신자들은 또한 하나님의 나라의 성원들이기도 한데, 그것을 두 왕국 관점은 교회와 동일시한다.

간단히 말하면, 그리스도인들은 이중 시민권자들이다. 월요일부터 토요일까지 그들은 스스로 "거룩하지도 않고, 안 거룩하지도 않은, 단지 단순하게 일반적인," 구별되지 않는 태도로 처신한다.[17] 호튼은 한 강의에서 다음과 같이 말했다.

> 출생, 성교, 질병, 비극들, 지진들과 기근에 이를 때, 거기에는 그리스도인과 비그리스도인 간에 구별이 없다.[18]

그러나 주일 예배와 그러한 다른 교회적 활동들을 하는 동안에, 그리스도인들은 자신들을 신성하고 종교적으로 구별된 하나님의 나라에서 찾는데 거기에는 하나님의 "구속적 목적들"이 "말씀과 성례의 방편들로"[19] 진척된다. 호튼의 이전 학생들 중 하나인 제이슨 스텔만Jason Stellman은 타락의 함의를 두 왕국 관점이 어떻게 해석하는지를 다음처럼 요약했다.

> 예전에 사람은 그의 반역적 주권, 그의 [일반] 왕국이 하나님의 나라와 구별될 것을 선언함으로 제의와 문화 간의 부자연스러운 분리를 야기했다. … 종교적

---

17 Horton, *God of Promise*, 117.

18 Michael Horton, "Christi and Workplace," Lecture, *Christ and Culture*, from Westminster Seminary California, Escondido, CA, January 15-16, 2010. 출생, 성교, 질병, 등에 관하여 "그리스도인과 비그리스도인 간 구별은 없다"라고 한 호튼의 정제되지 않은 진술은 오히려 도움이 안 된다. 피상적인 면에서, 그가 옳다(예를 들면, 지진으로 땅이 융기하는 동안 그리스도인도 그의 믿지 않는 이웃과 다름없이 비틀거린다). 그러나 논의에 더 적합한 것은 그리스도인들이 어떻게 은혜의 상태에 있는 그리스도인들로서 그러한 사건들을 접근하고 해석하느냐 하는 것이다.

19 Stellman, *Dual Citizens*, xxvii.

영역은 문화적 영역으로부터 구별[되었다.]20

그러나 두 왕국 교리의 지지자들은 비록 "문화가 더 이상 신성하지 않고 오히려 세속적이지만, 그렇다고 해서 세속적인 것이, 하나님의 관심과 관여를 넘어 서는, 문자적으로 '신이 없는' 것은 아니다. 심지어 그의 말씀 속에 자신을 계시해 오신 그 하나님에 대해 적대적인 사람들조차도 그른 것에서 옳은 것을 분별할 수 있는데, 이는 그들이 하나님의 형상으로 창조되었고 그들의 양심 위에 법이 기록되어 있기 때문"21이라고 주장한다.

유사한 맥락에서, 스텔만은 "그 안에 문화가 거주하는 문화적 영역은 일반적이고 비기독교적이지만, 그럼에도 합법적"22이라고 주장한다. 두 왕국 관점에 의하면, 문화의 "합법성"은 하나님이 모든 사람의 양심 위에 기록한 자연법 혹은 일반적인 도덕적 기준들 때문에 가능하다.

이 견해의 옹호자들은 로마서 1:19-21과 2:14-16과 같은 구절에서부터 추론하여, 그러한 자연적, 창조적 법들이 개인들을 구원할 수는 없지만, 그들이 그럼에도 일반적 기초 위에서 사회를 통치하기 위한 도덕적 표준을 구성한다고 강하게 주장한다. 시민적, 비구속적 왕국에서 그리스도인들은 "성경이 반드시 공적 광장의 도덕적 담론을 위한 기초가 되어야 한다고 주장하지 않고," 오직 자연법의 기초 위에서 불신자들과 나란히 "사회 속의 정의와 문화 속의 탁월함을 위해" 분투해야 한다.23

이 두 중요한 일반은총과 자연법의 요소들이 두 왕국 관점에 기초인 까닭에, 우리는 반드시 두 가지 날카로운 질문들을 해야 한다.

---

20 Stellman, *Dual Citizens*, xxvii.
21 Horton, *God of Promise*, 118.
22 Stellman, *Dual Citizens*, xxvi.
23 VanDrunen, *Natural Law and the Two Kingdoms*, 429.

첫째, 성경은 하나님이 불신자들의 양심 위에 그의 법을 기록함으로, 그런 그들의 하나님의 요구들에 대한 이해가 시민법과 도덕법의 개발을 위한 일관성 있는 사회적 표준을 형성하기에 충분하다고 가르치는가?

둘째, 문화를 위한 일반은총 교리의 확언은 논리적으로 반드시 기독교적 관점의 변별성을 공적 사상들의 장터 내로 제약하는 것을 결과하는가?

3. 로마서 1:18-21과 2:14-16의 자연법

우리는 첫 질문과 두 왕국론의 자연법 해석을 지지한다고 주장하는 두 성경 구절들을 간략하게 검토하는 데 주의를 돌려야 한다. 사도 바울은 로마서 1:18-21에 나오는 자신의 담론을 죄악 된 사람들이 "자기들의 불의로 진리를 막는다"18절라는 핵심적 사실을 지적하는 것으로 시작한다.[24] 그들은 말씀의 포괄적이고 본질적인 면에서 진리를 억누르고 피하려고 노력함으로써 모든 진리를 피한다.

하나님이 모든 사람에게 자신에 대한 충분한 계시를 공급해 오셨는데, 그것은 그들을 촉구하여 "하나님을 공경하고 [또] 그에게 감사하도록"21절 하기 위한 것이다. 그러나

---

24 "하나님의 진노가 불의로 진리를 막는 사람들의 모든 경건하지 않음과 불의에 대하여 하늘로부터 나타나나니 이는 하나님을 알 만한 것이 그들 속에 보임이라 하나님이 이를 그들에게 보이셨느니라. 창세로부터 그의 보이지 아니하는 것들 곧 그의 영원하신 능력과 신성이 그가 만드신 만물에 분명히 보여 알려졌나니 그러므로 그들이 핑계하지 못할지니라. 하나님을 알되 하나님을 영화롭게도 아니하며 감사하지도 아니하고 오히려 그 생각이 허망하여지며 미련한 마음이 어두워졌나니"(롬 1:18-21).

사람들은 자기들의 비난받을 만한 부주의와 죄악 된 완고함으로, 자신들을 하나님에 대한 적절한 지식과 예배와 섬김으로 나가도록 허용하지 않았다.[25]

그럼에도 바울은 중생하지 못한 사람들이 본성적인 방법으로 "하나님의 정하심을 안다"라고 계시한다 롬 1:32. 우리는 우리의 포스트모던 상황 속에 일관성 있는 상대주의자들이 없다고 평한다.

자주 불신자들은 단순히 개인적 신조들로서가 아니라 보편적 기준들로서 특정한 도덕적 방침들을 지지할 것이다. 그들은 확실히 하나님의 참된 도덕적 부호에 대한 자연적 감각을 갖고 있고, 그것이 도덕적 주장들과 윤리적 표준들에 관한 신자들과 불신자들 간의 명백한 합의의 수준을 설명하는 데 도움을 준다.[26] 동시에, 그들은 일관성이 없고 종종 자기들이 어느 정도 바르고 선한 것으로 인식하는 것을 행하지 못한다.

불신자의 세계관 속에 있는 바로 이 일관성 없음이 더 온전한 성경의 계시와 비교할 때 근본적인 자연법의 한계를 드러낸다. 결과적으로, 그것은 또 우리로 하여금 자연법에 대한 두 왕국론의 이해를, 그것과 상응하는 함의들 및 윤리와 함께 채택하는 것에 대해 무엇이 부적절한 것인지 볼 수 있도록 하는 데 도움을 준다.

두 왕국론의 추종자들은 자연법을 하나님의 면전에 있는 인류의 개괄적인 도덕적이고 윤리적인 의무들을 감지하는 데 충분하고 독립된 법칙으로 만들고자 하는 시도하면서 자연법과 특별계시 간의 엄격한 분리를 구성한다. 그들의 인식의 틀에서, "일반적" 영역은 결코 성경에 의해 지도되어서는 안 되고, 오히려 오직 "우주적으로 충족한" 자연법에 의해 지도되어야

---

25 Nelson Kloosterman, "A Biblical Case for Natural Law: A Response Essay," *Orthodox Presbyterian Church: Ordained Servant* (2009): 1-14 (http://opc.org/에서 볼 수 있음).

26 논의의 이러한 점에 대해서, 두 왕국 관점은 어느 정도 긍정적으로 제공할 것을 갖고 있다.

한다. 나아가서, 성경 안에서 가르쳐진 도덕적이고 윤리적인 명령들은 오직 그리스도인들을 훈계하는 것에만 적절한 것이라고 그들은 말한다.

요약하면, 자연법 때문에 "일반 왕국 안의 도덕성과 탁월성의 표준들은 신자들과 불신자들에게 보편적으로 동일하다"는 것이 두 왕국 관점 속에 있다.[27] "두 왕국론"의 용어를 사용하면, 이 관점의 옹호자들이 자연법과 성경을 두 개의 분리된, 중복되지 않는, 지혜와 지식의 독립된 원천들로서, 신자가 자신을 그 순간에 어느 왕국에서 찾느냐에 따라 각각의 그 원천들은 신자를 위해 다른 도덕적이고 윤리적인 명령들의 수집품을 담고 있는 것으로서 만드는 데 고정되어 있다는 것이 명료해진다.[28]

그러나 우리가 이 견해를 채택하면 여러 가지 중요한 문제들이 생겨난다. 그 문제들은 하나님 자신에 대한 하나님의 계시가 우리 그리스도인들의 삶

27　VanDrunen, *Living in God's Two Kingdoms*, 31.
28　"두 왕국론"의 용어는 이런 종류의 논의에 어느 정도 부적절하다. 적절하게 정의하면, 왕국들은 배타적이고 공존하지 않는 통치자들과 법들과 이익 분야들의 집단에 의해 독립적으로 관리되는, 독특하게 분리된 단위들 혹은 지역들이다. 이 이유 때문에 성경이 말하고 있는 유일한 "두 왕국"은 (영적이고 우주적인) 하나님의 나라와 사단의 왕국으로, 두 개의 정반대로 대적하는 실체들로서 묘사되어 있다(시 2편; 고전 15:24-25; 계 11:15). 왕국에 대한 이 함의를 공급하면, "두 왕국론"의 용어는 자연법과 특별계시 사이에 부자연스럽고 문제가 되는 이분법을 의미하는 것으로 보인다. 흥미롭게도, 시민 국가의 의무와 성경의 가르침의 증진 간의 관계에 대한 그것의 논의에서, 원래의 "벨직 신앙고백서"(1910년의 변경 이전) 제36조의 원래 본문은, 성스러운 사역을 보호하고, "또 그러므로 모든 우상 숭배와 거짓 예배를 제거하고 방지여, 결과적으로 **적그리스도의 왕국**이 멸망되고 **그리스도의 왕국**이 증진되게 하는 것"이 국가 위정자의 의무였다는 것을 주장했다는 것이다(강조 추가됨). 1910년의 대회는 바르게 그 조항에 대한 이 부분을, 종교의 자유와 거짓 종교를 제거해야 하는 시민 국가의 의무에 관한 그것의 비성경적 성격을 주의시키고, 설명하는 각주에 삽입했다. 그러나 이 원래의 표현에서 우리에게 적절한 것으로 남아 있는 것은 제36조에 제시된 사실적 "왕국의 구분"이다. 그 고백은 (구속주로서의 그리스도에 의하여, 말씀에 의하여 통치되는) "영적 왕국"과 (오직 창조주와 보존자로서의 그리스도에 의하여, 오직 자연법에 의하여 통치되는) "시민 왕국" 간을 구분하지 않는다. 오히려 그것은 ("우리가 속해 있지 않은" 세상의 그 측면인) 사단의 왕국과 하나의 그리스도의 왕국 간의 성경적 구분을 한다.

을 안내하는 방법과 우리가 공적 광장에서 불신자들과 관련하는 방법에 부정적으로 영향을 끼친다.

먼저 두 왕국 관점은 일반계시와 특별계시 간의 부자연스러운 분리를 조작해 내려고 노력한다. 그러나 일반계시와 특별계시가 상호 분리적으로 기능하는 것은 하나님의 뜻이 아니다. 심지어 에덴 동산에서조차 아담과 하와는 그들의 문화와 도덕적 의무들을 확정하기 위해 하나님의 특별한 말씀을 의존했다. 일반계시가, 성경의 더 온전하고 명료한 증언을 떠나서, 그 자체에 근거하여, 하나님의 나라에서의 삶을 위한 전체적으로 충족된 길잡이가 된 적이 전혀 없다.[29]

나아가서, 세상, 인간의 정신, 몸과 혼, 윤리와 도덕성, 미학, 아름다움 등에 관해 일반계시를 통하여 계시된 본질적 내용은 더 온전한 특별계시와 불가분리적으로 묶여 있고 필연적으로 그것에 의해 조명된다.

우리의 삶의 가장 복잡하게 얽혀 있고도 중요한 측면들, 예를 들어, 결혼 제도를 취하여, 그들에게서 성경에 있는 그것들에 대한 적절하고 자연스러운 해설을 억지로 빼앗은 후, 오직 자연법의 기초 위에서 그들의 옳은 특성과 목적에 대한 의미를 만들기 위한 시도를 하는 것은 단지 그것들 속에 함유된 하나님의 진리에 대한 제한된 개념을 결과할 수 있을 뿐이다.[30]

---

[29] Herman Bavinck가 우리에게 상기시키는 것이 있다. "자연과 성경은 자연신학과 계시된 신학 못지않게 떨어져 독립되어 있는 실체들이 아니다. … 그것들 각각이 그것들 자체에 기초한 진리들의 세트를 공급하면서, 자연은 독립된 원리로서 그 자체에 기초하여 성경과 나란히 서 있는 것이 아니다." Herman Bavinck, *Reformed Dogmatics*, vol. 1 (Grand Rapids: Baker, 2003), 87.

[30] 예를 들어 결혼은 그리스도께로부터 나오는 특별한 도덕적 의무들을 포함한다. 마치 사람에게 있어서, 자기 몸과의 연합이 친밀하고 영구적이고 또 결혼이 유사한 연합을 형성하는 것처럼(창 2:24), 위대하고 영광스러운 "신비"는 그리스도가 성취된 언약의 "결혼"의 띠들을 통해 교회를 자신에게 친밀하게 연합시켰다는 것이다. 그것의 가장 참된 성격과 기능을 파악하기 위해, 결혼의 친밀한 연합은, 엡 5:31-32이 가르치고 있는 것처럼, 그리스도와 그의 교회에 관련하여 이해되어야만 한다. 결혼 제도는 결코, 소위 삶의 "중

"그 안에는 지혜와 지식의 모든 보화가 감추어져 있느니라"골 2:3라는 그리스도의 말씀의 지침으로부터 분리된 삶의 어떤 부분을 산다는 것은 실체에 대한 흐릿한 시각을 결과한다. 존 칼빈이 적합하게 우리를 상기시키고 있는 것처럼, 하나님의 특별계시는 "안경"으로서 오직 그것으로만 우리가 하나님의 진리를 바르게 그리고 온전하게 파악하고 그의 세상에 관련할 수 있다.

성경의 교정 렌즈가 없이 자연법의 증거를 강화하고 자연인의 결점들을 고치려고 한다면, 우리의 문화적 증언은 궁극적으로 손상을 입을 것이고 우리의 불신자 이웃들은 지식의 결핍으로 계속하여 불신앙의 어둠 속에서 실족하여 넘어질 것이다.

자연법의 한계들은 시민 영역에서 독특하게 기독교적 세계관의 유지를 필요로 한다. 왜냐하면, 그 한계들 속에서 자연법이 국가 영역의 윤리와 도덕성을 위한 엄격하게 독립된 표준을 특별계시의 더 명료한 증언을 떠나서는 공급할 수 없기 때문이다.

한 사람의 신자와 불신자가 (심지어 자연법에 호소함으로!) 정의와 도덕성의 편에서 악수를 할 때마다, 그리스도인은 자신의 상대방의 세계관과 상충되는 측면들을 드러낸다. 그는 오직 기독교적 관점만이 우주적 기준들과 일관성 있는 사회적 윤리를 설명할 수 있다는 사실에 대해 증언한다. 그리스도인은 그의 종교가 세상의 의미를 공급하고 절대 진리에 대해 유일하게 충족된 척도이며 해설임을 증언한다.[31]

립적" 혹은 "비종교적" 영역으로 귀속시킬 수 없는데, 이는, 모든 인간 활동이 하나님의 총체적 진리에 순종하여 수행되거나 그의 의무적 명령들에 불순종하여 수행되는 까닭에, 그러한 영역이 존재하지도 가능하지도 않기 때문이다.

31 모든 삶에 관한 기독교 세계관의 독특성에 대해 증거 한다는 것은 사람의 상황에 따라 다양한 형태를 취할 것이다. 예를 들면, 시 의회에 있는 그리스도인 개인은 그 지역의 공장에 안전한 작업 조건들을 조장하기 위해 설립된 위원회의 사회를 볼 수 있다. 그는 믿지 않는 상대자들과 그 사안에 대해 윤리적 합의에 이르는 동안, 성경적으로 구분되는 자기

두 왕국 관점은 정당하게 그리스도인들이 비그리스도인들과 논쟁하는 동안 자연법에 호소할 수도 있다고 강하게 주장한다. 따라서 그들은 성경이 공적 영역에서의 도덕적 담론을 위한 유일한 기초라는 것을 강력히 주장할 필요가 없다.

그러나 이 관점이 일상의 일들에 대한 성경적 혹은 기독교적 관점을 추구하는 것이 "기독교가 **거의** 혹은 **전혀** 말할 것이 **없는 것**에 관한 영역들에 그것을 적용함으로 '기독교적'이라는 이름을 저하시키는 것"[32]이라고 결론을 내릴 때 너무 멀리 간 것이다. 우리는 반드시 자연법의 존재와 설득력 있는 증언을 확언하는 반면, 국가 영역에서의 기독교적 관점의 중요한 기여들을 평가 절하 할 필요는 없다.

자연법에 대한 두 왕국론 형태를 가르친다는 두 번째 구절은 로마서 2:14-16이다.[33] 이 맥락에서 바울은 "자연"의 개념과 먼저 유대인에게 주어졌던 기록된 모세의 "법" 사이를 구분한다(롬 2:17). 바울이 하나님의 기록된 법과 나란히 독립해서 존재하는, 모든 사람에게 "자연스럽게" 적용되는 어떤 고정되고, 보편적인 법이 있다는 것을 가르치지 않는다는 것에 주목하는 것은 중요하다.[34]

의 기독교적 관점이 안전한 작업 환경을 추구하는 그의 동기에 정보를 주고 있다는 것을 나눔으로 쉽게 그 자신을 구별할 수 있다. 사회 정의를 위한 그의 열정은 그의 독특한 세계관과 일치한다!

32 Stellman, *Dual Citizens*, 32(강조 추가됨).
33 "율법 없는 이방인이 본성으로 율법의 일을 행할 때에는 이 사람은 율법이 없어도 자기가 자기에게 율법이 되나니 이런 이들은 그 양심이 증거가 되어 그 생각들이 서로 혹은 고발하며 혹은 변명하여 그 마음에 새긴 율법의 행위를 나타내느니라 곧 나의 복음에 이른 바와 같이 하나님이 예수 그리스도로 말미암아 사람들의 은밀한 것을 심판하시는 그 날이라"(롬 2:14-16).
34 John Murray는 자기의 책 *The Epistle to the Romans*에서 율법이 없는 불신자들을 대면하고 있는 "자연법"은 다름 아닌 다른 계시의 형태로 그들의 양심에 증거 하도록 주어진, 같은 하나의 하나님의 법임을 보여 줌으로 건전한 주석학적 주장을 제공한다. 따라서 자연법은 분리되고 독립된 도덕적 법령들의 전집이 아니다. 그것의 근본적인 내용은, 비록 그

오직 하나의 하나님의 법이 있을 뿐이고, 그것은 정확히 그의 도덕법이 단수로서 "어디서나 사람들의 도덕적 판단들과 실천들에서 사실상 우리가 지킨다는 합의의 양量이 있기" 때문이다.35 바울은 이방인들이 법의 요구들을 "본성으로 행한다"라고 진술함으로써, 본질적으로 어떻게 이방인들이 토라의 특정한 측면들을 순종하게 되는지를 묘사하는 것이다. 비록 그들은 법을 갖고 있지 않지만14절, 자기들이 "자동적 충동에 의해" 본능적으로 합법적인 일들을 행함으로, 자연스럽게 순종한다.36

하나님의 도덕법이 단수이기 때문에, 특별계시의 요구들은 실로 일반계시의 지시와 자연법의 증언을 초월하는 방법으로 불신자들을 위한 적용과 그들의 도덕적 의무들을 위한 함의들을 갖고 있다.

우리는 성경의 명령들이 그리스도 안에 있는 그들의 구속에 대한 직설법적(indicative, 하나님의 은혜로운 선언을 의미한다 - 역주) 근거 위에서 신자들에게 제공된 것이기 때문에 대체로 불신자들에게는 중요하지 않고 적용될 수 없

것이 특별계시 안에 더 온전하게 설명되어 있지만, 다름 아닌 같은 하나의 하나님의 법이다. 머레이의 주석은 여기서는 소중하다. "14절에서 세 경우 '노모스'(νομός) 앞의 정관사 누락은 주제가 구체적이고 확정적인 때의 누락에 대한 흥미로운 사례다. 처음 두 경우 마음에 있는 법은 성경에 예증된 것으로서 특별하게 계시된 것이다. 그것이 확정적이라는 것은 '타 투 노무'(τὰ τοῦ νόμου)라는 표현으로 보였다. 이 이유 때문에 우리는 반드시 결론을 내리는 절에 있는 '노모스'를 가장 합리적으로, 확정적으로 취해야만 한다. 즉, 이방인들은 단순히 자신들에게 불특정한 법이 되는 것이 아니라 같은 절의 다른 구절에서 말해져 있는 그 법이 되는 것이다. 이것은 15절에서 확증되는데, 거기서 우리는 '토 엘곤 투 노무'(τὸ ἔργον τοῦ νόμου)다는 표현을 본다. 요점은 이방인들이 대면하고 있는 것은 전적으로 다른 법이 아니라는 것이다. 그들이 하고 있는 법의 일들은 전적으로 다른 법의 일들이 아니라, 본질적으로 같은 법의 일들이다. 차이점은 그 법에 대면하게 되는 다른 방법에, 또, 함축적으로, 그것의 내용에 대한 더 자세하지 않고 명확하지 않은 지식에 내재되어 있다." John Murray, *The Epistle to Romans* (1968; repr., Grand Rapids: Erdmans, 1997), 74.

35 J. Douma, *Natuurrecht-een betrouwbare gids?* (Gronigen: Vuurbaak, 1978), 67-68, quoted in Kloosterman, "A Biblical Case for Natural Law: A Response Essay," 1-14.
36 Murray, *Epistle to the Romans*, 73.

다는 두 왕국론의 강력한 주장을 수용할 수 없다. 믿지 않는 사람은, 그가 능동적으로 하나님을 막음에도 불구하고, 여전히 하나님을 예배하고, 공경하며, 하나님과 그의 법에 순복해야 하는 의무를 지니고 있다.

심지어 오직 구속 받은 그리스도인들만이 그러한 의무들을 수행할 수 있는, 성령에 의해 덧입혀진 능력을 갖고 있다^{직설법} 하더라도 부분적으로 수행할 수 있을 뿐이다. 비록 하나님이 사람의 과거의 무지와 반역의 때들을 간과하셨다 하더라도, 성경에 계시된 그의 절대 진리의 주요 직설법들은 그것들 믿기를 거부하는 것과 상관없이 모든 사람에게 보편적으로 그리고 일률적으로 적용된다.

하나님이 자기가 정하신 그리스도 예수를 통해 "의로 세상을 심판하실 날을 정하고 있기" 때문에, 그리고 "그를 죽은 자들 가운데서 일으키심으로" **모든 사람**에게 이것에 대한 확신을 주셨기 때문에, 즉 전체 인류의 존재의 운명에 관한 이 표지들을 주셨기 때문에 하나님은 이어서 "**어디에서나 모든 사람이** 회개할 것을 **명령하신다**" 행 17:30-31. [37]

그리스도는 땅에서 그리고 현재 하늘로부터 주로서 통치하시는 반면 그의 사역은 모든 사람이 그를 섬길 의무가 있게 하고 "예수 그리스도를 주라" 시인하여 "하나님 아버지께 영광을 돌리게 한다" 빌 2:11.

따라서 우리는 자연법의 내용이 특별계시의 내용과 완전하게 묶여 있기 때문에 우리가 사람들의 도덕적 판단들과 실천들에서 대체로 의미심장한 양의 합의를 보게 될 것을 기대할 수 있다고 이해한다. 합법적인 직업들과 가정적이고 사회적인 의무들의 이행의 추구 같은 법이 요구하는 특정한 덕성들을 복제하는 것으로, 그들은 "자기에게 율법"이고, 그들 자신의 행위들로 그들이 하나님의 형상으로 지음을 받은 자들임을 증언한다[14절].

그러나 존 칼빈은 조심스럽게 다음의 것에 주목한다.

---

37 강조 추가됨.

바울이 의미하는 바는 [법이] 그들의 의지 위에 각인되어 있어 그들이 그것을 부지런히 찾고 추구한다는 것이 아니라, 오히려 그들이 진리의 힘에 의해 지배되어 그것을 부정할 수 없게 되었다는 것이다.[38]

이 구분을 짓는 것이 필요한 것은 대부분의 두 왕국 관점 옹호자들이 반복적으로 자기들의 자연법에 대한 견해가 15절에 나오는 바울의 말들을 "하나님이 그의 도덕법을 각 사람의 마음에 새겼다"[39]는 것을 의미하는 것으로 해석하며 자기 견해를 변호하기 때문이다.

그러나 사도가 의도적으로 법이 이교도들의 마음에 쓰여 있다고 말하기를 억제한다는 것에 주목하는 것은 중요하다. 오히려 그는 "율법의 행위," 혹은 "율법의 일들"*tou ergon tou' novmou*이 그들의 마음에 기록되어 있다는 것을 밝히고 있다. 예레미야 31:33은 오직 하나님의 택한 백성들만 실제로 성령에 의해 그들의 마음 위에 기록된 법을 그들 안에 갖고 있다고 진술한다.

바울은 구속 받지 못한 사람들 가운데 합법적인 것에 대한 의식이 있는 반면, 그들은 "아무것도 … 법이 요구하는 형태로, 즉 한 행위를 선하게 만드는 유일한 동기, 말하자면, 순종의 정신과 하나님께 대한 사랑의 정신에서"[40] 하는 것이 없다는 입장을 유지하기 위해 이 차이점을 고의적으로 강조한다. 중생하지 못한 사람의 의식 속에 기록된 것은 "법의 '작용'의 효과다."[41]

그러나 이 외적 행동들이 매우 경건하고 하나님의 법을 기꺼이 따르는 것처럼 보이는 반면, 불신자들은 전체 하나님의 진리를 자진하여 배척하고 있으므로 그들의 행위들은 궁극적으로 하나님께 열납될 수 없다.

---

38 John Calvin, *The Epistles of Paul to the Romans and Thessalonians*, trans. R. Mackenzie (Grand Rapids: Eerdmans, 1960), 48.
39 VanDrunen, *Natural Law and the Two Kingdoms*, 1.
40 Robert Haldane, *An Expositiion of Romans* (McLean: MacDonald Publishing Co., 1958), 90.
41 Henry Stob, "Natural Law Ethics: An Appraisal," *CTJ* 20, 1 (April 1985): 63.

우리가 타락한 인류 속에 남아 있는 "자연적 빛의 미광들"에 대한 개혁주의자들과 개혁주의 고백서들의 가르침들을 수용하는 것은 잘 하는 것이다. 불신자들이 "하나님에 대한, 자연적 일들에 대한, 선악 간의 차이에 대한 얼마의 지식을 보유하고 있어서 덕성과 선한 외적 행위에 대한 얼마의 관심을 보인다"*도르트 신경* 3-4, 4라는 것을[42] 부인하는 것은 어리석은 것이 될 것이다.

그러나 우리는 자연법을 완전하게 성경에서 떠나 공적 삶을 위한, 그 자체에 내포되고 있고 또 분리되어 있는 규범으로 만들기를 추구하는 자연법의 견해를 수용할 수 없다. 우리는 불신자들이 의도적으로 진리에 대한 자기들의 지식을 막아*롬 1:18* 그 결과가 "심지어 자연적이고 시민적인 일들에서조차"*도르트 신경* 3-4, 4 자연의 빛을 바르게 사용할 수 없게 되었다는 것을 상기함으로써 자연법의 증언에 그것에 마땅한 무게를 부여한다.

따라서 우리는 자연법의 증언과 일반은총의 조력이, 하나님 자신과 그의 법에 대한 더 온전한 특별계시의 증언을 떠나서 어떻든 자족한 방법으로, 시민적 절차, 도덕성과 윤리의 사안들에 신자와 불신자 간의 필요한 인식론적 공동의 근거를 제공할 수 있다는 가정을 마땅히 경계해야 한다. 칼빈은 다음과 같이 우리에게 경고한다.

> 당신이 선악 간 분변하는 인간의 보편적 판단에 대해 들을 때, 당신은 결코 이 판단이 모든 측면에서 건전하고 흠이 없다고 가정해서는 안 된다.[43]

---

42 예를 들면, 우리가 "세상의 지식과 정보"에 대한 연구는 "반대를 위한 연구"를 위해서만 유익하다는 기본적인 근본주의자의 강한 주장을 수용해서는 안 된다(Michael Farris, Chancellor, Patrick Henry College). 그리스도인은 하나님의 은혜로 하나님과 그의 진리에 대한 얼마의 지식을 보유하고 있는 자연인에게서 배울 수 있고 마땅히 배워야 한다. Hanna Rosin, *God's Harvard* (Orlando: Harcourt, 2007), 21에서 인용되었다.

43 John Calvin, *Institutes of the Christian Religion*, trans. Henry Beveridge (Peabody, MA: Hendrickson, 2008), 172.

참으로, 창조와 타락과 구속의 이야기는 우리에게 모든 사람은 타락 후에도 계속하여 하나님의 형상*imago Dei*을 반영한다고 가르친다. 모든 사람은 칼빈이 말하고 있듯이 "하나님에 대한" 종교적 "감각"을 보유한다.

하나님께 선택된 자들은 그리스도를 믿음으로 하나님에 의해 의로워지고, 성령의 능력으로 중생되며, 법은 감사함으로 지켜지도록 그들의 마음 위에 기록되어 있다. 불신자들 역시 그 형상을 지닌 자로 남아 있으나, 그의 능력들은 궁극적으로 인간 중심이며 하나님을 거슬러 대적하는 데 사용된다. 그럼에도 하나의 하나님의 법의 일들은 그의 마음과 생각에 각인되어 있다.

> 이것은 다른 일들 가운데, 그리스도인들이 성경에 가장 온전하게, 명료하게, 그리고 권위 있게 계시되어 온 그대로 단일의 하나님의 법을 선포하고 변호하기 위해 공적 광장에 들어갈 때, 그들은 마땅히 그들이 어떤 "특별한" 혹은 "사사로운" 법을 변호하는 것이라고 생각해서는 안 되고, 오히려 이 하나님에 의한 창조의 덕으로 모든 인간 존재들에게 잘 맞는 어떤 것을 설명하는 것이라고 생각해야 한다는 것을 의미한다.[44]

그리스도인들은 자기들과 이교도 이웃들 간에 공통의 기초가 존재한다는 것을 발견할 때 놀랄 필요가 없다. 그러나 그것은 그들이 결코 공적 영역 안에서 살며 일할 때 그들의 독특한, 성경적으로 알게 된 기독교적 관점을 포기하도록 이끌어서는 안 된다.[45]

---

[44] Kloosterman, "A Biblical Case for Natural Law: A Response Essay," 1-14.
[45] 두 왕국 관점의 옹호자들은 일반적으로 그들의 성경적 관점을 국가 영역의 삶에 적용하기를 원하는 그리스도인들에게 거짓된 이분법을 부과한다. 이분법은 이것이다. 여러분이 두 왕국 관점의 용어를 수용하거나 아니면 여러분은 순진하게도 그들이 성공적으로 성경적 도덕성을 그들의 다원화된 사회에 부과할 수 있다고 가정하는 "기독교 우익/근본주

4. 일반은총과 문화적 활동

우리의 "일반은총"에 대한 이해는 자연법에 대한 우리의 개념과 많이 흡사하게, 성경이 그것을 묘사하고 있는 대로, 그 이상이 아닌, 모든 사람을 향한 하나님의 친절한 섭리에 대한 조심스러운 검토에서 마땅히 흘러 나와야 한다. 우리는 세상을 그의 아들 그리스도 안에서 회복하는 것이 영원토록 하나님의 불변하는 계획임을 반드시 기억해야 한다.

> 그의 안에서 여자의 씨가 창세 전부터 예정되어 왔다엡 1:4.[46]

문화에 대한 적절한 관점은 그리스도 중심적으로, 그리스도 안에서 하나님이 "만물을" 자기와 화목하게 하시는 것을 확언한다골 1:20. 은혜로, 하나님은 인간의 창의적 문화를 회복시키고 죄인들의 마음들을 변혁하신다. 따라서 신자들은 그리스도 안에서 새로운 성품을 가질 뿐만 아니라 은혜의 상태에서 그들의 문화적 노력들에 참여한다. 헨리 반틸Henry Van Til은 우리가 그리스도인들의 문화적 활동을 단순히 일반은총의 작용으로 간주할 수 없다는 것을 바르게 유지한다. 오히려 그것은 "단순히 그리스도의 회복을 통한 인간의 창의적 소명으로의 회복"[47]이다.

일반은총을 "인간의 피조물적 특성들을 유지하는" 것으로 말하거나, 혹은 그것을 믿는 자가 그의 문화적 사명을 성취하는 유일한 기초들로서 간

의자들"의 진영에 빠지게 된다. 그리스도인들은 이 이분법을 피할 수 있고 (또 마땅히 피해야 하며), 성경이 도덕적 논의를 위한 유일한 기초가 아닌 반면, 성경의 하나의 법의 일들이 하나님의 창조 질서 속에 기록되어 있기 때문에 심오하게 적절하다는 것을 확언해야 한다.

46 Henry R. Van Til, *The Calvinistic Concept of Culture* (Grand Rapids: Baker, 2001), 231.
47 Henry R. Van Til, *The Calvinistic Concept of Culture*, 231.

주하는 것은 부적절하다.⁴⁸

그러나 우리는 반드시 일반은총을 하나님의 도구로 간주해야 한다. 그것으로 하나님은 사탄의 세력과 구원 받지 못한 자의 반역적 성향들을 억제하시고, 그의 모든 피조물들 위에 신적 호의를 베푸시며, 심지어 불신자조차도 시민적 의의 어떤 형태를 수행할 수 있도록 허락하신다. 자기들의 조물주를 향한 그들의 적개심에도 불구하고, 하나님은 은혜롭게 "비를 의로운 자와 불의한 자에게 내려주시고"마 5:45, "그는 은혜를 모르는 자와 악한 자에게도 인자하시다"눅 6:35.

주의 은혜로운 죄의 억제는 대립이, 즉 널리 퍼져 있는 하나님을 반대하는 사람들과 하나님에게 순복하는 사람들 간의 반목이 실제로 만연해 있는 것처럼 보이지 않는다는 사실을 설명해 준다.⁴⁹ 코넬리우스 반틸Cornelius Van Til은 하나님의 일반은총을 모든 사람을 향한 그의 따뜻한 태도로 유용하게 묘사한다.

> 그것으로 인간은 자기의 창조주 하나님 혹은 자기의 동료 인간을 향한 자기의 증오를 끝까지 표현하는 것을 제어 당하고 있고, 그 까닭에 그는 어떤 도덕적 행위들을 수행할 수 있게 되었다. 이것들이 어쩌면 상대적 의미에서 "선"이라고 명명될 수도 있을 것인데, 그 의미에서 성경은 그 용어를 중생하지 못한 죄인들의 공인된 행위들에 적용한다.⁵⁰

---

48 Cornelius Van Til, *A Letter on Common Grace* (Phillipsburg, NJ: Lewis J. Grotenhuis, 1953), 37.
49 마귀의 속임 역시 이것을 설명하는데, 그것으로 마귀는 신자들과 불신자들이 마찬가지로 계속되는 영적 전쟁을 볼 수 없도록 "그들의 눈을 가리고 있다."
50 Van Til, *A Letter on Common Grace*, 38.

칼빈은 우리에게 자연인에게 주어진 고상한 능력들을 확인하고 즐거워하는 것이 우리 그리스도인의 의무라는 것을 상기시킨다. 그는 다음과 같이 확증한다.

> 인간의 마음이, 원래의 완전한 상태에서 많이 타락했고 왜곡되었음에도 불구하고, 여전히 나는 그것의 창조자에 의해 훌륭한 은사들로 단장되고 감싸져 있다.[51]

모든 인류의 선을 위해, 성령이 타락한 인류 안에 이 은사들을 수여하시고 보존하신다.

그 까닭에, 우리는 우리에게 주신 하나님의 선한 은사들을 소홀히 하지 않으려면 경건하지 않은 사람들의 다양한 과학적 기여들을 마땅히 감사함으로 활용하고 인정해야 한다!

그러나 우리는 결코 일반은총의 한계들을 볼 수 없어서는 안 된다. 일반은총이 분여하는 하나님을 아는 지식은 구원하는 하나님과 참 회심에 대한 이해를 초래하기에는 항상 그리고 모든 면에서 불충분하다. 게다가 회심의 완전하고 필연적 열매, 즉 영적 선과 경건한 실천적 지혜는 일반은총만으로는 얻어질 수 없다. 진실로, 자연인은 그의 본래의 탁월한 은사들의 "매우 작은 잔여분들만 보유하고" 있다 "벨직 신앙고백서" 제14조. 따라서 칼빈은 중생하지 못한 죄인들에 대하여 다음과 같이 말한다.

> 그들의 분별력은 그들을 진리로 인도하기 위한 것이 아닌 것처럼, 그들로 하여금 그것을 얻을 수 있도록 하기에는 훨씬 더 무능하다. 그것은 갈피를 못 잡는 여행객의 분별력과 유사해서, 그가 잠깐 멀리서 넓게 번쩍이는 번

---

51 Calvin, *Institutes*, 167.

개를 언뜻 보기는 하지만, 앞으로 한 걸음을 내디딜 수 있게 되기도 전에, 밤의 어둠 속으로 사라져 버리는 섬광과 같다.[52]

하나님의 성령에 의한 내적 갱신을 경험하지 않는 한, 자연인은 어리석게도 모든 지혜와 지식의 기초이신 예수 그리스도를 배척하고 어둠 속에서 술 취한 것처럼 비틀거린다. 그러므로 문화적 그리스도인으로서 우리는 심지어 하나님의 일반은총의 규정이 이 세상에 만연해 있다 하더라도, 국가 영역이 반드시 오직 자연법과 일반은총의 기초 위에서 운용되어야 한다고 결론 지을 수 없음을 반드시 명심해야 한다.

신자들이 마땅히 자기들의 문화적 의무들을 이행하고 공적 영역에서 살아야 하는 방법에 대한 질문의 대답은 충분하고 명료한 하나님의 말씀의 지도를 필요로 한다.[53]

5. 이제 우리는 어떻게 살아야 하는가?

이 논의는 우리로 하여금 매우 개인적이고 실제적인 질문을 고려하도록 강요한다.

"우리는 어떻게 살아야 하는가?"

---

[52] Calvin, *Institutes*, 169.
[53] 필자는 여기서 분명히 하기를 원한다. 우리의 문화적 삶이 반드시 주로 성경에 의해서 인도되어야 한다고 강하게 주장함으로, 필자가 성경주의의 한 형태를 조장하는 것은 아니다. 오히려, 필자는 시민 사안들, 윤리, 도덕, 미, 미학, 과학, 등에 관한 것으로서 정확무오한 하나님의 말씀의 최고 중요성을 보유하기 원한다. 성경이 이런 일들에 대해 가르칠 것을 착수하고 목적하는 것을 고려한다면, 심지어 그리스도인이 자연법의 증거를 적절하게 사용할 때조차도, 성경은 반드시 공적 영역에서 그리스도인의 생각과 생활을 지도해야 한다.

사도 베드로는 하나님의 자녀들이 이 땅에서 "택하심을 받은 흩어진 나그네"[벧전 1:1]였다는 것을 상기시키는 반면, 확실히 그들이 문화적 작업을 배척하거나 "화목의 사역자들로서 살아야 하는 그리스도인의 책무를"[54] 기각하도록 다그치지 않았다.

사실, 죄의 황폐하게 하는 영향으로부터 모든 민족의 사람들, 인간의 문화적 삶 전체, 그리고 인간이 아닌 전체 피조물을 구원하시고 회복시키는 것이 하나님의 의도이고 역량인 반면, 이 하나님의 계획은 "이스라엘의 삶과 예수의 인격 및 사역 속에 있는 그의 사역을 통하여 **점진적으로** 펼쳐졌고, **그것이 오늘날은 교회의 사명 속에 계속되고 있다**"[55]는 것을 우리는 곧 발견하게 될 것이다.

그리스도의 왕국 회복의 점진적 성격에 대한 증인들로서 사는 것이 그리스도인의 책무이고, 이 과제는 그리스도인의 생활 양식의 각 측면에 밀접한 관계가 있다. 실로,

> 복음이 모든 피조물, 모든 나라, 모든 인간의 삶에 대한 하나님의 통치에 관한 것이기 때문에, 예수의 추종자들의 사명은 피조물 그 자체만큼이나 넓다.[56]

초기 그리스도인들처럼, 우리도 이 땅에서 외국인과 순례자들이지만, 우리의 이중 시민권이 두 왕국 관점이 제안하는 것처럼 이중 윤리를 수반하는가?

---

54 Ryan McIlhenny, "A Third-Way Reformed Approach to Christ and Culture: Appropriating Kuyperian Neo-Calvinism and the Two Kingdoms Perspective," *MAJT* 20 (2009): 84.
55 Goheen and Bartholomew, *Living at the Crossroads*, 52(강조 추가됨).
56 Goheen and Bartholomew, *Living at the Crossroads*, 6.

우리가 단순히 세상에서의 그리스도인들의 삶에 대해 말만 하고, 그 사안의 핵심, 즉 단순히 말과 생각만으로가 아니라, '코람 데오'*coram Deo*, 하나님의 면전에서의 일관성 있는 매일의 품행의 방법으로, 그리스도인들로서 우리의 근본적인 신앙 체계와 세상에 대한 해석적 기준을 명확하게 표현하면서, 어떻게 세상에서 그리스도인답게 살아야 하는가라는 핵심을 놓칠 수 있는가?

자연법과 일반은총에 대한 두 왕국 관점의 가장 문제가 되는 면은 그리스도인들에 대한 그것의 논리적 함의들이다. 두 왕국론 옹호자들의 더 공격적인 주장들의 하나는 성경적 원리들이 공적 윤리와 도덕, 시민 절차와 문화적 관여의 영역들에서 한 자리를 차지한다는 것을 부인하는 것이다.

"종교적 세속주의"에 대한 주장이 비슷한 형태로 펼쳐진다. 성경의 도덕적 기준들과 윤리적 명령들은 오직 교회 안에 있는 자들에게만 적용된다. 역사의 이 지나가는 시대*saeculum*, "세속적"에서, 예수 그리스도의 주권적 통치는 그가 교회적 왕국(교회) 안에 있는 동안 인정되고 오직 그리스도인의 활동들에 대해서만 증거 하도록 되어 있다. 그리스도인들이 참여하고 있는 다른 모든 문화적 추구들은, 그것들이 학문적이든, 직업적이든, 또는 정치적이든, 성경의 종교와 기준들과 가치들이 결여되어 있다.[57]

세속적 혹은 신성하지 못한 왕국 안에서, 그리스도인이 마땅히 공적 삶에 참여는 해야겠지만, 한 사람의 그리스도인으로서가 아니라, 오직 한 사

---

[57] 두 왕국론의 옹호자들은 자주 시민 왕국을 "비종교적" 혹은 "구원에 관련되지 않는"이라고 표현한다. 그러나 그들은 그것이 "도덕이 없는"이라는 것을 확언하는 데까지 가는 것은 원치 않는다. 확실한 것은, 하나님이 이 세상의 자연 질서를 창조하셨고 이 특정한 시대와 밀접한 관계가 있는 다양한 일시적 구조들(예를 들면, 국가 통치)과 함께, 그리고 이 의미에서 구원과 관계가 없이, 그것을 여전히 유지하고 계신다는 것이다. 그러나 우리는 이 "공통의" 자연 질서 속의 있는 우리의 삶의 특정한 부분들은 언제나 참으로 "비종교적"이라는 함의를 도출해 낼 수 없다. 자연 질서 속에 기록된 인류의 기본적인 도덕적 의무들은 불가피하게 각 개인들을 형성하는 깊게 자리 잡고 있는 종교적 신앙의 책무들로부터 분리될 수 없다. 하나님의 세상에는 그들의 생득적인 종교적 가정들을 떠나서 생각하고 기능할 수 있는 "중립적 기초"가 전혀 존재하지 않는다.

람의 존경 받을 만한 시민으로서일 뿐이다.

"종교적 세속주의"에 대한 가장 강경한 변호들 중의 하나는 『세속적 신앙』 A Secular Faith이라고 제목을 붙인 대릴 하트 Darryl Hart가 쓴 책에 나온다. 하트는 근대 문화와 관련지어 보려고 한 자유주의적인 기독교와 보수주의적인 기독교의 실패한 많은 시도들에 대해 혐오감을 표현한다.

문화 속에 있는 교회의 현재에 대한 그의 비판적 평가는 어떤 점들에서 도움이 되는데, 예를 들면, 그가 종교와 정치의 부적절한 혼합을 배척한 것이다.

하트는 교회와 국가 간 마땅히 일정한 분리가 있어야만 한다는 바른 입장을 유지한다. 제도적 교회는 특정한 정당이나 후보를 위한 기금을 할당하거나 외국의 침략자를 패배시키기 위해 무장을 할 수 있는 하나님의 정하신 권위나 역량을 전혀 갖고 있지 않다. 마찬가지로, 국가도 교회의 교회적 기능들을 다스리기 위한 권리나 숙달된 경험이 없다. 교회는 마땅히 신실한 말씀의 설교와 성례의 시행을 중심으로 하여 교회로 남아 있어야 하는 반면, 국가는 반드시 그것의 적법한 영향력의 영역 안에서 권위를 유지해야 한다.[58]

아무튼, 하트와 그의 동료인 두 왕국 관점의 지지자들이 잘못 간 곳은 그들이 (하나의 제도로서의) 교회와 동시적으로 하늘과 땅의 시민들인 그리스도인들(하나의 유기체로서의 교회)의 문화적 활동 간의 적절한 구분을 하는 데 실패한 것이다.[59]

---

58 이런 뜻에서 우리는 권위와 기능, 둘 다라는 말로, 두 개의 구분된 영역들의 존재를 확언할 수 있다.
59 Herman Bavinck는 그의 RD 4, 330에서 도움이 되도록 신자들의 공동체가 나타나는 (비록 상호 연관되어 있지만) 두 가지 구별되는 방법들을, 교회의 직분들과 은혜의 방편들(제도)과 신앙과 삶의 총체적 관계를 인식하는 신자들의 모임(유기체)으로 묘사한다.

두 왕국 교리는 공적 삶의 각 영역에서 신자들이 반드시 그리스도인들로서 그들의 변별성을 형성하는 원리들과 가치들을 적용해야 한다는 성경적 명령을 소홀히 한다. 그것은 세상에서 신자들의 독특한 정체성과 영성을 제한함으로 문화적 삶을 위한 성경적이고 도움이 될 인식의 틀을 공급하지 못한다.

『세속적 신앙』*A Secular Faith*에서 하트는 그리스도인의 신앙은 "본질적으로 다른 세상적 신앙"이라고 제안한다.[60] 성격상 현저하게 영적이고 영원한, 그리스도인의 종교는 "이 세상의 지나가며 일시적인 일들보다 다가올 세상으로 점유되어 있다."[61] 따라서, 종교와 정치 간의 적당한 분리를 유지하기 위해, 그는 기독교와 문화, 성경과 공적 도덕성, 예배와 일 간의 예리한 단절을 제안한다. 얼마의 개신교도들은 자기들의 신앙을 삶의 각 영역에 적용할 것을 열망하는 반면, 두 왕국관은 그러한 목표가, "**현세적 실체들보다는 훨씬 더 영원한 실체들과 상관이 있는**, 기독교의 메시지를 곡해하는 것이라고 암시한다.[62]

그러나 그런 인식의 틀은 성경적이지도 가능하지도 않다. 성경이 우리가 우리의 기독교적 확신들을 주일 성수만으로 귀속시킨 칸막이된 삶을 살아야만 한다고 귀뜸하는 곳은 아무데도 없다. 로마서 12:1은 하나님의 영으로 갱신된 사람들에게 그들이 그들의 전인, 즉 몸과 영혼을 예배의 행위로 하나님께 드리는 것은 온전히 영적이고 합당한 것이라고 선언한다.

"하이델베르그 요리문답"제32주일, 제86문답은 예배의 이 형태가 어떤 두 왕국론이 후원자들이 강하게 주장하는 것처럼 단순히 공적 예배의 맥락 속에서 일어나지 않는다고 진술한다. 오히려, "**모든 우리이 삶에서**" 우리가 반

---

[60] Darryl Hart, *A Secular Faith* (Chicago: Ivan R. Dee, 2006), 16.
[61] Hart, *A Secular Faith*, 12.
[62] D. G. Hart, *The Lost Soul of American Protestantism* (Lanham, MD: Rowman and Littlefield, 2002), xxi(강조 추가됨).

드시 그리스도의 주권적 통치에 대해 순종적으로 증언하여 "그가 우리를 통해 찬양 받으시도록 해야 한다"[63]라고 한다.

만일 우리가 그리스도인들의 세속적 활동들은 "철저하게 일반적"이고, 일반 영역에서 복음을 우리의 일에 "적용하는 것"은 부적절하다는 두 왕국론의 강력한 주장을 수용한다면, 우리에게 주일만 기독교의 형태가 남게 될 것으로 보인다.[64]

그러나 우리가 복음으로 변혁된다면, 그때 그것은 우리가 우리 자신을 국가 영역에서 그리스도인들로서 행동하게 하는 방법에 심오하게 적절한 것이 되는데, 이는 "기독교 신앙의 본질 자체가 우리가 한 주 내내 사는 살아가는 방법으로 나타나게 되는, 은혜로 생산된 정체성을 포함하기 때문이다."[65]

우리가 이 은혜로 생산된 그리스도인의 정체성 혹은 그리스도인의 영성을 말할 때, 생각에 떠오르는 것은 그 그리스도인의 생활 양식의 독특하고 주목할 만한 특성들, 혹은 더 구체적으로 신자가 자신의 삶의 정황 *Sitz im Leben*에서 거룩을 배양하고 cultivates 그리스도를 주로 따르면서 자신의 삶의 형태 속에 넓은 표현으로 나타나는 결과적 열매다.

이 거룩을 배양하는 일은 특별히 하나님 자신, 그의 말씀과 그의 교회를 향한 언약적 교통과 헌신을 통해 일어나며, 그런 강력한 그리스도인의 영

---

[63] 강조 추가됨.

[64] Stellman, *Dual Citizens*, 22. 스텔만은 공적 영역에서 성경의 적절성과 그리스도인의 구별성에 대해 말할 때 오히려 일관성이 없다. 한편으로 그는 우리의 문화적 활동들은 "철저하게 일반적"이고 "상대적인 동일성"으로 특징지어져 있다고 말하기를 원한다. 그러나 이어서 그는 "그리스도인은 ⋯ 자신의 의무들을 불신자들이 (또 매우 다른 이유들을 위해) 수행할 방법과는 다른 구별된 태도로 수행해야 할 것"을 강조한다. 유사하게, 비록 그가 실제적 일들에 대한 기독교의 적용은 지지될 수 없다는 두 왕국관을 권장하지만, 그는 여전히 "기독교가 부적절하거나 현대의 문화에 대해 할 말이 전혀 없다는 것이 아니다. 확실히 할 말이 있기 때문이다"라는 것을 반드시 확언해야 한다(27).

[65] Nelson Kloosterman, "The Bible, the Church, and the World: A Third Way," *ChrRen* (January 14, 2009): 35.

성은 "존재"그리스도의 교회의 언약적 성원와 "활동"구별된 소명으로서 경건과 하나님의 피조물을 기르는 것 둘 다를 포함한다. 교회 안에서 경건과 성경적 영성을 기르는 것은 교회의 의무이고, 특별히 치리하는 직분자들의 의무다엡 4:12.

우리는 감히 어떤 성경적 영성도 교회와 그것의 신실한 말씀의 시행과 성례들을 떠나서 존재할 수 있다고 제안할 뜻은 없다. 그러나 우리가 이 중요한 진리를 유지하는 반면, 우리가 강력한 그리스도인의 영성 개발을 미미한 한 주일에 하루 일어나는 일로 귀속시킬 수 없다. 구별된 그리스도인의 생활 양식의 육성은 확실히 교회의 영역 안에서 일어난다. 그러나 특별히 또한 매우 중요하게 그것은 성도들의 교제로서의 교회 안에서 일어난다.[66]

이것은 언제든지 어디에서나, 그리스도를 믿는 믿음으로 연합된 사람들로서 그리스도인들이 교제를 위해 모이면, 거기에 마땅히 성경적 영성에 대한 관심과 권장이 있어야 한다. 하나님을 향하여 구별되고 독특한 태도로 이해된 거룩은, 그리스도인들이 성도들의 공동체 혹은 유기체로서 함께 연합하여 중요한 시민 사안들(낙태, 안락사, 비윤리적 작업 조건들)이든 혹은 더 지역화 된 개인적 관심사들(오락의 선택, 온건함, 가족적 필요들)이든, 그들의

---

66 Herman Bavinck는 그의 *RD* 4에서 유기체로서, 즉 성도들의 신앙과 삶의 공동체로서의 교회의 기능에 대한 훌륭한 묘사를 제공한다. Bavinck는 교회가 지상에 있는 동안, 신자들의 모임으로서의 교회는 그 자체가 그리스도에 의해 다른 사람들을 그의 우리로 데려오기 위한 도구로서 사용된다. 그의 교회로써, "그리스도는 세상 가운데서 그의 중보적 직분을 시행한다"(330). 교회를 유기체로서의 교회로부터 제도적 교회로 구별할 때, 항상 하나의 질문이 제기되었다. 이것들 중 어느 것이 우선순위를 갖고 있는가? David VanDrunen은 우리가 "일반 왕국의 문화적 삶과 활동들**보다는 오히려** 교회의 삶과 사역이 그리스도인의 삶 중심에 서 있다"(30)라고 결론짓게 하고자 했다(강조 추가됨). 우리를 마땅히 우려하게 하는 것은 그가 사용한 "보다는 오히려"라는 표현이다. Bavinck는 우리가 "제도의 혹은 유기체의 우선순위에 대한 질문이 그 자체의 편파성을 보여 주고 있다. 그 둘은 연계하여 계속해서 상호 작용하며 피차에 영향을 주도록 주어진 것"(332)임을 볼 수 있도록 돕고자 했다. 따라서 제도로서의 또 유기체로서의 교회의 사역을 피차 대적하도록 함정을 파는 것은 실수다. 그들은 그리스도의 몸의 건강을 위해 결합되어 있고 당연히 두 갈래로 나뉠 수 없다.

날과 시대에 적절한 도덕적 난제들을 숙고하면서 성장한다.

이 독특한 정체성 또는 그리스도인의 영성은 우리의 작업들에 관련된다. 삶의 모든 것이 하나님의 통치에 순복한다는 것을 믿었던, 16세기 개혁주의자들은 한 사람의 소명^{영적 노동}과 직무/작업 간의 총체적 관계를 회복하려고 애를 썼다.

그들은 모든 그리스도인들이, 자기들의 지상에서의 노동의 성격과 관계없이, 자기들의 작업들 내에서 그리스도로 말미암아 하나님께로부터 영적 소명을 받았다는 것을 강조했다. 작업 혹은 인간의 봉사가 아무리 하찮아 보이는 것일지라도 그리스도와 그의 말씀을 따르고 순종하라는 소명에서 제외된 것은 아무것도 없었다^{고전 7:17-22}.[67] 사람은 하나님이 그를 부르셔서 수행하게 한 과업이 무엇이든 그 가운데서 그리스도인의 영성을 살아내야 했다.

우리는 하나님께 대한 감사로 우리의 현세적 활동들을 수행하기 때문에, 두 왕국론 후원자들은 자주 믿음의 수고와 그리스도인의 영성을 관련지으려는 어떤 시도도 "행위의 의"에 가깝다는 것을 지적한다. 스텔만은 현세적 일들과 하나님을 위한 영적 사랑 간에 엄격한 분리 속에서 그의 신조를 진술한다. 그리스도인의 봉사에 관해 그는 이렇게 말한다.

> 우리가 우리 동료 인간을 위해 행하는 선행들은, 하나님의 빼어난 거룩 때문에 그가 보시기에 더러운 옷들이다(사 64:6; 딛 3:5). 그것들 자체의 공로를 고려했을 때, 그것들은 궁극적으로 어떤 뜻깊은 의미에서 전혀 도움이 되거나 가치 있는 것이 아니며, 지속되는 만족감을 제공 하는 것은 전혀 없다.[68]

---

67 Kloosterman, "The Bible, the Church, and the World: A Third Way," 35.
68 Stellman, *Dual Citizenship*, 107.

스텔만은 좋은 점을 지적하는 것과 바로 동시에 그 점을 놓치기도 하는 것 둘 다를 성공한다. 그의 진술은 그가 "그것들 자체의 공로를 고려된" 사역을 언급할 때 눈에 띄도록 한정되었다. 우리는 확실하게 그리스도인들이 순전한 공로행위의 의를 쌓기 위한 시도로 그들의 이웃들을 위해 그들의 작업들을 이행하거나 봉사의 일을 수행해서는 결코 안 된다는 점에 있어서 스텔만에 동의할 수 있다.

이 점에서 우리가 스텔만과 함께 서는 반면, 우리는 신앙의 봉사 행위들이 명확하게 그리스도인의 관점에서 수행되었을 때 가치 있는 의미가 전혀 없다는 결론으로 뛰어들 필요는 없다. 칼빈은 그리스도의 의롭게 하시는 사역의 의지하여 지상에서의 수고에 대한 유의미함을 확언한다. 우리가 확실히 우리의 문화적 노력들을 통해 칭의에 대한 공로를 말할 수는 없지만, 우리를 위한 그리스도의 의롭게 하시는 사역으로부터 나오는 회복이 성화로 들어가게 한다.

우리가 하나님의 영광과 우리의 이웃의 유익을 구할 때 우리의 끊임없는 거룩의 추구가 그 자체를 공적 영역에서 나타나게 하는데, 그것이 우리의 사회 속에 회복을 가져올 수 있다.[69]

두 왕국론 지지자들은 "하나님께 대한 우리이 관게는 … 우리의 일들과 무관하다"[70]라는 주장으로 그리스도인의 영성을 다른 의미로 제한한다. 진 에드워드 베이스Gene Edward Veith는 다음과 같이 제안한다.

> 우리가 공중 … 영적 영역에서 "하나님을 섬기는 것"에 대해 말하는 동안, 우리를 섬기시는 이는 하나님이시다. 직업으로 우리는 하나님을 위한 선한 일들을 하지 않고 우리의 이웃들을 위한 선한 일들을 한다.[71]

---

69 *Institutes*, 3.7.5.
70 Gene Edward Veith Jr., *God at Work* (Wheaton, IL: Crossway, 2002), 38.
71 Veith, *God at Work*, 39.

또 만일 우리가 "하나님을 위한 일," "하나님을 섬기는 것," 혹은 "그의 왕국 사안들을 조장하는 것"에 대해 말한다면, 우리는 즉시로 "율법주의와 외식의 길"로 빠져든다는 성급한 가정이 생겨난다.[72]

그러나 우리는 그와 같은 거짓 이분법을 수용할 필요가 없다. 성경은 반복하여 우리의 순종이 구원을 얻게 하는 공로가 아니라고 하는 반면, 그것이 성화의 과정의 뒤엉킨 한 부분으로 남아 있다는 것을 가르친다. 우리를 위한 하나님의 명령은 이것이다.

> 두렵고 떨림으로 너희 구원을 이루라 너희 안에서 행하시는 이는 하나님이시니 자기의 기쁘신 뜻을 위하여 너희에게 소원을 두고 행하게 하시나니
> 빌 2:12-13.

하나님의 영광을 위해 "우리의 구원을 이루는 것"은 그리스도인의 삶의 각 영역으로 확대된다. 우리가 지상의 일을 할 때 "그리스도의 종들처럼, 마음으로 하나님의 뜻을 행하고, 기쁜 마음으로 섬기기를 주께 하듯 하며, 사람들에게 하듯 하지 않는 것은, 각 사람이 무슨 선을 행하든지 주께로부터 그대로 받을 줄을 알기 때문에"엡 6:6-8 우리는 성실하게 일한다. 유사하게, 그리스도인들은 지상의 통치자들에게 순종할 때도, "하나님의 종과 같다."벧전 2:16.

우리는 심지어 한 순간도 그리스도의 영성으로부터 우리의 지상의 일을 분리시킬 수 없는데, 이는 그것들의 통합이 계속되는 인격적 성화의 과정의 중요한 한 부분이기 때문이다.[73]

---

72 Veith, *God at Work*, 39.
73 우리의 선한 일들이 "궁극적으로 어떤 뜻깊은 의미에서 전혀 도움이 되거나 가치 있는 것이 아니다"라는 Srellman의 강한 주장 역시 하나님이 우리의 선한 일들을 상 주시기로 선택했다는 성경의 가르침을 무시한다. J. Mark Beach는 하나님이 그의 신적 후함으로 우

공적 영역의 모든 면에서 그리스도인의 영성의 변별성을 제한함으로, 두 왕국 관점은 또한 공적 영역 위에 있는 예수 그리스도의 주권에 대한 관점을 잘라냄을 수반한다. 그리스도의 주권의 성격을 묘사하는 두 왕국관이 사용하는 용어는 가끔 교회 위에 있는 그리스도의 통치와 세상 간에 예리한 구분을 했던 것으로 보이는 마틴 루터 Martin Luther의 용어를 반향한다. 그는 다음과 같이 말한다.

그리스도는 하나님의 나라 안에서 왕과 주이시다.

그러나

그리스도의 통치는 모든 사람 위로 확장되지 않는다.[74]

"세속적" 그리고 "성스러운" 영역들 둘 다 하나님께 속해 있는 반면, 그리스도의 주권은 "세속적"인 것까지 확장되지 않는다고 루터는 강하게 주장했다. 그것은 단순히 자연법과 인간의 이성에 의해 다스려진다.[75]

리의 경건한 행위를 상 주시는 한, "그는 그들 속에 있는 그 자신의 의를 상 주시는 것"이라고 지적한다. 따라서 존 칼빈은 "선한 일들은 … 하나님을 기쁘게 하며 그것을 행한 자들에게 열매 없는 것이 아니다"라고 확증할 수 있었다. *Institutes*, 3.15.3. "가치 없는 것"과는 아주 소원하게, 우리의 선한 일들은 하나님께 영광을 돌리며 신자의 신앙을 확증한다. J. Mark Beach *Piety's Wisdom* (Grand Rapids: Reformation Heritage Books, 2010), 208에서 인용.

[74] Martin Luther, "Temporal Authority: To What Extent It Should Be Obeyed," trans. J. Schindel and W. Brandt, in *Luther's Works* 45 (Philadelphia: Fortress, 1962): 96, quoted in Timothy P. Palmer, "The Two Kingdom Doctrine: A Comparative Study of Martin Luther and Abraham Kuyper," *Pro Rege* (March 2009): 14(강조 추가됨).

[75] "명백하게 루터의 '체계'는 철저한 이원성들로 만연되어 있다. (영적 및 현세적) 두 진영들은 두 종류의 의(*iustitia fidei et iustitia civilis*)와 연관되어 있는데, 그것의 각각은 결국 복음과 율법의 순서로 연관된다. 믿음은 우리로 하여금 하나님을 향하여 올라가도록 이

두 왕국 교리가 예수 그리스도의 주권에 대한 이 이원적으로 들리는 관점을 채택함으로 각 신자 안의 이원적 인간성을 확언한 것은 결코 놀라운 일이 아니다.[76] "성스러운" 그리스도인 인격은 성령이 내주하고 있음으로 그리스도의 주권에 순복하는 자이고, "세속적" 혹은 "세상적" 그리스도인 인격은 "그리스도인"으로서가 아니라 "시민으로서" 지상의 통치자에게 순복하면서 엄격하게 "일반적" 방법으로 자신의 일상의 과업들을 행사하는 자다.[77]

진실로, 그리스도의 주권에 대한 이 이원적 관점을 따르면, "하나님은 실제로 자기의 백성들이 반드시 세상과 **참으로 다르도록** 정하신 때는" 오직 "**한 번**, 즉 공적예배 때뿐이다."[78]

그러나 성경은 예수 그리스도가 그의 백성을 위한 구속을 성취하신 후 하늘로 승천하셨고 지금은 최상의 능력과 권위로 하나님의 우편에 앉아 계신다고 가르친다. "하이델베르그 요리문답"제19주일, 제50문답은 다음과 같이 가르침으로써 그리스도의 중보적 사역과 우주의 모든 측면 위의 최고 통치를 확언한다.[79]

---

[77]는 반면, 사랑은 우리로 하여금 우리의 이웃을 향하여 나아가도록 바깥으로 몰아낸다. 세상에서 우리가 다른 사람들 앞에서(*coram hominibus*) 살면서 다양한 직책들을 보유하는 동안, 인격체들로서 우리는 하나님 앞에(*coram Deo*) 선다. 요약하면, 루터의 두 진영들의 교리는 복음의 오직 믿음을 둘러싸고 구축된, 또 그것을 안전하게 지키기 위해 구상된, 하나의 온전한 신학 체계에 속한다." Nelson Kloosterman, "Natural Law and the Two Kingdoms: A Review (3)," *ChrRen* (October 13, 2010): 18-21.

76 루터의 "현세적 권위"에 대한 논문의 더 온전하고 조심스러운 읽기는 루터가 실제로 두 왕국 관점의 이원적 윤리보다는 그리스도인의 신앙과 공적 봉사의 통합을 장려했다는 것을 보여 준다. 실례로, 루터의 논문의 제3부는 그리스도인 군주가 하나님께 매달리며 정의롭고 공평하게 처리하기 위하여 자신의 과업을 이루기 위한 지혜와 총명을 위해 뜨겁게 그리고 자주 기도하고, 그리스도의 본을 따라 적법한 인간의 법들을 제정하고 경건한 태도로 신실한 합의를 장려할 것을 추구하라고 요구한다.

77 Palmer, "The Two Kingdom Doctrine: A Comparative Study of Martin Luther and Abraham Kuyper," 14.

78 Stellman, *Dual Citizens*, 23(강조 추가됨).

79 강조 추가됨.

그리스도가 이 목적으로 하늘로 승천하셨는데, 이는 거기서 그가 그의 교회의 머리로서 나타나도록 하기 위함이고, 성부는 그로 말미암아 **만물**을 다스리신다.

따라서, 전체 인류와 인류가 아닌 존재 위에 있는 그리스도의 총체적 통치는 현재의 실재다. 그리스도 예수는 "그가 모든 원수를 그 발 아래에 둘 때까지 반드시 왕 노릇 하신다" 고전 15:25; 비교. 시 110편.

비록 그리스도의 통치가 현행되는 가시적 실재이지만 반면, 히브리서 2:8은 우리에게 "지금 우리가 만물이 아직 그에게 복종하고 있는 것을 보지 못하고" 있다는 것을 상기시킨다. 그의 왕국의 통치와 그것이 가져오는 회복은 계속하여 진전될 것이고, 우리는 그리스도의 재림에서 그것의 절정을 이루는 성취를 기대한다. 칼빈은 이것이 하나님의 나라의 "이미, 그러나 아직"의 측면을 확언한다. 그의 사도행전 주석에서 그는 다음과 같이 말한다.

> 그리스도는 자신의 죽음으로 이미 만물을 회복하셨다. 그러나 그 효과는 아직 온전하게 나타나지 않았다. 이는 그 회복이 아직도 과정 중에 있기 때문이고, 따라서 결과적으로, 우리가 종의 멍에 아래 여전히 신음하고 있는 만큼, 우리의 구속도 그러하다. 왜냐하면, 그리스도의 왕국이 단지 시작되었고, 그것으로 말미암는 완전함이 마지막 날까지 미루어진 것처럼, 거기에 연계된 것들도 지금은 단지 부분적으로만 나타나기 때문이다.[80]

그리스도의 모든 것을 포용하는 주권과 그의 시작된, "만물"의 회복은 엡 1:9-10; 계 21:5 그리스도인들이 하나님의 피조물을 기르라는 그의 명령을

---

[80] John Calvin, *Commentary on Acts*, vol. 1, trans. Henry Beveridge (Grand Rapids: Eerdmans, 1949), 153, qouted in Jason Lief, "Is Neo-Calvinism Cavinist?" *Pro Rege* (March 2009): 7.

성취할 때 그들에게 넘치는 희망을 공급한다. 그들의 희망은 그리스도가 죽음을 이기고 부활하셨다는 것에 근거한다.

> 그리스도의 부활은 갱신된 피조물의 배경 안에 있는 새로운 인류에 대한, 피조물의 "첫 열매들"이다.^{비교. 롬 8:18-25}.[81]

생명을 주는 성령이 내주하고 있고 또한 그리스도를 죽은 자 가운데서 일으키셨던 동일한 능력으로 힘 있게 된 신자들은 이미 새로운 피조물의 생명의 "첫 열매들"을 공유하고 있다^{엡 1:19-20}. 그들은 "그리스도 안에 있는 하나님의 위대한 구속 사역이 이 피조물과 그것의 역사를 '포기하는' 것이 아니라, 그것을 '갱신하고' '완전하게 하는' 것"이라는 확고한 지식을 갖고 있다.[82]

이 진리들은 그리스도인들이 자기들이 관련된 무슨 활동에서든 그리스도의 왕국 통치에 대한 증언을 하면서 "희망을 쟁기질하도록" 다그친다. 이 우주적 왕권은 인간과 인간이 아닌 것의 각 모서리까지 미치는데, 그 결과로 "왕국은 우리에게 하나님의 **절대성**, **침투성** pervasiveness, **무제한적 통치**를 상기시킨다."^{대상 29:11; 시 45:6/히 1:8-9; 시 103:19; 145편; 마 6:10}.[83]

교회는 지상에서 그리스도의 주권의 가장 가시적 전시이고, 왕국으로 가는 "열쇠들"을 갖고 있다. 그럼에도 그리스도의 왕국은 교회보다 광범하여 영적이고 현세적인 모든 것들에까지 확장된다. 네덜란드 신학자인 바빙크는 자신의 『개혁교의학』*Reformed Dogmatics*에서 그리스도의 왕국의 침투성을

---

[81] Cornel Venema, "Christ's Kingdom Now and Then," review of *Heaven Misplaced* by Douglas Wilson, *ChrRen* (Feburary 10, 2010): 25.

[82] Venema, "Christ's Kingdom Now and Then," 25.

[83] Geerhardus Vos, *The Teaching of Jesus concerning the Kingdom and the Church* (New York: American Tract Society, 1903), 194(강조 추가됨).

칭송한다. 그는 다음과 같이 말한다.

> 그리스도는 진실로 자기의 왕국이 이 세상에 속한 것이 아니라고 진술하셨다. 그러나 그는 외적이고 땅에 속한 것들에 절대로 관심이 없다는 의미에서 영적 왕이라는 것이 아니다. … 그리스도는 자기의 왕국을 그 세상에 심었고, 그것이 그 속에 존재하고, 또 마치 누룩처럼, **삶의 모든 영역에서 변혁시키는 영향력을** 확실히 갖게 하셨다.[84]

그리스도의 왕국의 자원하는 시민들로서 우리 역시 우리의 문화 위에 "발효 작용의" 혹은 "변혁시키는" 효과를 가질 것을 추구한다. 그러나 만일 우리가 다양한 문화적 제도들과 그것들을 운영하는 사람들에게 긍정적인 영향력을 발휘하기 원한다면, 우리는 반드시 가능한 한 조심스럽게 또한 성경적으로 생각해야 한다. 우리는 우리의 문화적 시도들을 무모한 낙관주의 대신에 지혜로 접근할 필요가 있다.

로버트 갓프리 W. Robert Godfrey는 그리스도인들의 문화적 시도들을 "그들의 적절한 상황 속에" 간수하기 위한 지혜롭고 균형 잡힌 조언을 그리스도인들에게 제공한다.[85] 그는 훌륭한 네덜란드 신학자요 공직자인 아브라함 카이퍼 Abraham Kuyper의 실례를 제공함으로 그의 요점을 명확히 한다.

카이퍼는 그 자신의 20세기 상황에서, "그리스도인이 근대의 세상에서 어떻게 살았어야만 했을까?"라는 어려운 질문과 만났다. 그의 동료들 다수는 "교회의 신성함과 그 직분자들의 명예를 보호하는 것이 국가 위정자의 의무가 되었을 때 중세 시대의 '그 좋았던 옛날'을 동경했다."[86]

---

84 *RD* 4, 413(강조 추가됨).

85 Robert Godfrey, "The King and His Kingdom" (lecture, *Christ and Culture*, Westminster Seminary California, Escondido, CA, January 15-16, 2010).

86 Godfrey, "The King and His Kingdom."

그러나 그들은 자기들의 근대의 세상이 중세의 세상이 아니라는 낙담하게 하는 현실과 직면했었다. 그리고 "만일 그들이 근대의 세상에서 중세의 사상들을 가지고 살 것을 고집했었다면, 그들은 단순히 부적절하고, 지엽적이며, 딱하게 되었을 것이었다."[87]

그럼에도 카이퍼는 시민 국가에게 그 권력의 한도를 상기시키기 위해 "영역 주권"sphere sovereignty에 대한 필요를 인정했다. 국가가 그 권위를 남용하는 것을 막기 위해, 그는 그리스도인들이 그들 깊숙이 붙들고 있던 확신에 대해 "증언할" 필요가 있다고 가르쳤다. 그것은 하나님이 그의 창조된 질서를, 하나님께로부터 직접적으로 부여 받은 각각의 책임들과 함께, 권위의 독특하게 분리된 제도들 혹은 영역들의 다양함을 통하여 다스리신다는 것이다.[88]

그 까닭에 카이퍼는 "두 왕국"이 있는 것이 아니라, 오히려 세상에 존재하고 있는 권위에 대한 방대한 수의 왕국들 혹은 영역들이 있다는 것에 주목했다. 국가, 교회, 가정, 학문의 과학적 시도가 모두 독특한 제도들이고, 그것들에게 하나님이 그것들을 성취하도록 특별한 책임들과 권위를 부여하셨다. 따라서 그리스도인은 반드시 하나님의 왕권이 총체적인 반면, 구별된 영역에서 그는 그 주권을 다르게 행사하신다는 것을 인정해야 한다.

하나님의 나라가 "모든 시대의, 모든 영역의, 모든 피조물들의 왕국"이라는 사실에 비추어 볼 때, 그리스도인의 관점은 고등 교육, 사업, 정치, 예술과 연예 같은 그런 영역들에도 기여할 것을 많이 갖고 있다.[89] 갓프리는 적절하게 조언한다.

---

87 Godfrey, "The King and His Kingdom."
88 Godfrey, "The King and His Kingdom."
89 Abraham Kuyper, *E Voto Dordraceno. Toelichting op den Heidelbergsheen Catechismus* (Kampen: Kok, 1895), 4:465–66, quoted in Palmer, "The Two-Kingdom Doctrine: A Comparative Study of Martin Luther and Abraham Kuyper," 19.

우리는 우리 문화의 "일반" 요소들을 넘어 한 걸음 더 나아갈 필요가 있고, 그리스도인들로서 생각하며, 어쩌면 그 생각으로 사물들을 변혁시킬 것을 희망한다.[90]

우리는 국가가 결코 기독교의 제도가 되어서는 안 된다는 두 왕국론의 단언에 동의할 수 있는데, 이는 이것이 영역들의 혼동이 될 수 있기 때문이다. 그러나,

> 단순히 국가가 구속의 일 안에 있지 않다는 것 때문에, 단순히 그리스도인들과 비그리스도인들이 많은 국가의 일을 협력할 수 있다는 것 때문에, 그리스도인들은 국가가 운영해야만 하는 방법에 대해 그리스도인들로서 생각해서는 안 된다는 것을 의미하지 않는다.[91]

그리스도인들이 일관성 있게 그리스도의 통치에 대해 증언하는 동안 문화 속에 변혁 혹은 회복이 일어날 수 있다는 발상은 자주 완전히 기각되거나 비성경적일 또한 때로는 난처할 정도로 과대평가되었다. 두 왕국 관점의 후원자들은 전형적으로 다양한 이유들로 변혁의 발상을 배척한다. **변혁** 혹은 **변혁적**이라는 용어는 상당히 광대해서 그리스도인들이 문화적 활동을 통해 하나님의

---

[90] Godfrey, "The King and His Kingdoms."
[91] Godfrey, "The King and His Kingdom." 우리는 변혁에 대해 말하는 것이 필연적으로 교회의 성격과 목적에 대한 오해를 결과하게 된다고 정당하게 결론지을 수 없다. 그리스도인들은, 불완전하기는 하지만, "일반" 분야에서 "그리스도인답게" 생각하는 것으로 그들 각각의 영역들에서 의미심장한 변혁을 초래해 왔다. 예를 들면, William Wilberforce는 역사와 사회가 사상들에 의해서, 개인들에 의해서, 또 제도들에 의해서 주도되었다고 이해했었다. 그래서 그는 노예 무역이 비난받을 만한 악이라는 그의 기독교적 확신에 의해 인도되어, 노예 제도의 철폐를 위해 싸웠다. 역사 속에서 William Wilberforce처럼 사회의 구조에 지속적 영향력을 남긴 사람들은 거의 없다. 그는 자기의 기독교적 양심이 정치의 "일반" 분야에 영향을 주게 했다.

나라를 강력하게 세워야 한다는 발상을 표현할 수 있는데, 그것이 "너무 많이 종말론적으로 충전된 문화적 낙관주의를 발생시킨다."[92]

더 자유주의적 구조를 가진 매우 많은 교회들이 그들의 교인들을 다그쳐, 말하자면, 그들의 문화적 시도들을 통하여 하늘을 땅으로 끌어내리려고 한다는 사실을 고려한다면, 이것은 정당한 반대다.[93]

그러나 이 문제가 되는 각본이 공적 영역에서의 그리스도인의 행동이 문화적 제도들 안에서 (작든 크든) 긍정적 변화를 결과할 수 있다는 믿음에 착념하는 것의 필연적 결과는 아니다. 성경은 아무데서도 우리에게 하나님의 나라를 건설하라고 명령하지 않는다. 그러나 그것은 하나님의 나라 통치에 대해 증언하고 "하늘에 있는 것이나 땅에 있는 것이 다 그리스도 안에서 통일되게 하려는"엡 1:10 그의 주권적 의도를 말하도록 우리를 불러낸다.

우리는 어쩌면 단순히 그 말이 삶의 조건과 방법 둘 다를 표방하기 때문에 "변혁"을 말할 수도 있다. 그리스도의 죽음과 뒤를 잇는 부활을 통하여 변혁된 신자의 상태가 공적 삶 속에 표현되고 길러지는 새로운 삶의 방법을 발생시킨다. 변혁된 그리스도인들이 복음을 자기들의 문화적 상황 속에 구현할 때, 비록 그것들이 가시적 의미에서 즉시로 눈에 띌 만하지는 않다 하더라도, 그들은 마땅히 거기에 발효의 효과들 혹은 회복의 효과들이 있게 될 것을 기대한다.[94]

---

92 David VanDrunen, "Natural Law and the Two Kingdoms in the Thought of Herman Bavinck" (lecture, *A Pearl and Leaven: Herman Bavinck for the Twenty-First Century*, Calvin Theological Seminary, Grand Rapids, September 19, 2008).
93 그러나 두 왕국 관점도 종종 동등하게 위험한 것으로서 이 견해의 극단으로 빠진다. 즉, 기독교 세계관의 진리의 주장들이 공통되게 알려진 "사실들"의 공적 영역에서 아무 위치도 유지할 수 없다는 정도로 사람의 믿음을 세속화시키는 것이다.
94 어떻게 복음이 그리스도인의 삶의 각 분야에서 성육화 될 필요가 있는지에 대한 가치 있는 설명은 다음을 보라. Goheen and Bartholomew, *Living at the Crossroads*, 제9장, "Life at the Crossroads: Perspectives on Some Areas of Public Life," 146-73.

두 왕국 관점은 "전 세계적인 변혁에 미치지 못하는 것은 무엇이나 기본적으로 실패라고 여기는" 그것의 믿음 때문에 상당한 복음주의 교회를 비판한다.[95] 역설적이게도, 이 관점의 옹호자들은 일반적으로 전 세계적인 변혁이 우리의 지상에서의 수고의 열매가 아니라면, 우리는 시도조차 하려고 하지 말아야 한다는, 동일하게 전부가 아니면 전무라는 관점을 채택하는 것으로 보인다.

두 왕국 관점의 다른 우려는 변혁에 대한 우리의 시도들이 "우리가 우리의 실제적인 이웃들에게 관심이 없다"는 것을 보여 준다는 것이다.[96] 다시 말하지만, 이것이 자연스러운 결과는 아니다. 세상의 소금과 빛이 되라는 성경의 부름은 우리에게 우리의 이웃을 소홀히 해도 된다는 선택을 남겨두지 않는다.

> 만일 우리가 진실로 복음의 빛에 비추어 우리의 문화적 소명을 이해하고 그것을 신실하게 수행한다면, 우리가 창조와 갱신의 정당한 권리가 있는 주를 가리킬 뿐만 아니라, 우리의 이웃을 사랑할 것이다. 하나님의 나라의 정의, 평강, 희락, 의가 인간의 생명의 번영을 공급하는 것이고, 하나님이 우리의 이웃들을 위해 우리에게 위탁하신 이 은사들은 그의 피조물에게 주신 것이다.[97]

확실히 그리스도인은 이생의 순례자다. 위로 향해 들린 눈을 갖고, 신자는 반드시 "위에서 부르신 부름"을 쫓아가기 위해 "달려가야 한다"[빌 3:14]. 그러나 우리는 이 순례자의 신분을 "그리스도인의 문화적 참여에 대한 하

---

95 Stellman, *Dual Citizens*, 47.
96 Horton, "Christ and the Workplace."
97 Goheen and Bartholomew, *Living at the Crossroads*, 145.

나의 **대안**"으로 간주해서는 안 될 것이다.[98] 오히려 순례자로서의 우리의 상태가 "그리스도인의 문화적 참여의 형태"다.[99] 우리의 일상의 삶 속에 하나님의 나라의 도래를 위해 기도하고 추구하는 것은 순례자들로서 우리의 최상의 기쁨이고 열정이다.

우리 인간 존재의 모든 영역들은, 심지어 가장 세속적으로 보이는 것조차도, 하나님을 영화롭게 하기 위해 연합하고 그의 사랑하는 아들, 예수 그리스도의 총체적 주권에 대해 증언한다 고전 10:31. 우리의 순례는 "십자가 아래"에 있는 삶인데, 이는 그리스도 안에 있는 우리의 구속과 그것이 성취한 갱신이 부활하신 주에 의해 시작된, 만물의 회복의 부분이기 때문이다.[100]

따라서, 순례자는 자기의 눈을 견고하게 미래에 고정시키고 주시해야 하는 한편, 그의 손들은 새 예루살렘의 영광스러운 희망 속에 있는 하나님의 피조물을 기르면서 바쁘게 일해야 한다.

---

98 Nelson D. Kloosterman, "'Natural Law and the Two Kingdoms in the Thought of Herman Bavinck.' A Response (abridged and expanded) by Nelson D. Kloosterman" (2008), 16 (http://richardsibbes.com/_hermanbavinck/Kloosterman-2Kingdoms.pdf).

99 Kloosterman, "'Natural Law and the Two Kingdoms in the Thought of Herman Bavinck.' A Response (abridged and expanded) by Nelson D. Kloosterman."

100 Lief, "Is Neo-Calvinism Calvinist?" 3.

제6장

혁명의 신학자
교회와 국가를 위한 아브라함 카이퍼의 급진적 제안

존 할시 우드 주니어 John Halsey Wood Jr. 박사

「더 헤럴드」*The Herald*는 혁명의 근본 원리를 채택한다.[1]

국가에 관한 한, 카이퍼는 혁명과 함께 남아 있다.[2]

아브라함 카이퍼 Abraham Kuyper는 프랑스 혁명을 반대함으로써 자신을 정의했다. 그의 후계자들은 계속하여 그렇게 하고 있고,[3] 역사가들도 그렇게 한다.

예를 들면 마이클 윈틀 Michael Wintle은 카이퍼를 19세기의 네덜란드 개신교주의의 보수적 운동의 정점에 둔다. 윈틀은 카이퍼를 자유주의적이고 계몽주의적 가치들의 진보적 후원자들과 대립시킨다.[4]

---

1 Philip J. Hoedemaker, *Artikel XXXVI: Onzer Nederduitsche Geloofsbelidenis tegenover Dr. A. Kuijper Gehandhaafd* (Amsterdam: J. H. van Dam, 1901), 172.

2 Philip J. Hoedemaker, *Dr. A. Kuyper in Tegenspraak met Groen van Prinsterer; een Waarschuwend Woord voor de Verkiezengen in Juni 1891 door een Hervormd Predikant* (Amsterdam: Egeling, 1891), 13, quoted in H. van Spanning, "Hoedemaker en de Antirevolutionairen," in *Hoedemaker Herdacht*, ed. G. Abma and Jan De Bruijn (Baarn: Ten Have, 1989), 236.

3 E.g., Nicholas Wolterstorff, "Abraham Kuyper (1827-1920)," in *The Teaching of Modern Protestantism on Law, Politics, and Human Nature*, ed. John Witter Jr. and Frank S. Alexander (New York: Columbia University Press, 2007), 32-33.

4 Michael Wintle, *Pillars of Piety: Religion in the Netherlands in the Nineteenth Century, 1813-*

그러나 카이퍼의 동시대 사람들은 그것을 이렇게 이해하지 않았다. 필립 후드마커Philip Hoedemaker는 카이퍼가 자신의 신문인 「더 헤럴드」The Herald(De Heraut)에서 프랑스 혁명의 원리들을 조장한다고 비난했다.

나아가서, 후드마커가 주장했던 것처럼, 카이퍼가 프랑스 혁명을 반대했을지라도, 카이퍼는 자신을 보수주의자로 여기지 않았다. 그는 종교적 보수주의를 비웃었고, 위트레흐트Utrecht의 유명한 보수적인 회중교회에서 설교한 그의 설교 "보수주의와 정통성"에서 보수주의를 정통성에 대치하는 것으로 설정하는데, 그레샴 메이천J. Gresham Machen의 『기독교와 자유주의』Christianity and Liberalism와 역설적인 대치다.[5]

그리고 1886년, 카이퍼가 NHK와 돌레앙치Doleantie 교회들(문자적으로, 비탄에 잠긴 교회들)로부터 분리된 해에 「데 울렌스피겔」De Uilenspiegel은 카이퍼를 모더니스트modernist과 전직 목사 도멜라 니웬후스Domela Nieuwenhuis와 함께 혁명을 조장하는 음모자로 묘사했다(참조. 그림 1). 카이퍼에 대한 후드마커의 평가는 독자적인 것만은 아니었다.

아브라함 카이퍼는 자신의 정치적인 구호에도 불구하고 혁명가였고 급진주의자였다. 그 혼란은 말 그대로이고, 역사적인 것이다.

카이퍼는 어떤 유형의 혁명가였는가?

1901, Occasional Papers in Modern Dutch Studies (Hull, UK: Hull University Press, 1987), xiii, 40.

5 Abraham Kuyper, "Conservatism and Orthodoxy: False and True Preservation (1870)," in *Abraham Kuyper: A Centennial Reader*, ed. James D. Bratt (Grand Rapids: Eerdmans, 1998). Abraham Kuyper, "Dr. Kuyper's Democracy," in *A Free Church, A Holy Nation: Abraham Kuyper's American Public Theology*, ed. John Bolt (Grand Rapids: Eerdmans, 2001)도 보라.

그림 1 〈카이퍼를 혁명 조장자로 풍자한 신문 삽화〉

역사학자들은 가장 자주 신학적 보수주의와 개신교의 모더니즘을 대조시킨다. 아브라함 카이퍼는 결코 모더니즘의 신학자가 아니었다. 그러나 그는 종교적인 보수주의자도 아니었다. 그는 기존하는 질서를 받아들이려고 하지 않았다. 현 상태를 유지하고 지지하는 이런 종류의 종교적 보수주의의 반대는 신학적 모더니즘이 아니라 오히려 종교적 급진주의로, 기존하는 구조들을 뒤엎고 그것들을 새로운 것들로 대체하려는 충동인데, 그것이 카이퍼가 급진적이었다는 그런 종류다.

혹자는 카이퍼가 모더니스트 알라드 피어슨Allard Pierson을 교화했다는 점을 고려하고 피어슨의 네덜란드 개혁교회로부터의 이탈을 카이퍼 자신의 이탈과 비교할 수도 있을 것이다.

카이퍼와 피어슨은, 비록 다른 동기에서 출발했지만, 유사한 급진적 목적들을 달성하기 위해 동일한 행동을 취했다. 그들은 "평화주의자들"과 달랐는데, 카이퍼가 모욕적으로 국가교회를 보수주의자들이라고 덧칠했던 것처럼, 그들은 어떤 신학적 댓가를 치루더라도 교회의 화평과 연합을 추구했다. 평화주의자들에게는 있었고, 카이퍼에게는 부족했던, 그들 간의 모든 차이점들은 하나의 광범한 국가교회에 대한 헌신이었다. 이 체계에 대한 카이퍼의 반대는 네덜란드의 전통뿐만 아니라 서구 교계의 정착으로부터 혁명적 결별을 성립시켰다.

카이퍼의 급진주의의 문제는 네덜란드의 신칼빈주의에 대해 무엇이 정말 새로웠던 것인가에 대한 질문에 이르게 되었다. 존 볼트John Bolt가 제시한 이 질문은, 그것이 교회와 상관이 있음에도 불구하고, 아직도 온전한 답이 없다.[6]

카이퍼의 신칼빈주의에서 새로운 것은 하나의 착상도, 심지어 교리들의 수집도 아니었다. 오히려, 교회와 국가의 분리, 종교 다원주의, 또한 민주주의가 떠오르고 있던 19세기의 사회적 상황으로 그의 칼빈주의를 맞추도록 지향되었던 기풍, 근대 사회의 이 특성들을 용인할 뿐만 아니라 칼빈주의 속에 포함시켰던 하나의 기풍이었다. 이 기풍은 단순히 이 교리 혹은 저 교리의 문제가 아니라, 카이퍼의 교회론에 있는 특별한 날카로움에 대한 것이다.

이것이 선명하게 보인 한 곳이 교회와 국가를 위한 카이퍼의 제안이다. 그 자체로, 교회와 국가를 위한 카이퍼의 제안이 신칼빈주의의 총체가 아니다. 오히려 그것은 개신교가 근대 사회에서 일을 하려는 방향으로의 전환을 알린 것이었고, 또한 카이퍼가 마음에 그렸던 새로운 종교적 또한 사회적 통합의 핵심에 가까운 것이었다.

카이퍼는 네덜란드 국민과 국가를 어떤 하나의 제도적 교회로부터 분리시키고 복수 교회들, 혹은, 카이퍼 자신의 용어들에 있는 교회의 "다형화"를 허용하는 사회에 대한 비전을 내놓았다. 그는 교회와 국가의 성격들과 역할들을 다르게 하는 것을 설명함으로 새로운 사회의 정착을 위한 그의

---

6 John Bolt, *A Free Church, A Holy Nation: Abraham Kuyper's American Public Theology* (Grand Rapids: Eerdmans, 2000), 443-64. 이 부록에서 Bolt는 Ernst Troeltsch와 F. M. Ten Hoor를 포함하여 여러 다른 사람들을 언급하는데, 그들은 Hoedemaker와 마찬가지로 Kuyper를 한 사람의 보수주의적 칼빈주의자로서가 아니라 자유주의자로 보았다.

해명에 정당성을 제공했다. 그리고 여기서 그의 일반은총과 특별은총 및 그리스도의 주권의 교리들이 특별히 중요한 역할을 했다.

본 장은 이 사안들과 다른 사안들을 검토한 후, 곧이어 필립 후드마커 Philip Hoedmaker의 비판으로 전환하는데, 그것은 카이퍼의 착상들이 더 예리한 역사적 새김질을 받게 한다. 이는 만일 한 사람이라도 개혁주의 보수주의자가 있어 본 적이 있다면 후드마커는 의심할 바 없는 개혁주의 보수주의자였기 때문이다.

이제 개혁주의와 신칼빈주의자의 전통에서 자연법과 두 왕국 신학의 주제를 언급하는 많은 책들이 나타났다.[7] 역사신학의 한 작품으로서 본 장은 그 자체로 카이퍼의 신학의 때에, 그 자체의 권리로 그의 신학의 의미를 다룬다. 본 장이 직접적으로 현대의 논쟁들을 판결하지는 않는 반면, 가끔 그들을 향해 몸짓하며 그들에게 얼마의 빛을 비추기 바란다.

그러나 본질적으로 본 장은, 만일 카이퍼가 **무엇을** 아주 자세하게 말했나에 대한 질문에 대해 단번에 대답하려는 것이 아니라면, 그래도 어쩌면 여전히 "그래서 무엇?"을 설명하여, 카이퍼의 신학에 대해 얼마의 역사적 의미를 만들려는 시도를 한다. 그렇게 하여, 본질적으로 본 장은 그 자체를, 원래「더 헤럴드」에 연재물로 출판되었던, 그의 세 권으로 된 작품,『일반은총』Common Grace에 나오는 교회와 국가에 대한 카이퍼의 논의로 제한한다. 카이퍼를 연구하면, 어쩌면 혹자는 가능성을 말하고자 하겠지만, 얼마의 다른 곳에서 그가 무언가 다르게 말할 가능성은 항상 있다.

그것이 이 접근법의 위험성이다. 그럼에도『일반은총』은 카이퍼의 성숙

---

[7] E.g., David VanDrunen, "Abraham Kuyper and the Reformed Natural Law and Two Kingdoms Traditions," *CTJ* 42 (2007): 283–307; John Bolt, "The VanDrunen-Kloosterman Debate on 'Natural Law' and 'Two Kingdoms' in Theology of Herman Bavinck," *Bavinck Society Discussion 1* (2010), http://bavinck.calvinseminary.edu/wp-content/uploads/2010/06/Discussion_1_VanDrunen-Kloosterman_debate.pdf.

한 사고의 열매이고 그의 가장 중요한 공헌들 중 하나이며, 그 이유들로 그것은 내재된 중요성을 내포한다. 그것은 28장 길이의 아주 상세한 진술문이기도 하다. 이 제안이 상상하는 것을 인식하기 위해, 그가 자신을 발견하게 된 그가 처해 있던 상황을 회상하는 것으로 시작하는 것이 도움이 된다.

1. 19세기의 교회와 국가의 진통

19세기 동안 네덜란드의 교회와 국가의 관계는 네덜란드가 더 근대적 준비를 향해 이동해 가면서 변환되었고 고조되었다. 네덜란드는 전혀 스칸디나비아 국가들의 형태의 신앙고백적 국가가 아니었으나, 개혁교회가 의심할 것 없이 지배적인 교회였다.

종교개혁 이후 개혁교회는, 예를 들면, 그 교회의 교인들만 공적 직책을 가질 수 있었던 공적 교회로 있어 왔고, 탁월한 공적 제재를 했던 교회였다. 형식적인 폐지는 1790년대의 프랑스 혁명에 감화되었던 바타비아 공화국 Batavian Republic의 출현과 함께 시작되었으나, 나폴레옹의 영향 아래 개혁교회는 공적 탁월성을 회복했다.

나폴레옹과 그를 따르는 사람들은 교회를 정치적으로 더 편리한 것으로 간주하여 종교와 교회를 그들 편에 두고 그들을 대적하기보다는 그들의 감독하에 두었다. 그래서 개혁교회는 한 번 더 국가적으로 눈에 띄는 위치를 차지했다.

진정한 네덜란드의 군주인 빌럼 Willem 1세는 그때까지 더 느슨하고 지역적으로 조직되어 있던 개혁교회를 중앙 집권화하고, 규제하고, 합병함으로 이런 추세를 계속하여 1816년에 네덜란드 개혁교회 NHK를 설립했다.

빌럼의 아들, 빌럼2세는 자신의 아버지의 교회적 관심사들을 함께 나누지 않았고, 그의 동치하에 1848년의 자유주의 헌법은 선을 위해 교회와 국

가의 분리를 명확히 했다. 그때까지,

> 네덜란드 개혁주의 목사들은 그들의 교회가, 군주에 의해 사랑 받고 보호 받았던, 국민의 영적 중심이었고, 네덜란드 사회에서 교회에게 탁월한 역할을 부여할 것을 추구했던 사역이었다고 그럴듯하게 주장할 수 있었다.[8]

드러난 것처럼, 실제보다 서류상 교회와 국가를 분리하는 것이 더 쉬웠다. 1848년 이후 교회와 국가 간의 다양한 유착 관계가 남아 있었고, 또한 많은 개혁교회들이 그것들을 포기하기를 꺼려했다. 교회들은 계속해서 국가의 경제적 보조금을 받았는데, 이 관행은 (유럽에서 가장 세속적이고 진보적인 나라 중 하나로 여겨지던 곳에서!) 1980년대까지 완전히 폐지되지 않았다.

NHK의 목사들은 여전히 공립대학교rijksuniversiteiten에서 교육을 받았고, 북스케르크volkskerk, 문자적으로 "국민의 교회"는 NHK 안에서 많은 사람을 위한 표어가 되었다.

이 1848년 이후의 교회는 특징짓기가 쉽지 않다. 한 사람 미국인의 관점에서, 로마 가톨릭에 대한 계속되는 제약들, NHK의 공적 특권, 그리고 지식층들 가운데 회자되던 반민주주의 정서들을 감안하면, 네덜란드는 여전히 **구체제**에 견고히 기초해 온 것으로 보일 수 있으나, 그 구체제는 약화되고 있었다. 상대적으로 말하면, 거기에는 로마 가톨릭과 더 작은 종파들을 위해 더 많은 자유가 있었고 또한 사람들 가운데 자의식과 자기 결정에 대한 지각이 자라나고 있었다.

---

8   James C. Kennedy, "Dutch Political Developments and Religious Reform," in *Political and Legal Perspectives*, ed. Keith Robbins (Leuven: Leuven University Press, 2010), 131. 여기의 교회와 국가의 간략한 역사는 대체로 Kennedy의 작품에 의존한다. 그러나 독자들은 George Harinck and Lodewijk Winkeler, "De Negentiende Eeuw," in *Handboek Nederlandse Kerkgeschiedenis*, ed. Herman J. Selderhuis (Kampen: Kok, 2006), 597-721도 참조할 수 있다.

찰스 테일러 Charles Taylor는 이 독특한 과도기를 해석하고 또한 카이퍼가 전환을 위해 교회를 조절했던 그 전환을 정의하기 위한 구상을 제시했다. 일반적으로, 19세기는 "구(舊)뒤르켐주의"paleo-Durkheimian의 상태에서 "신뒤르켐주의"neo-Durkheimian의 상태로 이동했다고 그는 말한다.

에밀 뒤르켐 Emile Durkheim은 종교와 사회 간의 밀접한 관계를 인정했는데, 매우 밀접해서 뒤르켐 자신이 사회는 신성한 것이라고 선포했다. 신성한 것은, 말하자면, 순전히 사회적 해석이다.

뒤르켐의 사회학적 축소주의에 굴복하지 않고, 테일러는 "구뒤르켐주의"로서 하나의 교회가 사회를 지배하는 고전적 상황을 언급한다. 구뒤르켐주의 상황은 하나의 지배적인 교회와 그 교회와 시민 사회 간의 긴밀한 관계라는 두 가지 요소로 구성되었다. 종교개혁 시대의 말로는 '통치자의 종교가 통치 영역의 종교'cuius regio, eius religio라는 것이다. 책임적인 시민의식과 공동의 선은 하나의 교회에 참여 및 교회와 국가 간의 밀접한 상호 조정과 협력에 의존했다.

"신뒤르켐주의"의 상황은 종교의 다원화를 어느 정도 경험했으나, 그럼에도 종교는, 특별히, 기독교는 여전히 사회와 밀접하게 배열되었고 공적 선으로 간주되었다. 혹자는 미국 종교를 특징짓는 것에 대해 "개신교, 로마 가톨릭, 유대교," 혹은 "유대주의와 기독교"의 가치들에 대한 매력으로 생각할 수도 있다. 신뒤르켐주의에서는 아무도 칼빈주의자나 로마 가톨릭 교인이나 감리교인이 될 필요가 없었으나, 누구나 반드시 무언가는 되어야 했다.

신뒤르켐주의의 시대를 열었던 종교 다원화는 19세기에 두드러지게 나타났다. 상응하여, 휴 멕리오드 Hugh McLeod는 19세기의 종교 문화를 이해하는 열쇠가 다원화, 단순히 기독교에 대한 대안들의 확산이 아니라, 기독교 자체 내부의 다원화라고 말한다.[9]

---

9 Hugh McLeod, *Secularization in Western Europe, 1848-1914* (New York: St. Martin's, 2000), 28.

이 상황에서, 아브라함 카이퍼의 교회와 국가를 위한 제안은 구뒤르켐주의의 인식의 틀, 콘스탄틴Constantine 이후의 서구 사회를 길들여 왔고 종교개혁이 전복시킨 적이 없는 인식의 틀의 종식을 요구했다. 네덜란드에서, 그것의 상대적인 종교적 관대함을 고려해도, 이것은 혁명적인 요구였다.

2. 아브라함 카이퍼의 급진적 제안

카이퍼의 신학에서 두 왕국에 대한 질문을 고려할 때, 19세기에 교회와 국가 간의 관계들 속에 일어났던 역사적 전환을 고려하는 것은 특별히 중요하다. 아브라함 카이퍼는 19세기의 교회와 국가의 문제를 눈에 띄게 찰스 테일러Charles Taylor의 것과 유사한 말들로 이해했다.

카이퍼는 중세 기독교계의 대부분에 교회와 국가의 밀접한 연합이 있어 왔다는 것을 주목했다. 동방 교회와 서방 교회 간의 대분열 그리고 심지어 종교개혁도 이것을 의미심장하게 바꾸지 못했다. 개혁주의자들, 루터와 츠빙글리Zwingli, 칼빈과 불링거Bullinger, 위클리프Wycliffe와 낙스Knox로부터 귀도 드 브레Guido de Bres, 또한 로마 가톨릭까지도 가시적 교회의 연합과 교회의 국가와의 협력을 가정했다. 드 브레가 썼고 "연합의 세 유형들"The Three Forms of Unity에 포함된 "벨직 신앙고백서"는 교회, 국가, 사회의 연합에 대해 공통된 콘스탄틴 후기 및 초기 개신교의 가정을 반영했다.

"벨지 신앙고백시" 세 36소는 위정자에게 "정부의 과제는 공적 영역을 돌아보고 감독하는 데 제한된 것이 아니라, 모든 우상과 적그리스도의 거짓 예배를 제거하고 괴멸하는 것을 염두에 둔, 신성한 사역을 고양시키는 데까지 확장하는 것"이라고 명령했다.[10]

---

10 Guido de Bres, "The Belgic Confession (1561)," in *Creeds and Confessions of Faith in Chris-*

19세기에 그 신경의 이 요소에 가장 큰 장애물은 다원화였다고 카이퍼는 (휴 맥리오드에 동의하여) 다음과 같이 말했다.

> 교회와 국가의 관계가 하나의 가시적 교회를 많은 다른, 심지어는 부분적으로 상치되는 고백의 교회들로 쪼개는 것으로 말미암는 것보다 더 강력한 변화를 겪을 수는 없다.[11]

어느 정부가 유능하게 무수히 많은 교회들 중에 어느 것이 하나의 참 교회이고 어느 것이 마땅히 제거되고 괴멸되어야 될 것인지를 결정할 수 있었는지를 카이퍼는 물었다.

네덜란드의 것과 같은 민주주의 정부들이 일들을 더 복잡하게 만들었다. 러시아에서는, 적어도 국왕이 거의 논쟁 없이 참 교회를 제정할 수 있었지만, 네덜란드에서는 투표자들이 결정하려고 했다는 것을 카이퍼는 알아챘다. 카이퍼는 이것이 교회적 시민전쟁을 폭발시키거나, 아니면 더 심하게, 투표자들이 그들에게 속한 대권들과 하나님께 속한 대권들을 혼동할 것을 염려했다.

게다가, 세월이 가면서 다수의 사람들이 바뀌고 다른 교회가 참 교회라고 투표를 한다면 어떤 일이 일어나겠는가?

이전의 참 교회가 그때는 하나의 분파가 되겠는가?

민주주의가 벽들을 통해 새어 나오고 있었지만, "그리스도의 교회는 다수의 목소리에 의해 판단되지 않았다."[12] 이 이유 때문에, 제36조를 근대의,

---

tian Tradition, ed. Jaroslav Pelikan and Valerie Hotchkiss (New Haven, CT: Yale University Press, 2003), 424.

11 Abraham Kuyper, *De Gemeene Gratie*, 3 vols. (Kampen: Kok, 1931-32), 3:231-32.
12 Kuyper, *De Gemeene Gratie*, 3:253-55. 묘하게, 카이퍼는 이것이 어떻게 그 자신의 교회 안에서의 민주적 정책을 위한 주장들과 조화될 수 있는지는 설명하지 않았다. 예를 들면,

복수의 세상에서 시행하기는 불가능했고, 카이퍼는 그것을 아예 폐지할 것을 제안했다. 그것은 신경에서 위배되는 구절을 제거하는 것처럼 단순하지 않았다. 그것은 교회, 국가와 사회에 대한 새로운 논리를 요구했다.

이것을 카이퍼가 그의 일반은총에 관한 더 방대한 연재물(점차적으로 3권의 『일반은총』[De Gemeene Gratie]으로 출간된다) 안에 "교회와 국가"라는 제목을 붙여 연재로 기고하여 제공했다.

그의 교회와 국가에 대한 신학의 서문에서처럼, 카이퍼의 교회와 국가에 대한 재정열 역시 그의 신뒤르켐주의 사회에 대한 비전을 명확하게 표현했다.

카이퍼는 비가시적 교회가 창조 이래 존재해 왔지만, 교회 제도는 존재해 오지 않았다고 주장했다. 이스라엘 아래에는 교회 제도가 없었다. 그것은 오순절 때의 새로운 피조물이었다. 그로 인해, 제도적 교회는 심지어 시작할 때부터 결코 단일한 제도적 단위였던 적이 없고, 그렇게 될 수도 없었다.

그렇게 생각한 것은 로마의 오류였다. 교회들과 신경들은 인종적, 역사적 그리고 지역적 차이들을 따라 다양했다.

> 자바인들은 우리와 다른 하나의 인종이다. 그들은 다른 지역에 산다. 그들은 전혀 다른 발달 단계에 서 있다. 그들은 그들의 내면의 삶이 다르게 지어졌다. 그들은 그들 뒤에 전혀 다른 과거를 갖고 있다. 또한, 그들은 전혀 다른 사상들 속에서 자라 왔다. 그러므로 그들에게 그들의 신앙의 적합한 표현을 반드시 우리의 신경과 요리문답에서 찾아야 한다고 기대한다는 것은 어리석다.[13]

Abraham Kuyper, *Wat j Doen: het Stemrecht aan ons zelven Houden of den Kerkeraad Machtigen? Vraag bij de Uitvoering van art. 23 Toegelicht* (Culemborg: A. J. Blom, 1867).

13 Kuyper, *De Gemeene Gratie*, 3:237.

그러한 다양성은 문제가 아니라 오히려 인간의 삶의 아름다운 부분이다. 교회들의 분열이 국민들의 분열과 상응하지도 않았다. 오히려, 카이퍼는 교회의 다형화를 제안했다. 그는 19세기 후반기에 NHK에서 유행되어 왔던 네덜란드 국민을 위한 하나의 교회, 북스케르크 volkskerk의 발상을 반대했다.[14] 그는 네덜란드가 하나의 기독교와 개신교 국가였지만, 그것이 다양한 신경들과 함께 다른 교회적 제도들로 표현될 수도 있었다고 믿었다. 그것으로 교회는 외형적 형태에서 다형화였고, 복수적이었다.[15]

종교개혁은 당연히 하나의 국가, 하나의 교회의 정착을 끝냈었어야 했지만, 여기서 그것은 그 자체의 원리들을 완수하는데 실패했다. 나아가서, "기계적"이고 "인위적"인 짐으로서 카이퍼의 교회 제도에 대한 해설은 그의 복수 형태의 교리를 허용했는데, 그 자체가 진일보한 교회적 원리들의 개발이었고 그것으로 카이퍼는 그의 더 역사적으로 기초된 NHK와 나란히 그의 돌레앙치 Doleantie 교회들을 합법화했다.[16] 이것으로 카이퍼는 신뒤르켐주의 사회의 비전을 소개했는데, 돌이켜 보면, 미국 교단의 체계에 상응하는 유럽판이었다.

---

14 Annemarie Houkes, *Christelijke Vaderlanders: Godsdienst, Burgerschap, en de Nederlandse Natie* (1850-1900) (Amsterdam: Wereldbibliotheek, 2009)을 보라.
15 "기계적"이고 "인위적"인 짐으로서의 제도적 교회에 대한 Kuyper의 수정된 신학이 그런 관점을 허용했다.
16 Kuyper, *De Gemeene Gratie*, 3:03-5, 288-89; John Halsey Wood Jr., *Going Dutch in the Modern Age: Abraham Kuyper's Struggle for a Free Church in the Nineteenth-Century Netherlands*, ed. David Steinmetz, Oxford Studies in Historical Theology (New York: Oxford University Press, forthcoming). 인위적인 것으로서의 교회의 제도에 대한 *Common Grace*라는 책 속의 개념을 *Confidentially*라는 책에 나오는 교회의 제도저 형태에 대한 Kuyper의 초기 견해와 비교하라. 거기서 그는 제도를 영적 삶의 첨가로서가 아니라, 그것을 위한 전제 조건과 필요성으로 묘사했다. "정확하게 각 개인의 무의식적 삶이, 신자들의 어머니로서의 교회가 반드시 의식적인 형태를 제공하여, 아직 태아적인 삶을 더 분명한 의식에 이르게 힐 수 있을 것을 요구한다." Abraham Kuyper, *Confidentie: Schrijven aan den Weled. Heer J. H. van der Linden* (Amsterdam: Hövcrkcr & Zoom, 873), 58.

카이퍼는 교회와 국가에 대한 그의 신학을 통해 종교적으로 복수의 사회의 비전을 위한 신학적 합법화를 공급했다. 특별히 그의 일반은총과 특별은총 간의 구분과 그의 그리스도의 중보 됨에 대한 이해가 이 두 제도들을 구별했다. 교회와 국가의 제도들 간의 가장 중요한 구분은 일반은총과 특별은총 간의 구분에 의존했다. 가장 단순히 말하면 다음과 같다.

> 교회는 특별은총에서 나왔고, 또한 … 국가는 … 일반은총에 속하는 하나의 제도다.[17]

일반은총은 자연과 관련된 것이다. 그리고

> 국가를 형성하기 위해 필요한 빛은 다름 아닌 자연의 빛이다.[18]

카이퍼는 특별계시가 국가의 역할을 순화시키는 데 가치가 있었지만, 그것이 엄격하게 필요한 것은 아니었다는 것을 용인했다. 반대로, 교회는 초자연적인, 구체적으로, 특별계시와 중생에 기초하고 있었다.

교회의 다형화와 함께 국가의 책임은 어느 신경, 어느 교회가 참된 것들이었나를 판단하는 것이 아니었다. 그 과제는 일반은총의 제도로서의 정부가 감당할 수 있는 역량이 전혀 없다.

대신에, 국가는 단순히 그 아래 있는 교회들의 자유로운 운동을 제공해야 했다. 그럼에도 국가 안에 교회들이 있다는 것이 유익한 것이었는데, 국가도 마땅히 그것을 당연한 것으로 여기지 말아야 했다. 교회들은 시민 질서와 덕을 장려했다. 국가가 그 존재를 위해 절대적으로 교회, 특별은총,

---

17 Kuyper, *De Gemeene Gratie*, 3:104.
18 Kuyper, *De Gemeene Gratie*, 3:109. 또한 289도 보라.

아니면 특별계시를 의존하지 않았을 때, 국민과 국가는 논의의 여지 없이 그들에게 더 좋았다.[19]

카이퍼가 약술했던 교회와 국가의 유형에서는, 모든 사람이 특정 교회의 성원이 될 필요가 없었지만, 모든 사람아니면 거의 모든 사람이 어떤 교회의 성원이 되어야만 했다.

특별은총의 제도로서의 교회와 일반은총의 제도로서의 국가 간의 이 구분 역시 이 두 제도들을 각각 사립과 공립으로 분류했다. 일반은총은 삶의 모든 것을 다루었고, 그 결과 "국가는 우리 인류에 대한 **전체**를 포함하지만, 교회는 단지 **한 부분**을 포함한다."[20] 그것이 일반은총과 국가를 그것들이 인간의 삶의 공유된 공통 요소들을 다루는 한 공적 실체들로 만들었다.

반대로, 특별한 구원의 은총은 공적인 것이 아니었고, 상응하여, 교회도 공적인 것이 아니었다. 그것은 범위가 제한되었고 자발적인 동의를 요구했다.[21]

교회와 국가는 하나님의 아들에 대한 그들의 관계에서도 역시 달랐다. 이 점에 대해 카이퍼가 두 왕국론, 아니면, 좀 더 정확하게 하나님의 아들의 이중적 왕권 교리를 발전시켰다. 적어도 그것은 공히 그렇게 해석되었는데,[22] 그는 20년 전에 "우리 인간 존재의 전체 영역에서 만물 위에 주권자이신 그리스도가 '내 것이다!'라고 외치지 않는 곳은 엄지손톱 넓이만큼도 없다"고 했던 그의 단언에서도 떠났다.[23] 교회와 국가 둘 다 그들의 기원이

---

19 Kuyper, *De Gemeene Gratie*, 3:129-44, 260-67.
20 Kuyper, *De Gemeene Gratie*, 3:105.
21 Wood, *Going Dutch in the Modern Age*를 비교하다.
22 E.g., Richard J. Mouw, *Abraham Kuyper: A Short and Personal Introduction* (Grand Rapids: Eerdmans, 2011), 57-58.
23 Abraham Kuyper, *Soevereiniteit in Eigen Kring. Rede ter Inwijding van de Vrije Universiteit, den 20sten Oktober 1880 Gehouden, in het Koor der Nieuwe Kerk te Amsterdam* (Amsterdam: J. H. Kruyt, 1880), 35.

하나님의 아들 안에 있었다.

그럼에도 성자는 모든 사람을 위한 피조물의 중보자이신 한편, 그리스도이시고, 오직 택자를 위한 구속의 중보자이시다. 그러므로 성자는 구속적 메시아, 그리스도로서의 역량에서 교회의 머리였지만, "반면, 대조적으로 이 그리스도는 구속의 중보자로서가 아니라, 창조의 중보자로서, 따라서, 하나님의 아들로서 국가들의 삶 속에서 다스린다."[24]

따라서 엄격히 말하면, 그리스도가 국가를 위한 그리스도는 아니었다. 비록 하나님의 아들로서 그는 만물 위에 "내 것이다"를 외칠 수 있었지만, 메시아와 그리스도로서 그는 단지 교회 위에 그렇게 외칠 수 있었다.

이 점은 심하게 논쟁을 불러일으키는 점이어서 카이퍼는 그의 교회와 국가에 관한 연재물에서 반복하여 그 점으로 돌아갔다. 외관상 비평가들은 그리스도가 교회뿐만 아니라 모든 피조물 위에 통치했다고 대응했었다. 카이퍼는 말하기를 그런 입장이 교회와 국가에의 역할들에 대해 절망적인 혼돈으로 이끌어 갔다고 했다.

시민의 삶과 교회의 삶에 대해, 일반은총과 특별은총에 대해, 가시적 교회와 비가시적 교회에서의 그리스도의 주권을 혼동한 것은 국가가 교회의 권리들을 강탈하거나 아니면 교회가 국가를 복종시키는 것으로 이끌어 갔다.

카이퍼는 개혁주의 신경들에 호소했다. 하나님의 오른편에 있는 중보자로서 그리스도가 하나님의 섭리적 사역을 맡게 될 것이라고 말해진 적은 결코 없다.

> 반대로, 그리스도는 오직 위대한 구속의 사역에서 특별은총과 연관되어 언급되었다.[25]

---

24 Kuyper, *De Gemeene Gratie*, 3:123; 또한 point 125 on 290를 보라. Kuyper의 초기 작품에도 동일한 논리가 작용한다. Abraham Kuyper, "Van het Kerkelijk Ambt," *De Heraut* (1887-88): 519-33.

25 Kuyper, *De Gemeene Gratie*, 3:274-81, 여기 279.

더 많은 차이들은 교회와 국가의 영역과 힘에 관한 것이었고 또한 자연적인 것과 초자연적인 것으로서의 이 두 제도들 간의 차이에 상응했다. 국가의 영역은 눈에 잘 띄는, 자연적인 삶이었던 반면, 교회는 마음을 다루었다. 국가는 그것의 자연적 삶의 질서를 세우는 데 강제적 수단들을 사용했던 반면, 교회는 영적 수단들을 사용했다.

끝으로, 국가는 부여된 제도였는데 그것의 권위는 절대적이어서 심지어 생사까지 좌우했다. 예를 들면, 국가는 전쟁에 나갈 사람을 소집했다. 다른 한편, 교회는 부여된 것이 아니라 자원해야 했고, 아무도 교인이 되도록 강요할 수 없었다.[26]

카이퍼의 제안은 결코 상아탑의 추상적 관념이 아니었다. 프랑스 혁명과 그 후의 네덜란드 혁명 이후, 왕 빌럼 1세는 1816년에 네덜란드의 개혁교회들을 나폴레옹의 모델을 따라 네덜란드 개혁교회로 재조직했다. 빌럼 1세는 전국 대회에 그 정점을 두는 교회적 위계를 구성했다.

카이퍼는 교회의 사안들에 이 국가 권력의 개입을 항의했다. 그는 국가의 목적들을 위한 교회의 공동 선택, 국가의 지원금에 의존하여 유발된 무기력한 영성, 또한 "복음을 그들의 입지와 가족의 영향력을 강화하는 데 사용하는, 높은 신분의 부요한 젊은 남자들에 의한 교회의 사용"[27] 등 다양한 악들에 대해 교회와 국가의 혼합을 비난했다. 카이퍼가 한 세기 후에 사회학자들이 확언했던 것, 즉 국가-교회가 근대 세계에서는 손해 보는 명제라는 것을 인식했었다.[28]

기민하게 근대 사회의 복수적이고 폐지된 특성에 조율된, 이 입장은 어떤 역설을 포함했다. 교회의 다형화에 대한 교리의 필연적 상관관계는 기업적

---

26 Kuyper, *De Gemeene Gratie*, 3:105-7, 109-14; 또한 points 106 and 108 on 290.
27 Kuyper, *De Gemeene Gratie*, 3:259; 또한 252.
28 Kuyper, *De Gemeene Gratie*, 3:257. 또한 훨씬 초기의 Kuyper, *Confidentie*, 86-91.

인, 제도적 교회의 주체의 우선순위였다. 카이퍼는 교리적 권위가 교회에서 성령에 의해 인도된 사람들에게로 이전되었을 때, 종교개혁을 주체로의 대전환으로 해석했다.²⁹

결과적으로 수없이 많은 교회들 가운데 어느 교회가 참 교회였는지를 결정해야 되는 때, 카이퍼는 어느 교회가 더 순결하고 더 좋은 것인지 비교하고 결정하는 것은 각 개인 신자의 판단에 맡겼다.³⁰ 그래서 카이퍼는 하나님의 위치에 인간 주체를 두는 것을 갖고 신학적 모더니즘을 책망하는 반면, 그 자신은 그 주체를 교회의 위치에 두었다.³¹

따라서 주관주의가 카이퍼의 신학에 나타났는데, 만일 성경의 권위에 대한 그의 신조들에서가 아니었다면, 한 단계가 삭제된, 성경을 해석할 교회의 권리에 대한 그의 신학에서였다. 필립 후드마커는 이 점을 재빠르게 지적했다.

3. 필립 후드마커의 비판

개혁주의 신경들을 충실히 따랐던 개신교도로서, 필립 후드마커는 아브라함 카이퍼의 예상치 않은 반대자다. 후드마커는 위트레흐트대학교에서 신학 박사 학위를 받고 졸업한 후, 자신의 남은 생애를 통해 알게 된 딜레

---

29 Kuyper, *De Gemeene Gratie*, 3:239-45.
30 Kuyper, *De Gemeene Gratie*, 3:272-73.
31 Abraham Kuyper, "Modernism: A *Fata Morgana* in the Christian Domain (1871)," in *Abraham Kuyper: A Centennial Reader*, 103. Kuyper는 교회가 단순히 하나의 자발적 단체가 아니었다는 것을 인정했다. 유아 세례의 시행이 그것을 증명했지만, 그는 이 점을 그의 책 *Common Grace*에서 충분히 설명하지 않았다. 유아 세례를 위한 근거로서의 추정적 중생에 대한 그의 주장은 달리 상당히 주관적인 그의 교회론을 전통적 개혁주의 관행과 결연시키려는 시도였다.

마를 특징짓는 뜻밖의 실수를 했다.

후드마커는 같은 주일에 두 교회에서 설교할 기회를 수락했다. 오전에는 NHK의 회중 앞에서, 저녁에는, 1834년 분리 때 NHK를 떠났고 그 후 대략 보수 개혁주의 종파로 존재해 왔던 기독교 개혁교회 CGK의 회중 앞에 섰었다.[32] 후드마커는 CGK 신경의 신학을 수용했지만, NHK의 관대함과 전통을 소중하게 여겼다. 그러나 CGK의 지도자들은 그들의 교회적 옛 원수와 화해를 했던 설교자와 함께 지내려 하지 않았고, 그들은 후드마커가 선택할 것을 요구했다.[33]

후드마커는 NHK를 선택했다. 후에 후드마커는 카이퍼의 암스테르담 자유대학교의 교수로 지명되었을 때도 비슷한 딜레마에 직면했다. 그는 자유대학교가 NHK의 목사들을 위한 개혁주의 정통성의 보루가 될 것이라는 발상을 갖고 그것에 합류했다.

그러나 카이퍼 자신의 NHK로부터의 분리와 그 교회가 자유대학교 학생들의 안수를 거부한 후, 자유대학교와 NHK의 관심사들이 달랐다는 것과 후드마커가 이 주인들을 둘 다 섬길 수 없다는 것이 분명해졌다. 한 번 더, 후드마커는 그것의 국가적 열망과 네덜란드 개혁주의 유산 때문에 NHK를 선택했다.

후드마커는 신학적 모더니즘과 1816년 합의하에 야기되었던 국가에 의한 교회의 공동선택에 대해 상당한 비평가였지만, 분립이 옳거나 유일한 길이었다는 데 카이퍼에 동의하지 않았다. 그 이후 후드마커는 카이퍼와

---

32 Hoedemaker의 생애에 관해서, Jan de Bruijn, "Philippus Jacobus Hoedemaker: Een Biografische Schets," in *Hoedemaker Herdacht*, 11-29를 보라. 여기서 필자는 **종파**라는 말의 의미를 경멸적인 말로서가 아니라 Ernst Troeltsch가 사용했던 일반적인 사회 과학적 의미에서 사용한다.

33 아무도 CGK가 지나치게 분파적이라고 생각하지 않도록, CGK가 NHK의 작용으로 다소간 직접적으로, 그들의 가정에 군인들의 숙소를 두는 것으로 시작하여 그것에 제한되지 않았던, 다양하게 부당한 처사들을 당했었다는 것도 마땅히 알려져야 한다.

중복되는 그의 모든 신학적인 것들, 즉 교회, 국가, 또한 사회 문제들에 관해 글과 지면으로 카이퍼를 반대를 했다.

무엇보다도, 후드마커는 네덜란드를 위해 하나의 개혁교회를 원했다. 그는 끊임없이 교회와 국가 안에 있는 정당을 분열시켜 서로 대적하게 하는 카이퍼의 책략들을 혐오했다. 후드마커는 종교개혁의 구뒤르켐주의의 상황을 근대의 시대에 유지하기 위한 시도를 대표했다.

누구의 신학이 더 진정한 개혁주의적이었나 아니면 성경적이었나, 후드마커냐 아니면 카이퍼냐에 대한 질문을 여기서 잠시 떠나면, 후드마커는 종교개혁의 합의와 네덜란드 공화국을 뒤엎고 새 세기를 여는, 교회와 국가 그 자체를 위한 카이퍼의 재배열을 인정했다.

특별히 세 가지 주제들, 즉 국가의 종교적 중립의 형태에서의 종교적 자유, 기독교의 민주주의화, 교회와 국가의 분리는 카이퍼와 후드마커가 교회와 사회를 다르게 접근한 것과 개혁주의적 개신교주의를 근대 사회의 추세들에 적응시킬 의지의 유무를 보여 준다.

카이퍼는, 비록 이상적으로는 국가가 반드시 참 교회를 후원해야 하지만, 복수의 교회들을 대면하고 있는 현 상황에서는, 국가가 어느 교회가 참 교회였는지를 결정하는 것은 불가능했다고 주장했다. 유일하게 적절한 길은 모든 교회들이 자유롭게 활동하도록 허락하는 것이었다. 후드마커는 이것이 말하자면 프랑스의 혁명의 원리가 국가의 영역에 적용된 것과 다름없다고 했다.

종교의 자유에 대한 이 해설은 개혁주의 전통에 낯선 불법적인 종교의 중립성이었다. 카이퍼가 관념들의 영역에 중립이 없다는 것을 잘 알았던 반면 후드마커는 제도적 그리고 사회적 합의들은 종교적으로나 신학적으로 결코 중립적일 수 없다는 것을 카이퍼보다 더 잘 이해했다. 예를 들어, 국가가 징벌적 판결을 시행했을 때, 그것은 옳고 그름에 대한 관념에 근거

하여 그렇게 했고 따라서 종교적 원리를 가정했다.³⁴

나아가서, 후드마커는 계속하여 카이퍼의 일반은총의 개념이 이 오류를 뒷받침했다고 했다. 카이퍼는 국가를 특별은총과 특별계시에 의존하지 않는 하나의 일반은총의 제도로 편협하게 한계를 정했다.

> 우리[후드마커]의 의견은 특별계시가 화해와 관련되어 서 있는 모든 것, 즉 하나님과 인류 간의 교제의 회복뿐만 아니라, 가장 넓은 의미에서 구속에 미치는 모든 것, 말하자면, 회복이 맞는데, 처음 피조물을 영화롭게 하는 것을 포함한다고 생각한다. 그리고 특별은총이 전적으로 말씀과 화해의 사역에 빠져 결과적으로 사람이 국가의 지형은 일반은총에 또한 교회의 지형은 특별은총에 할당할 수 있도록 한 것은 아니다.³⁵

그것은 마치 후드마커가 카이퍼 자신이 카이퍼를 벗어났던 것처럼 보일 수 있다. 사실, 그의 비판은 단지 카이퍼의 특별은총과 일반은총의 분리와 그의 이 교리들의 교회에의 적용이 사회를 분리하여 별개의 활동의 영역으로 들어가도록 한 근대의 계획에 얼마나 많이 참여했나 하는 것과, 그들이 어떻게 전근대의 비전인, 유기적으로 상호 연결된 사회로부터 벗어났는가 하는 것을 설명한다.

후드메이커도 마찬가지로 종교의 일들에서 국가의 무능력에 대한 보상으로 카이퍼의 기독교의 민주화에서 뒷걸음쳤다. 국가가 어느 교회가 참 교회인지 판단할 수 없었기 때문에, 국가는 투표자들에게 의존해야만 했다

---

34 Hoedemaker, *Artikel XXXVI*, 16, 63-64. 다양한 글들이 Kuyper의 중립에 대한 Hoedemaker의 비판에 대해 논의한다. G. Abma, "Hoe Neutraal is Neutraal? Hoedemaker en de Poliiek," in *Hoedemaker Herdacht*, 188-215; van Spanning, "Hoedemaker en de Antirevolutionairen," 234-45를 보라.

35 Hoedemaker, *Artikel XXXVI*, 55.

고 카이퍼는 말했다. 교회는 사람들을 통해 국가에 간접적 영향을 줄 뿐이었다. 후드마커는 말하기를, 이렇게 하여, 카이퍼는 교리를 공적 의견으로 취급했고, 교회가 그것의 제도적 외관 속에서 교리의 중재자라는 원리를 잃었다고 했다.

> 카이퍼 박사는, 신경이 성경의 짧은 개요_repetitio Sacrae Scripturae_가 아니라 공적 의견의 반향이라는 결론을 내릴 때, 본질에서 그것을 공격한다.[36]

밀접하게 연관되었던 것은 후드마커가 카이퍼의 파벌 정치와 이것이 교회와 국가를 대중의 변덕에 의지하도록 만들었던 방법을 비판했던 것이다. 후드마커의 체제에서, 국가는 "정부 공직자들의 양심을 통해서뿐 아니라, 신경 안에 규정된 대로 **교회의 공적 해설**에 의해서 계몽된 양심을 통해서도" 말씀에 대한 의무가 있을 수 있었다.[37] 국가는, 성경의 바른 해설을 위해, 공적 의견이 아니라, 교회에 의지하려고 해야 했다.

끝으로, 국가가 있다. 카이퍼와 후드마커 둘 다 그 시대에 공통된 강력한 국가주의자 정서들을 나타내 보였고, 또한 둘 다 네덜란드를 그 역사와 일반적인 국민의 특성 덕에 하나의 개신교 국가로 보았다.

카이퍼가 이 개신교적인 특성이 하나의 단일한 제도적 교회로 표현될 것을 요구하지 않았던 반면, 후드마커는 네덜란드가 이질적으로 다른 종교 단체들이 경쟁하지 않는 나라로서, 단일의 개혁교회 아래 통일된 나라로 보존될 것을 원했다.

---

36 Hoedemaker, *Artikel XXXVI*, 87. 또한, 73, 88-89도 보라.
37 Hoedemaker, *Artikel XXXVI*, 76. 또한, 56도 보라.

그 나라의 이 [개신교회적] 특성은 국가교회*landskerk* 안에 있는 하나의 표현과 연관되었고 그 한 표현을 찾았다. 즉, 그것이 그 자체를 일탈들로부터 순화된 **개혁교회**로서 나타내는 것 같은 이 땅에서의 그리스도의 몸의 계시였다.³⁸

나아가서, 이 하나의 교회가, 비록 국가에 의해 지배를 받지는 않지만 국가에 의해 인정받고 후원받는, 유일한 합법적인 공적 교회가 되는 것이었다.

카이퍼는 그의 입장을 그의 성경적-신학적 해석에서 제도적 교회를 국가로부터 분리시킴으로 지탱했다. 그는 제도적 교회가 이스라엘 아래 존재한 적이 없고 오직 오순절 때 존재하게 되었다고 주장했다. 그러므로 그것이 하나의 단일 국가에 예속된 제도였던 적은 전혀 없다.

후드마커는 더 전통적인, 더 구약에 근거한, 개혁주의 견해를 취했다. 교회는 정녕 이스라엘 아래 존재해 왔었다. 거기서 혹자는 신약의 기독교 교회의 원형을 찾을 수 있다. 또한, 물론 이스라엘 아래의 교회는 하나의 국가교회였다.³⁹

두 견해들 다 그다지 신중하지 못한 결론으로 이끌었다. 후드마커의 네덜란드 국가와 단일한 참 개혁교회 간의 밀접한 연합은 불미스러운 반(反) 로마 가톨릭주의를 유발했다. 카이퍼는 자신의 역할에서 복수의 교회들에 관대했고, 다양한 정치적 시도들에서 로마 가톨릭과 함께 공동 명분을 만들었으나, 그의 국가교회를 향한 반감 역시 명백하게 얼마의 반유대주의적 정서들 속에 감추었다.

---

38 Hoedemaker, *Artikel XXXVI*, 76; van Spanning, "Hoedemaker en de Antirevolutionairen," 236-38.
39 Philipp J. Hoedemaker, "De Kerk en de Staat Onder het Oude Verbond," *Troffel en Zwaard* 1 (1898): 142-62, Philipp J. Hoedemaker, "Kerk en Staat in Israel," *Troffel en Zwaard* 1 (1898):208-37을 보라.

그러한 국가교회는 파괴적인 잡초처럼 어디에서나 반드시 뿌리 뽑혀야 될 기생하는 유대주의 식물이다.[40]

4. 결론

후드마커의 주장들에 대한 항의로, 카이퍼는 말하기를 자신의 중립에 대한 발상이 "혁명의 사람들"의 것이 아니었다고 했는데, 그것으로 그는 프랑스 혁명을 뜻했다. 물론 그것은 아니었다. 카이퍼는 그들의 중립이 종교는 사적인 일이며 교회는 공적 영역에서 아무것도 아니라는 신조에서 유래됐다고 지적했다. 이것에 반대하여, 카이퍼는 교회가 국가적 삶의 한 부분이고 정부가 반드시 존중해야 하는 어떤 것으로 옹호했다.

결정적인 구분은 각각 카이퍼와 후드마커의 주장들을 강조하는 교회의 개념 속에 깔려 있다. 카이퍼가 비가시적 교회와 다형화 속에 나타나 있는 제도 이전 유기적 교회를 의미했던 반면, 후드마커는 하나의 개별적, 구체적 제도, 즉 NHK를 생각했다. 그것이 카이퍼로 하여금 교회의 공적 역할을 확언하는 것과 동시에 정부가 교회들 간에 선택할 수 있는 권리를 부정하는 것을 허용했다.[41]

그러나 만일 카이퍼의 신학이 프랑스 혁명의 것이 아니었다 하더라도, 그럼에도 그것은 하나의 급진적 제안이었다.

후드마커와 카이퍼는 적어도 한 가지 일에 관해 일치했다. 그들은 카이퍼의 제안이 교회, 국가, 사회에 관한 역사적 개신교의 신조들과 행위들에

---

40 Abraham Kuyper, *Encyclopaedie der Heilige Godgeleerdheid*, 3 vols. (Amsterdam: J. A. Wormser, 1894), 3:286. 또한, Abma, "Hoe Neutraal is Neutraal?" 198-99를 보라.

41 Kuyper, *De Gemeene Gratie*, 3:286-88.

서 떠났다는 것에 동의했다. 카이퍼는 자신이 양심의 자유에 대한 개혁주의 원리를 이행하고 있는 것으로 보았으나. 그것은 유럽에서 국가교회들의 출현으로 인해 교착 상태에 빠졌다.

그러나 후드마커는 이것이 종교개혁의 본질적 요소였다고 생각했고, 또한 어느 정도의 정당성을 가지고, 카이퍼의 자유교회의 교회론은 종교개혁이 아니라, 프리드리히 슐라이어마허 Friedrich Schleiermacher의 산물이었다고 말했다.[42]

누가 옳았는가에 관계없이, 카이퍼는 교회와 사회에 대한 서구적 이해의 새로운 발달을 대표했다. 그것에 대한 카이퍼와 후드마커 둘 다의 말들을 따르면, 그것은 어떤 측면들에서 종교개혁 그 자체와 함께 일어났었던 것보다 더 중요한 것이었다. 카이퍼는 공적 영역에서 기독교가 우위를 계속하지만 더 이상은 단일의 지배적 교회로서가 아닌 것으로 특징지어진 한 시대를 소개했다. 그것이 역사적 교훈이었다.

후드마커의 비평은 신학자들을 위한 수행 학습을 제안한다. 후드마커의 입장의 가장 큰 약점은 복수의 사회와 국교의 폐지하에 하나의 "성경과 일치하는 국가"를 위한 그의 신정 정치 계획의 비실제성에 놓여 있었다. 그러나 사회의 구조들은 결코 종교적으로 혹은 신학적으로 중립적이지 않다는 것을 인정한 것은 그가 옳았다.

카이퍼의 경우, 사람들은 종교적으로 중립적이기 않았지만, 일반은총하에서, 사회의 구조들은 사실상 중립적이었다. 이것이 특별히 교회에 해로웠다. 카이퍼는 국가와 개인 그리스도인들이 교회를 개인의 선택의 사안으로 다룰 수 있고 또한 여전히 교회를 그 이상의 더 고상한 것으로 유지할

---

42 Hoedemaker, *Artikel XXXVI*, 16; Jasper Vree, "Historical Introduction," in *Abraham Kuyper's Communtatio (1860): The Young Kuyper about Calvin, A Lasco, and the Church*, 2 vols., vol. 1, *Brill's Series in Church History* (Leiden: Brill, 2005), 49-51.

수 있다고 순진하게 생각했다. 이 근대의 사회 종교학적 난관에 대해서, 클라크 길핀Clark Gilpin은 예리한 질문을 한다.

> 만일 종교적 공동체가 영적으로 이상적인 것들에 소속할 수 있는 개인적 결정과 그것들에 대한 개인적 헌신에 기초되었다면, 어떤 사회적 경험이 종교가 초월적 능력들과의 삶의 정렬 혹은 자신을 초월한 것으로부터 기원된 자신에 대한 주장을 대표한다는 공통된 가정을 지원했는가?[43]

교회가 자발적인 단체이기 때문에, 혹자의 교회 경험은 교회에 대한 가장 희석된 신학적 설명을 제외하고는 모든 것과 충돌한다. 카이퍼는 미국 상황의 극단적인 종교적 개인주의를 이해하지 못했는데, 그것이 그의 비전, 아니면 그런 합의에서 결과된 하나의 자발적 사회로 나아간 교회의 미세화와 퇴행화에 가장 밀접하게 근접한 것이었다. 오늘날 미국인들은 거의 교회를 달리 생각할 수 없다.

카이퍼는 마음의 생명이 종교적 의미로 채워졌다는 것을 잘 이해했고, 또한 가치중립적 과학의 불가능성을 인정했다. 그러나 이 통찰력들은 사회생활에도 마찬가지로 적용될 필요가 있었다. 그것 없이는, 교회가 가장 많은 것을 잃게 될 것이다.

43　William Schweiker et al., "Grapping with Charles Taylor's *A Secular Age*," *JR* 90 (2010):387.

제7장

두 도시인가? 두 왕국인가?
개혁주의 사회사상에서 궁극적인 것의 중요성

브랜슨 팔러 Branson Parler 박사

어거스틴Augustine의 **두 도시**가 사회사상에 대한 개혁주의 두 왕국론의 접근 속에 동화될 수 있는가?

데이비드 반드루넨은 이 사례를 만들어 그 둘이 잠재적으로 호환될 수 있는 것으로 제시하지만, 필자는 그들이 호환될 수 없다고 주장한다.[1] 두 왕

---

[1] David VanDrunen, *Natural Law and the Two Kingdoms: A Study in the Development of Reformed Social Thought* (Grand Rapids: Eerdmans, 2010), 22-32를 보라. VanDrunen의 다른 글들은 다음과 같다. "Abraham Kuyper and the Reformed Natural Law and Two Kingdoms Tradition," *CTJ* 42 (2007): 283-307; "Tje Importance of the Penultimate: Reformed Social Thought and the Contermorary Critiques of Liberal Society," *Journal of Markets and Morality* 9, 2 (2006): 219-49; "'The Kingship of Christ Is Twofold': Natural Law and the Two Kingdoms in the Thought of Herman Bavinck," *CTJ* 45 (2010): 147-64; *Living in God's Two Kingdoms: A Biblical View for Christianity and Culture* (Wheaton, IL: Crossway, 2011); "The Two Kingdoms: A Reassessment of the Transformationist Calvin," *CTJ* 40 (2005): 248-66; "The Two Kingdoms Doctrine and the Relationship of Church and State in Early Reformed Tradition," *JCS* 49, (2007): 743-63; "The Two Kingdoms and the *Order Salutis*: Life Beyond Judgment and the Question of Dual Ethic," *WTJ* 70 (2008): 207-24; VanDrunen의 작품의 측면들에 대한 반론들은 다음을 포함한다. Jeong Koo Jeon, "Calvin and the Two Kingdoms: Calvin's Political Philosphy in Light of Contemporary Discussion," *WTJ* 72 (2010):299-320; Nelson D. Kloosterman, "A Response to 'The Kingdom of God Is Twofold': Natural Law and the Two Kingdoms in the Thought of Herman Bavinck by David VanDrunen," *CTJ* 45 (2010): 165-76; Ryan McIlhenny, "A Third-Way Reformed Approach to Christ and Culture: Approaching Kuyperian Neo-Calvinism and the Two Kingdoms Perspective," *MAJT* 20 (2009): 75-102.

국 관점이 시민 왕국은 하나님의 구속적 왕국으로부터 독립된 목적을 갖고 있다는 것과 일반은총은 특별은총으로부터 독립된 목적을 갖고 있다는 것을 주장하는 한, 인류의 궁극적 목적들과 이차적 목적들이 분리될 수 있다는 상상으로 인해 하나의 신학적 문제를 제기한다.

이 문제는 반드루넨과 아브라함 카이퍼 둘 다에게 공통된 것이다. 둘 다 인간들은 인류의 궁극적 목적에 관해 혼란에 빠질 수 있으나 이차 목적들을 향해서는 여전히 적절하게 정돈될 수 있다고 가정한다.[2]

다른 한편, 필자는 어거스틴과 클라스 스킬더 Klaas Schilder 둘 다 도시와 문화를 그들의 궁극적 목적들에 의해 활성화된 것으로 이해한다고 주장한다. 어거스틴의 경우, 하나님의 도시는 하나의 다른 영역이나 왕국의 부분이 아니라 이 지상의 도시이지만, 이 지상의 도시와는 달리, 하나님이 우상보다는 하나님과 관련하여 주신 은사들을 사용한다.[3] 스킬더도 마찬가지로 종

---

[2] 이 점에 관해서, 필자는 VanDrunen이 적어도 그의 사상에 대한 얼마의 측면에서, Kuyper를 두 왕국론 사상의 대표로서 소개한 것에 동의한다. 필자는 주로 두 작품들에 초점을 맞추었다. Kuyper, "Common Grace," in *Abraham Kuyper: A Centennial Reader*, ed. James D. Bratt (Grand Rapids: Eerdmans, 1998), 165-204; 그리고 *Lectures on Calvinism* (Grand Rapids: Eerdmans, 1975). 다른 사람들도 Kuyper의 일반은총의 개념에 관해 언급했다. Jeremy Begbie, "Creation, Christ, Culture in Dutch Neo-Calvinism," in *Christ in Our Place: The Humanity of God in Christ for the Reconciliation of the World*, ed. Trevor A. Hart and Daniel P. Thimell (Exerter: Paternoster Press, 1989), 113-32; John Bolt, *A Free Church, A Holy Nation: Abraham Kuyper's American Public Theology* (Grand Rapids: Eerdmans, 2000); Jacob Klapwijk, "Antithesis and Common Grace," in *Kuyper Reconsidered: Aspects of His Life and Work*, ed. Cornelis van der Kooi and Jan de Bruijn (Amsterdam: VU Uitgeverij, 1999), 9-100; Henry R. Van Til, *The Calvinistic Concept of Culture* (Grand Rapids: Baker, 1972); S. U. Zuidema, "Common Grace and Christian Action in Abraham Kuyper," in *Communication and Confrontion: A Philosophical Appraisal and Critique of Modern Society and Contemporary Thought* (Assent/Kampen: Royal VanGorcum Ld./ Kok, 1972), 52-105.

[3] 필자는 주로 Augustine에 의지한다. *The City of God Against the Pagans*, ed. R. W. Dyson (Cambridge: Cambridge University Press, 1998). 필자는 대체적으로 John Milbank의 독해에 동의한다. Augustine in *Theology and Social Theory: Beyond Secular Reason* (Oxford: Blackwell, 1990), 380-434. Augustine의 사상에 관한 추가 주해를 위해서 다른 것들 중

교와 문화 간의 이분법을 거부하고, 궁극적 목적이 이차적 목적들을 형성하고 지시하는 것이라고 주장한다.[4]

어거스틴과 스킬더의 경우, 유일한 하나의 적절한 궁극적 목적 *telos*은 하나님이고, 그리스도 안에 있는 하나님의 통치를 떠나, 독립적 목적들을 목표로 하는 인간들과 제도들은 단지 그들의 끝^{파멸}을 맞이할 수 있다.

만일 나의 주장들이 유효하다면, 개혁주의 사회사상은 갈림길에 서 있다. 핵심적인 주제들에 관해서, 필자가 개혁주의적 어거스틴주의와 어쩌면 반 드루넨이 주장하는 것처럼 카이퍼 같은 인물들을 포함하여 두 왕국 관점이라고 부르는 것 간에 반드시 하나의 선택이 있어야 한다는 것이다.[5]

다음 것들을 보라. Robert Dodaro, *Christ and the Just Society in the Thought of Augustine* (Cambridge: Cambridge University Press, 2004); R. A. Markus, *Saeculum: History and Society in the Theology of St. Augustine* (Cambridge: Cambridge University Press, 1998); Oliver O'Donovan, "Augustine's *City of God* XIX and Western Political Thought," *Dionysius* 11 (1987): 89-110.

4 Klaas Schilder, *Christ and Culture*, trans. G. van Rongen and W. Helder (Winnipeg, MB: Premier Printing, 1977). 이 본문은 다음을 포함하여 온라인 많은 사이트에서 볼 수 있다. http://www.reformed.org/master/index.html?mainframe=/webfiles/cc/christ_and_culture.html. 2011년 7월 7일에 열람. Schilder에 관한 해설자들은 다음에 있는 논문들의 모음을 다음의 책에 포함하다. *Always Obedient: Essays on the Teachings of Dr. Klaas Schilder*, ed. J. Geertsman (Phillipsburg, NJ: P&R Publishing, 1995), 특별히 N. H. Gootjes, "Schilder on Christ and Culture"; Richard J. Mouw, "Klaas Schilder as Public Theologian," *CTJ* 38 (2003): 281-98; Henry Van Til, *The Calvinistic Concept of Culture* (Grand Rapids: Baker Adcademic, 1972), 137-56. Schilder는 또한 간략하게 다음에 참조되었다. James K. A. Smith, *Desiring the Kingdom: Worship, Worldview, and Cultural Formation* (Grand Rapids: Baker, 2009), 209-11.

5 그들이 모든 점에 관해서 상호 배타적이지는 않지만, 중심 되는 논점들에 관해서 양립되지 않는다. Schilder에 추가하여, 필자는 이 범주 속에 James K. A. Smith를 다른 사상가의 실례로 두려고 한다. 특별히 Smith의 책 *Desiring the Kingdom*을 보라. 개혁주의 전통을 넘어서, 어거스틴주의의 이런 유형은 다음과 같은 정보를 제공한다. William Cavanaugh, "The Liturgies of Chruch and State," *Liturgy* 20, 1 (2005): 25-30; *Migration of the Holy: God, State, and the Political Meaning of the Church* (Grand Rapids: Erdmans, 2011); *The Myth of Religious Violence: Secular Ideology and the Roots of Modern Conflict* (Oxford: Oxford

비록 유사점들이 있기는 해도, 이 두 관점들은 인간의 본성과 문화, 정치와 문화에 대한 종교의 관계, 또한 교회–국가 관계의 성격에 관하여 차이점들을 갖고 있다. 단순하게 말하면, 정확하게는 인류의 궁극적 목적과 이차적 목적들 간의 연결이 어떻게 신학적으로 해석되었고 인간의 죄가 그 결합 위에 정확하게 어떤 결과들을 갖게 했나 하는 질문이다. 그 질문에 대한 답이 상기에 언급된 모든 주제들 전반에 걸쳐 연쇄 작용을 한다.

첫째, 본 장에서 필자는 구속을 통해서 오는 인류의 궁극적 목적을 향한 새로운 방향 설정 없이 타락한 인류가 특정한 현세적이고 이차적 목적들을 수행할 수 있다는 반드루넨의 논점에 주목하면서, 그의 사상을 검토한다.

카이퍼와 반드루넨 둘 다의 경우, 타락한 인간들이 정치들과 문화의 현세적 사안들에 연관된 이차적 목적들에 관해 여전히 하나님의 뜻을 성취할 수 있다. 이 움직임은 충분히 악의가 없어 보이지만, 실제로는 신학적인 문제들을 갖고 있다.

그것은 급진적으로 궁극적인 것과 이차적인 것을 분리시키고 타락의 결과들을 과소평가한다. 결과적으로 타락 후 인간성은 여전히 현세적이고 이차적 목적들에 관해 손상되지 않은 상태에 있다.

더 위험하게도, 이 입장이 정치의 영광스런 성격을 표명할 수 없다. 그로 인해 근대의 정치가 자유 국가는 그들에 의해, 그들로 말미암아, 그들 안에서 모든 것이 함께 지탱되는 국가라는 거짓 구원론적 이야기를 한다는 것을 인식할 수 있도록 그리스도인들을 필요한 신학적이고 실제적 도구들로 구비시키는 데 실패한다.

University Press, 2009); *Theopolitical Imagination: Discovering the Liturgy as a Political Act in an Age of Global Consumerism* (Edinburgh: T&T Clark, 2002); Milbank, *Theology and Social Theory*; and Bernd Wannenwetsch, *Political Worship*, trans. Margaret Kohl (Oxford: Oxford University Press, 2004).

둘째, 필자는 이 인간성과 문화에 대한 견해를 어거스틴과 클라스 스킬더가 배척했다는 것을 보여 준다. 모든 후대의 기독교 신학과 사회사상에 대한 어거스틴의 중요성을 감안하면, 그의 작품은 그것과 반드루넨의 과제와의 관계를 향하는 시각으로 재고하게 한다.

특별히, 필자는 어거스틴의 두 도시를 두 왕국 관점과 동화시키는 것을 불가능하게 만드는 점들을 강조한다. 스킬더가 비록 개혁주의 진영들 내에서는 거의 알려져 있지 않지만, 필자가 개혁주의적 어거스틴주의라고 부르는 것의 흥미로운 표본을 제공한다. 그런 까닭에 그는 개혁주의 신학자들이 두 왕국 관점과 신칼빈주의 간의 현재 논의에 직면하여 재고해야만 할 자원이다.

한 사람의 개혁주의적 어거스틴주의자로서, 문화에 대한 그의 신학은 두 왕국론 혹은 신칼빈주의자 진영에서 발견되지 않는 잠재적 제삼의 길을 가리킨다.

비록 매우 다르지만, 어거스틴과 스킬더 둘 다 하나님을 향한 지향성의 상실이, 궁극적이든 아니면 이차적이든, 인간의 자연적 기능들과 목적들의 혼란을 결과했다는 입장을 유지한다.

인간성에 대한 이 견해의 경우, 인간 사회와 문화생활을 포함하는 피조물에 대한 하나님의 의도는 구속을 떠나서 성취될 수 없다. 은혜는 여전히 기능하고 있는 자연의 표면 위에 더해진 하나의 외층이 아니다. 그것은 기초석이고 그것으로 자연은 온전함과 질서를 부여받았다.

다시 말하면, 개혁주의 사회사상에서든 아니면 인류의 삶에서든, 이차적인 것은 오직 궁극적인 것에 관련해서만 그것의 적절한 위치를 획득한다.

1. 데이비드 반드루넨: 시민 왕국의 목적

반드루넨의 개혁주의 사회사상의 역사에 대한 설문과 분석은 두 왕국 사상에 대해 중요한 다수의 구분들을 강조한다. 이것들은 창조와 구속, 시민 혹은 일반 왕국과 구속적 왕국, 그리고 창조의 중보자로서의 영원한 성자와 구속의 중보자로서의 그리스도 간의 구분들을 포함한다.

반드루넨은 존 칼빈, 프란시스 투레틴Francis Turretin, 새뮤얼 루더포드Samuel Ruthford, 아브라함 카이퍼, 그리고 메리데스 클라인Meredith Kline 모두가 어떻게 해서든 두 왕국 사상의 지표들인 이 구분들을 강조한다.[6]

이 구분들이 벤두르넨의 과제의 많은 훌륭한 목표들, 즉 교회의 구심성을 회복하는 것, 자연법 전통을 신선하게 읽어 내는 것, 또한 많은 그리스도인, 특히, 신칼빈주의자들이 국가 위에 부과하는 종말론적 기대들을 제한하는 것을 강조하는 역할을 한다. 그러나 이 구분들은 타락 후 인류도 이차적 목적들을 획득하는 것에 관해 여전히 기능적이라는 가능성을 보강하는 역할을 한다.

『자연법과 두 왕국』Natural Law and the Two Kingdoms의 중심 주제는 시민 왕국에게 구속적 왕국으로부터 독립된 목적이 반드시 주어져야 한다는 것이다. 전사는 창조에 기초하고 있고 이차적인 것과 관계가 있다. 반면 후자는 구속에 기초하고 있고 궁극적인 것과 관계가 있다.[7]

카이퍼에 대한 그의 논의의 맥락에서, 반드루넨은 카이퍼가 일반은총 혹은 시민 왕국에 대한 독립된 목표로 보고 있는 만도시 카이퍼와 개혁주의의 두 왕국 교리 간의 유사성을 선으로 도해한다.[8]

---

6 VanDrunen, *Natural Law and the Two Kingdoms*, 75-76, 177, 295, 305, 415.
7 VanDrunen은 "이차적인 것의 중요성"에서 가장 자주 궁극적인 것과 이차적인 것에 대한 용어를 사용한다.
8 VanDrunen, *Natural Law and the Two Kingdoms*, 305

반드루넨의 경우, 카이퍼가 "일반적으로 사회와 세상은 그리스도 안의 하나님의 구원 사역을 달성하는 것을 돕기 위한 목적으로만 번창하도록 보존되고 허용된 것이 아니었다"라고 정확하게 강조한다.[9]

따라서 일반은총은 특별은총과 완전하게 구분되는 방법으로 하나님의 목적을 수행한다. 반드루넨은 이 용어가 옛 전통에 의해 사용되지 않았으나, 그것이 세상의 상대적인 정의, 평화와 번영을 유지하는 것에 대해 말했다는 것에 주목하는데, 그 모든 것은 구속에서 독립된 목적들이다.[10]

다른 곳에서, 반드루넨은 자연법과 시민 왕국이 "구속에서 독립된" 목적을 수행한다는 개념을 되풀이한다.[11] 이 점이 헤르만 도예베르트Herman Dooyeweerd와 그의 신칼빈주의 상속자들에 대한 그의 가장 강력한 비판을 형성한다. 카이퍼와는 다르게, 이 사상가들은 시민 왕국 혹은 일반은총의 영역의 독립된 목표들을 전혀 이해하지 못했다.

실로, 정확하게 이 사안이 북미 신칼빈주의와 전통적 개혁주의 사상의 경계선을 긋는다.[12] 반드루넨의 시민 왕국을 위한 독립된 목적을 말하고자 하는 동기는 이해할 만하다. 그는 너무 쉽게 "문화를 변혁하는 것" 혹은 "정치를 구속하는 것"을 말하면서 변혁과 구속을 공화당 혹은 민주당의 정강과 연계시키기 위해 나아가는 그리스도인들을 정확하게 비판한다.[13]

따라서 독립은 교회와 국가 권세자 둘 다의 무결성을 보존하기 위해 선포되었다.[14] 이것이 제도화된 교회가 그 자체에 적합한 목적을 인식하도록 자유를 준다. 그 목적은 말씀을 선포하고, 성례들을 기리며, 하나님의 나라

---

9   VanDrunen, *Natural Law and the Two Kingdoms*, 305.
10 VanDrunen, *Natural Law and the Two Kingdoms*, 306.
11 VanDrunen, *Natural Law and the Two Kingdoms*, 307.
12 VanDrunen, *Natural Law and the Two Kingdoms*, 370.
13 VanDrunen, *Living in God's Two Kingdoms*, 194-203.
14 VanDrunen, *Living in God's Two Kingdoms*, 182-89.

를 알리고 참여하는 것을 포함한다. 이 목적들을 인정하는 것이 시민 왕국을 운영하려고 노력하는 것에서 교회를 자유롭게 한다. 따라서 혹자는 반드루넨이 구속적 왕국과 시민 왕국의 분리된 목적들에 대해 말하는지 이해할 수 있을 것이다.

목적들의 이 구분이 자유주의와 이차적인 것의 중요성에 대한 반드루넨의 변호에서 맨 앞에 온다.[15]

최근 수십 년간, 알래스데어 매킨타이어Alasdair MacIntyre, 스탠리 하우어워스Stanly Hauerwas, 올리버 오도노반Oliver O'Donovan, 또한 급진주의 정통성의 지지자들을 포함하여, 철학자들로부터 신학자들에 이르기까지 자유주의에 대한 많은 분석들을 보아 왔다.

반드루넨은 비평가들이 문제를 하나의 궁극적 관점에서부터 접근하는 한 카이퍼의 사상을 가지고 자유주의 함정을 비난했다는 것에 주목한다. 즉, 그들이 그리스도 안의 하나님의 통치의 관점에서 자유주의를 비판한 것이다. 그러나 반드루넨은 더 오래된 두 왕국 관점이 궁극적 관점에서라기보다는 하나의 이차적 관점에서 일반적으로는 사회를 또한 특별하게는 자유주의를 보는 분석의 한 형태라고 주장한다.

즉, 시민 왕국이 항상 하나님의 종말론적 왕국에 미치지 못할 것임을 인정한다면, 무엇이 가장 가능하고 신중한 사회의 배열이겠는가?

이것은 무도덕적 평가가 아니다. 그러나 그것은 하나님의 구속적 왕국의 표준들을 사용하지도 않는다. 창조와 구속은 반드시 선명하게 구분되어야 하고 결과적으로 "혹자가 하나의 왕국을 생각할 때 그는 반드시 다른 왕국을 생각하는 것에서 그의 마음을 철회해야 한다."[16]

---

15 다음 문단의 "이차적인 것의 중요성"이 VanDrunen을 요약한다.
16 VanDrunen, "The Importance of the Penultimate," 232.

시민 왕국의 제한된 목적들은 그것이 신학적이거나 영적인 이상이 아니라 신중하고 현세적인 모범에 근거하여야 한다는 것을 의미한다. 반드루넨의 경우, 법과 질서들을 유지하는 것, 예술과 과학을 진흥하는 것, 또한 육체적 필요들을 공급해 주는 것과 같은 그런 이차적인 질문들에 대한 해결안들을 제공하는 그 능력에 기초하여 평가되었다면, 그땐 자유주의가 현저하게 잘한다.

실로, 반드루넨의 창세기 9장에 관한 언급은 문화 명령과 인류의 이차적 목적들의 절정에 대한 최상의 성취로서 자유주의를 가리키는 것으로 보인다. 창세기 9:1에서, 하나님은 생육하고 번성하라는 처음의 창조 명령을 반복하는 반면, 창세기 9:2-4은 땅을 정복하고 통치권을 행사하라는 명령들을 반복한다.[17]

반드루넨에게, 이런 활동들은 하나님의 형상을 연상하는 것을 수반한다. 흥미롭게도, 반드루넨은 창세기 9장과 노아와의 언약이 종교적인 행동들이 아니라 "일상적인 문화적 행동들"과 관계가 있다는 것에도 주목한다.[18] 카이퍼처럼, 반드루넨은 하나님의 일반은총으로, "죄악 된 인류가 그 형상의 잠재력들을 개발하도록 위임된 대로 남아 있는데, 그들의 외적 한계들은, 심지어 죄악 된 형상을 지닌 자들의 경우조차, 아무도 확정할 수 없다"라고 주장한다.[19]

---

17 VanDrunen, *Living in God's Two Kingdoms*, 80.
18 VanDrunen, *Living in God's Two Kingdoms*, 79. 계속하여, VanDrunen은 하나님을 형상화하는 과제가 사람들이 제사장들로 기능하는 것을 요구하지 않는다는 것을 암시한다. 이것은 인류가 하나님을 형상화하는 것은 **하나의 제사장적 활동**이라는 성경학자들의 주장을 무시하는 것처럼 보인다. 예를 들면, John H. Walton, *The Lost World of Genesis One: Ancient Cosmology and the Origins Debate* (Downers Grove, IL: InterVarsity Press, 2009)를 보라. 따라서 VanDrunen은 "종교적인 것"과 "문화적인 것"을 근대의 사상에는 아주 익숙하지만 성경의 세상에는 생소한 방법으로 분리한다.
19 VanDrunen, "The Importance of the Penultimate," 241.

따라서 하나님은 자연 위에 가공되지 않은 힘을 발휘하는 사람들에 의해 형상화되고, 결과적으로 사회적 복잡성과 기술의 진보가 "그 어느 때보다 더 위대하게 인간이 하나님의 형상의 표현이라는 것에 도달하고 있고, 그의 지식은 정녕 절대적으로 한이 없다"는 것의 표지들이다.[20]

비록 자유주의가 아직 원래의 창조 명령에 대한 완전한 순종을 달성하지 못했지만, 반드루넨의 평가에 의하면, 그것은 잘 진행 중인 것처럼 보인다. 여기까지가 인류 역사의 정점이고, 창세기 9장(따라서 창 1장)과 인류의 하나님의 형상화의 가장 완전한 성취라는 것을 감안하면, 자유주의는 "사회의 질서화에 대해 상상된 다른 어떤 인간 체제"보다 반드시 더 높게 분류되어야 한다.[21]

이 점들에 관해서, 반드루넨은 순수한 자연의 개념, 즉 그리스도 안에서 성취된 구속을 떠나서도 하나님의 원래의 창조 의도들이 충족될 수 있는 그런 방법으로 타락한 인류가 여전히 그것의 이차적 목적들을 관리할 수 있다는 발상에 매우 가깝게 근접한다.[22] 혹자는 이것에 대한 근거로 그가 인간성이 아니라 하나님의 일반은총을 가리킨다고 주장할 수 있다.

그러나 역설적인 것은 그러면 일반은총이 순수한 자연에 대한 로마 가톨

---

20 VanDrunen, "The Importance of the Penultimate," 241.
21 VanDrunen, "The Importance of the Penultimate," 242. VanDrunen은 교회가 그 자체로서 하나의 사회적 질서라고 상상하거나, 참 하나님의 형상을 그리스도와 연결함으로(골 1:15), 따라서 그리스도의 몸이 되도록 하는 것처럼 보이기 않는다.
22 순수한 자연의 개념에 대한 도움이 되는 논의는, Paul Helm, *Calvin at the Centre* (Oxford: Oxford University Press, 2010), 특히 제10장, 308-39, "순수한 자연과 일반은총"을 보라. Helm은 "순수한 자연"의 개념이 Aquinas에 대한 반(反)종교개혁적 독해라는 것을 지적한다. 그것은 Augustine, Calvin, 또한 어쩌면 Aquinas 자신의 사상과도 상충된다. 이 Aquinas의 읽기는 다른 사람들 중 다음 둘에 의해 변호되었다. D. Stephen Long, *Speaking of God: Theology, Language, and Truth* (Grand Rapids: Eerdmans, 2009), 55-81; John Milbank, *The Suspended Middle: Henri de Lubac and the Debate concerning the Supernatural* (Grand Rapids: Eerdmans, 2005), 89.

릭의 개념에 동등한 개혁주의 개념이 된다. 즉, 두 개념들 다 타락 후 인류가 여전히 창조에 기초하고 있는 그것의 이차적 목적들을 획득할 수 있는 방법으로 기능할 수 있다는 것을 필요로 한다.

인류의 초자연적 목적은 상실되었으나, 이 초자연적 목적을 자연의 목적들을 관리하기 위한 근거로서 보기보다, 반드루넨은 초자연적 목적을 인간이 자연적 혹은 이차적 목적들에 연관하여 기능하는 것에 대해 비본질적인 것으로 본다. 그러나 마치 아브라함 카이퍼의 사상이 이 중요한 질문들에 대해 많은 유사성을 띠고 있는 것처럼, 반드루넨 홀로 이 견해를 갖고 있는 것은 아니다.

2. 아브라함 카이퍼: 일반은총의 목적

카이퍼가 특별은총에서 독립된 하나의 목적을 일반은총에 부과한다는 것에 동의한다.[23] 카이퍼에게 일반은총과 특별은총 간의 관계는 뒤얽혀 있다.[24] 자이데마 S. U. Zuidema가 주목한 것처럼, 카이퍼가 어떻게 이 둘이 서로 상관된 것으로 보았는지를 정확하게 설명하는 것은, 카이퍼 자신의 사상에서 전환들뿐만 아니라, 그들 간에 정확한 관계에서 명백한 동요로 말미암아 복잡하게 되었다.

한편으로 그는 특별은총에 우선순위를 줄 것이고, 결과적으로 일반은총이 항상 특별은총의 목표들을 달성하도록 기능하고 기여한다. 다른 한편으로, 그는 때로 그들 간을 아주 준엄하게 구분하여 일반은총이 특별은총에

---

23 여러 주석가들이 이 취지로 주장한다. 예를 들면 다음과 같다. Begbie, "Creation, Christ, and Culture"; Klapwijk, "Antithesis and Common Grace"; van der Kooi, "Theology of Culture"; VanDrunen, *Natural Law and Two Kingdoms*, 305; Zuidema, "Common Grace."

24 이 점은 Zuidema, "Common Grace," 52-105에 잘 기록되어 있다.

서 독립하여 작동하는 것처럼 묘사되었다.

필자의 가장 큰 염려는 카이퍼의 수사학이, 어떤 점들에서는, 일반은총과 특별은총에 대한 거의 이원론적 견해에 서명하는 위험을 무릅쓰고 있다는 것이다. 즉, 비록 카이퍼가 얼마의 순수한 자연의 상태를 가정하는 로마 가톨릭 진영에 사람들을 비판하지만,[25] 만일 혹자가 일반은총과 특별은총 간의 온전한 관계를 그것들이 참으로 일관성 있는 것으로써 바르게 개념화하지 못하면, 이 위험은 일반은총의 개념 속에 잠복해 있다.

카이퍼가 이것을 인식하고 있어서, 그 둘을 동일한 한 나무의 두 개의 꼬여져 있는 가지들로 보고, 반복하여 둘 간의 밀접한 관계를 강조한다.[26] 그럼에도 이 비유는 카이퍼가 다른 곳에서 일반은총에게 돌리고 있는 독립성을 적합하게 전달하지 못한다.

카이퍼의 사상들 속에 있는 주된 문제는 그가 역사, 창조 및 일반은총을 일반은총의 영역이, 인류의 편에서 하나님께 대한 언급 없이, 내재적으로 착상될 수 있는 하나의 목적 $telos$ 을 가지고 있다는 방법으로 연관시키는 것이다. 제임스 브래트James Bratt가 강조해 온 것처럼, 카이퍼는 결코 무비판적 근대인이 아니었다. 이는 그가 기술에 대한 근대의 낙관주의와 인류의 믿음에 관하여 신중했기 때문이다.[27]

그러나 여전히 그의 유기체론과 창조 때 하나님에 의해 인류 속에 깊이 심어진 원리들에 기초된, 특정한 진보의 개념이 그의 사상 속에 작용하고 있었다. 따라서 카이퍼가 마음에 그리고 있는 일반은총은 "영구적 발전" 속에서 "일관성 있게 인류의 삶을 부요하게" 할 것이었다.[28]

---

25 Kuyper, *Lectures*, 122.
26 Kuyper, "Common Grace," 186. Kuyper는 또한 그리스도가 만물의 목적이고 따라서 그리스도의 몸이 역사를 여는 열쇠라고 진술한다. Kuyper, "Common Grace," 170.
27 Bratt, "Abraham Kuyper: His World and Work," in *Abraham Kuyper: A Centennial Reader*, 12.
28 Kuyper, "Common Grace," 174.

태초에 하나님이 인류의 삶에 필요한 모든 것을 창조 속에 두셨기 때문에, 펼쳐진 세기들 속에서 우리가 보는 것은 하나님이 인류에게 능력을 주어 창조의 부요한 것들을 발견하고 사용하게 하신 것이다. 이것이 "우리 인류의 발달"과 "진보의 실제 요소"를 구성하는 것이다.29

따라서 일반은총의 사역은 "세상 전체의 삶"을 망라한다. 그래서 세상에서 하나님의 사역의 완성은 하나님이 창조 때 "이 세상 속에 두신" 모든 것을 자연/창조의 "활력들"을 온전하게 개발하는 방법으로 현실화하는 것이다.30

비록 하나님이 이 과정을 섭리적으로 정해 놓으셨지만, 인류가 하나님을 인정하는 것이 이 목적을 달성하기 위해 필요한 것은 아니다. 결과적으로, 타락은 원래의 창조 명령을 충족시킬 수 있는 인류의 능력에 결코 의미심장한 변화가 있었다는 것을 표시하지 않는다. 일반은총에 감사하라.

다른 곳에서 카이퍼는 하나님의 형상이 의미하는 것에 대한 논의에 착수하면서, 일반은총과 특별은총 간의 구분에 대한 논의를 더 진행시킨다. 하나님의 형상으로서, 만일 인류의 "높게 분류된 발달"이 "그 자체의 중요성, 독립된 목표, 구원의 문제를 떠나 존재할 이유"를 갖고 있다는 것 외에 아무 다른 이유가 없다면, 인류는 반드시 타락 후에도 계속하여 존재해야 한다.31

오직 이 통일성 속에 있는 인류의 다양성의 온전한 계시 안에서만 창조주 하나님은 온전한 영광을 받을 것이다. 흥미롭게도, 어떻든 카이퍼는 이 창조의 모든 "영광들"에 대한 계시가 가장 절망적인, 하나님을 대적하는 행위와 동시적으로 일어 날 수도 있다는 것 또한 사실은 어쩌면 일어나고 있는 것을 아주 분명

---

29 Kuyper, "Common Grace," 176. 따라서 Kuyper와 VanDrunen은 **진보**라는 말을 유사한 방법으로 사용하여, 힘이 행사되는 목적들에 대한 아무 질문 없이 순전한 기술적 전문 지식을 가리킨다.
30 Kuyper, "Common Grace," 176.
31 Kuyper, "Common Grace," 178.

하게 한다. 이 긴장은 길지만 주목할 만한 카이퍼의 인용에서 알게 된다.

> 비록 사람들이 [인류의 온전한 발달을] 즐기고 그 혜택을 우려먹는다 하더라도, 그것의 실현은 사실 인류를 위한 것이 아니라 하나님을 위한 것이다. 최고의 장인이요 건축가는 그의 구상 속에 들어간 모든 것이 실현되어서 하나의 웅장한 건물로 그의 앞에 서기를 원한다. 하나님은 그 높은 인간의 발달을 기뻐하실 것이다. 그 자신이 그것을 유발할 것이고 볼 수 있게 만들 것이다. 그때 그는 그 속에서 그 자신의 영광을 찾으실 것이다.
>
> 문명, 계몽과 진보에 의한, 과학과 예술에 의한, 다양한 사업들과 산업에 의한 자연의 통제와 억제는 절대적으로 다른 거룩과 온전함에서의 발달로부터 전체적으로 분리될 것이다. 실로, 그 **외적** 발달은 심지어 거룩의 **내적** 발달과 공개적으로 충돌할 수도 있고 신자에게 하나의 유혹이 될 수도 있다. 그러나 여전히 그 외적 발달은 반드시 계속하여 우리 인류 안에 **하나님의 사역**이 온전한 가시적 실현으로 나타나는 것을 마치게 되어야만 한다. 이것이 연속하여 다가오는 우주적 불사름으로 소멸될 것이냐 아니냐는 관계가 없다.[32]

계속하여 카이퍼는 자연 위에 통치를 달성하라는 근본적인 창조 명령은 심지어 타락 후에도 여전히 실현되고 있다는 것을 분명하게 한다. 일반은총에 감사하라.[33]

액면 그대로 취한다면, 이 입장은 어려움들로 난해해진 것처럼 보인다. 예를 들면, 이 "힘"의 개념이 성성석이라기보다는 더 니체적Nietzschean으로 보인다. 즉, 카이퍼의 독해에서, 순수한 힘을 위한 힘의 표현은 하나님에게 영광을 돌리는 무엇이 되는 것으로 나타난다. 따라서 그는 오직 과학적 발

32　Kuyper, "Common Grace," 178-79(강조는 원문의 것).
33　Kuyper, "Common Grace," 179.

전이 정점에 이르렀을 때 적그리스도가 나타날 수 있다고 한 것을 놀라운 것으로 여기지 않았다.³⁴

일반은총이 역사에서 최고의 악으로 나아가게 한다는 것은 하나의 모순이 아닌가?

카이퍼는 아니라고 말한다. 하나님이 영광을 받으실 것인데, 이는 일반은총이 하나님의 창조 질서의 분야이기 때문이고, 그가 인류에게 이 힘들을 주셨기 때문이다.³⁵

힘과 일반은총의 질문에 관해, 카이퍼는 어거스틴으로부터 문제를 다듬을 필요가 있다. 존 밀뱅크John Milbank는 다음과 같이 주장한다.

> [어거스틴의] 사회사상의 혁명적 측면은 **지배**, 혹은 힘 자체를 위한 힘에 대한 어떤 존재론적 쟁취도 부정하는 것이었다. 절대적 **지배권**, 절대적 소유권들, 단순히 이익만을 위한 시장 거래는 모두 그의 보기에 죄악적이고 폭력적인 것으로, 신적 존재의 박탈을 의미한다.³⁶

마찬가지로 칼 바르트Karl Barth도 선에 대한 어떤 질문에 의해 무조건화된 순전한 역량은 성경적 의미에서의 참된 힘이 아니라는 것을 지적한다.

> 오직 무, 혼돈, 거짓과 그것의 "힘들"의 하나의 속성인 악의 무기력이 막연한 힘, 모든 것들과 각각의 것들 위에 있는 힘이다. 걸러지지 않은 힘은 그 자체로 부정, 파괴와 해체의 힘이다. 하나님의 명령에 순종적인 사람은 자명하게 이 힘을 원할 수도 없고 원하지 않을 것이다.³⁷

---

34 Kuyper, "Common Grace," 180.
35 Kuyper, "Common Grace," 180.
36 Milbank, *Theology and Social Theology*, 419.
37 Barth, *Church Dogmatics* 3.4 (edinburgh: T&T Clark, 1961), 391.

다시 말하면, 카이퍼가 이 본문에서 일반은총 속에 작용하고 있는 것으로 언급하고 있는 힘의 유형은 하나님에게 걸맞지 않고, 힘이 사용되는 목적과 관계없이 힘을 생각한다는 데서 오히려 사탄적이다. 성경 본문은 일관성 있게 힘을 위한 힘이 하나님께 혐오스러운 것이라고 한다.

단순한 한 가지 성경적 실례를 들어보면, 전투 가능자에 대한 왕 다윗의 인구조사가 격렬한 하나님의 심판에 직면했던 것은 정확하게 다윗이 하나님의 강함보다 순전히 힘을 자랑으로 여기는 것을 드러냈기 때문이다삼하 24장. 창세기 11장의 바벨에서부터 요한계시록 18장의 바벨론에 이르기까지, 그 자체를 위한 힘과 "진보"는 그 자체가 선한 것으로 여겨진 적이 전혀 없다. 더구나 인류가 하나님의 형상을 이루어 가고 있다는 것을 측량하는 표준으로 여겨진 적은 더욱 없다.

왕 솔로몬에 대한 카이퍼의 논의는 그의 사상 속에 있는 일반은총과 특별은총 간의 긴장을 흥미로운 실례로 보여 주는 역할을 한다.[38] 이 실례는 또한 그의 진보에 대한 발상이 성경 본문에 있는 일반은총의 독해에 어떻게 정보를 주고 있는지에 대한 더 많은 질문들을 제기한다. 이스라엘이 건축의 영역에서 다른 나라들보다 쳐져 있었기 때문에, 솔로몬은 성전 건축을 위해 이스라엘 경계 밖, 두로의 히람에게 가는 것이 필요하다.

카이퍼의 견해에, 이것이 하나님이 이스라엘 밖에서 일반은총을 통하여 건축의 영역에서 하나님의 자연적 조례들을 더 온전하게 개발해 왔던 사람들 속에 역사하고 있는 것을 보여 준다. 솔로몬의 성전 건축 프로그램은 이스라엘의 문명화라는 입장에서 하나의 진전이고, 이스라엘은 심지어 두로에 드러난 하나님의 일반은총의 부요함들을 의지한다.

그러나 우리가 이스라엘의 본문 그 자체가 이것이 진짜 진보인지 아닌지를 결정하도록 허용할 때 무슨 일이 일어나는가?

---

38 Kuyper, *Lectures*, 161.

우리가 성경 본문을 살펴볼 때, 솔로몬의 성전 건축이 정녕 진보인지 아닌지에 대한 진짜 질문들이 있다.

첫째, 이스라엘의 왕권과 같이 성전은 하나님의 명령보다는 인간의 원함들에 기원한다. 다윗이 성전 건축을 결정한 때, 하나님은 기본적으로 이렇게 말씀한다.

> 내가 언제 성막이 내게 탐탁하지 않다고 말한 때가 있었는가?
> 내가 언제 성전을 요구한 때가 있었는가? 삼하 7:4-7

둘째, 성전을 짓는 과정에서, 솔로몬은 그 자신의 백성들을 강제 노동으로 징집한다 왕상 5:13.

셋째, 성전의 기록은, 앞부분은 솔로몬의 바로와의 동맹 결혼에 의해 또한 뒷부분은 애굽에서 온 말들과 병거들로 솔로몬이 그의 군대를 건설하는 것에 의해 왕상 3:1; 10:28-29, 괄호 안에 묶여 있다.

만일 우리가 우리의 진보의 개념을 근대 서구 개념들에서가 아니라 이스라엘 자체의 이야기로 위치를 정한다면, 그 본문은 그 이야기가 이스라엘을 위한 하나님의 계시된 요구들과 함께 전진하기보다는 오히려 애굽에서와 같은 경험을 향해 퇴보했다는 것을 분명하게 한다. 따라서 그들은 심판을 받은 것은 정확하게 솔로몬의 왕국과 소유물들이 이스라엘을 향한 하나님의 궁극적 목적들과 관련되지 못하고 분리된 것 때문이었다.

구약은 이 문제에 대해 명백하다. 병거들, 말들, 군대들과 정치적 동맹들의 축적을 수반하는 진보와 힘은 창조를 위한 하나님의 의도들의 긍정적 개발보다는 오히려 신앙의 결핍과 노골적인 하나님의 **배척**에 뿌리를 두고 있다. 따라서 이스라엘은 참된 힘은 하나님을 믿는 신앙으로 표현된다는 것을 인식하지 못하고 아담과 하와의 죄를 반복한다.

흥미롭게도, 참 신앙과 참된 힘의 성격은 종종 그것들을 범하기 보다는 한계들을 수용하는 것을 수반한다. 그러므로 첫 아담의 약함은 나무에서 취함으로 드러나게 된 반면, 두 번째 아담의 힘은 나무 위에서의 죽음을 수용함으로 드러나게 되었다.

우리가 만일 카이퍼가 "하나님께 영광을 돌리는" 것 혹은 "발달" 혹은 "진보"라고 간주하는 것에 대해 말할 때 그가 두 개의 구별되는 의미들을 갖고 있다는 것을 이해한다면 이 문제를 좀 더 명확히 할 수 있다.

한편으로, 그것은 창조와 일반은총 속에서 그것들의 기원을 찾는 그런 것들을 의미할 수 있다. 다른 한편으로, 그것은 재창조와 구원 안에 있는 하나님의 목적들 속에서 그것들의 기원을 찾는 그런 것들을 의미할 수 있다.

이것은 어떻든 하나의 난제를 제기한다. 창조와 구속 안에 있는 하나님의 궁극적 목적들 간에 쐐기를 박아 대는 것 외에도, 혹자는 창조의 궁극적 목적에 대한 생각 없이 일반은총에 대한 것을 생각할 수 있는 것처럼 보이기 때문이다. 즉, 일반은총은 창조주와 관련 없이 **오직** 창조와 관련하여 작동할 수 있다.

따라서 카이퍼는 지적 공간을 만드는데, 그 인에서는 우리의 행위들이, 하나님과 관련 없이, 오직 자연과 자연의 초기적 잠재력들과 관련하여, 하나의 완전한 내적 지평에 속한 것들로 생각될 수 있다. 또한, 그 잠재력들이 하나님을 떠나서 마음에 품어진 것이라면 소름끼치는 것이 된다.

게다가, 창조 속에 있는 인류를 향한 하나님의 최고 명령이 자연의 지배를 달성하라는 것이다. 그러나 우리가 본 것처럼, 카이퍼는 또한 이것에 관한 하나님의 의도들이 실제로는 타락으로 좌절되지 **않았다**는 것을 유지한다.

일반은총이 그것들이 달성될 수 있도록 허용한다!

그러나 만일 이것이 사실이라면, 특별은총이 성취하는 것이 무엇이든지 간에, 그것은 창조 속에 있는 우리의 성격과 기능 및 인류의 삶을 위한 하나님의 본래 명령에 완전히 부수적인 것으로 나타나는 어떤 것처럼 보일 것이다. 이런 의미에서, 하나님의 특별은총, 그리스도의 사역, 혹은 교회에 대한 관련성이 전혀 없이 창조를 되찾는 것이 가능하다.

사실, 지배가 한 번 순전한 힘의 행사로 마음에 품어지면, 이 명령은 분명하게 타락에 의해 제한될 수 없는데 이는 타락 그 자체가, 하나님과 연관 없는 순전한 힘의 행사로 이해되어, (창조 의도와 모순되기보다는 오히려) 창조 의도에 대한 하나의 탁월한 모본이기 때문이다.

따라서 반드루넨과 마찬가지로 카이퍼는 일반은총에 대한 그의 신학 속에 타락한 인류는 여전히 궁극적 목적들에 대해 대체로 영향 받는 것 없이 작동한다는 것을 가정한다.

3. 어거스틴: 도시의 목적

비록 반드루넨은 어거스틴의 사상이 두 왕국 관점과 유사한 것으로 보고 있지만, 거기에는 핵심적인 차이가 있다. 어거스틴은 오직 한 도시만이 타당하게 하나의 도시라고 불린다는 것을 주장하는 반면, 반드루넨은 두 왕국 둘 다가 타당하게 왕국들이라고 불린다는 사례를 만든다.[39]

어거스틴의 경우, 그것은 정확하게 하나님의 도시가 "도시"라는 명칭을 받을 만한 가치가 있는 그것에 적합하고 궁극적인 목적을 향해 명령 받았기 때문이다. 대조적으로 땅에 속한 도시는 그것의 궁극적 목적에 대해 혼란에 빠졌을 뿐만 아니라, 정확하게 그것의 궁극적 목적이 정도에서 벗어

---

39 VanDrunen은 다음에서 Augustine의 사상에 대해 논의한다. *Natural Law and the Two Kingdoms*, 22-32.

나 있기 때문에, 그것의 이차적이고 현세적 목적들도 역시 혼동 속에 빠질 수밖에 없다. 어거스틴의 경우, 우리의 마음들이 위에 있는 것들에 적절하게 고정되어 있을 때만 아래에 있는 것들이 적절하게 질서를 갖춘다.

어거스틴의 사상의 네 가지 요소들이 왜 그가 하늘에 속한 도시와 땅에 속한 도시를 대조시키는지를 밝혀 준다. 논쟁을 하자면, 어거스틴의 사상의 이 측면들은 그의 틀을 반드루넨의 두 왕국 관점과 상충되게 두는데, 이는 이 두 틀들이, 어거스틴의 두 도시에서와 같이 상호 보완적이라기보다는, 오히려 상호 상충적이라는 것을 암시하기 때문이다.

첫째, 어거스틴의 인간론은 그가 만드는 두 도시 간에 예리한 구별을 강요한다. 어거스틴이 두 도시에 대해 말할 때, 그는 거기에 관여된 인간 행위자들의 관점에서 말한다. 비록 **하나님**이 어떻게 인간의 활동들의 목적을 섭리적으로 정하실 수 있는가에 대해 말하는 것이 가능하다 하더라도, 어거스틴은 땅에 속한 도시에서 활동하는 인간들에 의해 목표로 설정된 목적에 초점을 맞춘다.

어거스틴의 경우, 욕구가 인간이 된다는 것이 의미하는 것의 구성적 요소다.[40] 진실로 욕구가 모든 창조물의 삶 속에 만연해 있다.[41] 인간이 존재한다는 그 사실 자체는 우리가 우리의 궁극적이고 타당한 목적으로서 마땅히 하나님을 알 뿐만 아니라 그를 사랑할 욕구를 가진 존재들임을 수반한다.[42] 타락은 이 욕구의 상실이 아니라, 그것의 오도다. 결과적으로 정복을 향한 욕망이 지금은 땅에 속한 도시에 편만하다.[43]

밀뱅크가 언급한 것처럼, 이것은 "땅에 속한 도시 *civitas terrena* 가 추구하는

40　이 점에 대한 자세한 설명은 Smith, *Desiring the Kingdom*, 39-73을 보라.
41　Augustine, *City of God*, 16.27.
42　Augustine, *City of God*, 16.27.
43　Augustine, *City of God*, 3.14.

목적들은 단순히 제한되고, 유한한 선들이 아니라, 그것들은 무한한 선에 "관련" 없는 그런 유한한 선들이고, 또한 결과적으로 무조건적으로 **나쁜** 목적들이라는 것"을 의미한다.[44]

다시 말하면, 인간들은 항상, 그것이 하나님이든 아니면 우상으로 바뀌는 하나의 이차적 목적이든, 하나의 궁극적 목적을 향해 목표를 설정한다. 두 왕국 관점에 반대하여, 두 도시 간의 대조는 자연이나 (창조 대 구속 같은) 기원 안에 있는 차이들에서 유래된 것이 아니라, 이 두 도시를 구성하고 있는 인간들의 의지들과 욕구들의 속한 것의 차이에서 유래된 것이다.[45]

인간의 죄가 이 두 도시 간의 구별을 만들어 내는 것이지, 분야들, 영역들, 혹은 왕국들에 대한 창조적 차이에 관한 어떤 이론이 만들어 내는 것은 아니다. 따라서 궁극적으로, 어거스틴은 참 하나님이 됐든 또는 어떤 우상이 됐든, 어떤 궁극적 목적에 대한 욕구에 의해서 구성된 것으로서 땅에 속한 또한 하늘에 속한 도시들 모두를 이해한다. 그러므로 인간이 된다는 것은 하나의 궁극적인 방법으로 어떤 것을 사랑하는 것이다.

둘째, 그의 인간론 때문에, 어거스틴은 인간 사회가 선천적으로 어떤 궁극적 목적과 관계된 것으로 이해한다. 즉, 모든 도시들은 영광의 찬송에 기초하고 있으므로 선천적으로 종교적이다.[46]

어거스틴의 경우, 혹자가 무언가 궁극적인 것에 대한 사랑 혹은 예배에 의해 적응되는 것 없이 사회적 혹은 정치적이 되는 것은 가능하지 않다. 땅에 속한 도시는 그것이 그 자체와 악령들을 예배하는 것으로 활력을 띠는 반면, 하나님의 도시는 그것이 삼위일체 하나님을 예배하는 것으로 활력을 띤다. 하나님의 도시의 경우, 평화와 정의가 포옹하여, 하나님을 포함하는

---

44 Milbank, *Theology and Social Theory*, 406.
45 Augustine, *City of God*, 12.1.
46 Augustine, *City of God*, 19.23.

모든 것이 그것들에게 정당한 것이 주어지고 적절하게 사랑 받게 될 때, 인간들은 그 속에서 평화롭게 살 수 있다.[47]

하나님의 도시의 성원들은 이생에서 아직 완전해져 있지 않지만, 반면, 이를테면 참 덕에 이르는 노정에 있다. 대조적으로 땅에 속한 도시는 그들의 궁극적 목적을 창조주가 아니라 오히려 피조물에서 찾는 사람들로 된 서식지다.

결과적으로, 땅에 속한 도시에 있는 어떤 덕도 정당한 덕이 아닌데 이는 그것이 다른 사람들의 지배나 자신의 영광과 같은 땅에 속한 선한 것들을 향해 방향이 잡혀 있기 때문이다.[48] 그러므로 땅에 속한 도시의 어떤 평화도 정당하게 평화라고 불리지 않고, 오히려 강한 자가 약한 자를 복종시키는 것의 산물이다. 궁극적 목적으로서의 하나님이 없다면, 거기는 오직 힘에 대한 의지만 있을 뿐이다.

의미심장한 논점은 이것이다. 그것이 하나님의 도시가 되었든 아니면 땅에 속한 도시가 되었든, **모든 도시는 얼마의 궁극적 사랑으로 연합되어 있다**는 것이다. 이 점을 반드루넨은 자유주의가 실제로 어떻게 기능하는지의 측면에서 물리친다. 즉, 오직 하나의 이차적 등록을 사용하여 자유주의를 평가하는 것은 근대 국가가 그 자체에 대해 궁극적인 것과 관계가 **없는** 것으로서 말하는 이야기를 믿는 것인 반면, 어거스틴적 등록은 모든 정치적 통일체가 어떤 종류의 궁극적 사랑과 관계가 있다는 것을 인정한다. 어거스틴은 유용하게 다음과 같이 말한다.

> 우리는 엄격히 말하면 종교*religio*가 다름 아닌 하나님을 예배하는 것이라고 말할 수 없다. 이는 우리가 그 말이 인간관계들 속에 있는 의무들의 준수에

---

47 Augustine, *City of God*, 19.13, 19.20.
48 Augustine, *City of God*, 19.25.

적용할 때 반드시 그 의미를 부당하게 무시해야 하기 때문이다.[49]

따라서 인간이 된다는 것은 사회적이고 정치적이 된다는 것이다. 또한, 비록 근대 사상가들이 흔히 이 둘을 "종교적"인 것으로부터 분리한다 하더라도, 어거스틴은 사람은 반드시 하나님을 찬양하거나 자신을 높이는 것으로 연합된 하나의 도시^{polis}의 일부가 되어야 한다고 주장한다.[50]

셋째, 표준적으로 말할 때, 두 도시가 있는 것이 아니라, 오직 **하나의** 참된 도시가 있을 뿐이다.[51] 이 점에 관해서, 어거스틴은 키케로^{Cicero}가 연방을 백성들의 소유로 정의한 것에 의존한다. 그러므로 도시는 반드시 참된 정의가 있어야 한다.

어거스틴에게 정의는 각각에게 정당한 것을 주는 덕이다. 로마는 참 하나님을 전혀 예배한 적이 없기 때문에, 정의가 결핍됐고 따라서 그 말의 진정한 의미에서의 도시가 아니었다. 하나님을 향한 예배와 봉사 없이, 결코 적법한 도시가 있을 수 없다. 정의로운 도시에서 하나님은 자신의 은혜를 따라 순종하는 자들을 다스리고 그들은 오직 그에게만 제사들을 드린다.

그러나 만일 우리가 **도시**라는 말을 서술적으로 사용하기를 원한다면, 우리가, 현재 하나의 참된 도시나 연방으로서가 아니라, 단순히 사랑의 공동 객체들에 대한 것으로 공동 합의에 의해 함께 엮어진 이성적 피조물들의 군집으로서, 땅에 속한 도시에 대한 이야기를 할 수도 있을 것이다.[52]

이것이 우리로 하여금 서술적으로 다양한 사람들을 함께 엮는 끈들에 대해 말하는 것뿐만 아니라, 그들을 함께 엮는 것이 자기 사랑이라는 것 역시 알아보는 것을 허용한다. 비록 이 사람들을 함께 엮는 것이 ^{religare} 이차적 사

---

49 Augustine, *City of God*, 10.1.
50 비교. Cavanaugh, "The Liturgies of Church and State," 28.
51 이 문단이 Augustine, *City of God*, 19.21을 요약한다.
52 Augustine, *City of God*, 19.24.

안들을 이야기하는 것이라고 하더라도, 그것은 항상 궁극적 목적을 가정하고 또한 그것에 불가분리적으로 연결되어 있다.

넷째, **도시**라는 말의 표준적인 용법과 서술적인 용법 간의 대조는 땅에 속한 도시들과 하늘에 속한 도시들의 궁극적 목적들_{도착지들}을 고려할 때 최전면에 나선다. 하나님의 도시가 적법한 목적을 가지고 있기 때문에, 그것은 이 목적을 향해 진보할 수 있다. 또한, 실제로 역사 전반에 걸쳐 진보해 왔다. 하나님의 은혜와 계시에 감사드린다. 따라서 하나님의 백성들은 참으로 인간 역사 전반에 걸쳐 전진해 왔다.[53]

하나님의 도시의 목적은 다름 아닌 하나님 자신과 영원한 평화다.[54] 이것은 참 평화로서 그 안에서 우리의 성품들이 하나님의 은혜로 하나님의 성품에 참여하고, 그것으로 죄 짓는 것의 불가능성에서 난 상호 일치의 자유를 즐기는 하나의 참 도시가 되도록 우리에게 능력을 덧입혀 준다.

대조적으로, 땅에 속한 도시는 적법하게 궁극적인 것이라기보다는 이차적인 것을 예배하기 때문에, 그것은 그것의 적법한 목적을 경시한다. 하나의 적법한 목적이 없다면, 진보의 개념은 심지어 땅에 속한 도시의 기술적 발달들에도 적용할 수 없다.[55]

비록 특정한 도시들이나 문화들이 상대적으로 더 낫거나 못하다 하더라도, 진정한 진보에 대해 말할 수 있는 방법이 전혀 없다. 오히려, 땅에 속한 도시가 그것의 적법한 목적을 부인하기 때문에, 그것은 현세와 오는 세대 모두에서 끊임없는 전쟁 속에 빠져 쇠퇴한다.

현재의 전쟁들은 **통치 욕망**_{libido dominandi}의 무질서한 욕구의 표현들이고, 악한 자의 영원한 심판은 단순히 땅에 속한 도시의 정치적 통일체 내부에

---

53 Augustine, *City of God*, 10.14.
54 Augustine, *City of God*, 22.30.
55 비교. O'Dovonan, "Augustine's *City of God* XIX," 103.

있는 끊임없는 전쟁에 대한 개인적 통일체 안에 있는 하나의 법령이다.[56] 전쟁은 지옥이고, 또한 지옥이 전쟁이다.

정리하면, 어거스틴은 죄를 궁극적인 것과 이차적인 것 간의 적절한 구분을 할 수 있는 능력을 상실한 것으로 이해한다. 후자를 전자로 해석하기 때문이다. 따라서 사람은 각 사람이 자신의 삶에 방향을 결정해야 하는 그 목적들에 대한 질문을 전혀 분류할 수 없다. 게다가 이 질문은 인간의 사회성에 대한 질문들과 긴밀하게 관계되어 있다. 땅에 속한 도시들과 하늘에 속한 도시들의 궁극적 목적들이 그들 안에 있는 인간들을 함께 엮는 것이다.

그러므로 욕구, 예배, 궁극적 사랑은 하나의 "종교적"인 삶의 영역으로 귀속되어서는 안 된다. 오히려 이 용어들은 우리의 사회적, 문화적, 정치적 제도들의 참 성격을 활성화시키는 것을 묘사한다.[57] 오직 이차적인 것만을 다루기 때문에 적법하게 기능하는 시민 왕국에 대한 반드루넨의 개념은 어거스틴 속에 나타나지 않고, 또한 클라스 스킬더 속에도 나타나지 않는다.

4. 클라스 스킬더: 문화의 목적

클라스 스킬더1890-1952는 심지어 북미의 개혁주의 공동체에서조차 잘 알려지지 않았다.[58] 그러므로 그리스도와 문화에 관한 그의 사상은 현재의 논쟁들을 위한 손댄 적 없는 자원으로 남아 있다. 그래서 몇 가지 전기적 기록들은 적절하다.

---

56 Augustine, *City of God*, 19.28.
57 비교. Milbank, *Theology and Social Theory*, 407.
58 간략한 전기적 묘사는 다음을 보라. J. Faber, "Klaas Schilder's Life and Work," in *Always Obedient*, 1-18. 다음 문단은 그 자료에서 발췌했다.

1933년에 스킬더는 캄펀에 있는 신학교의 교의학 교수로 임명되었고, 주간 잡지인 「데 레포르마치」*De Reformatie*의 출판에 참여했는데, 그것 때문에 그는 1940년에 독일 경찰에 의해 체포되었다.

또한, 스킬더는 교회 내부적 논쟁들에 결코 생소한 사람이 아니었다. 1944년에 위트레흐트 대회는 스킬더를 그레이다누스S. Greijdanus와 함께 교수직과 목사직에서 해임했다. 그 이유는 1942년의 언약과 세례, 추정된 중생과 일반은총에 관한 교리적 진술문들을 그들이 반대했기 때문이다.[59] 이 논쟁은 (자유화된) 개혁교회의 형성을 위한 촉매였다. 그레이다누스와 댐R. J. Dam과 더불어 스킬더는 계속하여 사역을 위해 학생들을 훈련했고 1952년 죽기까지 글을 썼다.

그리스도와 문화에 대한 스킬더의 성찰들이 어거스틴의 두 도시의 모범들과 상응하는 것만큼 스킬더는 아마도 틀림없이 어거스틴에 심취해 있던 사상가다. 즉, 스킬더는 이차적인 목적들을 진실하게 달성하게 위해 인류는 반드시 궁극적 목적을 향해 적법하게 지도되어야 한다고 논쟁한다.

스킬더의 사상이 어거스틴의 것보다 덜 알려져 있기 때문에, 필자는 그를 요약하는 데 더 많은 시간을 보낼 것이다. 그렇게 할 때, 어떻게 그의 문화의 신학이 어거스틴의 사상과 유사성들을 지니고 있는지에 특별히 주목할 것이다.

그리스도와 문화에 대한 스킬더의 분석의 중심 주제는 문화적인 것과 종교적인 것, 혹은 반드루넨의 용어들을 따르면, 시민 왕국과 구속적 왕국 간에 날카로운 구분이 전혀 없다는 것이다. 스킬더가 사람이 문화의 궁극적 목적에 대한 질문을 떠나서 문화를 평가할 수 있다는 가정을 부인하는 데

---

59 필자가 Schilder를 의존하는 것이 그가 신봉하고 있는 모든 교리적 의도를 옹호하는 것을 의미하지 않는다. 오히려 필자는 그의 문화신학이 좀 더 조사할 가치가 있다는 것을 알게 된 반면, 이 분야에서 그의 착상들이 그의 더 넓은 신학과 상호 연결된 것이 확실하다는 것 역시 인정한다.

서 스킬더의 사상은 두 왕국 관점과 다르다.

스킬더의 경우, 창조와 구속에서 인류를 위한 하나님의 의도들은 같은 것이다. 우리가 마땅히 얻기 위해 노력해야 하는 목적들은, 하나는 창조의 결과이고 다른 하나는 구속의 결과로서, 두 가지 다른 것들이 있는 것이 아니다. 핵심은 하나님이 인류를 직분을 지닌 자로 창조했다는 것을 이해하는 것이다. 이것으로 스킬더는 인류가 하나님과 창조에 관련하여 적법한 힘을 행사하도록 부름 받았다고 강조한다.

원래의 창조에서, "이 사역은 즉시로 또한 항상 "예전"liturgy이라고 불릴 수 있다. 그것은 왕국 안에서 또한 왕국에 대한 봉사다."[60] 이 예전적 사역은 범주가 우주적이다.

스킬더에게, 우리의 적법한 직분을 성취하는 것의 본질은 "구체적인 삶에서 하나님을 섬기는 것, 모든 기능에서 순종하는 것, 우리 속에 있는 모든 것으로 하나님이 표현하신 뜻을 성취하는 것과 우리를 둘러싸고 있는 모든 것 가운데, 유기적 관계 속에서 또한 교감을 가지고 그렇게 하는 것이다."[61]

기름진 밭들과 씨들은 하나님이 약속하신 신실함에 대한 선물이고 표징이다. 그러나 그것들은 또한 하나님의 계명들에 대한 신실함을 통하여 그 약속을 받으라는 부름이기도 하다.[62] 창조에서 인간에게 주어진 명령은 문화에 참여하고 개발하라는 것이다.[63]

어떻든 이 개발은 반드시 언제나 그것의 목적, 곧 하나님의 사랑에 의해 근본적으로 고정되어 있어야 한다.[64] 따라서 "너는 나 외에는 다른 신들을 네게 두지 말라"라는 첫 번째 계명은 모든 참된 문화를 위한 기초다. 스킬

---

60 Schilder, *Christ and Culture*, 43.
61 Schilder, *Christ and Culture*, 43.
62 Schilder, *Christ and Culture*, 51.
63 Schilder, *Christ and Culture*, 54-55.
64 Schilder, *Christ and Culture*, 62.

더의 정의에 따르면 그것은 라틴어 '콜레레'*colere*에서 유래한 것으로 "건설하는 것"을 의미한다.[65]

결과적으로 스킬더는 **문화**라는 용어를 하나님의 세상을 허물기보다는 건설하는 그런 것들을 위해 남겨 둔다. 스킬더는 다음과 말했다.

> 계시에 관한 하나님의 원래 사전辭典에서, "문화"는 항상 건설적이지만, 죄는 파괴적이다.[66]

문화적 사역의 봉사 혹은 예전은, 객관적 세상과 사람 자신의 주관적 삶 및 동기들에 관해 내적이기도 하고 외적이기도 하다.

> 사람은 사람이 걷는 땅과 마음의 밑바닥 깊음 속에 있는 마음과, 식물들뿐만 아니라 중재의 정신 모두를 기른다. 거기서 사람은 자신의 더렵혀지지 않은 손뿐만 아니라 그의 영혼을 의로 씻는다. 그 한 가지 것은 다른 것으로부터 분리될 수 없다.[67]

이 점은 분명하게 카이퍼의 자연 위의 힘의 개발의 내적 거룩과 외적 "진보" 간의 예리란 이분법에 대해 정반대 입장에 선다.

결과적으로 카이퍼와 반드루넨과는 달리, 스킬더는 하나님의 뜻을 존중하는 것에서 분리된 기술적 전문성과 힘은 참된 힘이나, 참된 문화가 아니라, 불순종과 불신실이라고 주장한다.[68] 하나님을 떠나 있는 소위 문화는 붕괴로 특성지어 있다. 죄악 된 인류의 지배 아래 사물들은 산산이 부서진

---

65 Schilder, *Christ and Culture*, 69.
66 Schilder, *Christ and Culture*, 69.
67 Schilder, *Christ and Culture*, 56.
68 Schilder, *Christ and Culture*, 112.

다.⁶⁹ 비록 특수화된 전문성과 기술이 개선할 수 있다 하더라도, 인류는 실체에 대한 일관성 있고 총제적인 안목에 대한 비전은 어떤 것이라도 상실한다.⁷⁰ 이 붕괴가 창조주보다 피조물을 예배하도록 이끈다. 스킬더는 다음과 같이 말했다.

> 본질적으로 그것 자체의 이유만을 위한 문화적 도구의 배양은 단지 우상 숭배일 뿐이다.⁷¹

어거스틴이 오직 하나의 참된 도시가 있을 뿐이라고 주장하는 것처럼, 스킬더도 마찬가지로, 표준적으로 말하면, 하나님의 뜻과 일치하고 하나님의 영광을 위해 이루어진 그런 것들만이 진정으로 "문화"라고 불릴 가치가 있다고 주장한다.

스킬더는 따라서 단호하게 종교와 문화는 분리될 수 없다고 강하게 주장한다. 우리는 하나를 다른 하나 없이 평가할 수 없다. 흥미롭게도 스킬더는 이 일반적인 지적 운동이 그 자체로 타락의 결과라는 입장을 유지한다.

> 죄에 의해 부패되어 왔고 또한 하나님에 대해 적대적인 생각의 영향 아래, 모든 관계를 붕괴시키는 세상에서, 문화는 항상 "종교"로부터 분리되어 있거나, 아니면, 적어도 그것으로부터 예리하게 구분되어 있다.
> "그러나 본래는 그렇지 아니하니라"(마 19:8).
> 이는 종교가 삶의 한 행정 구역이 아니고, "마음"에서 분리된 기능 혹은 "마음"을 위해 분리된 기능이 아니며, 사람의 일생 중 어떤 상승된 조각난 시간

---

69 Schilder, *Christ and Culture*, 57.
70 Schilder는 명백하게 Kuyper의 "영역들"이라는 용어가 적법한 다형화의 통일성이 결여된 이 붕괴에 연류된 것을 염려한다. Schilder, *Christ and Culture*, 57-59를 보라.
71 Schilder, *Christ and Culture*, 80.

들 동안의 헌신된 사람들의 비밀 집회의 고립된 활동도 아니기 때문이다.[72]

스킬더는 문화와 종교 간의 예리한 이분법이 문제라고 생각하는데 이는 그것이 창조주로부터 단절될 수 있는 창조의 영역이 있다는 것을 상상하기 때문이다. 게다가, 관련된 행위자들의 주관적 의도들이 무시되었을 때, 문화적 제도들과 습관들은 그 자체로 특정한 목적들을 위한 (인간에 의해) 만들어진 역동적 힘으로서가 아니라 정체된 실체들로 이해될 수 있기 때문이다.[73]

어거스틴과 같이, 스킬더는 우리의 문화의 평가는 반드시 인간의 활동이 하나님과 이웃 사랑으로 된 것인지 아니면 자기 사랑으로 된 것인지, 창조주에 대한 예배로 된 것인지 아니면 피조물에 대한 예배로 된 것인지를 설명해야만 한다고 논쟁한다.

이 관심사를 "종교적"으로 명명하고 그러므로 그것을 문화에 대한 질문들과 무관하다고 고려 대상에서 제외하는 것은 하나님의 세계의 성격과 그 안에 있는 인류의 위치의 성격을 속이는 것이다. 스킬더의 경우, 우리가 그것을 "문화"라고 부르든, "종교"라고 부르든, 우리가 목표하는 우리의 삶의 궁극적 목적이 우리가 하는 모든 것에 영향을 끼친다.

스킬더는 문화와 종교가 함께 엮어 있다는 것을 인정하면서, 진정한 문화의 조성자는 예수 그리스도라는 입장을 유지한다. 둘째 아담으로서 예수님은 태초에 인류에게 주어졌던 직분과 명령을 성취하신다.[74]

---

72 Schilder, *Christ and Culture*, 56(강조는 원문의 것).
73 John Milbank의 이 점에 관한 Kuyper의 사상에 대한 비판은 다음을 보라. "Foreword," in James K. A. Smith, *Introducing Radical Orthodoxy: Mapping a Post-Secular Theology* (Grand Rapids: Baker Academic, 2004), 13. Smith도 유사한 점을 말한다. *Desiring the Kingdom*, 71-73.
74 Schilder, *Christ and Culture*, 39.

스킬더에게, 그리스도는 인류 역사의 알파와 오메가이고 역사의 중간에 나타나신다. 알파로서 예수님은 원래의 법, 하나님을 하나님으로 인정하라는, 첫째 되고 가장 큰 명령을 따라 살 것과 그것으로 인류가 우리의 책임과 한계를 인식함으로 창조 명령을 성취할 것을 허용한다. 오메가로서 예수님은 역사의 과정을 재가동하여 인류가 한 번 더 그것의 적법한 목적을 알 수 있도록 하신다.

이것 때문에, 그는 "문화의 견고한 바탕, 원래의 기초, 성취자, 구속자 및 갱신자이시다."[75] 예수님 안에서 "이 타락한 세상은 한 번 다시 그 온전한, 아름다운, 원래의, 또는 혹자가 원한다면, '이상적인' 사람의 출현의 기적을 경험한다."[76]

그리스도가 하나님의 진노를 가라앉히고 우리를 하나님과 화목하게 하실 뿐만 아니라, 그는 또한 새로운 인류의 시작인데, "그것은 그럼에도 근본적으로 "옛 사람"과 동일하다.[77] 즉, 그리스도 안에서는 창조와 구속이 서로 대적하도록 정해져 있거나 별개의 목적들이나 표준들을 가진 것으로 이해되도록 되어 있지 않다. 예수님을 통해 우리는 하나님을 하나님으로서 사랑하고 영화롭게 하는 모든 피조물의 적법한 궁극적 목적을 이해한다.

스킬더는 하나님의 창조 안에서 그를 섬기는 갱신된 예전의 과제에서 그리스도인들의 역할과 교회의 중심성을 도움이 되도록 강조한다. 반드루넨과 같이, 스킬더는 교회의 중심성을 강조한다. 그가 강력하게 말하는 것처럼,

교회를 제거하라. 그러면 하나님의 나라는 모호한 사건들이 될 것이다.[78]

---

75 Schilder, *Christ and Culture*, 48.
76 Schilder, *Christ and Culture*, 47.
77 Schilder, *Christ and Culture*, 46.
78 Schilder, *Christ and Culture*, 106.

첫 번째 계명의 신앙이 문화의 씨라면, 신앙이 전파된 말씀을 들음으로 생기는 곳은 반드시 문화적-종교적 영향력으로 이해되어야만 한다. 그러나 역설적으로, 교회의 문화적 영향력이 가장 크다. 이는 정확하게 그것이 본질적으로 문화를 목적으로 하지 않고, 오히려 적절하게 하나님의 사랑과 하나님의 영광을 문화의 적법한 목적으로 하기 때문이다.

추가로, 문화는 항상 하나의 공동 사회적 행위이기 때문에, 하나님의 재창조 사역은 단순히 개인들의 중생이 아니라, "시민권"*politeuma*의 확립인데(빌 3:20), "우리가 그 시민권에 속한 시민들이고 그것은 하늘에 그 중심과 왕의 거소를 갖고 있다."[79]

정확하게 이 왕국은 그것의 적법한 송영적 목적을 향해 맞추어져 있기 때문에, 지상에서 막강한 것들을 이루는데, 인간들의 진정한 교제 혹은 '코이노니아'*koinonia*의 창출은 그중 가장 작은 것이 아니다. 스킬더의 경우는 어거스틴의 경우에서와 같이, 하나님의 예배가 참된 인간 공동체와 공동의 선에 대한 인정을 야기한다.

그리스도인들의 문화적 소명도 스킬더는 그리스도인들의 문화적 과제에 너무 많은 무게가 부과되어 있다는 반드루넨의 우려를 완화시키는 쪽으로 틀을 잡고 있다. 반드루넨은 그리스도의 구속을 통해 그리스도인들이 어떻는 아담의 원래 과제로 돌아가야 한다는 발상을 반복적으로 반대하는 말을 한다. 행위 언약의 관점에서 보면, 아담은 하나님의 명령을 완전하게 지키는 것으로만 쉼을 얻을 수 있다.

만일 우리가 이것을 고려한다면, 반드루넨이 말하는 것처럼, "우리에게 속한 문화적 사역을 아담의 원래 과제를 다시 계속해서 끝내는 것으로 이해하는 것은, 얼마나 무의식적이든, 그리스도의 충족성을 타협하는 것이

---

[79] Schilder, *Christ and Culture*, 109.

다."⁸⁰ 그리스도인들은 새창조를 "영접하거나," "건설하거나," "얻거나," "획득하거나," "벌어들이지" 않는다.⁸¹ 달리 주장하는 것은 본질적으로 어느 정도 행위에 의한 칭의의 개념으로 뒤돌아 가는 것이다.⁸² 이것이 어느 신칼빈주의자 사상가가 주장하는 입장인지는 확실하지 않다.⁸³

그러나 반드루넨은 문화에 대한 신칼빈주의 신학이 지나치게 낙관적인 후천년설이나 승리주의에 귀속되지 않도록 도움이 되는 경고음을 내고 있다.⁸⁴

스킬더에게 있어서, "하이델베르그 요리문답" 제12주일은 그리스도인의 문화적 소명을 이해하는 열쇠를 제공한다. 예수님이 그리스도로 불리는 것은 성령으로 그에게 선지자, 제사장 및 왕으로 기름을 부었기 때문이다. 우리가 그리스도인들이라고 불리는 것은 우리가 이 성령의 기름 부음을 공유하고 있기 때문이다.⁸⁵

그리스도가 완전하게 아담의 직분을 성취하신 분이기 때문에, 우리가 그리스도께 참여함은 그런 의미에서 창조 속에서 하나님의 대리 통치자로서 섬기는 아담의 원래 과제를 계속하는 것이다. 스킬더에게 그리스도인들은 "새 세상의 건축자들"로서 이해될 수 있다.⁸⁶

---

80 VanDrunen, *Living in God's Two Kingdoms*, 50.
81 VanDrunen, *Living in God's Two Kingdoms*, 28, 51, 62.
82 VanDrunen, "The Two Kingdoms and the *Ordo Salutis*," 214-20.
83 VanDrunen은 자신의 생각에서 그 사안을 이런 방법으로 표현한다고 여겨지는 저자들 중 아무도 인용하지 않아서, 특정한 신칼빈주의 사상가들이 이렇게 강력한 주장을 하고 있는지를 평가하는 것이 어렵다. 북미 신칼빈주의자들에 관한 그의 개관은 이 유형의 언어에 대한 언급을 하지 않는다. VanDrunen, *Natural Law and the Two Kingdoms*, 368-85.
84 Schilder는 인간의 문화적 시도들의 한계들에 호소한다. 그것들을 "절단된 피라미드들"이라고 부르는데, 그것은 그리스도인들과 비그리스도인들 모두에게 공통된 것이다. Schilder, *Christ and Culture*, 84.
85 Schilder, *Christ and Culture*, 111-12.
86 Schilder, *Christ and Culture*, 109.

여기서 스킬더의 견해는 당연히 승리주의나 행위로 말미암는 칭의로 이해되어서는 안 되는데, 이는 그가 그리스도인의 문화적 소명을 그리스도의 승천과 성령의 현재 사역의 맥락 속에 두기 때문이다. 시편 8편, 에베소서 1장에서 인류의 창조적 과제를 반향하는 것은 "만물"이 그리스도의 발 아래 놓여 온 것을 선포한다.[87]

승천하신 분으로서 예수님의 통치는 구속 받은 자들을 배제하는 것이 아니라 포함한다. 하나님은 "우리를 그와 함께 하늘에 앉히셨다"(엡 2:6). 성령의 기름 부음은 그러므로 그리스도인들을 현재 선지자들, 제사장들 또한 왕들로 섬기도록 능력 있게 하는 것이다.[88]

어떻든 우리의 구원을 얻기 위해 일하는 것과는 상관없이, 적합한 성령론은 그리스도인의 문화적 소명이 왜 또한 어떻게 아담에게 주어졌던 원래의 창조 명령과 연결되는지를 설명하는데, 이는 그것은 둘째 아담 안에서 알려진 하나님의 은혜 안에 있는 안식의 장소로부터 흘러나오는 것이기 때문이다. 결과적으로, 우리는 주 안에서의 우리의 수고가 헛되지 않다는 지식으로 온전하게 쉴 수 있다.

사도 바울은 이 유형의 참된 문화의 모범으로 받아들여진다. 문화와 종교 간의 연결에 관한 스킬더의 강조는 수사학적 과장 속에 그의 바울과 로마 제국의 비교로 합쳐진다.

> 전체 세상이 퇴폐적이고 강포하게 파괴적인 하나님을 우주의 소유자로 인정하지 않는 거짓 문화로 꼭대기가 무겁게 덮였을 때, 소아시아에 있는 얼마의 작은 동네들의 손에 꼽을 수 있는 단순한 조합 장인들, 노동자들은 그리스도의 복음의 전파로 그들의 매일의 노동 속에서 하나님을 섬기는 것을 배웠다.

---

87 Schilder는 Schilder, *Christ and Culture*, 99-100에서 엡 1장을 언급한다.
88 Schilder, *Christ and Culture*, 111-12.

그들은 할 수 있는 한 종종 하나님을 마음에 두고 의무적으로 가죽 조각을 무두질했거나 아니면 천막을 만들었거나 아니면 어떤 조합의 과제들을 완성했다. 그것은 정확하게 그의 왕궁들, 무희들, 월계관들, 예술품들과 도시로 된 전체 로마의 황제의 제국적 훈련보다 더 문화를 위한 것을 의미했다. 그 까닭에 어떤 날 호송자가 죄수들을 이끌고 로마로 갈 때, 그들 가운데 어떤 바울 같은 사람이 있었는데, 이 사람은 특별히 문화적 삶에 대해서, 문화에 취했던 로마의 모든 것보다 더 의미심장했다. 그는 쇼를 진행했던 그 유명한 사람들 모두를 거스르는 하나의 급진적 변화를 의미했다.[89]

원초론적으로는 인류를 위한 하나님의 뜻이라는 것으로, 또한 종말론적으로는 하나님의 심판 아래서 견딜 수 있는 것으로 측정됐다면, 바울의 신앙생활은 문화적 기념비이고, 스킬더가 보기에, 로마의 장엄한 폐허들을 훨씬 능가한다. 로마가 무너져 내릴 성전들을 세우는 동안, 바울은 그리스도의 몸인 성전 건축에 하나님의 동역자로서 섬겼다. 스킬더의 경우, 어거스틴에게서처럼, 로마의 화려한 악들은 만일 그리스도가 그 그림에서 삭제되었다면 웅장했을 수도 있다.[90]

그러나 우리가 십자가의 지혜와 능력을 기억할 때, 우리는 하나님의 세상을 그 안에서는 겸손, 믿음, 하나님과 이웃의 사랑이 척도들이 되고 그것으로 우리가 진정한 문화의 목적을 평가하는 세상으로 이해한다.

---

89 Schilder, *Christ and Culture*, 67. 땅에 속한 교회가 그 교리 때문에 어떻게 하나의 문화적 힘이 되었는지에 관한 더 자세한 해설은 다음을 보라. Andy Crouch, *Culture Making: Recovering Our Creative Calling* (downers Grove, IL: InterVarsity Press, 2008), 147-59.
90 Kuyper는 "회려한 아들"에 대한 이야기를 Lectures, 122에서 간략히 처리한다.

5. 결론

본 장에서 필자는 두 왕국 관점과 두 도시의 모형이, 그들이 인류의 궁극적 목적과 이차적 목적들 간의 관계에 대해 이견을 갖는 한, 상호 동화될 수 없다고 주장했다. 반드루넨의 경우, 시민 왕국에 대한 이차 목적들은 인류의 궁극적 목적을 떠나서도 여전히 충족될 수 있다. 유사하게, 카이퍼의 경우는, 일반은총이 타락한 인류에게 능력을 입혀 창조주와의 관련 없이 창조의 목적에 도달할 수 있게 한다. 게다가, 이 일반은총의 관점은 힘과 진보를 순전한 기술적 전문성과 역량으로 생각한다.

이것에 반대하여, 어거스틴의 욕구에 대한 설명이 타락한 세상에서는 왜 사회적이고 정치적인 활동 무대들이 단순히 하나의 이차적 영역이 아니라, 직접적으로 궁극적 목적들과 사랑들에 연결되어 있는지를 설명하는 데 도움이 된다.

그런 의미에서 예배는 항상 사회적-정치적 측면을 갖고 있고, 또한 사회적-정치적인 것은 항상 예배와 연결되어 있다. 반드루넨과 카이퍼의 궁극적인 것과 이차적인 것의 분리에 의해 생기게 된 문제들과 대조적으로, 필자는 스킬더를 개혁주의적 어거스틴주의자로 제시했다. 그는 인류의 참된 소명을 창조하고 구속하는 하나님께 대한 예전적 봉사로 이해하는 더 총체적인 문화의 비전을 위해 논쟁한다.

이 점에서 반드루넨과 카이퍼보다는 오히려 스킬더가 마땅히 추종되어야 한다. 이는 그가 인류의 초자연적 목적을 떠나서는 이차적인 것이 혼란스럽게 된다는 것을 정확하게 인지하고 있기 때문이다.

개혁주의 사회사상은 따라서 교차로에 서게 된다. 그 이유는 두 왕국 관점과 개혁주의적 어거스틴주의가 특정한 점들에서 화해될 수 없는 두 대안들을 제시하기 때문이다. 클라스 스킬더와 같은 그런 개혁주의적 어거스틴주의자들은 종교와 정치 혹은 종교와 문화를 두 개의 구분된 영역들로서 이해하는 것이 아니라 다양한 예전의 형태들로 이해한다.

한편으로, 두 왕국 관점은 종교와 정치가 두 구분된 영역들을 다루는 것으로 이해하는데, 전자는 궁극적 관심사의 사안들에 대해 말하는 것이고 후자는 이차적 관심사의 사안들에 참여하는 것이다. 인간적 욕구의 성격을 고려하면, 개혁주의적 어거스틴주의는 교회와 근대 국가를 보완적으로서가 아니라 경쟁자들로 이해하는 경향이 있다. 그러나 두 왕국 관점은 교회와 국가를 보완적으로 이해하는데, 각각은 그 자체의 적법한 질서, 창조^{국가}의 질서와 구속^{교회}의 질서를 따른다.

이 두 관점들은 또한 인간성과 문화에 대해 동의하지 않는다. 개혁주의적 어거스틴주의자들의 경우, 인간들은 이차적 목적들을 향해 적법하게 맞추어지기 위해서 반드시 궁극적 목적으로서 하나님을 해야 적법하게 맞추어져야만 한다. 다시 말하면, 타락은 궁극적이고 이차적인 목적들 둘 다를 향해 인간성이 혼란스럽게 되도록 버려두었다.

개혁주의적 어거스틴주의는 따라서 "도르트 신경" 제4조와 일치한다. 그것은 인류에게 남아 있는 어떤 타락 후의 빛도 하나님에 관해서뿐만 아니라, 자연과 사회의 사안들에 관해서도 왜곡되어 있다고 진술한다. 결과적으로, 구속은 단순히 창조 안에 주어져 있는 초자연적 선물들의 획득뿐만 아니라, 인류의 자연적 기능들에게 완전성을 복원하는 것이기도 하다.

두 왕국 관점은 이차적 목적들이 여전히 타락한 인류에 의해서 대체로 달성될 수 있다고 주장하여 상황을 다르게 읽는다. 그것은 순수한 자연에 대한 반종교개혁의 로마 가톨릭적 개념과 유사한 인간의 독해를 수반한다. 이 발상의 함의는 비록 궁극적이고 초자연적 목적, 즉 하나님 자신을 향해 적법하게 맞추어져 있지 않다 하더라도 인류가 여전히 창조 속에 있는 하나님의 의도들과 일치하게 현세적이고 이차적인 목적들을 만족시킬 수 있다.

문화, 정치, 등에 관한 하나님의 창조적 의도들이 여전히 만족될 수 있기 때문에, 구속은 인류가 궁극적이고 이차적인 목적들을 향해 적법하게 맞추어질 수 있도록 허용하는 자연적 기능들에 대한 완전성의 복원이 될 수 없다. 그것은 무언가 다른 것이 되어야 하는데, 외적으로 또한 외부적으로 자연의 여전히 손상되지 않은 지하층 위에 추가된 은총의 "상층"이다.[91]

따라서 믿음은 모든 삶의 새로운 방향 설정이 아니다. 오히려 그것은 여전히 기능적인 정치와 문화의 분야들과 전혀 다른 "종교"라고 불리는 구체적인 분야에 관한 것이다. 이것은 정치와 문화의 성격에 관한 관점일 뿐만 아니라, 우리를 하나님께뿐만 아니라 적법한 사랑 안에서 우리의 이웃과 엮는 하나님에 대한 송영적 새로운 방향 설정으로서의 어거스틴의 종교관을 배척하는 교회에 대한 근대적 해설이다.

어거스틴과 스킬더의 경우는 카이퍼와 반드루넨과는 달리 하나님과 이웃을 사랑하라는 두 개의 대명령들이 돌이킬 수 없도록 연결되어 있다.

따라서 비록 개혁주의적 어거스틴주의와 두 왕국 관점 간에 다른 집합점들이 있을 수 있다 하더라도, 이 핵심적 차이점들은 간과될 수 없다. 어거스틴과 스킬더에 의존하여, 우리는 예수 그리스도가 알파와 오메가이기 때문에, 하나님을 적법하게 형상화하는 방법은 제사장적인 왕국, 인류의 참된 궁극적 목적에 의해 방향이 설정된 송영으로 기초가 되고 문화적으로 능동적인 도시*polis*에 참여하는 것이라고 말할 수 있다.

> [이것이] 그 목적으로 거기에는 결코 끝이 있을 수 없다!
> 도대체 우리가 결코 끝이 없는 왕국에 도달하는 것 외에 우리 자신을 위해 설정해야 하는 다른 목적은 무엇인가?[92]

---

91 이 비교를 위해, Helm, *Calvin at the Centre*, 327을 보라.
92 Augustine, *City of God*, 22.30.

오직 우리가 하나님의 은혜로 우리의 참된 목적을 위한 이 끊임없는 욕구로 새로 방향지어질 때만 우리는 손으로 건설되지 않은 도시, 흔들릴 수 없는 왕국의 시민들이 될 것이다.

제3부

왕국의 삶

제8장 어떻게 종말 전에 "그의 나라가 도래하는가"?:
        요한계시록에 나오는 현재와 미래 왕국의 신학
제9장 종말론, 창조, 실천 이성:
        두 왕국 관점에 대한 개혁주의적 해석
제10장 구속 받은 문화로서 그리스도인의 증언

제8장

어떻게 종말 전에 "그의 나라가 도래하는가"?
요한계시록에 나오는 현재와 미래 왕국의 신학

스콧 스완슨 Scott A. Swanson 박사

할렐루야!
전능하신 주 하나님이 다스리신다.
이 세상 나라가
우리 주와 그리스도의 나라가 되어,
그가 영원히 다스리시리라.
왕의 왕, 주의 주,
또 길이 다스리시리라.
할렐루야!

헨델Handel의 "메시아"Messiah에 나오는 이 "할렐루야" 합창은 대부분의 그리스도인들에게 익숙하고, 전통적으로는 성탄절이나 부활절에 불렀다. 어쩌면, 찰스 제넨스Charles Jennens의 오페라 가사의 말들이 요한계시록 11:15, 19:6, 19:16의 세 구절에서 취해진 것임을 아는 사람들은 많지 않을 것이다.

그러나 놀랍게 여겨질 수 있는 것은 하나님과 그리스도의 왕국에 관한 이 확언들의 의미와 함의들이 헨델의 "메시아"에나 요한계시록에 뚜렷하지 않다는 것이다. 사실, 그것들이 이 세상과의 관계에서 그 왕국에 관한 도전과 분쟁을 공평하게 요약한 것으로 취해질 수는 있을 것이다.

본 장은 제넨스Jennens/헨델의 구성과 그것에 대한 기독교의 수용에 관해 간략히 재고한 후, 그 본문의 맥락과 또한 하나님의 나라에 대한 요한계시록의 전반적인 신학 용어를 따라 요한계시록 11:15에 초점을 맞출 것이다.

우리는 이 구절이 11:15-19의 문단을 시작하는 것에 주목할 것인데, 그것이 요한계시록의 회전축이다. 이 문단이 결국 빛을 받게 되는 것은 특별히 10-15장에서 보게 되는 중심적 구간 속의 열쇠가 되는 해석적 문제들을 언급하기 때문이다. 우리의 목표는, 그 모든 문제들을 해결할 수는 없지만, 요한계시록으로부터 이 세상에서 우리의 왕국 증언을 위한 지침을 찾는 것이다.

주기도문의 두 번째 호소에서 우리가 어떤 종류의 대답을 기대하도록 격려하는가?마 6:10

이 증언과 기대가 어떻게 문화적이고 정치적인 참여에 대한 우리의 의무들에 연관시키는가?

많은 그리스도인은 할렐루야 합창이 이 세상의 모든 왕들과 왕국들 위에 하나님과 그리스도의 현재하는 주권적 왕국을 선포했다고 가정해 왔다. 하나님이 만물을 통치하고 그리스도는 왕들의 왕이며, 따라서 이 세상의 왕국은 어떤 형태를 취하고 있든, 그 궁극적 왕국에 복종한다.

성경신학에 대한 얼마의 인식이 있으면, "되었다"는 그리스도의 부활과 승천으로 그가 하나님의 오른편에 있는 그의 보좌에 앉으셨다는 기독교의 핵심적 고백을 반영하는 것이라고 쉽게 이해된다행 2:34-36; 시 110:1.

그런 이해는, 그 관습에 대한 그런 기원이 증명될 수 없음에도 불구하고, 대개 조지 2세 왕이 기립함으로 할렐루야 합창을 시작했다는 전통 속에 반영되어 있다.[1] 왕은 기립함으로 그 자신의 왕권이 왕들의 왕에게 종속되었다는 것을 인정하고자 한 것일 수 있다. 유사하게 그 관행을 따르는 오늘날

---

[1] Donald Burrows, *Handel: Messiah* (Cambridge: Cambridge University Press, 1991), 28-29.

의 그리스도인들은 그것을 그리스도의 만물 위에 최상의 주권에 대한 엄숙한 인정과 공경으로 생각할 수 있다.

그럼에도 이것이 요한계시록의 이 구절들에서 편집한 제넨스의 의도가 아니었을 것 같다. 그는 도서관을 갖고 있던 아마추어 신학자였으므로, (1741년 이전 그가 헨델에게 오페라 가사를 보냈을 당시의) 동시대 영어 요한계시록 주석에 익숙해져 있을 수도 있었다. 지배적 견해는 요한계시록 11:15, "세상 나라가 우리 주와 그의 그리스도의 나라가 되어"는 그리스도의 왕국이 이 세상 왕국(들)로부터의 모든 대적을 이기는 미래 승리를 예언했다는 것이다.[2]

또한, 요한계시록 19:6, "할렐루야 주 우리 하나님 곧 전능하신 이가 통치하시도다"에 대한 언급이 종말의 때의 승리였다는 것에는 논쟁의 소지가 전혀 없어 왔을 수도 있다. 그것은 예고된 어린 양의 혼인 잔치의 도착과 흰말을 탄 자가 심판과 전쟁을 하기 위해 오고 있는 환상 바로 전에 선행하고 있기 때문이다.

다른 한편, "메시아"의 삼부 구조 안의 할렐루야 합창의 배치가 그의 모든 원수들 위의 그리스도의 최종적 승리를 전달하는 으뜸 사상이었다는 것을 우리로 의심하게 할 수도 있다. 이는 할렐루야 합창은 제2부의 끝에 오고, 그 후 제3부가 우리가 그리스도의 부활과 재림을 계속하여 기다리는 것을 묘사하기 때문이다("내가 알기에는 나의 대속자가 살아 계시니"는 욥 19장에서, "보라 내가 너희에게 비밀을 말하노니"는 고전 15장에서 등).

제2부는 그리스도의 죽음과 부활과 승천을 제시한다. 그리고 그것은 그 사건들로 시사된 그리스도의 승귀의 신분에 대한 심오한 성경적 이해를 전달한다. 시편 2편의 "너희 머리를 들지어다"로 그리스도는 그의 승천에서

---

[2] John H. Roberts는 다음에서 대표적으로 정선된 계 11:15의 주해를 제공한다. "False Messiah," *Journal of the American Musicological Society*, 63, 1 (Spring 2006): 66-67.

"영광의 왕"으로 선포되었다.[3]

그 후 "어느 때에 천사 중 누구에게"는 히브리서 1:5을 인용하고 시편 2:7의 인용은 메시아의 보좌의 좌정을 묘사한다. 또한, 히브리서 1:6을 인용하는데 그것은 시편 97:7을 언급하여 그리스도가 천사들의 예배를 받는 것을 시사한다("신적 왕권" 혹은 '야훼 말락'의 시편들 중의 하나; 더 자세한 것은 아래에). 그 후 "주께서 높은 곳으로 오르시며"는 그리스도의 승천을 승리의 행진으로 묘사하기 위해 시편 68:18을 인용한다(엡 4:8의 인도를 따라).

> 주께서 선물들을 받으시며 심지어 원수들로부터도 받으시니 여호와 하나님이 그들과 함께 계시기 때문이로다 시 68:18; 『공동 기도서』의 시편 번역.

다음 세 소곡들은 이 복음의 승리를 온 세상에 알리는 전령들을 내어 보내는 것을 축하한다. 그리고 할렐루야 합창을 인도하여, 우리는 시편 2편의 "어찌하여 이방 나라들이 분노하며"와 "하늘에 계신 이가 [웃으심이여 그들을 비웃으시리로다]"로 돌아온다. "네가 철장으로 그들을 깨뜨림이여"라고 공표된 이 원수들의 멸망은 확실하다. 이는 시편에서 주가 "내가 나의 왕을 내 거룩한 산 시온에 세웠다"시 2:6, 또한 "너는 내 아들이라"7절라고 선언하셨기 때문이다.

이어지는 할렐루야 합창에서는, 요한계시록 11:15의 "우리 주와 그의 그리스도의 나라가 되어"처럼, 역시 시편 2편의 문맥을 언급하는데 거기에는

---

3 Daniel Block의 설명은 다음을 상기시킨다. "Jennens는 시온산 위에 있는 성전으로 승리의 행진을 하며 올라가는 왕의 축전의 그림을 그려 내기 위해 시 24:7-9에 호소한다. 하나님의 전사인 메시아는 죽음을 이기고 승리했다. 시편 기자는 시온의 문들과 성전의 문들이 그 왕을 위해 문을 넓게 열어 그가 성전 안에 있는 그의 보좌에 앉으시게 할 것을 촉구한다." Daniel Block, "Handel's Messiah: Biblical and Theological Pespectives," *Didaskalia* (Spring 2001): 15-16. 이 기고문에 있는 그의 분석은 **메시아**의 함의적 해석학과 신학에 대해 많은 것을 도움이 되도록 밝혀 준다.

1-3절이 열방들이 분노하고 음모를 꾸미며 "여호와와 그의 기름 부음 받은 자[메시아 혹은 그리스도]를 대적하며" 헛되이 그들의 다스림을 끊고 자유하려고 시도하는 것을 묘사한다.^비교, 계 11:18.

이 모두가, 모든 나라가 철장으로 단번에 부수어질 장래 통치의 때보다는^시 2:9, 시편 2:6-7과 반복적으로 강조된 선행하고 있는 오페라 가사의 번호들에서처럼, 합창 속에 축하되고 있는 왕국 통치가 그 반역하는 나라들, 이 세상 왕국 위에 이미 성취된 그리스도의 통치의 확립을 언급한다는 것을 암시한다.[4]

물론 헨델의 "메시아"의 해석이 성경 본문의 해석에 어떤 입장을 갖게 되는 것은 아니나, 단, 이 의미에서는 예외다. 제넨스와 헨델의 이 작품은 그 자체로 그것이 편집하고 있는 문단들에 대한 하나의 해석이다. 그것이 비록 전형적으로 갱신된 성경 공부를 촉구하는 것은 아닐지라도 분명하게 하나의 영향력 있는 해석이다.

윌리엄 헨드릭슨^William Hendriksen은 자신의 고전적 요한계시록 주석에서, 만일 11:15의 성경 본문을 이해하기 원하면, 가서 할렐루야 합창을 들으라고 말했다.[5] 그러나 우리가 보아 온 것처럼 그렇게 합창에 호소하는 것이 해석적 문제들을 자동으로 해결하지 않는다. 어쩌면 그것이 하는 것은 우리가 성경 본문을 이해하기 위한 시도를 할 때 우리의 가정들을 검토하도록 돕는 것이다. 또한, 그것은 신약과 구약 간의 핵심적 관계들을 통찰력을 가지고 강조함으로 이것을 가장 효과적으로 한다.

---

4 Block은 명백하게, 그것을 "역사 속에 하나님의 절정의 행위"라고 부르면서, 후자가 될 것으로 선택한다. 그것은 사람으로 하여금 그 연출의 끝을 기대하도록 이끌어 간다. 그러므로 그는 "본문적 또한 논리적 근거들 위에서" 그것이 제3부의 마지막에 들어가는 것이 더 적절하다고 말한다. "Handel's Messiah," 18.

5 William Hendricksen, *More than Conquerors* (Grand Rapids: Baker, 1940), 132.

특별히 요한계시록의 이 특징과 그것의 계속되는 구약 본문들을 넌지시 언급하는 것, 또한 그 본문들에 일관성 있는 기독론적 또한 교회론적 해석은 최근의 학계에서 점점 더 많이 이해되고 밝혀지고 있다.

리처드 보컴 Richard Bauckham의 요한계시록에 관한 대량의 자세한 전집의 제목은 그와 다른 사람들이 보여 주기 위해 수고한 것을 반영한다. 신약 정경의 이 마지막 책은 "예언의 절정"이다.[6]

요한은 자신을 성경 계시의 마지막에 서 있는 선지자로서 이해하고, 또한 더 많이 그의 종들 선지자들에게 주신 하나님의 말씀에 잠겨지면, 하나님의 백성들이 가르침을 받게 되고 격려를 받게 될 것이라는 기대를 갖고, 의도적으로 특정한 구약의 본문들을 취하여 상호 연관시킨다.[비교. 계 10:7.][7]

우리는 요한계시록 연구의 새 시대 안에 서 있다. 단순히 근래 여러 해 동안 학문적 결과물이 증가했기 때문만은 아니다.[8] 더 많은 교회가 지금은 최근의 학식을 순화하고 접근하기 쉬운 형태로, 신학을 흥미롭게 하는 책을 제시하는 다수의 뛰어난 가용 자원들을 가지고 있다.[9]

6　Richard Bauckham, *The Climax of Prophecy: Studies on the Book of Revelation* (London: T&T Clark, 1993).

7　Ibid., x-xi; Richard Bauckham, *The Theology of Revelation* (Cambridge: Cambridge University Press, 1993), 4-5.

8　Bauckham의 *Climax* 외에도, 우리는 헬라어 본문에 관한 상세한 주석들을 갖고 있다. David E. Aune, *Revelation*, Word Biblical Commentary, 3 vols., (Nashville: Thomas Nelson, 1997); G. K. Beale, *The Book of Revelation* (Grand Rapids: Eerdmans, 1999); and Stephen S. Smalley, *The Revelation to John* (Downers Grove, IL: InterVarsity Press, 2005).

9　J. Ramsey Michaels, *Interpreting the Book of Revelation* (Grand Rapids: Baker, 1992); Bauckham, *Theology*; Vern S. Poythress, *The Returning King: A Guide to the Book of Revelation* (Phillipsburg, NJ: R&R Publishing, 2000); Craig Keener, *The NIV Application Commentary: Revelation* (Grand Rapids: Zondervan, 2000); Dennis E. Johnson, *The Truumph of the Lamb: A Commentary on Revelation* (Phillipsburg, NJ: P&R Publishing, 2001); Joseph L. Magina, *Revelation*, Brazos Theological Commentary (Grand Rapids: Brazos Press, 2010). Ramsey Michaels와 Bauckham이 쓴 책들은 학생들을 대상으로 하는 반면, 그것들은 읽기 쉬운 얇은 책들이고 너무 중요해서 전문가들에게만 맡겨 둘 수 없다!

요한계시록은 종종 성경에서 가장 이해하기 어려운 책들 가운데 하나로 여겨졌다. 이는 그것이 주로 우리에게 곧바로 익숙하지 않은 묵시적 표상과 상징주의를 표준으로 사용하고 있기 때문이다. 그 까닭에 그 책은 종종 뒤에 남겨져서 양자택일할 천년론의 구조들의 파벌들을 위한 전투장이 되었다. 반면, 많은 사람에게 다가오는 심판을 상기시키는 역할을 했던 대중화를 떠나서, 교회는 그들의 일상적인 그리스도인의 삶들을 위한 모든 소란의 적절성을 침착하게 질문할 수 있었다.

오늘날은 핵심적인 해석적 문제들에 관해 훨씬 더 폭 넓게 퍼져 있는 합의뿐만 아니라, 실천적으로 그리스도인이 살아가는 것을 위해 교회가 긴급하게 그 책의 메시지를 이해하고 유의할 필요가 있다는 공통의 기초가 있다.[10]

이상주의자, 미래주의자, 성취주의자, 역사주의자라는 해석의 학파로 나뉘는 전통적 구분에 관해서, 번 포이트레스 Vern Poythress는 각각으로부터 주워 모을 수 있는 무엇이 있다는 점을 간단하고 분명하게 한다. 우리는 모두 1세기 상황에 처해 있던, 하나의 궁극적 성취에 대한 그 책의 중요성과, 어쩌면 가장 중요한, 그 책의 상징들이 "현재 하나의 체현"을 가지고 있다는 것을 인정할 수 있다.[11]

따라서 목사들과 평신도 그리스도인들은 마찬가지로 반드시 그 자신들을 위해 용기를 내서 요한계시록을 집어 들고(심지어 큰 소리로 그것을 읽어, 계 1:3), 그것이 반복적으로 우리에게 하라고 경고하는 있는 것처럼 "이 책의 말씀들을 지키는" 것이 무엇인지 배워야만 한다 계 1:3; 22:7, 9.

---

10 예를 들면, 최근 *ESV Study Bible* (Wheaton, IL: Crossway, 2008)에 있는 요한계시록에 대한 해설은 Dennis Johnson이 제공했는데, 일상적인 그리스도인들이 그 책의 신학적 메시지를 적절히 수용할 수 있는 한도를 보여 주는 반면, 견해에 많은 상충되는 점들이 있음을 인정한다.

11 Poythress, *The Returning King,* 37과 27 37의 전체 장.

이것에 대한 확증으로, 요한계시록 11:15의 문맥에 초점을 맞춘 이 연구에서, 경쟁이 된 해석들의 문제들은 오늘날 대부분의 해석자들이 공통으로 지지하는 요한계시록의 신학에 대한 결론들보다 훨씬 덜 중요한 것임이 당연히 강조되어야 한다. 이 결론들의 확실성은 그리스도의 왕국과 이 세상에서의 우리의 삶에 대한 사안들에 대해 특별히 적합하다. 이것에 관해 반드시 세 가지 중요한 점들이 언급돼야만 한다.

첫째, 하나님과 그리스도의 왕국이 요한계시록에서 얼마나 **중요한** 주제인지가 점차 더 많이 인정되고 있다.[12] 또한, 모두가 공관복음에서와 마찬가지로 요한계시록이 왕국에 대한 이미/아직의 관점을 제시한다는 데 동의한다.[13]

하나님은 만물 위에 주권적이고, 그리스도는 그의 보좌에 앉았으며 현재 열방들을 왕으로서 다스리지만, 아직도 왕국은 땅에 속한 왕들과 왕국들이 대적하고 있어서, 하나님과 그리스도의 왕국 통치는 아직 지금 여기에 완전하게 실재하지 않는다. 이것의 많은 것이 하늘과 땅 간의 불일치로 요한계시록에 그림처럼 그려져 있고, 그 까닭에 주의 기도가 타당하다.

보컴이 제안한 것처럼, 요한계시록은 정확하게 "아버지의 이름이 거룩히 여김을 받으시오며 나라가 임하시오며 뜻이 하늘에서 이루어진 것같이 땅에서도 이루어지이다"라고 한 호소가 언제 또한 어떻게 성취될 것인가에 대한 것으로 모두 특징지어 있다.[14]

---

12 이것에 관한 가장 도움이 되는 제안은 다음을 보라. Seyoon Kim, "Kingdom of God," *Dictionary of the Later New Testament and Its Development*, ed. R. P. Martin and P. H. Davids (Downers Grove, IL: InterVarsity Press, 1997), 634-37.
13 Kim의 "Kingdom of God"뿐만 아니라, 다음도 보라. Thomas R. Schreiner, *New Testament Theology: Magnifying God in Christ* (Grand Rapids: Baker Academic, 2008), 111-12. Schreiner가 요한계시록의 "이미"의 측면을 어느 정도 낮게 평가하지만 동의한다.
14 Bauckham, *Theology*, 40.

명백한 의미에서, 그 기도에 대한 유일한 완전한 응답은 요한계시록에 묘사된 모든 하나님의 심판과 구원의 목적들의 영광스러운 완성이 될 것이다(따라서 요한계시록은 "주 예수여 오시옵소서"라는 기도로 끝을 맺는다).

그러나 요한계시록에 대한 많은 대중화된 또한 더 오래된 접근들에 대조적으로 요한계시록의 주된 초점은 미래의 해방 약속이 제공하는 소망과 위로에 관한 것이 아닐 수도 있다.[15]

그리스도의 왕국의 통치는 수반되고 있는 승리와 복으로써, 심지어 현재도 세상에 있는 교회와 교회의 증언을 통해서 실현되고 있다. 10-14장의 중심 부분이 특별히 이 실현된 종말론의 주제를 자세히 설명하고 있고, 따라서 요한계시록 전체를 여는 열쇠라는 것은 널리 알려져 있다.[16]

둘째, 요한계시록에 명백하게 그리스도의 왕국 통치가 교회 안에서 또한 교회를 통해서라는 것이 가장 분명하게 나타나 있는 반면, 교회가 곧 왕국이 아니라는 것은 반드시 이해되어야 한다. 왕국이 교회를 둘러싸고 있고 창조한다는 의미에서 중복이 되지만, 교회가 왕국을 둘러싸고 있거나 창조하는 것은 아니다. 교회는 왕국의 백성들이지만, 그 자체로 하나님의 통치나 다스림이 아니다.[17]

요한계시록은 두 번 구속 받은 자들이 왕국이 되기 위해 된 구속된 것으로 특징짓지만 1:6; 5:10, 이것은 매번 "하나님 앞에서 제사장들"이라는 것과 결합되어 있다는 것을 주목해야 한다. 그 언급은 출애굽기 19:6, 이스라엘

---

[15] Schreiner에 대한 반대, *New Testament Theology*, 111-12.
[16] 이 부분에 대한 구조적 요점들은, Johnson, *Triumph*, 35, 44-46을 보라. 그것을 그는 "우주적 갈등" 속에 있는 "전투 교회"에 내한 깃으로 특징짓는다. 또, 비교. Elizabeth Schussler Fiorenza, *The Book of Revelation: Justice and Judgment* (Minneapolis: Fortress Press, 1998), 55. 그녀는 10:1-15:4이 "요한계시록의 형태적 중심을 구성하고," 11:15-19는 "짧게 그러나 정확하게" 그 주제들을 표현한다.
[17] George Eldon Ladd가 자기의 고전에서 이것을 가장 강력하게 표현한다. *A Theology of the New Testament* (Grand Rapids: Eerdmans, 1974), 111-19.

이 "제사장 나라가 되며 거룩한 백성"이 되기 위해 부름을 받았다는 것, 또는 베드로가 베드로전서 2:9에서 말하듯이 "왕 같은 제사장들이요 거룩한 나라요"에 대한 것이다.

교회는 왕직과 제사장직 둘 다의 소명을 갖고 있는데 이는 왕인 그리스도와 연합되어 있고, 그의 혜택을 받으며 전달하기 때문이다. 그 까닭에 우리 역시 그와 함께 다스린다. 그러나 그리스도는 또한 이미 "땅의 임금들의 머리"이시다 1:5.[18]

땅의 임금들이 그의 주권을 부인하는 것이 그들을 그의 통치로부터 벗어나게 하지 않으며, 또한 그 까닭에 그들은 (교회들과 그리스도인들이 그들의 삶 속에서 그의 주 되심을 거절하면 심판을 받게 될 것처럼) 그의 심판들을 경험하며 또한 경험하게 될 것이다.

그러나 요한계시록에서는 교회가 왕국에 대해 증언하는 사명을 수행하는 동안 아직 하나님이 그의 심판들을 보류하고 억제한다. 각 나라에서 온 사람들이 그의 다스림에 순종함으로 왕국에 들어오면서, 왕국은 더욱 가시적이 되고 있다는 의미에서 전진한다. 교회는 "왕국을 초래하거나," 혹은 심지어 그 자체로 발전시키지 않는다.[19]

우리는 그리스도 안에 있는 하나님의 나라 통치의 복음을 증언한다. 그 까닭에 요한계시록이 우리를 가르치듯이, 이 증언은, 종종 엄청난 개인적 댓가를 치루더라도, 반드시 삶의 모든 영역에까지 확장되고 또한 삶의 모

---

18 얼마의 사람들은 사도 요한이 의미한 "땅의 임금든"은 그리스도인들을 의미한다고 수장함으로 이 진술문의 함의들에서 도피하려고 시도했다. Fiorenza, *Book of Revelation*, 78n 18. 그러나 다음을 비교하라. "만왕의 왕과 만주의 주"(계 17:14; 19:16).

19 그런 관념을 제안하는 것은 "하나의 범주적 실수"를 하는 것이다. "'하나님의 나라'는 성취된 하나님이 통치, 하나님의 주도, 하나님의 목적을 **의미한다**. 사람들이, 심지어 그리스도인들일지라도, 하나님의 나라를 땅에 초래하게 하는 것에 대해 말하는 것은 하나님의 주권을 찬탈하는 것이다." R. T. France, "The Church and the Kingdom of God: Some Hermeneutical Issues," in *Biblical Interpretation and the Church: Text and Context*, ed. D. A. Carson (Exeter: Paternoster, 1984), 43–44.

든 영역을 위한 함의들을 가져야 한다.

셋째, 요한계시록의 연구자들 가운데 공통된 합의의 세 번째 중요한 점은 두 왕국이 있다는 것과, 실제로 오직 둘만 있다는 것이다. 요한계시록은 지상에서 이 두 왕국, 하나님과 그리스도의 왕국과 사탄 및 짐승의 왕국 간의 전투를 묘사한다.[20] 이것이 요한계시록 11:15이 "세상 나라"를 단수로 언급할 수 있는 이유이고, 그것은 중립적이거나 일반적인 왕국이 아니다.[21]

따라서 그것은 비록 그것이 단지 미래의 언급일 뿐이라고 하더라도 이 본문에 호소하는 사회적-정치적 참여에 대한 현대의 두 왕국 모델의 옹호자들을 위한 것이 될 수 없다.[22]

왜냐하면, 그 세상 왕국은, 이미 궁극적으로 그리스도의 왕국 아래 있다고 간주되었든, 아니면 궁극적으로 그리스도의 왕국에 의해 박살이 날 것을 기다리고 있든지, 그리스도의 다스림에 대해 스스로 반역적으로 대적한다. 문화와 정치에서 그들의 소명을 추구하고 있는 그리스도인들은 반드시 하나님의 형상으로 된 그들의 이웃들과 많은 공통점이 있다는 것을 알아야만 하고, 창조의 선들과 억제하는 은혜에 대해 감사해야만 한다.

또 복음 전파를 위한 "중립적" 공간을 위해 기도하는 것은 정당하지만, 딤전 2:2, 올리버 오도노반이 주장하는 것처럼, 기회는 희소할 것이고, 그것은 더 근본적 실상을 반영하지 않는데, 그것이 궁극적으로 우상 숭배적 충성에 대한 요구다.[23]

요한계시록은 국가, 도시, 혹은 사회가 그리스도의 다스림(그리스도만을

---

20 Fiorenza, *Book of Revelation*, 50.
21 Smalley, *Revelation to John*, 289.
22 David VanDrunen, *Living in God's Two Kingdoms: A Biblical Vision for Christianity and Culture* (Wheaton, IL: Crossway, 2010), 118. Michael Horton, White Horse Inn Blog, 10/5/2009, www.whitehorseinn.org/archives/146.
23 Oliver O'Donovan, "The Political Thought of the Book of Revelation," *Tyndale Bulletin 37* (1986): 82.

하나님으로 예배하는 것)에 순복하기를 거부하는 것만큼, 사탄이 그것을 그의 위장된 통치의 도구로 만든다는 것을 우리에게 가르쳐 준다. 사탄의 "가신들"은 그를 섬길 것이고 바벨론의 음행에 의해 유혹 받을 것이다.

오도노반은 이 세상 왕국의 이 마귀적 특성이 특별히 우리의 종말론적 시대의 특색임을 지적한다. 그리스도의 왕국의 승리 때문에 사탄은 하늘에서 쫓겨나서 짐승의 활동을 부추긴다^{계 12-13}.[24]

이 관점은 신칼빈주의자의 개혁주의 관념 속에 개발된 "대립"의 개념을 강화한다. 그것은 모든 문화적 활동에 적용되는데, 이는 그 모든 것이 필연적으로 한 왕국 아니면 다른 왕국, 참 하나님 아니면 거짓 신을 섬기게 될 것이기 때문이다.[25] 요한계시록을 따르면, 우리는 이 두 왕국 간의 생과 사의 영적 싸움을 피할 길이 없다.

이 세상 왕국에 대한 참 하나님의 나라의 주권적 통치와 다스림과 그것의 영원한 지속성이 요한계시록 11:15에서 경축된 것이다. 이것은 일곱 번째 나팔을 불 때 하늘로부터 큰 음성들로 공표된다. 응답으로 이십사 장로들이 하나님 앞에 엎드려 이 성취된 전능하신 주 하나님의 통치에 대해 감사를 드리고, 그의 마지막 심판과 구원을 선포한다^{계 11:16-18}. 그리고 이것은 하늘의 성전이 열린 것과 그 안에 있는 언약궤가 보이는 것을 알려 준다^{11:19}. 그 문단은 하나님의 백성들에게 굉장한 격려이지만, 우리는 왜 그것

---

24 O'Donovan, "The Political Thought of the Book of Revelation," 79-80.
25 이 대립에 관하여, Henry R. Van Til, *The Calvinistic Concept of Culture* (Grand Rapids: Baker, 1959), 182-83을 보라. 또한, "일반은총"의 용법에 대해 Kuyper를 비판한 Klaas Schilder에 대한 그의 통찰력 있는 분석은 152-52쪽을 보라. 그것은 "중립적 분야"로서 기능하는 경향이 있을 수 있는데, 그것이 대립의 실상을 모호하게 만들고, 또한 그리스도인의 삶에 이원성으로 나아가게 하는데, 그 속에서 사람이 일반은총과 특별은총 사이를 왔다 갔다 했다. "구속적 왕국과 일반 왕국"으로 대치하면, 그 경고가 오늘날 얼마의 두 왕국 모델의 옹호자들에게 적절하다.

이 그래야 하는지를 이해해야 할 필요가 있다.

우리가 하늘의 음성들과 이십사 장로들의 선포들이 언급하는 것을 알 수 있는가?

그것은 이것이 성취될 것이라는 희망으로 우리를 격려하여 결과적으로 우리가 인내로 그것을 기다리도록 하는가?[26]

아니면, 이것이 이미 그리스도의 통치에 대한 것이라고 말할 수 있도록 우리를 격려하여 결과적으로 심지어 우리의 고난 가운데서조차 승리는 우리의 것이라고 하게 하는가?[27]

우리 모두가 인정하듯이, 두 종류 모두의 격려가 요한계시록에서는 중요하고, 또한 여기서는 둘 중 어느 것도 가능하다. 요한계시록에서 흔히 그렇듯, 언어와 비유적 그림은 암시적일 뿐만 아니라 어떤 측면들에서 모호하기도 하다.

그러나 요한은, 마치 그것이 우리가 그것에게 우리의 의미를 할당할 것을 기다리고 있는 다양한 의미를 지닌 징조들의 포스트모던적 세트처럼, 단순히 우리가 원하는 대로 그 의미를 만들어 낼 권한을 우리에게 주지 않았다. 특별히 요한의 묵시적 환상들을 제외한, 성경의 어느 본문을 이해하는 것은 더 넓은 맥락 속에 제공된 연결들과 조합들을 찾는 일을 하는 우리의 작업에 달려 있다.[28]

---

[26] Johnson은 이것을 간결하게 표현한다. "미래의 완성에서 오는 노래들이, 나라들과 그들의 통치자들이 여전히 분노하는 현재를 되돌려, 세상의 왕국이 우리 주와 그리스도의 왕국이 된 날을 알리면서 시간을 통해 고난당하는 교회에게 반박한다." *ESV Study Bible*, 2479.

[27] 비교. Mangina, *Revelation*, 141-42. "'세상의 왕국,' 즉 그 자체를 하나의 하나님에게서 독립된 세력의 영역으로서 구성하는 한도의 세상은 이스라엘의 하나님과 그의 메시아의 왕국이 되었다. 세상의 그 큰 도시와 다른 도시들은 더 이상 악한 세력들의 지배 아래 있지 않다. 종말 전에조차 그들은 하나님의 지배 아래 있다."

[28] Beale이 *Book of Revelation*, 614에서 옳게 말한 것처럼, "왕국의 시작 형태와 완성된 형태에 대한 진술들은 요한계시록 전반에 걸쳐 흩어져 있다. 따라서 그 둘이 결코 혼동되어서는 안 된다."

아마도 주석가들의 대부분이 요한계시록 11:15을 그리스도의 현행 통치에 대한 선포라기보다는 완성된 왕국에 대한 알림이나 예언으로 이해한다. 그들은 이 견해에 대한 훌륭한 이유들을 갖고 있다.

시작하자면, 이것은 일곱 번째 나팔 소리 때 오는데, 인들, 나팔들, 대접들의 각 일곱의 연재물에서처럼, 일곱 번째는 격렬한 아니면 최종의 심판을 암시한다. 이것은 또한 11:14의 세 번째 화와 연관되어 있다(마지막 세 나팔 소리들은 8:13의 화로 지명되어 있다). 더 나아가서, 10:7에서 우리는 일곱 번째 천사의 나팔이 하나님의 신비, 혹은 더 정확하게, "비밀"이 성취될 것, 혹은 "마치게 될 것"을 의미하고자 하는 것으로 듣는다.

또 만일 많은 사람이 생각하듯이 바로 앞에 선행하는 두 증인들의 환상이11:3-13 하나님의 백성들의 최종 부활의 묘사로 끝났다면, 이것은 11:15이 완성의 공표라는 연대적 필요성을 암시하려는 것이 된다. 우리가 17-18절의 이십사 장로들의 감사의 응답에 이를 때, 전능하신 주 하나님은 "옛적에도 계셨고 지금도 계신" 분으로 지명된다. 이것은 "장차 오실 이"가 추가된, 1:4, 8 및 4:8과 같지 않지만, 16:5과는 같다. 이것은 전자에서 하나님은 여전히 심판으로 오실 것이지만, 후자에서는 그의 마지막 심판이 지금 도래했다는 것을 시사하는 것으로 보인다.

다음, 11:17에서 장로들은 "친히 큰 권능을 잡으시고 왕 노릇 하시도다"라고 말한다. 하나님이 큰 권능과 영광으로 오는 것은 성경 전반에 걸쳐 그리스도의 재림과 연관되어 있다. "왕 노릇 하시도다"는 통치의 취임을 암시하고자 한 것이다. 단 그 동일한 동사가 동일한 부정 과거 시제의 입장하는/개시의 의미로 19:6에 사용되었다. 거기서의 문맥은 바벨론의 함락에 대한 경축과 어린 양의 결혼 잔치에 대한 공표다.

> 할렐루야! 주 우리 하나님 곧 전능하신 이가 통치하시도다.²⁹

다시 말하면, 그 개념은 그가 이미 자신의 가시적 통치를 능력과 심판으로 시작했다는 것이 될 것이다.

추가적 주장들은, 그 요점들이 두 관점들과 양립할 수 있는 것으로 더 쉽게 이해될 수 있기 때문에 비록 그것들이 어쩌면 선행하는 것처럼 결정적이지는 않을지라도, 11장에 있는 다음 구절들에서부터 비롯된다.

18절에서, 장로들은 나라들이 분노했고, 두 가지 일들이 "일어났다"고 말한다. 하나님의 진노와 심판과 시상의 때다. 부정 과거 동사들은 과거의 행위를 시사함으로, 이것이 종말의 예언적인, 혹은 실제 사건 발생보다 앞서는 예기적 공표이고, 따라서 11:15에 대한 동일한 이해를 확언하는 것을 암시한다.

19절은 언약궤의 보임과 그것을 수반하는 신현의 사건들과 함께 의미심장한데 이는 일곱 번째 인⁸:⁵과 일곱 번째 대접¹⁶:¹⁸ 때 평행하는 현시들이었기 때문이다. 그 일곱 번째 대접이 쏟아졌을 때, 보좌로부터 "되었다!"¹⁶:¹⁷라는 큰 음성이 들렸다. 또한, 다음과 같이 공표된다.

> 만국의 성들도 무너지니 큰 성 바벨론이 하나님 앞에 기억 하신 바 되어 그의 맹렬한 진노의 포도주 잔을 받으매¹⁶:¹⁹.

---

29 19:6의 이 번역은 거의 보편적이다. 킹 제임스 역의 "통치하셨도다"와 할렐루야 합창을 비교하라. 현대의 영어판은 "지금 왕으로서 나스리신다"로 되어 있다. "지금"을 추가하여 동사의 개시의 의미를 야기하려는 시도다. 그것은 여기서 11:17에서 그러하듯이 그가 자신의 통치를 시작했다는 것, 아니면 자신의 통치를 계속해 오셨다는 것, 아니면 왕이 되어 오셨다는 것을 의미한다. 즉, 그것은 시간의 어떤 정점에서 시작된 활동이나 상태를 언급한다. 다음을 보라. Daniel B. Wallace, *Greek Grammar beyond the Basics* (Grand Rapids: Zondervan, 1996), 558-59.

흥미로운 것은 이 관점의 옹호자들은 전형적으로 요한계시록 11:15을 그 의미를 명료하게 하기 위한 한정적 진술문들을 추가하여 의역하는데, 즉 "지금은 더 이상 대적이 없다" 또는 "이제 모든 하나님의 원수들이 심판을 받았다" 또는 "지금은 왕국의 승리가 모두에게 분명하다"와 같은 그런 것이다.[30]

이것은 아주 정당하고, 그런 명료하게 하는 의역을 제공하는 것이 해석의 중요한 기능이다. 그러나 그것은 정녕 우리에게 본문에는 이것들 중 아무것도 말해진 것이 없다는 것을 기억하도록 하기 위해 잠깐의 휴식을 주어야 하고, 또한 주석가의 의역은, 비록 그것이 그렇게 하고 있는 것처럼 보일지라도, 결코 그 자체로 주석적 예증으로서 간주되어서는 안 된다.

우리가 이제 대안적 관점을 위한 좋은 사례 역시 만들어질 수 있는지를 고려하면서, 우리가 경쟁적인 주장들의 무게를 조심스럽게 달아 볼 필요가 있다. 만일 우리의 결론이 궁극적으로 요한계시록의 더 큰 구조와 의미에 대한 질문들에 의존하는 것으로 보일 것이라면, 이것이 결코 우리를 낙담케 할 것은 아니다. 오히려, 그것은 마땅히 우리로 하여금 계속하여 그런 문제들을 파고 추구하도록 격려해야 한다. 이는 그것들이 우리가 우리의 삶에 요한계시록이 어우러지도록 하는 열쇠이기 때문이다.

이것이 결국 그의 교회를 위한 하나님의 말씀의 부분이다!

우리는 일곱 심판들, 그것들의 성격과 관계들의 연속물들로 시작하여 상기된 주장들 각각을 순서대로 살펴볼 것이다. 그 후 우리는 10-11장에서 선행하고 있는 문맥을 살펴볼 것이다.

---

[30] 비교. Johnson, *Triumph*, 153: "**도전이나 경쟁자 없는** 세상의 통치가 우리 주와 그의 기름 부음 받은 왕의 소유가 되었다"(강조 추가됨). Hendriksen, *More Than Conquerors*, 132: "모든 대적은 그때 말살될 것이다. 그때 세상이 우리 주와 그의 그리스도의 영토가 되었다는 것이 모두에게 분명하게 될 것이다. 또한, 그는 영원히 세세토록 통치하실 것이다." 또, Beale, *Book of Revelation*, 611. 그러나 그의 재진술은 아마도 가장 완전한 주석적 주장이라고 할 수 있는 것을 수반한다. (그것이 천 쪽이 넘는 헬라어 본문 주석이고 많은 다른 주석가들이 그에게 의존적임을 감안하면 놀라울 것도 없다.)

이 장들 속에 무슨 일이 일어나고 있는가?

두 증인의 의미는 무엇인가?

그 후 우리는 17-18절의 어법을 고려하고, 또한 그 후 이어지는 12-15장에서 핵심 되는 병행구들을 고려할 것이다. 그 맥락에서 우리는 특정한 구약 본문들에 대한 요한의 암시들과 그가 의도한 의미에 대한 함의들을 언급할 것이다.

연속되는 칠중 심판 간의 관계를 어떻게 이해하는가 하는 것은 완전히 분명하지 않다. 또한, 그들의 상징적 성격도 의도된 구체적 언급들을 가로막는다. 그러나 많은 사람이 그것들이 반복적 요약(다른 관점들에서 보는 병행되는 사건)이거나 강화(가혹함이 증가하는 것)의 특징지어 있다는 것에 동의한다.

또한, 인들과 나팔들은 그리스도의 초림과 재림 간 시간 전반에 걸친 하나님의 심판들을 묘사하고 있는 것으로 가장 자주 이해되는 반면, 16장에서 시작하는 대접 심판들은 역사의 종말에 있을 마지막 심판에 대해 언급한다. 질문은 연속물 중 일곱 번째 것, 특별히 일곱 번째 인과 일곱 번째 나팔에서 무엇을 만들어 내느냐는 것이다. 그 둘 다 분명하게 절정적으로 될 것이 의도되었으나, 그것들은 단지 심판을 기대하거나 공표하는 것처럼 보인다.

그러면 특별히 일곱 번째 나팔과 연관된 "세 번째 화"를 포함하는 그 심판들은 어디에 있는가?

그 대답은 8:1-2에 의해 암시되어 있다. 거기에 일곱 번째 인이 떼어지고 하늘이 반 시간 고요한 후 즉시로 일곱 나팔을 든 일곱 천사들이 소개된다. 다시 말하면, 우리는 각 연속물의 일곱 번째가 다음의 일곱 연속물로 구성되어 있다는 것을 이해하도록 이끌리고 있다.[31]

---

31 "그것들은 상자들 안에 있는 상자들같이, 혹은 어떤 컴퓨터 프로그램들이 사용자로 하여금 스크린 위에 있는 다른 창문들 안에서 여는 것을 허용하는 삽화적 '창문들'과 같이, 서로 이어서 나타난다." Michael, *Interpreting*, 57.

그렇다면 일곱 번째 나팔11:15은, 비록 그것들이 16장이 되기까지 뒤따르지 않지만, 다음의 최종 일곱 연속물, 대접 심판들의 공표라는 것이 가장 그럴듯하다. 이것은 11:19의 하늘에 있는 성전이 열리는 것이, 이제 막 일곱 번째 대접들이 소개되면서, 15:5에 다시 나타나고 있다는 사실에 의해 지지될 수도 있다. 즉, 15:5은 11:19이 12:1-15:4의 "막간"interlude 전에 중단했던 데서 다시 시작하는 것처럼 보인다.

그러면, 일곱 번째 나팔은 종말에 대한 예언이나 예기로서 기능한다기보다는 이 때를 요약하려는 것이고 또한 종말이 이미 시작할 준비가 되었다는 것을 공표하려는 것이다.

그러나 램지 마이클스Ramsey Michaels는 의도된 "막간"을 가정하는 것에 대해 우리를 경고하는데, 이는 요한이 환상들을 그가 보는 대로 묘사하고 있기 때문이다.[32] 또한, 그것들이 계속되는 본문을 구전적 연출로 경험했을 원래의 청중들에게 필연적으로 분명한 것이 아닐 수도 있다. 따라서 그런 구간들은 괄호 안의 여담으로서가 아니라, 이야기의 전개에 중요한 본문으로 이해되어야만 할 것이다.

그러면, 일곱 번째 나팔을 부는 것과 하늘의 선언들을 뒤따라 나오는 자료들은, 심지어 그 심판들"세 번째 화" 앞에 대접들이 나오지만, 그 나팔의 의미에 빠질 수 없는 것이다. 즉, 12-15장은, 심지어 16장이 11:19에서 다시 시작하는 동안에도, 11:15-19까지 확장한다. 그러면 또한 여섯 번째 나팔9:13-21과 11:15의 일곱 번째 사이에, 10:1-11:14의 "막간" 구간은 11:15에 오는 것에 중요한 것으로 이해되어야만 한다.

다시 말하면, 11:15-19에 대한 우리의 이해는, 심지어 그것이 일곱 번째 나팔의 절정적 공표라고 하더라도, 반드시 선행하고10:1-11:14 뒤따르는12:1-15:4 문맥들을 조심스럽게 고려해야만 한다.

---

32 Ibid., 55.

요한계시록 10장의 시작은 우리를 4-5장에 나오는 요한의 하늘의 환상으로 되돌아가게 한다. 그때 요한이 처음 "이리로 올라오라"4:1라고 한 것을 들었고, 우리는 모든 실상의 중심에 있는 하나님과 그리스도의 주권적 위엄을 언뜻 보게 되며, (이십사 장로들로 대표된) 교회를 포함하는 하늘의 예배로 둘러싸인다.[33]

요한계시록의 독자들은 하늘의 영광과 찬양의 경외심을 일으키는 영감적 묘사의 광경으로 인해 이것의 요점이 보좌에 앉으신 하나님의 손으로부터 나오는 두루마리를 요한이 받기 위한 것임을 놓칠 수도 있다5:1. 두루마리는 반드시, 에스겔에게서도 그랬듯이겔 2:9, 요한이 선지자라는 것을 상징해야 한다.

요한에게 그의 예언의 본질적 내용은 반드시 역사를 위한 하나님의 궁극적 주권의 계시였어야 한다. 물론 그것은 봉인되었고, 그것의 엄청난 중요성은 인들을 떼고 그 두루마리를 열기에 합당한 자가 아무도 없었다는 사실 때문에 요한이 울었다는 것에서 보이고 있다5:2-3.

그리스도가 사자요 죽임 당한 어린 양으로서 합당한 자라는 것은 하나님의 최종 계획이 "각 족속과 방언과 백성과 나라 가운데에서 사람들을 피로 사서 하나님께 드린" 십자가 위에서의 그리스도의 승리에 의존적임을 보여준다5:9-10.

그 후 일곱 인의 심판들의 연속물에 뒤따르는 것은 이 두루마리의 인들을 떼는 것이다. 우리는 그 인들이 떼어진 후 두루마리가 어디로 갔는지 의아해할 수도 있다. 우리가 본 것처럼, 마지막 인은 나팔 심판들을 포함하고 있고,

---

33 "이 후에 마땅히 일어날 일들을 내가 네게 보이리라"로 이 장들을 소개하는 4:1은 (많은 미래파 학자들이 주장하는 것처럼) 뒤따르는 모든 것이 전적으로 반드시 미래의 언급들이어야만 한다는 것을 시사하는 것이 아니라는 것을 이해하는 것이 중요하다. 그것은 단 2:29, 45에 대한 언급으로 이해되면, 이 "후일들"에 대한 언급으로 그리스도의 승리로 시작되어 역사의 종말까지 이르는 전체 시간을 포함한다. Johnson, *Triumph*, 32-33; Beale, *Book of Revelation*, 152-70, 특히, 158-59.

이것들은 8-9장에서 여섯 번째 나팔까지 묘사되어 있다. 이것은 우리가 곧 그 두루마리의 내용들에 이르게 될 것이라는 우리의 기대를 높여 주고, 심판과 구원 둘 다에 있는 하나님의 목적들의 궁극적 의미를 계시했다.[34]

따라서 10장은 절정의 일곱 번째 나팔 전에, 그리스도가(아니면 그의 천사의 대표가; 외관은 신적 현현이다) 자신의 손에 열린 두루마리를 들고 하늘에서 내려오시는 것으로 시작한다.[35]

왜 우리가 두루마리로 다시 돌아오기 전에, 첫 여섯 나팔 심판들은 계시 받았으나, 절정의 일곱 번째는 계시 받지 않았는가?

그것은 우리가 두루마리의 내용을 보게 될 때 분명하게 될 것이다.

그러나 먼저, 10:6-7에서 천사가 엄숙한 맹세로 공표하는데, 그것은 막 계시되려는 두루마리의 내용 8절에서 시작하는에 관련된 것임에 틀림없고, 그 공표는 두루마리의 내용을 다가오는 일곱 번째 나팔의 의미심장함에 연결시킨다. 요한은 그가 다음과 같이 말했다고 보고한다.

> 지체하지 아니하리니 일곱째 천사가 소리 내는 날 그의 나팔을 불려고 할 때에 하나님이 그의 종 선지자들에게 전하신 복음과 같이 하나님의 그 '신비'보다는 **비밀**이 이루어지리라계 10:6-7.

우리는 이것이 11:15의 일곱 번째 나팔을 부는 것과 함께 완성, 진실로, 역사의 종말이 온다는 것을 의미한다고 생각할 수 있다.

---

34 이 심판들의 가공할 성격은, 명백하게 현재에도 쏟아 부어지고 있는데, 만일 여섯 번째와 일곱 번째 인 사이에 있는 환난 기간 동안 보호 받고 보존된 하나님의 백성들의 많은 무리가 있는 7장의 그림이 아니었다고 하면, 우리의 공포감 역시 증가시켰을 것이다.
35 요한의 이야기의 일관성이 우리가 이 "작은 두루마리"를 5장에 소개된 것과 같은 것이고, 또한 그것의 인들은 막 개봉되었던 것으로 볼 것을 요구한다 ("두루마리"라는 같은 말이 5장에서와 같이 10:8에서도 사용되었다). 그것은 거의 힘 센 천사의 크기와 비교되지 않았다. Bauckham, *Theology*, 80-84.

그러나 뒤따르는 장들에서, 우리가 15:5과 일곱 대접들에 이르기 전에, 우리는 더 많은 하늘과 땅의 환상들을 보게 된다. 그 후 그 일련의 심판들이 펼쳐지는 것과 함께 우리는 "하나님의 진노가 마치리로다"고 한 것을 듣게 된다15:1; 비교. 16:17.

우리가 본 것처럼, 연속물에서 절정의 일곱 번째는 그 속에 다음 일곱의 연속물을 포함한다. 그리고 일곱 번째 나팔 바로 전에, 우리는 "셋째 화가 속히 이르는도다"라고 한 것을 듣게 된다11:14. 그것은 "속히"이지만, "즉시로"가 아니다. 따라서 그것은 일곱 번째 나팔을 뒤따르는 것에 대해 너무 문자적으로 "더 이상의 지연됨이 없다"는 것으로 밀어붙여서는 안 된다는 것처럼 보인다. 10:7의 "나팔을 불려고 할 때"의 어법 역시 이것을 암시한다.[36]

물론 우리는 여전히 11:18이 확실히 그런 것처럼 일곱 번째 나팔과 함께 예기적 종말의 공포를 기대할 수 있다. 그러나 요점은 그것이 오직 혹은 즉시로 바로 그 종말을 알리는 것은 아니라는 것이다.[37]

더 나아가서, 10:6-7의 그 공포가 일곱 번째 나팔에 대해 연대기 이상임을 시사할 수도 있다는 것은 종말 이전의 마지막 "짧은" 기간의 **특성**이다 계12:12. 이것은 그것이 하나님의 목적의 성취혹은 마침을 포고하거나 수반하기 때문이다.

여기의 "비밀"의 사용은, 이전의 감추어졌던 하나님의 목적을 가리키는 신약의 용법과 일관성이 있는데, 그것은 전형적으로 구약의 예언 속에

---

36 따라서 Smalley, *Revelation to John*, 288은 "할 때"가 "마지막 나팔을 부는 실제 순간"을 가리키는 것이 아니라, "일곱 번째 나팔의 저주, 즉 계 12-15장의 나팔 환상들에 의해 **소개된 한 기간**을 가리키는 것"이라고 주장한다.

37 Smalley, *Revelation to John*, 287-88은 세 번째 화, 일곱 빈째 니팔, 또한 그것을 뒤따르는 것에 대한 언급이 "암시적으로 제시되었다"는 것을 강조한다. 그것은 연대에 대해 우리가 독선적이 되지 않도록 지킬 수 있어야만 한다. "'하나님의 신비'는 항상, 바로 종말 직전까지 또한 종말을 넘어가는, 성취 점에 관한 것이다." 그래서 여기서 그는 "일곱 번째 나팔 소리"의 결과가, 우리가 기대할 수 있는 것처럼, "즉시로 뒤따르는 행위"가 아니라고 말한다.

감추어져 있었으나, 지금은 신약의 사도들과 선지자들에게 계시된 것이다 비교. 롬 16:25-26. 그 비밀은 예외 없이 그리스도와 복음 혹은 복음이 그리스도 안에 있는 새로운 하나님의 백성이 생기게 하는 방법에 대한 것이다 엡 3:4-6, 9-11; 골 1:26-27; 롬 11:26-27.[38]

따라서 요한계시록 10:6-7에 의해 언급된 다니엘서의 단락이, 그것 역시 이 마지막 일들을 마치게 될 때에 대해 언급하고 있는데, 우리에게 그때는 "성도의 권세가 다 깨지기까지이니"단 12:7라고 말한 것을 보는 것은 흥미롭다.[39]

요한 역시 우리에게 제단 아래 순교당한 영혼들의 부르짖음에 대한 대응으로 유사한 어떤 것을 말했는데, 요한계시록에서는 종말에 대한 구체적인 시간에 대한 언급으로 가장 근사한 것이다. 그들이 순교자의 수가 차기까지 기다려야만 종말이 오는 것이다 6:11.

왜냐하면, 11장의 일곱 번째 나팔 바로 앞에 선행하는 것과 12-15장의 그것 후에 오는 것이 정확하게 복음의 능력으로 심지어 죽음조차도 불사하는 성도들의 순종이 그들의 승리의 수단과 모든 나라로부터 나온 사람들의 마지막 추수가 될 것이라는 계시이기 때문이다.

다음 요한계시록 10장에 오는 것은 요한이 두루마리를 받아먹는 것인데, 이것을 우리는 반드시 에스겔 3장의 유형에 근거하여 이해해야 하고, 그것이 의미하는 것은 이제 그에게 그가 예언할 내용들이 주어지고 있다는 것이다. 그것은 달기도 하고 쓰기도 한 것으로서(고난과 승리, 심판과 구원을 암시함), 또한 "많은 백성과 나라와 방언과 임금에 대한" 것이다. 보컴이 힘주어 주장한 것처럼, 두 증인들에 관한 요한계시록 11:1-13의 뒤따르는 부분

---

38 여기 계 10:7에, 이 비밀이 그의 종들 선지자들에게 "공표되었다"는 것과, 이 말이 더 구체적으로 "좋은 소식을 공표한다" 혹은 "복음을 전파한다"를 의미한다는 것 역시 유의하라.

39 Beale, *Book of Revelation*, 544-45.

은 그러므로 반드시 요한의 예언이 두루마리의 내용들을 드러내 보이는 것으로 이해되어야 한다.[40]

요한계시록의 이 전환점, 즉 실제로 요한의 전체 예언의 주 내용들이 가장 논쟁이 된 문단들의 하나라는 것은 확실히 요한계시록의 도전에 대한 하나의 척도다. 두 번째 가장 논쟁이 된 것은 어쩌면 요한계시록 20장에 있는 천년에 대한 문단뿐일 것이다. 그 까닭에 그것이 여기서 충분히 다루어질 수는 없다. 그러나 상술의 어려움이 우리가 많은 합의가 있는 핵심 점들을 인정할 수 없도록 해서는 안 될 것이다.

또한, 두 증인들에 대한 묘사를 모든 점에서 문자적이거나 풍유적 상응점들을 강요하려고 노력하는 것보다는 좀 더 하나의 비유처럼 접근하는 것이 도움이 된다.[41] 두 증인들은 복음에 대한 신실한 증인으로 교회를 대표한다[비교. 11:4과 1:20의 촛대들]. 그들은 그들 속에 성령이 역사한 강력한 증거를 갖고 있다.[42]

그러나 정한 때, 그들은 (여기에 처음으로 소개된) 짐승에 의해 정복당하고 죽임을 당하는 것이 허용되어 있다. 그 후 그들은 그리스도처럼 다시 살아나서 하늘로 승천한다. "각 족속과 백성과 방언과 나라" 가운데 그들의 원수들은 이것을 목격하고, 지진 심판이 뒤따를 때, 십 분의 일이 죽게 되나, "그 남은 자들이 두려워하여 영광을 하늘의 하나님께 돌리게 된다"[11:13].

원래의 청중들은 이것 역시 종잡을 수 없다는 것을 발견하게 되었을 것 같은데, 그것은 모호한 것들의 얼마가 뒤따라 나오며 비유의 중심 메시지를 다

---

40 Bauckham, *Theology*, 82-84.
41 Bauckham, *Theology*, 84-85.
42 "두 감람나무"에 대한 언급은(11:4) 슥 4장에서 나오고 성령으로 능력을 덧입힐 것을 시사한다. Buackham이 지적하듯이, 요한이 그 문단에 이끌렸을 것으로 보이는 것은 그 핵심 구절 역시 요한계시록의 신학을 요약할 수 있었기 때문이다. "힘으로 되지 아니하며 능력으로 되지 아니하고 오직 나의 영으로 되느니라"(슥 4:6).

시 말하고 있는 12-15장에 와서야 비로소 분명해지기 때문이다. 모든 것은 "하나님을 두려워하여 그에게 영광을 돌린다," 혹은 "그의 이름을 영화롭게 한다"는 것이 요한의 회개와 개종에 대한 암호화된 언어라는 것을 인정하는 데 달려 있다. 우리는 이것을 14:7, 15:4, 16:9, 또한 바로 몇 구절 후에 11:18의 "주의 이름을 경외하는 자들"에서 명백하게 볼 수 있다.[43]

"각 족속과 백성과 방언과 나라"의 이 개종은 작은 일이 아니다. 그것은 "역행적 남은 자"다. 오직 칠천이 구원 받는 대신 롬 11:4-5; 왕상 19:18, 칠천이 죽임을 당하고, 반면 거주민들의 십 분의 구와 동등한 "그 남은 자들"이 회개한다.[44]

그들의 회개는 그들의 두 증인들의 "부활"을 본 후 지진 심판에 뒤따르는 것으로 그려져 있다. 이것은 그것이 성도들의 문자적 부활이라고 할 수 없다는 것을 의미하는데, 이는 그 시점에 더 이상의 개종이 없기 때문이다 20:11-15.[45] 오히려 그것은 요한계시록 20:4-6에서처럼, 순교자들의 영적 부활이고 "첫째 부활", 그들의 증거를 신원해 주는 것으로서 인정된 그들에 대한 하늘의 신원이다.[46]

---

43 이것은 일찍이 인정되었다. G. B. Caird, *A Commentary on the Revelation of St. John the Divine* (New York: Harper & Row, 1966), 140. 또, Michaels, *Interpreting*, 59-60; Aune, *Revelation 6-16*, 628-29; Smalley, *Revelation to John*, 286; Kim, "Kingdom of God," 636. 많은 사람을 확신시킨 이 주제에 관한 역작은, Bauckham, *Climax*, 제9장, "나라들의 개종"을 보라. Beale, *Book of Revelation*, 605-7은 원리적으로 동의하나, 11:13의 이 해석에 반대하는데, 그 이유는 "두려워하여"에 대한 동사가 다르고 또한 이 문맥에 맞지 않기 때문이나(n45를 보라).

44 Bauckham, *Theology*, 87. 숫자들은 상징적이고, 따라서 요점은 구약의 선지자들의 증언과 비교할 때 그 증인들의 증언의 엄청난 결과다.

45 Beale, *Book of Revelation*, 607은 그것이 반드시 문자적 부활이어야만 하고, 그러므로 11:13은 개종이 될 수 없다는 것을 주장한다. 이것은 또한 그를 위해 11:15가 반드시 완성을 언급해야만 한다는 것을 확언한다.

46 계 20:4에서, 살아나 그리스도와 함께 다스리는 순교자들은 (대부분의 번역들이 "심판하는 권세를 받았더라"라고 했으나, 그보다는 오히려) "심판을 받은 자들"이다.

어떻게 나라들이 그것을 알게 되는가?

그들의 순교가 그들을 그리스도와 동일시한다. 따라서 "부활"은 11:11의 삼 일 반 후로 그려져 있다. 그리스도는 신실한 증인이고, 그의 죽음과 부활은 그들의 증언의 대상이다.[47] (비교. 12:11, "우리 형제들이 어린 양의 피와 자기들이 증언하는 말씀으로써 그[사탄]를 이겼으니 그들은 죽기까지 자기들의 생명을 아끼지 아니하였도다.")

이제 우리는 왜 하나님의 목적의 마지막 공개를 공표하고 요약하는 것으로서의 일곱 번째 나팔이 그 두루마리의 내용들의 계시를 기다려야만 했는지를 이해할 수 있다. 모든 선행하는 하나님의 심판들(인들과 첫 여섯 나팔들) 후에, 9장 끝에서, 그 심판들이 아무도 우상 숭배 또는 살인, 복술, 음행, 아니면, 도둑질을 버리고 회개하도록 하지 않았다는 것이 강조되었다[9:20-21].

동일한 말 "그 남은 자들"의 사용으로 강조된 11:13과의 의도된 대조는 분명하여 지금은 신실한 교회의 증거 때문에 회개한 많은 무리들을 묘사한다.[48]

그러므로 요한계시록 11:15의 나팔 소리 후에 오는 공표는 가장 적절한데 이는 계시된 것이 사람들을 이 세상의 왕국에서 우리 주와 그의 그리스도의 왕국으로 들어가게 하는 것이기 때문이다. 그러나 그것은 마치 교회의 증언이 이것을 성취한 것과 같지 않다. 그들의 증언은 주와 그의 수반된 승리에 대한 것이고, 또한 그것은 오직 그가 그의 보좌를 그들의 증언과 죽음이 그 효과를 낸 모든 것 위에 세우셨기 때문이다.

그러나 그들의 승리는 진정한 주권과 왕국 통치는 하나님께 속한다는 것과, 또한 십자가 위에서의 그리스도의 승리가 이것을 단번에 성립시켰으므로, 그는 반드시 계속하여 영영토록 통치하여야만 한다는 것의 증거다.

---

47 Bauckham, *Climax*, 280-81.
48 Bauckham, *Climax*, 279. Michaels, *Interpreting*, 59-60.

11:16에서 이 하늘의 선포에 대한 반응이 이십사 장로들에게 나온다는 것이 가장 의미심장하다. 이것들은 5:9-10에서 마지막으로 들렸는데, 거기에서 어린 양이 두루마리를 취하신 것에 대한 반응으로 그들은 "새 노래"를 부른다. 그것은 이사야서와 시편에서 종말론적 구속의 경축을 위한 명칭으로, 사람들을 하나님을 위해 속량하여, 그들을 하나의 왕국과 제사장들로 만든, 십자가 위에서의 그리스도의 승리를 선포한다.

이제 그 그리스도가 두루마리의 내용들을 나타내 보였고 그것이 이루어질 것이므로, 그들이 다시 나타나서 "그가 하신 것과 이제 막 하시려는 것들로 인해" 하나님께 감사를 드리는 것은 잘 맞는다.[49] 그들이 교회를 대표한다는 것은 널리 이해되었으나, 요한을 위한 이것의 기능적 함의들은 종종 이해되지 못했다.[50]

특별히 대중적 인식에서, 요한계시록 4-5장은 종종 교회가 하늘의 상급을 받게 되었을 때^{비교. 흰 옷과 금관, 4:4} 교회의 영광스럽게 된 예배를 묘사하기 위한 것으로 가정했으나, 그것은 아직 실상이 아니다.

그러나 요한에게 우리가 이미 왕들이 되었고, 또한 우리의 땅에 속한 씨름과 고난을 이해하는 열쇠는 우리의 하늘의 존재가 실제로 현재 하나의 실상임을 인지하는 것이다. 이것은 가장 놀랍게도 그리스도인들을, "땅에 사하는" 사탄과 짐승의 영향력 속이 있는 자들에 반대되는 자들로, "하늘에 거하는 자들"로서 한 서술로 묘사한다는 것이다. (비교. "땅에 사는 자들에게 화가 있으리니" [8:13]; "하늘과 그 가운데에 거하는 자들은 즐거워하라" [12:12; 비교. 3:10; 6:10; 11:10; 13:6-8].)

결과적으로, 요한은 우리가 이미 성령으로 일으킴을 받아 하늘의 처소들

---

49 J. Ramsey, *Revelation*, IVP New Testament Commentary Series (Downers Grove, IL: InterVarsity Press, 1997), 144.

50 Beale, *Book of Revelation*, 322-26은 선택 사항들을 개관한다. 교회와의 일체화는 그들이 천사의 존재들이든 상징적 대표들이든 유효하다.

에 들어갔다엡 2:6; 골 3:1-3는 것과, 특별히 우리의 공 예배에서 우리가 실제로 이미 하늘의 집회의 예배에 참여한다히 12:22는 신약 성경 다른 곳에서의 가르침에 동의한다.

그러나 신약 성경의 남은 곳에서처럼, 이것이 지나치게 실현된 종말론이 되는 것은 아니다. 왜냐하면, 우리는 그럼에도 여전히 실제로 육체적으로 여기 이 땅에서 고통을 당하고 있고, 또한 우리가 반드시 신실한 증언으로 견인해야만 하는 것이 여기서 이기 때문이다.

요점은 우리가 "하늘에 속한 생각"을 가질 수 있게 되는 것으로만 땅에서의 증언을 견딜 수 있다는 것이고비교. 골 3:2, 그 까닭에 하늘의 예배에 대한 요한계시록 전반의 묘사는 중요하다. 그 의도는 우리가, 전투하는, 고난당하는, 승리하는 교회로서, 지금의 우리의 예배가, 특별히 이십사 장로들에 의해 우리에게 보인 것처럼, 계속되고 있는 하늘의 예배 속에 반영되고 있다는 것을 이해하는 것이다.

따라서 여기 요한계시록 11:16-18에서, 이십사 장로들은 성도들의 죽음의 때에 근거하여 그의 성취되고 도래하는 왕국을 위해 지금 우리가 우리의 감사를 하나님께 드리도록 지도한다. 우리는 회개한 나라들과 같이 반드시 우리의 명백한 패배가 우리의 승리라는 것과, 또한 하나님의 목적들의 최종 성취가 가까웠다는 것을 보아야만 한다.

그러므로 완성의 때에 오직 우리의 것이 될 하나의 찬송보다는, 이 이십사 장로들과 4-5장의 연결들의 역할이 우리로 하여금 그것을 이 시대 교회의 고백의 일부로서 인정하도록 인도하는 것이다.

그렇다면 17절의 말은 무엇인가?

전능하신 주 하나님의 묘사에서 "장차 오실"의 부재가 재림이 이미 있었다는 발상을 요구하지 않는다. 요한은 왕국을 묘사할 때와 마찬가지로 구원과 심판에서의 하나님의 오심을 "이미/아직"으로 묘사한다. 따라서 마지막 심판이 전개되고 있는 것으로서 추측되는, 여기의 16:5에 있는 형태의 표현이 나타나는 다른 곳은 명료하게 그리스도의 재림을 **선행한다**.

다음 11:17에서 그들은 "친히 큰 권능을 잡으시고"라고 말하는데, 거기는 헬라어 완료형 동사가 현재에 그것의 계속되는 효과를 갖게 되는 과거의 특정한 한 시점을 묘사할 수 있다.

비록 그리스도의 재림이 명료하게 큰 권능과 영광으로 될 것이지만, 요한은 사탄에 대해 단번에 성취된, 따라서 그 효과를 인내하는 교회의 증언 속에 갖고 있는 그리스도의 현재 승리의 큰 능력을 교회에 전달하는 것도 의미한다. 그래서 12:7-10과 또한 11:4-6에서 명료하게 우리는 교회의 증인의 능력 있는 말을 보게 된다.

11:17은 주가 "통치하기 시작했다" 혹은 "통치를 짊어졌다" 혹은 "왕 노릇 하시도다"를 선포한다. 이것이 15절과 연결시키는데, 이는 사용된 말이 "왕국" 혹은 "주권적 통치"를 위해 사용된 동사의 형태이기 때문이다.

이것은 우리가 어떻게 그것을 이해하든, 15절에 있는 이 구절과 공표는 반드시 상호 서로를 해석하는 것으로 취해져야 한다는 것을 의미한다. 나중에 나오는 19:6의 유사점을 잠간 곁으로 밀어 놓으면, 만일 우리가 여기에서의 의미를 반드시 장래의 통치의 시작(즉, 추측상 땅 위에 가시적으로 명백한)으로 취해야만 한다면, 우리는 이 구절 뒤에 놓여 있는 바로 그 본문들에 담겨 있는 개념과는 다른 개념의 이해를 선택하게 되어야만 할 것으로 보인다.

시편 2편은 이 문맥에 18절 가장 공개적으로 언급되고, 또한 그 시편에서 메시아의 장래 통치는시 2:8-9 그가 이미 시온산에서 통치하기 시작한 것에 관해 서술되어 있고(시 2:6-7, 신약에서 그의 하늘의 통치를 상징한다), 그러므로 나라들은 그의 진노가 불붙기 전에 이제 "두려움"으로 복종하도록 **소환**된 나시 2:10-12.

유사하게 다니엘 7장에서, 우리는 통치의 시작인 왕의 즉위와6-7절, 성도들이 왕국을 소유하는 때22, 27절 뒤따르는 마지막 승리를 본다. 마찬가지로 다니엘 7:13-14에서, 그리스도가 "구름을 타고 와서" 옛적부터 항상 계신이에게 나아가 거기서 그는 "권세와 영광과 나라를" 받는데, 승천 시 그리스도의 통치의 시작에서 성취되었다(마 26:64; 막 14:62; 두 경우 다 다니엘서의 구절이 시 110:1과 연결되었다).[51]

우리가 요한계시록 19:6을, 11:17을 "주 하나님 곧 전능하신 이가 왕 노릇 하시도다"로 읽으면서 비교할 때, 우리는 그 언급이 최종적이고 가시적인 미래의 시작에 대한 것이라는 재빠른 가정에 대해 질문할 수도 있다. 11장에서처럼 그리스도의 재림은 여전히 미래이고, 11장에서처럼 그 구절은 과거에 확립된 것에 대한 확실성에서부터 장차 일어날 것으로 움직여 가는 것으로 이해될 수 있다. 이것은 바벨론의 심판에 의해 선행되는 데, 그것은 반드시 마지막 대변동에 앞서 오는 역사적 징후들이 나타날 것으로 인정되어야 한다.[52]

더 나아가서, 이것은 19장에 있는 삼중 "할렐루야!"의 세 번째이고, 각각은 "하늘에 있는, 모든 성도들을 시사하거나 아니면 적어도 모든 성도들을 포함하는, 큰 무리"에 의해 선포되었다[계 7:9]. 19:4에서, 이십사 장로들은 구체적으로 "아멘, 할렐루야!"라는 말로 예배하는 것으로서 대표되고 있다. 이것은 여전히 이 하늘의 찬양에 현재 교회의 참여를 대표하는 것으로 이해되어야 마땅한데, 그것이 5절에 확증되어 있고, 거기서는 명백하게 지금의 교회가 "하나님의 종들 곧 그를 경외하는 너희들아 작은 자나 큰 자나 다 우리 하나님께 찬송하라"라고 반응할 것을 요청을 받고 있다.

요한계시록 11:18은 시편 2편에 있는 것처럼 하나님의 그의 백성의 신원과 그의 원수들의 심판 둘 다의 마지막 성취의 확실성을 강조하기 위해 나

---

51 주석가들은 때로 이 구약의 구절들을 그들이 가르치고 있고 신약이 다른 곳에서 확언하는, 시작된 통치가 어떻게 간과될 수 있는지에 대한 설명 없이 중요한 배경으로 언급한다. 예를 들면, Hendrickson, *More than Conquerors*, 132; Robert H. Mounce, *The Book of Revelation*, rev. ed. (Grand Rapids: Eerdmans, 1977, 1997), 226.

52 비교. Smalley, *Revelation to John*, 481-82.

아간다. 다가오는 하나님의 진노와 심판과 상급의 때를 모사하기 위해 여기에 사용된 부정 과거 동사는 우리가 그것을 완성의 때로부터의 과거의 묘사로서 들어야 할 것을 요구하지 않는다.[53]

많은 사람이 하나의 장래 사건을 과거 시제로 묘사함으로 더 확실한 것으로 그려 내는, 예기적 용법으로 이해한다.[54] 우리는 14:8의 "무너졌도다 무너졌도다 큰 성 바벨론이여"라는 문맥에서는 명백하게 아직 그 일이 일어나지 않은 때와 비교할 수도 있을 것이다. 요점은 그것의 무너짐이 임박하다는 경고다. 역사에 이미 시작된 하나님의 심판들을 언급하기 위해 (진입하는 의미에서) "통치가 시작되었다"와 유사하게 "주의 진노가 임했다"를 이해하는 것 역시 가능하다.[55]

다음 이것이 죽은 자를 심판하고 하나님의 종들에게 상을 주기 위한 때 kairos로 설명이 될 때, 종말이 왔음을 말하려는 것이 아니다. 오히려, 그것은 예기적 공포의 의미를 계속하거나 아니면 이 "정해진 때"가 임박하다는 것 혹은 가깝다는 것을 강조한다비교. 계 1:3.[56] 이 구절은 이 천년이 지난 후 쉽게 빠트릴 수 있는 요한의 관점의 특징을 강조한다. 요한계시록 전반에 걸쳐 우리는 "때가 가깝다"6:10; 12:12, 또한 마지막 것들을 포함하는 이 사건들

---

53 Beale, *Book of Revelation*, 611.
54 이것은 셈어의 "예언적 완료"에 비교될 수도 있는데, 그것은 분명하게 미래에 관한 것을 과거 시제의 묘사로 예언하는 것을 의도한다.
55 따라서 Grand R. Osborne, *Revelation* (Grand Rapids. Baker, 2002), 444n8. 요한계시록의 "긴노," 유독 하나님의 마지막 심판의 문제는 아니다. 대조. Beale, *Book of Revelation*, 615. Smalley, *Revelation to John*, 170-71을 보라. 우리는 요한이 이것을 그의 복음서에서 어떻게 표현하는지 유의할 수도 있다. "아들에게 순종하지 아니하는 자는 영생을 보지 못하고 도리어 하나님의 진노가 그 위에 머물러[혹은 남아] 있느니라"(요 3:36). 이것 역시 시 2:12의 경고를 언급한다.
56 Smalley, *Revelation to John*, 291은 다시 Beale, *Book of Revelation*, 615를 문제 삼아, "죽은 자를 위한 심판의 때"는 여기서, 혹은 심지어 "지금이 (그것의 결과로) 죽은 자가 반드시 심판되어야 할 때"라는 생각이라고 말한다.

이 반드시 "속히 일어날" 것이라는 경고를 듣는다 1:1.

요한계시록의 마지막 구절들에서, 예수님은 세 번 "내가 속히 오리니"를 반복하신다계 22:7, 12, 20. 따라서 "그의 심판의 시간이 이르렀음이니" 14:7조차 회개를 위해 공표된 초청으로서 이해한다. [57] 이것은 이 일들의 시작과 그들의 최종적 결과 간의 거리, 즉 그리스도의 왕국의 취임과 그것의 최종적 승리들 간의 거리는 그리 멀지 않다는 것을 의미한다.

그러므로 그것들이, 특별히 그의 "크고 놀라운" 역사들로 인해 하나님에게 찬양과 감사를 표현하는 찬송에서 15:3-4, 함께 밀접하게 연결된 것을 11:15-18, 혹은 19:6-8에서 우리가 보아도 결코 놀라서는 안 된다.

우리가 주장한 것처럼, 요한계시록 11:15-19는 반드시 12-15장과 밀접하게 관계되어야만 한다. 일곱 번째 나팔의 중요성이 계속하여 이 장들 속에 전개되고 있고, 심지어 그것들이 두 증인들의 비유에 소개된 두루마리의 메시지를 요약하며 확대하고 있기 때문이다. [58]

그러므로 이 장들에 포함된 축어적이고 주제적인 병행구들은 11장에 바로 선행하는 것을 이해하는 데 결정적이다. 이 장들은 신실한 증인이 되라는 교회의 소명이 우주적 전투 혹은 거룩한 전쟁의 중간에 있고, 사탄인 용이 궁극적 원수로 보이고 있는 것을 묘사한다. 그러나 그리스도가 그를 이기시고, 같은 방법으로 성도들이 그를 이기신다 12장.

같은 충돌이 짐승들의 활동을 통해서 보이는데, 그들과 함께 사탄은 하나님과 성도들을 대적하기 위해 하나의 가짜의 거룩하지 못한 삼위일체를 형성한다 13장. 그들은 그들을 핍박하고 죽임으로 성공한 것처럼 보이나, 그럼에도 하나님의 거룩한 구속 받은 군대가 승리한다 14:1-5.

이 환상들은 두 증인들의 비유에서 더 설명되었으나, 나라들의 개종의

---

57 Fiorenza, *Book of Revelation*, 46-49.
58 Bauckham, *Theology*, 83-84, 88; Smalley, *Revelation to John*, 287-88.

결과를 아직은 보여 주지 않았다. 이것은 천사들이 영원한 복음을 공표하고, 나라들이 회개하고 교회가 인내하도록 요청하는, 남아 있는 부분에서 나온다14:6-13.

두 번의 추수들이 뒤따르는데, 의인들을 모으는 것과 악한 자들 위에 진노를 붓는 것으로 묘사한다14:14-20. 그 후 일곱 대접들이 준비되면서, 승리한 순교자들이 나라들 위에 하나님의 통치를 포함하여 이 주제들의 많은 것을 요약하는 승리의 노래를 부른다15:1-4.

더 앞서 소개된 것에 대한 다른 혹은 더 깊은 관점들로서의 이 환상들의 성격은 어느 정도 우리가 그 더 앞선 부분들을 다시 읽고 재고할 필요가 있을 것을 암시한다.

예를 들면, 짐승은 11:7에 있는 드라마에 소개되어 있으나, 그의 기원과 성격은 13 이 될 때까지 설명되지 않는다. 순교자들의 증언의 결과로서의 나라들의 개종은 14장 없이는 쉽게 빠트려질 수 있다. 그렇다면 우리가 12장에서 하나님의 나라 통치의 묘사가 11:15-17의 유사한 언어로 된 것을 발견한 때, 우리가 이것이 마땅히 더 앞선 구절을 조명할 것인지에 대해 질문하는 것이 합리적이다.59 12:10은 그리스도에 의한 사탄의 패배의 결과와 그가 하늘에서 쫓겨난 것을 묘사한다.

> 이제 우리 하나님의 구원과 능력과 나라와 또 그의 그리스도의 권세가 나타났으니 우리 형제들을 참소하던 자 곧 우리 하나님 앞에서 밤낮 참소하던 자가 쫓겨났고계 12:10.60

---

59 Beale, *Book of Revelation*, 614는 우리가 본 것처럼 우리가 반드시 두 구절들을 조심스럽게 구분해야 될 것을 주장한다; Smalley, *Revelation to John*, 288-89는 그 구절들이 병행적이라고 주장한다.

60 비교. "이제 이 세상에 대한 심판이 이르렀으니 이 세상의 임금이 쫓겨나리라"(요 12:31).

11:15-17에서와 같이 여기는 하나님의 나라와 능력이 나타났다.[61] 우리가 병행되는 것들을 보도록 확실하게 의도되어 있는데, 특별히 12:11에서처럼 교회의 승리적인 증언의 기초가 이 왕국의 능력임을 설명한다(이것은 11:4-13에 묘사되어 있었다).

이 구절들은 하나님의 나라가 참으로 이미 이 세상 왕국에 능력으로 침입했다는 것과, 사탄과 나라들 위의 그리스도의 권위가[비교. 단 7:14; 마 28:18] 궁극적이라는 요한계시록의 가르침을 나타내 보이기 위한, 요한계시록의 가장 중요한 것들 가운데 있다.

그 왕국 권위는 요한계시록 15:2-4에서 짐승을 정복한 자들의 노래 속에 다시 나타난다. 그것은 "하나님의 종 모세의 노래, 어린 양의 노래"라고 불렸다. 보컴은 요한이 어떻게 출애굽기 15장의 홍해를 건넌 해방을 경축하는 노래로부터 언어와 주제들을 각색했는지 자세하게 보여 준다.[62]

그것의 열쇠가 되는 마지막 구절은 이미 요한계시록 11:15에 나타났다.

> 주가 세세토록 왕 노릇 하시리로다[계 11:15].

출애굽기에서와 같이, 하나님의 심판의 전능하신 행위들은(계 13:4, "누가 이 짐승과 같으냐"라고 말한 자들에 맞서서) 다른 모든 신들과 양립할 수 없음과 나라들로 하여금 두려워하게 하는 것을 보여 주면서 칭송된다.

그러나 요한계시록의 노래 속에 있는 그 위대한 하나님의 행위들은 회개와 예배로 나아가도록 하기 위해 보였다. 이것은 출애굽기 15장과 병행하는 다른 구약 본문들이 인용됨으로써 이루어진 것이다. 그래서 예레미야 10:7이 인용되었다.

---

61 여기서 "나타났다"라고 번역된 동사는 계 11:15에 "되어"로 번역되어 사용된 것과 같은 시제의 같은 동사다.
62 Bauckham, *Theology*, 98-101.

이방 사람들의 왕이시여 주를 경외하지 아니할 자가 누구리이까렘 10:7.

이것은 시편 86:8-10이 뒤따랐다.

주여 신들 중에 주와 같은 자 없사오며 … 주여 주께서 지으신 모든 민족이 와서 주의 앞에 경배하며 주의 이름에 영광을 돌리리이다 무릇 주는 위대하사 기이한 일들을 행하시오니 주만이 하나님이시니이다시 86:8-10.

하나님만이 열방들의 왕이시며, 교회의 신실한 증거 때문에, 각 나라에서 사람들이 그만이 홀로 예배를 받으시기에 합당한 것을 알게 될 것이다.

많은 사람이 "주께서 왕 노릇 하시도다"계 11:17와 "주 우리 하나님 곧 전능하신 이가 통치하시도다[즉, 통치하기 시작했다]"19:6라는 표현 뒤에서, 우리는 마땅히 유사하게 반복되는 후렴과 함께 시편들의 영향력을 보아야 한다는 것을 주목했다.[63]

이것들은 "즉위의 시편들," "신적 왕권의 시편들," 혹은 '야웨 말락' *Yahweh Malak* 시편들이라고 불려 왔는데, 이 시편들의 히브리 표현의 특징들이 반영되어서 보통은 "여호와께서 다스리시니"로 번역되었다특별히 시 93, 96-99편.

또한, 보컴은 요한계시록 14:6("땅에 거주하는 자들 곧 모든 백성에게 전할 영원한 복음을 가졌더라")의 천사들의 복음의 공표의 형태가 이것들 중 하나인 시편 96편에서 파생한 것을 주목한다. 거기서부터 그는 이 시편과 그 병행되는 것들의 많은 주제들이 요한계시록 14장에서와 실로 그 책 전반에 걸쳐 있는 열쇠라는 것을 지적한다.[64]

---

63 Beale, *Book of Revelation*, 614; Smalley, *Revelation to John*, 290.
64 Bauckham, *Climax*, 286-89.

이것들은 새 노래를 부르는 것과5:9; 14:3, 모든 나라가 하나님을 경외하고, 그에게 영광을 돌리며, 그를 예배하도록 부르는 것과, 민족과 종족과 백성들에 대한 동일한 용어, 이방인들의 우상들과의 대조, 다가오는 심판의 공표를 포함한다. 그리고 물론 "여호와는 왕"시 96:10이시라는 것은 "요한계시록의 지배적 주제"와 하나님의 나라를 반영한다.[65]

그러므로 시편 96편과 이 시편 전체는 요한계시록의 신학에 중요하다는 것이 분명하다.

그러나 이 시편들은 심지어 더 큰 적절성을 유지하는데, 이는 그것들이 "여호와께서 다스리시니" 혹은 "여호와는 왕이시라"라는 말씀의 속에서 "우주적 왕권"의 개념보다 더 많은 것을 공표하기 때문이다. 얼마의 시편 학자들이 인정한 것처럼, '야웨 말락'은 사실상 "여호와께서 다스리신다"로 번역될 수 없다. 히브리어의 완료형 시제의 동사는 다른 곳에서 항상 "왕이 되셨다" 또는 "통치를 시작했다"로 번역되게 하려고 했다.[66]

그것은 우리가 이런 유형의 동사 때문에 헬라어에서 주의하는 동일한 문제이고, 또한 요한계시록 11:17과 19:6에서 본 것처럼, 그것들은 반드시 같은 방법으로 번역되어야 한다("주께서 다스리기를 시작했다"). 이 동일한 부정과거 시제는 우리가 이 시편들의 칠십인역(히브리어 성경의 헬라어 번역)에서 발견하는 것이다. 따라서 그 구절들과 다른 곳에 있는 이 시편들에 대한 요한의 언급이 이 시편들과 동일한 시작된 종말론적 관점을 반영한다는 것은 매우 있을 법한 일이다.

---

65 Bauckham, *Climax*, 288.
66 Mark D. Futato, *Interpreting the Psalms* (Grand Rapids: Kregel, 2007), 165-70은 이 이해를 위한 최선의 사례들 중 하나를 제시한다. 이 시편들은 "하나님이 새로운 의미에서 왕이 되었는데, 이는 그가 그의 왕국을 새로운 방법으로 실현되도록 한 새로운 승리를 얻었기 때문이다"(167)라고 공표한다. 시편들의 종말론적(또 같은 이유로 그리스도론적) 해석을 수용하는 데 많은 학자들이 갖고 있는 어려움은 아마도 전통적인 번역의 집요함에 대해 설명하는 것이다

그 관점이 "새 노래"시 96:1; 98:1를 공표하는데 이는 주가 놀라운 구원을 이루었고 그의 영광스러운 통치에 들어가셨기 때문이다. 이 구원이 모든 나라에 알려져 왔고시 96:2; 98:1-3, 또한 우리가 그것을 알리도록 부름을 받았다시 96:2-3. 우리는 반드시 "모든 나라 가운데서 이르기를, '여호와께서 다스리시니!'"시 96:10라고 해야 하고, 모두가 우상을 버리고 높임 받은 왕을 예배하라고 외쳐야 한다시 96:4-5; 97:7-9; 또한 히 1:6. 그러나 그 공표는 심판이 다가오고 있다는 것이기도 하다.

> 땅을 심판하러 임하실 것임이라 그가 의로 세계를 심판하시리로다시 96:13; 98:9.

시편 47 편은 유사하다.

> 하나님이 함성 중에 올라가시도다시 47:5.

> 하나님은 온 땅의 왕이심이라 … 하나님이 못 백성을 다스리시며 하나님이 그의 거룩한 보좌에 앉으셨도다시 47:7-8; 비교. 97:9.[67]

다시 말하면, 이 시편들은 중간적인, 이미/아직의 때를 묘사하는 것으로 이해되는 것이 최선이다. 그때 예수 그리스도는 그의 죽음과 부활로 단번에 구원의 승리를 이루셨고, 지금은 세상 위의 그의 보좌에 좌정했다. 그러나 그는 곧 심판하기 위해 오실 것이고, 그래서 그의 통치에 순복하도록 모든 나라를 부른다. 이것이 본질적인 요한계시록이 메시지다.

그렇다면 요한계시록은 우리를 불러 무엇을 하라고 하는가?

이것은 세상에 있는 우리의 삶에 대해 무슨 함의들을 갖고 있는가?

---

[67] Futato, *Interpreting the Psalms*, 166-67.

우리는 종말이 오기 전에 "나라가 임하시오며"에 대한 대답을 기대할 수 있는가?

요한계시록이 우리를 불러 신실한 증인들이 되도록 한다는 것에는 논쟁거리가 전혀 없다. 우리의 증언은 "예수의 증거"를 따르는 것이다. 그는 신실하고 참된 증인으로 그의 성취된 구원과 왕국 통치를 선포하신다. 요한계시록의 경우 이것이 교회의 안수로 된 설교 사역의 중심적 역할임을 확증하는 성령의 권능을 입은 하나의 증거이지만계 11:3-13, 여전히 그에 못지않은 것이 일반 그리스도인들에게 양도되어 말과 행위로 그 증거를 유지하게 한다("하나님의 계명을 지키며 예수의 증거를 가진 자." 12:17).

그렇지만 만일 우리가 이것을 좁은 의미에서 생각하는 전도에 한정되는 것으로 이해한다면 요한계시록의 메시지를 심각하게 잘못 해석하는 것이 될 것이다.

요한계시록은 나라들 가운데 우리의 증언에 대한 것이며(두루마리의 내용은 "많은 백성과 나라와 방언과 임금"에 관계된다. 12:17), 그리스도의 왕국 승리는 그 나라들을 그들의 정치적, 사회적, 문화적 우상 숭배들과 대결한다. 우리가 본 것처럼, "정치는 종말론적이다." 이는 세상의 모든 구조들이, 사람들을 속이고 우상 숭배들을 하도록 유혹하는, 거룩하지 않은 삼위일체에 의해 접수되어 왔기 때문이다.[68]

세상에서의 우리의 문화적 삶은 그러므로 그리스도의 즉위로 시작된 왕국의 도덕적이고 영적 요구들을 떠나 있는 하나의 중립적 영역이 아니다. 이것은 우리가 반드시 "공적 세상의 우상 숭배들"을 그리스도의 주권이 둘러싸고 있는 주장들의 모든 것으로 대결해야 한다는 것을 의미한다.[69]

---

68 O'Donovan, "Political Thought," 79-80.
69 Bauckham, *Theology*, 160-61; O'Donovan, "Political Thought," 90: 우리는 "진정한 정치적 참여"로 부름을 받았는데, 그것은 거짓 정치적 질서와 대결할 것을 요구한다.

그리고 요한계시록에는 이것이 우리에게 심각한 개인적 결과들을 가져다주는 하나의 피할 수 없는 우주적 싸움이라는 것이 분명하다.

> 사로잡힐 자는 사로잡혀 갈 것이요 칼에 죽을 자는 마땅히 칼에 죽을 것이니 성도들의 인내와 믿음이 여기 있느니라 계 13:10; 비교. 14:12.

그러나 우리는 또한 하나님의 마지막 계시된 목적에서 놀라게 하는 역설적 비틀림이 있는 것을 보았는데, 그것은 그의 교회의, 심지어 죽음을 불사하는 신실한 증언을 통하여 그가 이 파멸에 처한 우상 숭배로부터 사람들을 데리고 나오는 것이다.

이들이 "각 족속과 방언과 백성과 나라"에서 나온 사람들이다 계 5:10. 이 개종된 사람들의 "큰 무리"7:9가 통치를 위해 궁극적 주권을 주장하는 그 짐승의 정치를 배척할 것이다. 그들은 바벨론의 유혹들에 저항할 것이다. 이것은 물러남을 의미할 수 없고, 오히려 그런 주장들에 대적하는 적극적 증언을 의미한다.[70]

그러면 요한계시록이 하나의 "기독교적" 문화, 하나의 "기독교적" 정치를 암시하는가?

아니면, 적어도 허용하는가?

---

[70] Bauckham, *Theology*, 161은 "표준의 풍자"를 언급한다. 그것은 "천년론의 꿈들로 스스로 위로하는 동안 세상은 그 자체의 심판에 맡겨 두고 고립된 파당적 소집단에로의 그리스도인의 물러남"을 정당화하는 태도다. 그는 이것이 "요한계시록의 전망"과 반대라고 말하는데, 그것은 "이 왕국이 임하는 것에 적극적으로 참여하는 것"이다. Klaas Schilder, *Christ and Culture* (Winnipeg, MB: Premier Printing, 1977 [original, 1947]), 28은 일종의 "문화적 금욕"에 반대하여 주장하기를, 우리는 계 18:4의 요구를 결코 잘못 해석해서는 안 된다고 말한다는 것도 주목하라. "바벨론으로부터 나오는 것이 세상 밖으로 나가는 것과 같은 일은 아니다"(비교. 고전 5:10). 그것은 오히려 비록 우리가 세상 안에 있지만 세상의 음행들을 배척하는 것이다(25).

만일 그리스도인의 공적 삶이 그 모든 소명들과 영역들에서 반드시 이 세상의 왕국의 그것들과 구별되는 차이를 나타내야 한다면 달리 어떻게 그렇지 않을 수가 있겠는가?

이 세상에서 일반적으로 공유되고 있는 모든 것에 대해, 그리스도의 왕국 통치에 대한 그리스도인들의 증언은 그들이 전체 창조 질서를 관통하는 그 통치에 대한 인식을 위해 분투한다는 의미다.[71]

그러나 요한계시록의 메시지는 또한 마땅히 이 세상에서 그리스도인의 문화적 변혁에 대한 과도한 승리의 자신감에 반대하여 우리를 경고해야 한다. 또한, 우리의 문화적 참여가 그것들 자체로 그리스도의 왕국을 전진시키는 것으로서 우리가 이해하도록 격려해서도 안 된다.

그것들은 그 왕국에 대한 우리의 신실한 증언의 표현이 되는 데 목표를 둘 수 있고 또한 반드시 그래야만 한다. 그러면 요한계시록에 있는 왕국은 그 왕이 나라들에 의해서 점점 더 많이 인정되면서 심지어는 지금도 이 땅에 "임한다." 이것은 반드시 우리의 문화적 삶 속에 그것을 드러내는 역사를 가져야 한다.

그럼에도 요한계시록은 그 짐승과 그의 모든 화신들이 종말 이전에 최종적으로 퇴치를 당하거나 바빌론이 최종적으로 무너지지는 않을 것을 절대적으로 분명하게 한다. 그리스도가 "다스리기 시작"했지만, 우리는 우리의 증거와 명령을 지키는 인내로써 역사에 하나님의 절정적 개입이 마침내 새 하늘과 새 땅을 열게 될 것을 기다린다. 그래서 우리는 기도한다.

주 예수여 오시옵소서! 계 22:20

---

71 그러므로 실례는 Henry Meeter, *The Basic Ideas of Calvinism* (Grand Rapids: Baker, 1939, 1990), 67. "기독교적 기초 위에서 우리의 모든 힘을 가지고, 주가 우리를 부르는 모든 영역에서 기독교적 관념들을 위해 수고하여 결과적으로 문화적인 영역에서도 그리스도가 왕으로 인식되실 수 있도록 하는 것이 여러분과 나의 의무다."

더 나아가서, 요한계시록은 그리스도인들이 짐승과 바벨론의 거짓말에 면역되지 않았다고 우리를 경고한다. 많은 교회들이 전투에서 지고 있는, 심지어는 그것의 기독교 정체성을 통째로 잃고 있는계 2-3장, 엄중한 위험에 처해 있을 수도 있다.

우리는 반드시 세상에서 우리의 증언이 우리를 사느냐 혹은 죽느냐 하는 영적 싸움에 참여하게 한다는 것을 인정해야 한다. 그 싸움은 오직 우리가 그리스도의 능력과 피로 정복할 때만 이길 수 있게 된다. 오늘날 세상에는 짐승의 주장들과 타협하고 순응하라는 압력이 격렬한 나라들이 많다.

그러나 대부분의 발전하는 세상에서 우리의 문제는 의심할 것도 없이 바벨론과 관계가 더 많다. 우리는 쉽게, 라오디게아교회처럼 우리의 영적 빈곤 때문에, 우리의 물질적이고 성적으로 부도덕한 세상 체제의 유혹들에 굴복한다.

그렇다면 만일 그리스도인들이 하나의 도시를 세웠다면 어떨까?

그것은 여전히 우리의 본향이 될 수 없을 것이다.[72] 그 대립은 나라들 간과 각 나라를 관통하여 흐르는 것뿐만 아니라, 우리가 이제 왕국과 환난 둘 다에 함께하기 때문에, 각 개인을 관통하여 흐른다계 1:9.

그러므로 요한계시록이 문화를 변혁하라는 소명들로가 아니라, 이기는 사들이 됨으로써 이 책의 메시지에 주의하라는 경고들로 시작하고 끝내는 것은 의미심장하다. 그것은 우리에게 이 세상의 죄들과의 어떤 타협도 피하여야 하고 또한 신실한 증언과 하나님의 계명들을 지켜야 할 소명의 절박성을 남겨 둔다21:7-8; 22:7, 14-15.

---

72 Leon Morris, *The Revelation of St. John* (Grand Rapids: Eerdmans, 1969), 163을 보라. 비록 그리스도인들이 세상에서, 도시들에서 살지만, "그들의 참 본향과 확실한 피난처는 대도시에서 멀리 떨어져 있다. 즉, 광야에 있다."

그러나 요한계시록은 궁극적으로 희망적이다. 주 그리스도가 보좌에 좌정해서, 영적 싸움을 하고 있는 진정한 그의 백성을 보호하실 것이다. 그가 "나라들의 왕"이기 때문에, 우리는 "주여 누가 주의 이름을 두려워하지 아니하며 영화롭게 하지 아니하오리이까?"계 15:4라고 노래한다. 나라들은 나아올 것이며, 따라서 이것은, 프란시스 쉐퍼Francis Schaeffer가 그것을 특징지었던 것처럼, 우리의 삶들의 각 분야에서 "실제적 치유"의 약속을 의미할 것이다.

겸손과 성령의 능력으로, 우리는 우리의 삶들 속에 또한 우리의 이웃의 삶들 속에 진정한 정의와 평화의 열매들을 가져오는 "실제적 변화들"을 기다릴 수 있다.[73] 우리는 이것을 우리가 "세상의 왕국이 우리 주와 그의 그리스도의 왕국이 되었다"는 것을 그 어느 때보다 더 크게 인정하는 것을 위해 역사하면서 보게 될 것이다.

---

73 Paul Marshall, 수정 편집된 Meeter, *Basic Ideas*, 198의 추가된 장에서. 그가 Schaeffer의 표현 "실제적 치유"를 언급하는데, 그것은 특별히 Schaeffer의 책, *True Spirituality* (Carol Stream, IL: Tyndale House, 1971), 제10-13장에 나온다.

제9장

종말론, 창조, 실천 이성
두 왕국 관점에 대한 개혁주의적 해석

제이슨 리에프 Jason Lief 박사

현대의 개혁주의 사상 안에서 두 왕국 관점에 관한 최근의 대화는 기독교와 문화 간의 관계에 대한 갱신된 신학적이고 철학적인 반성을 위한 환영의 초대다.[1]

신학적이고 성경적인 입장에 관련하여 자기도취를 향하는 성향은, 우리가 믿는 바를 명료성으로 나아가게 하든가, 아니면 사상의 변혁으로 나아가게 하든가, 재검토하도록 하게 하는 도전에 의해서만 극복된다.

이것은 특별히 창조의 회복에 관한 강조와 함께 아브라함 카이퍼나 헤르만 도예베르트 같은 그런 신학자들/철학자들의 사상에 뿌리박고 있는 창조-타락-구속의 패러다임에 대한 신칼빈주의자의 명확한 표현에 들어맞는다.

이 관점은 더 넓은 복음주의적 공동체 안에 있는 문화에 대한 하나의 기독교적 해석과 참여를 위한 통찰력을 공급했다.[2] 동시에, 개혁주의 사상 안

---

[1] Stephen John Grabill, *Rediscovering the Natural Law in Reformed Theological Ethics*, Emory University Studies in Law and Religion (Grand Rapids: Eardmans, 2006); David VanDrunen, *Natural Law and the Two Kingdoms: A Study in the Development of Reformed Social Thought* (Grand Rapids: Eerdmans, 2010)을 보라.

[2] Andy Crouch, *Culture Making: Recovering Our Creative Calling* (Downers Grove, IL: Inter-Varsity Press, 2008). Crouch는 신칼빈주의자의 관점의 영향을 언급하는데, 그것은 그의 주장으로 증명되었다. 또한, Richard J. Mouw, *When the Kings Come Marching In: Isaiah*

에 있는 갱신된 두 왕국 교리들을 옹호하는 사람들에 의한 이 관점의 비판은 성경적, 역사적, 또한 철학적 자성을 위한 중요한 기회를 제공한다.

개혁주의 사상 안의 두 왕국 패러다임의 현존에 관련하는 더 넓은 역사적이고 신학적인 사안들 밑에 함축적, 근본적 가정들이 깔려 있다. 혹자가 창세기의 시작하는 장들과 더 넓은 정경에서 그것들의 위치를 어떻게 해석하는가는 자연법과 두 왕국 관점의 사안들에 대한 하나의 접근법을 결정하는 데까지 나간다. 이 논의의 중요한 한 부분은 인간의 정체성에 대한 주제다.

하나님의 형상으로 지음을 받았다는 것은 무엇을 의미 하는가?

또 그것은 문화에 대한 성경적 이해에 어떻게 관계되는가?

그것이 구속의 이야기에 대한 맥락을 제공한다는 것을 감안하면, 창조된 세상, 또한 더 구체적으로 인간성은 하나의 절대적인 것인가?

아니면, 창조의 본문들은 하나님의 형상을 포함하여, 창조의 정체성과 성취가 미래를 향해 방향 잡혀 있다는 것을 의미하는, 종말론적으로 다뤄질 것인가?

이것이 기독론과 창조 간의 관계의 주제로 나아가게 한다.

우리가 어떻게 바울이 골로새서에서 만물이 그리스도로 말미암아 창조되었다고 한 선포를 이해해야만 하는가?

또 고려해야 하는 중요한 인간론적이고 문화적인 가정들도 있다. 개혁신학 안에 두 왕국 관점의 재기는 인간성과 사회 질서를 하나의 객관적 진리의 형태로 고정시키려는 하나의 시도를 반영한다. 데이비드 반드루넨은 자신의 책 『자연법과 두 왕국: 개혁주의 사회사상의 개발에 대한 연구』*Natural Law and the Two Kingdoms: A Study of the Development of Reformed Social Thought*에서 자연법에

---

and the New Jerusalem, rev. ed. (Grand Rapids: Eerdmands, 2002); Richard J. Mouw, *He Shines in All That's Fair: Culture and Common Grace: The 2000 Stob Lectures* (Grand Rapids: Eerdmans, 2002)를 보라.

대한 해석을 객관적 도덕법을 위한 하나의 원천으로 주장한다. 그는 다음과 같이 말했다.

> 근본적인 기본적 도덕의 표준으로서 자연법의 이 기능은 이미 창조 속의 실제였고, 개혁주의 정통성의 일반적 가르침을 따르면, 심지어 그리스도의 구속의 사역과 관계없이, 타락하여 죄 가운데 떨어진 이후 계속하여 모든 사람을 묶고 있다.[3]

반드루넨은 자신의 과제 중심에 도덕적 주제를 두면서, 인간이 된다는 것이 의미하는 것에 대한 객관적 지식을 자연법이 제시한다고 단언함으로써 인간론적 주장을 한다.

이 맥락에서, 자연법은 역사적이고 문화적인 인류의 존재를 해석하고 판단하는 것의 기초가 된다. 이것은 근본적인 질문을 유발한다.

신학적 인간론은 어디에 근거되어야만 하는가?

창조와 자연법의 교리 안에 인가, 아니면, 예수 그리스도의 죽음과 부활 안에 인가?

만일 필자가 짐작하는 대로 그 대답이 둘 다라면, 그 둘이 어떻게 관계되는가?

끝으로, 두 왕국 관점의 재기는 전통에 대한, 특별히 누가 종교개혁의 "정통적" 관점을 대표하고, 혹은 대표하지 않는지를 결정하는 질문에 초점을 맞추게 했다.[4]

특별히 흥미로운 것은 두 왕국 교리에 관한 루터와 칼빈의 "정통적" 해석

---

3   VanDrunen, *Natural Law and the Two Kingdoms*, 161.
4   David VanDrunen, "The Two Kingdoms: A Reassessment of the Transformationalist Calvin," *CTJ* 40 (2005), 248-66을 보라.

에 대한 결정과, 종교개혁의 핵심에 있는 신학적 주제들에 관계되는 함의들이다. 이 노력의 결과로, 종교개혁의 사상과 전통에 대하여 신칼빈주의와 같은 그런 특정한 관점들의 신실성에 관하여 의미심장한 질문이 제기되었다. 이것이 다음의 질문을 제기한다.

루터와 칼빈의 두 왕국 관점에 대한 신실한 명확한 표현은 무엇처럼 보이는가?

본 장의 목적은 두 왕국 관점의 이해를 창조에 대한 종말론적 해석의 맥락에서 탐구하는 것이다. 필자는 칼빈의 사상에 기초된 종말론적 패러다임의 가능성을 검토하는 것으로 시작할 것이고, 그것으로부터 아브라함 카이퍼와 헤르만 도예베르트에 의해 대표되는 신칼빈주의자의 관점을 언급할 것이다.

필자는 신칼빈주의자의 관점을 현대의 신학적이고 철학적인 사상과의 대화 속에 들어오게 하여 찰스 테일러Charles Taylor와 볼프하르트 판넨베르크Wolfhart Pannenberg의 작품 속에서 발견된 "부상"emergence의 개념이 개혁주의 관점 안에서 "자연법" 혹은 "도덕적 선"의 대안적 해석의 개발에 중요한 통찰력을 제공한다고 주장할 것이다.

필자는 스콜라 철학에 대한 인문주의자적 비평의 맥락 안에서 루터와 칼빈의 두 왕국 관점들에 관한 회의론과 수사학의 영향을 검토하는 것으로 시작할 것이다. 거기로부터 필자는, 카이퍼에 관한 클리포드 앤더슨Clifford Anderson의 해석과 도예베르트에 관한 캘빈 시어벨드Calvin Seerveld의 작품을 활용하여, 신칼빈주의를 위해 창조의 그리스도 중심적, 종말론적 교리의 함의들을 탐구할 것이다.

끝으로, 필자는 창조의 그리스도 중심적 해석이 신칼빈주의자 관점 안에 있는 "자연적 선"과 "인간의 진정성"에 대해 말할 수 있는 중요한 맥락을 제공할 뿐만 아니라, 개혁신학에서 옹호된 두 왕국 패러다임에 대한 의미심장한 길빈주의지의 대안 역시 제공한다는 것을 주장할 것이다.

1. 루터와 칼빈의 회의론

반드루넨은 『자연법과 두 왕국』에서 자연법과 두 왕국 관점을 교부 시대와 중세 시대를 거쳐 종교개혁에 이르기까지 발전해 온 것으로 추적한다. 그의 주된 초점은 칼빈과 그의 계승자들인 반면, 그는 간략하게 어거스틴의 "두 도시" 관점, 성 보니파시오 St. Boniface와 교황 겔레시우스 Gelesius의 "두 칼의 교리," 또한 둔스 스코투스 Duns Scotus와 윌리엄 옥캄 William Ockham의 유명론에서 발견된 종교개혁적 사상에 대한 선각자들을 언급한다.

이 논의의 목적은 스코투스와 옥캄의 고전적 사실주의의 배척과 함께 일어난 유명론자의 전환에 대한 함의들을 언급하는 것이다. 이 발전이 자연법 이론에 대한 분명한 결과들을 가졌던 반면, 반드루넨은, 심지어 유명론자의 관점에서도 자연법은 옥캄의 사싱의 본질적 부분으로 남아 있다고 주장하면서, 하나의 "균형잡힌 옥캄의 관점"이 된다고 생각하는 것을 제시한다.[5]

그러나 반드루넨이 하지 않는 것은 옥캄의 유명론으로부터 발전한 미묘하지만 의미심장한 뉘앙스를 인정하는 것이다.[6] 이 누락으로 그는 루터와 칼빈 둘 다의 자연법/두 왕국 관점을 직접적으로 연관시키는 옥캄의 사상의 결정적 측면, 즉 확실성에 대한 질문을 회피한다.

옥캄의 유명론은 이성을 통해 알려질 수 있는 것에 대한 심각한 인식론적 질문들을 제기한다. 사실주의자의 관점에서 이성에 의한 긍정적 역할 위에 또한 그것을 반대하여, 유명론에 대한 회의론이 인식론적 불가지론의 한 형태로 작용한다. 우리가 명백하게 하나의 논리적 과정이라고 할 수 있는 실험적 경험에서 결과 된 인식과 직관을 통해 세상과 조우하는 반면, 우

---

5 VanDrunen, *Natural Law and the Two Kingdoms*, 52.
6 VanDrunen, *Natural Law and the Two Kingdoms*, 53. VanDrunen은 "Oackham의 철학적, 신학적, 정치적 작품 속에 있는 이 모든 문제들(유명론의 영향)을 논의하는 것은 현재 연구의 특정한 목적들을 위해 필요하지 않다"라고 쓴다.

리의 인식들의 대상들이 실제로 존재한다는 보장은 전혀 없다.[7]

따라서, 유명론자의 관점에 이미 들어가 있는 것은 우리가 그것으로 세상을 알게 되는 논리적 과정에 관한 생득적 회의론이다. 세상과의 조우에서 이성이 할 수 있는 최선은 진리의 개연성을 증명하는 것이다. 그러므로 이성이 현세적 세상과 조우하는 것을 위해 중요하고 가치 있는 수단으로 남아 있는 반면, 이것이 옥캄의 계속되는 자연법의 사용을 설명하는데, 그것은 진리를 결정하는 합리적 지식의 역량에 관하여 임시적 낙관주의의 한 형태로서 그 자체를 나타내는 회의론의 형태를 풀어 놓는다.

윌리엄 라이트William J. Wright은 자신의 책 『마틴 루터의 하나님의 두 왕국에 대한 이해: 회의론의 도전에 대한 대응』*Martin Luther's Understadning of God's Two Kingdoms: A Response to the Challenge of Skepticism*에서 루터의 두 왕국의 교리는 반드시 유명론자의 관점에서 귀결된 이성적 회의론을 다루기 위한 하나의 시도로서 해석되어야 한다고 주장한다.[8]

라이트는 루터의 관점이 반드시 로렌조 발라Lorenzo Valla의 사상에 의해 대표되는 인문주의자의 수사학과 회의론의 전용의 맥락 속에서 이해되어야 한다고 주장한다. 명제적 진리의 스콜라 철학의 견해에 대한 인문주의자의 도전은 생각보다는 마음에 대고 말하는 수사학적 사용으로 증명되었다.[9]

---

7   Meyrick H. Carre, *Realists and Nominalists* (London: Oxford University Press, 1946)을 보라. Carre가 "첫째는 직관적으로 인식된 대상들의 범주를 넓힌다. 둘째는 인식의 작용으로 주어진 대상들이 존재한다는 것의 보장 속에 유보를 도입한다"라고 기록할 때 Oackham의 경험주의의 두 조건들을 묘사한다. 그는 계속하여 다음과 같이 쓴다. "그러면, 진리에 대한 최종 언급들은 외적 혹은 내적 감각들의 증언들이다. Oackham의 말에서는 이것들만이 분명한 지식을 제공한다. 그러니 그는 심지어 가장 일반적 성격의 명제들조차도 사실로서 즉시로 파악되고 인정되는 것이 아니라는 것을 부정하지 않는다. … 비록 즉각적 동의가 그들에게 있는 것은 아니지만, 그들은 각 사물들에 대한 이해를 전제한다"(111-12).

8   William John Wright, *Martin Luther's Understanding of God's Two Kingdoms: A Response to the Challenge of Skepticism* (Grand Rapids: Baker Academic, 2010).

9   Wright, *Martin Luther's Understanding of God's Two Kingdoms*, 98.

기독교 인문주의자들은 점차적으로 두 가지 수사학적 접근법을 개발했다.

첫째, 세상철학, 과학 등과의 조우를 위해서는 수사학의 한 형태를 강조하고, 또한 기독교 신앙의 사안들에 대한 것은 다른 형태를 강조했다.

둘째, 기독교 신앙이 삶의 다른 영역으로서 반드시 동일한 형태의 수사학과 회의론에 지배되어야 한다는 것을 유지했다.

발라는 첫 번째 접근법을 따라, 다른 삶의 영역에서 개발된 회의론으로부터 분리된 성경에 기초한 기독교의 수사학의 한 형태를 개발했다.[10]

라이트에 따르면, 루터가 그의 두 왕국 교리를 형성하기 시작한 것은 이 인식론적 위기의 맥락이다. 인문주의자들의 유명론적 회의론이 확실성을 달성하기 위한 이성의 충족성에 대한 비관론의 형성으로 나아가게 했다.[11]

발라에게 영향을 받아 온 루터는 신앙의 사안들에 관하여 확실성을 획득하고자 하는 시도 속에 그의 두 왕국 관점을 개발한다. 이것이 루터로 하여금 계시된 성경의 진리의 맥락에서, 신앙이 영혼에 대한 하나의 수사학의 형태인 마음과 의지의 사안이 되면서, 확실성에 대한 보증으로서 신앙을 강조하도록 이끌어 간다. 동시에 루터는, 이성과 철학을 통하여 얻어진 지식을 향한 신중한 낙관주의의 자세를 유지하면서, 다른 영역의 삶에 회의론을 적용한다.[12]

---

10 Wright, *Martin Luther's Understanding of God's Two Kingdoms*, 61-71.
11 Wright, *Martin Luther's Understanding of God's Two Kingdoms*, 82. Wright은 다음과 같이 쓴다. "변증 혹은 논리에 대한 스콜라철학과 인문주의 접근들 간의 차이는 전자가 객관적 진리를 추구하는 성향이 있었던 반면, 후자는 변증에서 흘러나온 개연성 있는 진리를 수용할 수 있었을 뿐이다."
12 Wright, *Martin Luther's Understanding of God's Two Kingdoms*, 99. Wright은 다음과 같이 쓴다. "인문주의자들과 함께, Luther는 감각들이나 이성으로는 확실한 진리를 알 수 없다. Luther는 이 무능력이 타락의 결과라고 주장한다. … Luther는 자연적 철학이 천문학 아

여기서 우리는 실상에 대한 루터의 두 부분으로 된 기독교적 해석을 위한 기초를 발견한다. 예수 그리스도 안에 계시된 하나님의 말씀의 확실성과 권위에 기초하고 있는 내적, 혹은 영적 신앙의 영역과, 현세적 영역인데, 거기는 이성이 불확실하지만, 매일의 삶을 위해 유용한 지식의 수단을 제공한다.

라이트의 주장의 요점은 루터의 두 왕국 교회가 우선적으로 정치적이거나 문화적인 질서를 위한 하나의 기독교적 기초를 제공하려는 배려에서 개발된 것이 아니라는 것이다. 오히려, 그것은 유명론적 회의론에서 결과된 인식론적 위기를 헤쳐가기 위한 하나의 패러다임이었다.

루터의 경우, 확실성은 예수 그리스도 안에 계시된 말씀에 기초를 두고 있는 영적 영역, 신앙의 영역에서만 발견되는 반면, 현세적 영역은 회의론과 불확실성에 의해 재앙 아래 남아 있다. 라이트의 주장의 함의들은 루터의 사상의 기초가 되었다고 주장하는 자연법 혹은 두 왕국 관점의 명확한 표현들이 반드시 회의론의 영향을 심각하게 고려해야 한다는 것이다. 이렇게 하여 루터의 두 왕국 관점은 신앙의 확실성을 확언하는 반면, 현세적 영역 안에서는 우리가 할 수 있는 최선을 다 하도록 방치되어 있다는 것을 암시한다.[13]

니면 물리적 세상에 대한 진리를 얻을 수 있다는 것을 의심했다.

13　Wright, *Martin Luther's Understanding of God's Two Kingdoms*, 100-101. Wright은 다음과 같이 쓴다. "따라서 수사학적 인문주의는 그의 신학적 논의들과 목회적 조언의 대부분의 기반이 되었던 두 왕국관의 형성을 도움으로 Luther의 종교개혁 신학의 발달에 중요한 역할을 했다. 스콜라철학적 논리와 정론에 반대하여, 그 회의론은 인간의 감각적 인식과 이성의 연약함을 보았다. 동시에 성경과 같이 수사학은, Valla가 보여 주었던 것처럼, 지성이 아니라, 마음과 인간의 의지를 향해 말했다. 그것은 바울과 두 분리된, 이질적 실상들을 인정했던 기독교적 실상의 개념으로 돌아가게 이끄는 것으로 회의론적 진퇴양난에서 벗어나는 길을 제공했다. 그리스도의 왕국에서는 신앙을 통하여 확실성이 얻어질 수 있고 세상 왕국에서는 이성이 일상생활을 위해 불완전하지만 유용한 지식을 제공할 수 있다."

두 왕국 관점의 옹호자들이 지적하듯이, 두 왕국에 대한 칼빈의 교리는 루터의 것과 가깝게 닮았다. 루터의 것과 같이 칼빈의 사상은, 세네카^{Seneca}나 키케로^{Cecero} 같은 그런 개인들의 수사학에 대한 그의 감탄에서 보이듯이, 그의 시대의 인문주의에 의해 빚어졌다.[14]

칼빈의 『기독교 강요』의 조심스러운 독해 역시 진리를 분별하기 위한 이성의 능력에 관한 회의론의 영향을 암시한다. 이것은 『기독교 강요』의 초기에 나타나는데 거기서 칼빈은 자아에 대한 참 지식의 기초는 오직 하나님을 아는 지식 안에서만 발견되고, 그 지식은 예수 그리스도 안에 말씀된 말씀 안에 계시되어 있다고 강력하게 주장한다.[15] 그는 루터와 마찬가지로 다음과 같이 기록하여 신앙의 확실성을 강조한다.

> 왜냐하면, 그의 말씀으로 하나님이 신앙을 영원토록 애매하지 않도록 만들었는데, 이 신앙은 반드시 모든 의견들 위에 뛰어나야만 한다. … 그 까닭에 우리가 경외함으로 거기서 하나님 자신에 대해 증거 하여 하나님을 기쁘게 하는 것을 받아들일 때 참된 이해의 시작이 출현한다. 그러나 완전하고 모든 면에서 온전한, 신앙뿐만 아니라, 하나님에 대한 모든 바른 지식이 순종에서 기인한다.[16]

---

14 Thomas F. Torrence, *The Hermenertics of John Calvin* (Edinburgh: Scottish Academic Press, 1988)을 보라. 특히 99-126을 보라. 거기서 Torrence는 Seneca, Cicero, Valla, Erasmus가 Calvin의 사상에 끼친 영향에 대해 논의한다.

15 *Institutes*, 1.1.1. Calvin은 다음과 같이 쓴다. "우리가 소유하고 있는 거의 모든, 말하자면, 참되고 건전한 지혜는 하나님을 아는 지식과 우리 자신을 아는 지식, 두 부분으로 구성되어 있다." 그는 계속하여 기록한다. "다시 말하지만, 사람이 먼저 하나님을 대면하여 보고, 그후 자신을 철저하게 조사하기 위해 자신을 깊이 관찰하는 데로 내려오지 않는 한, 자신에 대한 분명한 지식을 결코 획득할 수 없다는 것은 확실하다." *Institutes*, 1.1.2.

16 *Institutes*, 1.6.2.

칼빈이 창조된 세상에서 하나님을 분별하는 이성의 역량을 확언하는 것처럼 보이는 진술을 할 때조차, 단지 우상에게로 이끌려 가는 지성과 철학의 무익을 말함으로 이 관점을 해체하는 데로 나아간다.[17] 세린 존스 Serene Jones는 자신의 책 『칼빈과 경건의 수사학』 Calvin and the Rhetoric of Piety에서 다음과 같이 기록한다.

> 칼빈은 지식의 자연적 원천들에 대한 이 묘사를 개진한 후, 확고하게 강조하여 독자들에게 이 모든 증거는 아무것도 아니라고 공표한다. … 칼빈이 이 특별한 주장을 『기독교 강요』의 시작에 둔 것은 그의 청중이 가질 수도 있는 자기 지식에 대한 어떤 오만한 난체함도 무너뜨리고, 그것으로 그들이 신적 지혜의 실제적 원천과 능력을 진실로 이해할 수 있는 길을 깨끗하게 하기 위한 것일 수 있지 않았을까?[18]

존스의 경우, 『기독교 강요』는 수사학자 칼빈이 어떻게 독자들에게 하나님을 아는 지식이 진리를 위한 유일한 기초라는 것과 이 하나님을 아는 지식이 오직 하나님의 말씀의 자기 계시 속에만 나타나 있다는 것을 확신시

---

17 Serene Jones, *Calvin and the Rhetoric of Piety*, Columbia Series in Reformed Theology (Lousville, KY: Westminster John Knox Press, 1995). 그녀는 다음과 같이 쓴다. "이 방법으로, Calvin은 그의 수사학적 솜씨를 그의 독자들 속에 어떤 지성의 작용을 야기하는 교리들을 구축하는 데 사용한다. 지성의 작용은 신실한 기질에 대한 가르침을 그것의 궁극적 목표로 한다. … 그의 수사학적 조종들이 아주 복잡하고 미묘한 때들이 있고, 그의 교리적 구축들이 특정한 기질의 형성에 어떻게 기여하는지는 분명하게 되지 않을 것이 아니다. Calvin 역시 그의 청중을 기만하는 것을 넘어서지 못한다. 그가 갑자기 지성의 작용을 파괴하고, 그것의 머리로 돌아서거나 그것을 무너뜨릴 때 그는 어쩌면 지성의 작용을 알아내려고 애쓰고 있는 것처럼 보일 수 있다. 아니면, 그는 자기가 곧 다중적 지성의 작용들로 잘게 부술 하나의 특정한 지성의 작용을 시작하는 것일 수도 있는데, 그것의 얼마는 긍정적이고, 다른 것들은 그가 솔직하게 정죄한다"(30).

18 Jones, *Calvin and the Rhetoric of Piety*, 31.

키는지를 예증한다.

루터와 유사한 방법으로, 칼빈은 현세적 영역에서 이성과 양심의 역할을 확언하는 반면, 동시에 그는 진리를 어떤 확실성을 갖고 알 수 있는 이성의 능력에 관해 의심을 표현한다. 칼빈은 이 회의적 정신으로 계속하여 이성을 통해 세상에 대하여 알려질 수 있는 것은 "개연적"인 것으로 한정한다. 영혼의 인식적 기능들에 대해 말하면서, 그는 다음과 같이 기록한다.

> 비록 이 일들이 사실, 혹은 적어도 개연성 있는 것이라고 하더라도, 여전히 나는 그것들이 우리를 돕기보다는 그들 자체의 모호함에 빠트릴 수도 있다는 것을 두려워하기 때문에, 그것들이 마땅히 무시되어야 한다고 생각한다.[19]

그는 "지성의 나태"를 언급하고, 자연적 은사들은 지성이 "깊은 흑암 속으로 빠져들었기" 때문에 부패되어 왔다고 말한다.[20] 심지어 그는 타락 후에 존재하는 "인간의 총명"의 잔여 부분들을 확언할 때조차, 그는 계속하여 다음과 같이 말한다.

> 그러나 이 진리를 향한 갈망은, 그런 그대로, 그것의 경주를 시작하기 전에 시들어 버리는데 이는 그것이 곧 허영심에 빠지기 때문이다. 실로 인간의 지성은 그것의 둔함 때문에 정도에 착념할 수 없고, 마치 어둠 속을 더듬듯이, 다양한 오류들 속에 방황하며 반복적으로 넘어지다가 마침내 길을 잃고 헤매다 사라져 버린다. 따라서 그것은 그것이 진리를 추구하고 찾는 데 얼마나 무능한가 하는 것을 나타낸다.[21]

---

19 *Institutes*, 1.15.6.
20 *Institutes*, 2.2.12.
21 *Institutes*, 2.2.12.

칼빈은 "땅의 것들," 특별히, 사회적 단체, 정치, 가족에 대해 숙고하는 인간 지성의 능력을 확언하지만, 인간 지성의 "연약함은 심지어 그것이 정도에 서 있는 것처럼 보일 때조차 멈추거나 망설인다"라고 묘사하여, 열정적인 것과 거리가 먼 언어들을 사용하여 그리한다.[22] 그는 계속하여 다음과 같이 말했다.

> 심지어 그것이 길을 따르는 것처럼 보일 때조차, 절뚝거리며 비틀거린다는 이 측면에서, 인간 지성의 약함은 확실히 준비되었다.

이 방법으로 칼빈의 사상은 진리와 확실성을 분별하는 이성의 능력에 관한 것은 회의론의 영향을 반영한다. 동시에 그는 하나님과 창조의 참 지식을 예수 그리스도 안에서 알려진 계시를 통한 신앙에 확고하게 기초를 세운다. 이것은 그의 창세기 주석에서 볼 수 있다. 거기서 그는 다음과 같이 기록한다.

> 나는 말하기를, 그리스도가 우리를 그 자신의 학교에서 가르칠 때까지, 위에서든 또는 아래에서든, 우리를 하나님에게까지 올려 세울 수 있는 것을 우리는 아무것도 찾을 수 없다. … 그러나 이것이 우리가 우리의 감각들을 땅과 땅에 대한 생각에 적용하지 못하도록 막는 것은 아니다. 이는 우리가 거기서 어쩌면 하나님에 대한 참 지식의 확증을 찾을 수도 있기 때문이다.[23]

---

22 *Institutes*, 2.2.13.
23 Peter Wyatt, *Jesus Christ and Creation in the Theology of John Calvin*, Princeton Theological Monograph Series 42 (Allison Park, PA: Pickwick Publications, 1996), 116. Wyatt은 Clavin의 창세기 주석에 있는 그의 "개론"에서 인용한다. Jean Calvin and John King, *Commentaries on the First Book of Moses, Called Genesis* (Grand Rapids: Eerdmans, 1948).

여기서 우리는 하나님의 말씀에 모든 지식, 영적인 것과 현세적인 것 둘 다가 암묵적으로 기독론적인 기초를 세우고 있는 것을 발견하는데, 그것으로 혹자는 자신과 창조된 세상을 정확하게 알 수 있게 된다.[24] 그는 다음과 같이 기록한다.

> 왜냐하면, 그리스도는 그 형상으로 그 안에 하나님은, 우리가 볼 수 있도록, 그의 마음뿐만 아니라, 그의 손들과 발들을 보여 준다. 나는 그의 마음의 이름을 그리스도 안에서 우리를 포옹하는 그 비밀스러운 사랑에게 준다. 그의 손들과 발들에 의해 나는 우리 눈앞에 진열된 그의 역작들을 이해한다. 언제든 우리가 그리스도를 떠나는 순간에, 거기에는 아무것도 없다. 그 자체로는 너무 천박하거나 무의미해서 아무 때고 우리가 속임을 받을 필요가 없는 그런 것조차 없다.[25]

따라서 칼빈은 두 왕국 관점의 한 부분처럼 현세적 영역 안에서 자연법의 유형과 이성의 역할을 확언하는 반면, 궁극적으로 진리와 확실성은 오직 하나님의 말씀에 뿌리를 두고 있는 신앙의 영역에서만 발견된다.[26]

---

24 이것은 그의 진술에서 볼 수 있다. "그래서 인간의 삶 속에 가장 탁월한 모든 것의 지식은 하나님의 영을 통해서 우리에게 소통되었다는 것은 결코 놀라운 일이 아니다." *Institutes*, 2.2.16. Calvin은 다음과 같이 정리한다. "그러므로 인간의 이성은, 참 하나님이 누구인지 혹은 우리를 향해서 그가 어떤 종류의 하나님이 되기를 원하는지를 이해하기 위하여, 이 진리를 향해 접근하지도, 애쓰지도, 심지어는 곧바른 목표로 설정하지도 않는다." *Institutes*, 2.2.19.
25 Wyatt, *Theology of John Calvin*, 116. Jean Calvin and John King, *Commentaries on the First Book of Moses, Called Genesis*를 보라.
26 Jones는 *Institutes*의 수사학적 독해는 Calvin의 사상과 Barth의 사상 간의 관계를 증명한다고 주장한다. 그녀는 다음과 같이 쓴다. "Calvin의 신학을 이 관점에서 볼 때, 20세기 신학자 Karl Barth와의 그의 방법론적 친근성들은 아주 분명해진다." Jones, *Calvin and the Rhetoric of Piety*, 34.

칼빈의 죄의 만연성에 대한 이해는 현세적 영역에서 이성과 양심을 통해 얻어진 어떤 지식도 반드시 기독론적으로 기초되어 있어야 한다는 것을 의미한다. 이것이 이성과 양심이 진리의 특정한 형태들을 분별할 수 없다는 것을 말하지 않는다.

분명하게 칼빈은 비그리스도인들이 세상에 대한 지식에 접근하는 것이 가능하다는 것을 믿었다. 그러나 그런 지식은 오직 상대적 진리의 한 형태일 뿐이다. 이것은 현세적 영역들과 영적 영역들이, 그 자체의 고유한 속성들을 간직하는 반면(그것들은 서로 속으로 합체된 것이 아니다) 피차 분리될 수 없는 그런 방법으로 서로 침투해 들어가서, 깊게 연결되어 남아 있어야 할 필요성을 증명한다.

이것은 제도적 교회가 정부의 정책과 과학적 탐구와 같은 그런 영역들에서 권위를 주장할 수 있거나 반드시 주장해야 한다는 것을 의미하지 않는다.

그러나 그것은 예수 그리스도의 죽음과 부활 안에서 발견된 신앙과 희망의 확실성이 그것을 통해서 우리가 이 현세적 시도들에 반드시 참여하도록 하는 패러다임이라는 것을 의미한다. 기독론이 인류와 창조에 대한 모든 것을 우리에게 말할 수는 없는 반면, 따라서 다양한 형태들의 자연적 혹은 창조적 지식을 필요로 하지만, 그것은 확실히 인류와 창조의 의미와 방향에 대한 기본적 해석을 제공한다.

이 창조의 기독론적 해석은, 창조의 목적$telos$과 방향을 제공하는데, 그렇기 때문에, 그리스도인 공동체가 그리스도의 몸으로서 현세적 영역의 더 넓은 문화적 삶에 참여하는 기초다.

창조의 종말론적 해석을 가능하게 하는 것은 이 칼빈의 사상 속에 발견된 창조의 목적과 방향에 대해 이 기독론적 기초 놓기를 한 것이다. 이것은 칼빈신학적 인간론에서, 또한 그의 기독론의 맥락에서의 인간성 해석에서 인지된다.

토랜스T. F. Torrance는 『칼빈의 인간론』 *Calvin's Doctrine of Man*에서 매 순간 새 창조의 형태들을 초래하는 하나님의 계속되는 창조의 현재를 탐구한다. 토랜스는 칼빈의 시편 주석들에 호소하며 창조에 대한 신생의 해석을 묘사하는데 그 해석에서는 하나님이 계속하여 무에서 생명을 야기한다. 그는 칼빈이 다음과 같이 말한 것을 인용한다.

> 세상은 매일 갱신되는데, 이는 하나님이 그의 성령을 보내시기 때문이다. 이 살아 있는 피조물의 번식에서 우리는 의심할 것도 없이 끊임없이 세상의 새로운 창조를 본다. … 살아 있는 피조물들 중에 일어나는 모든 죽음들은, 말하자면, 단순히 무수한 우리의 무에 대한 실례들일 뿐이다. 다른 것들이 그들의 자리에서 생산되고 자랄 때, 우리는 우리에게 제시된 그것 속에서 세상의 갱신을 갖는다.[27]

토랜스는 인류를 향해 돌아설 때, 칼빈이 자신의 사상 속에 있는 "사람과 하나님의 관계에 대한 역동적 관점"으로 언급하는 것을 발견한다.[28] 이 맥락에서 인류 속의 "하나님의 형상"은 더 이상 정지된 것으로 이해되지 않는다. 그것은 하나님과 인류 간의 계속되는 관계를 통하여 형성된다. 토랜스는 다음과 같이 기록한다.

> 그러므로 우리의 삶은 우리가 계속하여 하나님께 가까이 하지 않는 한 "빈 형상"일 뿐이다. 우리가 가까이 할 때 우리는 "활기찬 삶"이 된다. 그러므로 칼빈이 하나님의 형상의 역동적 특성에 강조를 두고 있다는 것은 의심할 수도 없다. 그것은 사람 속에 계속하여 하나님을 닮아 가는 것에 의해, 그를

---

27 Thomas F. Torrance, *Calvin's Doctrine of Man* (London: Lutterworth Press, 1952), 62.
28 Torrance, *Calvin's Doctrine of Man*, 64.

향한 신적 의지의 주장에 계속하여 순종하는 것에 의해 유지된다. 다시 말하면, 하나님의 형상 imago dei은 하나님의 말씀 속에 알려져 있는 인간의 운명이라는 말로 인간 위에 또한 인간을 넘어서는 것으로 목적론적으로 해석되고, 신적 의지의 주장 속에 이것이 사람의 삶 위에 계시되었다.[29]

이것은 심지어 아담에게도 적용되는데, 토랜스는 다음과 같이 기록한다.

> 그가 아무런 확고하고 결정된 항구성을 갖고 있지 않는 한, 그것은 타락 전 아담에게도 동등하게 적용되었다. 그러나 우리가 이미 보아 온 것처럼, 그는 계속되는 창조와 소통의 말씀 안에 삶이 유지되게 하고 있었고, 마지막에는 그가 하늘의 형상과 영생에 이를 수도 있었다. 따라서 칼빈은 "하나님의 형상이 그가 완전함에 도달하게 되기까지는 단지 희미하게 예견되었다"는 것을 사실이라고 생각한다.[30]

하나님의 형상에 대한 역동적이며 궁극적으로 기독론적인 해석은 의미가 더 이상 어떤 정지되고, 마무리된 과거 속에 소재되어 있는 것이 아니라, 예수 그리스도의 죽음과 부활 속에 계시된 미래 속에서 발견되는 창조의 종말론적 해석을 위한 토대를 제공한다.

그런 관점이 자연적이거나 혹은 도덕적인 선을 분명하게 표현하는 것의 가능성을 부정하는 것이 아니다. 오히려 위에서 묘사된 것처럼 도덕적 선의 기독론적으로 기초된 해석을 위한 중요한 맥락을 제공한다. 이것은 다음 질문으로 나아가게 한다.

그러한 분명한 표현은 무엇처럼 보일 수 있을까?

---

29 Torrance, *Calvin's Doctrine of Man*, 65-66.
30 Torrance, *Calvin's Doctrine of Man*, 65-66.

더 중요하게, 자연적 선에 대한 종말론적으로 명확한 표현은 어떻게 "창조의 회복"에 관한 신칼빈주의자의 강조와 관련될 수 있을까?

뒤따르는 것 속에서 필자는 구체적으로는 카이퍼와 도예베르트의 사상인 신칼빈주의자의 관점에서, 창조에 대한 하나의 종말론적 해석의 가능성과 조우하는 반면, 창조의 기독론적 해석을 보완하는 실천 이성(자연법)을 통하여, 도덕적 선의 관점을 제공한다.

2. 카이퍼, 신칼빈주의, 두 왕국

신칼빈주의자의 관점으로 돌아가면, 카이퍼주의 사상의 두 축들, 즉 "일반은총"과 "대립" 간에 존재하는 긴장을 인정하는 것이 중요하다. 그것이 자연법 혹은 두 왕국 관점에 관한 중요한 영향을 끼치기 때문이다. 일반은총에 관한 강조는 다양한 문화적 영역들의 보편적 조우를 위한 기초를 제공하는 자연법의 한 유형을 형성하도록 이끌어 간다.

"대립"의 명확한 표현을 향해 기우는 자들은 기독교와 세속 사상 간의 불연속성을 강조하는 경향이 있는데, 그것은 문화적 구성에 대한 기독교적 설명들의 확립으로 이끌어 간다.

신칼빈주의의 모든 형태들이 이 두 축들 간의 긴장을 유지하려고 시도하는 반면, 거기에는 이것 아니면 저것을 향해 잡아당기려는 경향이 있는데, 그것은 두 왕국 관점에 관한 현재의 논쟁에서 볼 수 있다.

동시에 "회복"에 초점을 맞추는 타락과 구속의 해석과 함께, 창조의 주어진 가정을 강조하는 창조의 교리를 분명히 설명하기 위한 신칼빈주의자의 사상 안에 있는 성향은, 인지된 바르트주의의 창조와 구속의 통합 속으로 떨어지게 하는 두려움 때문에, 창조의 기독론적 해석을 문제로 만든다.[31] 클리포드 앤더슨Clifford Anderson은 자신의 글, "은혜의 전신갑주: 아브라함 카이퍼의 과학 신학의 일반 및 특별은총"에서, 카이퍼의 후기 사상에 근거된 창조의 기독론적 해석의 가능성을 대립과 일반은총을 화해시키는 한 방법으로 제안한다.[32] 앤더슨은 다음과 같이 말한다.

> 카이퍼가 예수 그리스도를 통하여 하나님이 창조된 세상과 구속된 세상 둘 다를 창조했기 때문에 일반은총 및 특별은총은 그리스도에게서 그들의 공통 근저를 찾는다고 주장했다.[33]

그는 다음과 같이 기록하여 이 기독론적 관점의 함의들을 계속하여 논의한다.

---

[31] 이 주제에 관해 특정한 개혁주의 단체들 안에는 바르트주의 사상에 대한 빠른 포기가 존속한다. 필자는 이 관점들이 창조에 대한 바르트주의의 신학적 해석을 잘못 해석하여 결과적으로 오해했다고 믿는다. Joseph Mangina는 자신의 글 "중재의 신학들: 급진적 정통성과 신정통성 사이의 Karl Barth"(Mediating Theologies: Karl Barth between Radical and Neo-Orthodoxy)에서 다음과 같이 쓴다. "Barth는 영어권에 있는 신학자들이 그에 대해 말한 대부분의 것들을 어리석다고 생각했다. 그는 그 자신을 인류의 삶, 경험과 문화의 적으로서 묘사한 것에 곤혹해했다. '내 경우, 창조는 존재하는 것이 아니다! 나에 의해 문화와 문명은 저주되었다!'" Mangina는 계속하여 다음과 같이 쓴다. "혹자가 Barth를 읽으면 읽을수록, 그는 이 믿음의 유비(analogia fidei)를 위한 기술적 명칭인 기독론적 자기단련(askesis)이 문들을 닫을 뿐만 아니라(또 그것이 얼마의 문들은 확실하게 닫는다) 열기도 한다는 것을 알게 된다. 얼마의 그에 대한 가장 통찰력 있는 해석가들은 Barth의 그리스도 중심주의가, 우리에게는 놀랍게도, 자연신학 혹은 역사신학의 느낌을 갖는 행위를 승인해 왔다는 것을 인정한다. 만일 자연이 은혜를 향해 정해져 있고, 창조가 언약의 외적 형태라면, 어떻게 피조물인 역사 또한 하나님의 사역들과 방법들을 향해 목소리를 내지 않을 수가 있는가?" Joseph L. Mangina, "Mediating Theologies: Karl Barth between Radical and Neo-Orthodoxy," *Scottish Journal of Theology* 56, 4(2003): 437, 439.

[32] Clifford B. Anderson, "A Canopy of Grace: Common and Particular Grace in Abraham Kuyper's Theology of Science," *Princeton Seminary Bulletin* 24, 1(2003).

[33] Anderson, "A Canopy of Grace," 136.

일반은총과 예수 그리스도 안에 있는 특별은총의 유기적 연합 역시 과학 신학에 대한 특정한 함의들을 갖는다. 필자의 의견에는, 기독교적 과학과 세속적 과학 간의 구별이 절대적이 될 수 없고, 오히려 반드시 상대적으로 남아 있어야 한다. 필자는 일반 및 특별은총의 기독론적 연합이 그들 간의 어떤 분리도 막으므로 대립을 상대화한다고 믿는다. 카이퍼의 신학은 그리스도와 세속적 과학의 **종말론적** 재연합을 향해 가리킨다.[34]

앤더슨의 경우, 일반은총과 특별은총 간의 관계에 대한 기독론적 해석이 그 두 범주를 지워 버리거나 통합시킴 없이 그들 간의 긴장을 이완시켜준다. 이 기독론의 해석의 열쇠는 종말론적 초점인데 거기서 창조의 의미는, 고정되고 완성된 시작에서라기보다는 오히려 예수 그리스도의 부활로 상징된 미래에서 발견된다. 앤더슨은 다음과 같이 쓴다.

아마도 카이퍼의 과학 신학 속의 긴장은 창조 속에 있는 기독교적 과학과 세속적 과학의 공통 근저를 역설함으로써가 아니라, 또는 특정한 은혜로 야기되고 인류의 분열에 의해 조장된 과학들의 분리를 강조함으로써 아니라, 창조를 위한 하나님의 섭리적 목적의 빛에 따른 과학의 성장과 발달을 고려함으로 가장 잘 유지될 수 있을 것이다."[35]

신칼빈주의가 계속하여 기독론에서부터 분리된 창조의 교리를 고집하는 한, 일반은총과 대립 간의 긴장은, 따라서 두 왕국의 딜레마는 남아 있게 된다. 그러나 만일 앤더슨이 주장하고 있는 것처럼 보이는 대로, 신칼빈주의가 기독론적 관점 안에 확고히 근저하고 있는 하나의 종말론적 창조의

34　Anderson, "A Canopy of Grace," 137(강조 추가됨).
35　Anderson, "A Canopy of Grace," 137.

교리를 개발할 수 있다고 하면, 초점은 완성된 과거가 아니라, 오히려 인류와 모든 창조의 미래 운명에 맞춰질 것이다.

흥미롭게도, 이 사상의 측면들이 이미 신칼빈주의자의 관점 안에, 카이퍼주의의 사상에 대한 도예베르트주의의 해석 안에 존재한다.[36]

3. 도예베르트, 판넨베르크, 창조의 종말론적 해석

캘빈 시어벨드는 그의 글 "도예베르트의 미학을 위한 유산"에서 "도예베르트의 이론의 네 가지 개혁주의적 특징들"을 묘사한다.[37]

첫째, 그는 추상적 사실주의 위에 또한 반대하여 피조적인 존재에 대한 구체적 실상을 언급한다. 도예베르트의 경우, "존재하는 것들의 모본의 측면들이 우주적 일시성의 순간들을 피조적으로 결정하는 것"으로서의 "피조적인 존재가 진정한 의미다."[38]

둘째, 시어벨드는 도예베르트가 어떻게 창조의 축소불가능성과 피조적 존재를 구성하는 다양한 의미의 형태들에 대한 해석들을 말하는지를 묘사한다. 그는 다음과 같이 쓴다.

---

36 필자는 특정한 신칼빈주의자 단체들 안에 모더니즘과 포스트모더니즘의 사상 속에 있는 철학적 또한 신학적 인간론과의 많은 조우가 있어 왔음을 인정한다. 이런 뜻에서 필자가 주장하는 것은 새로운 것이 없다. James H. Olthuis, James K. A. Smith, and Henry Isaac Venema, *The Hermeneutics of Charity: Interpretation, Selfhood, and Postmodern Faith* (Grand Rapids: Brazos Press, 2004)를 보라.

37 C. T. McIntire and H. Dooyeweerd, *The Legacy of Herman Dooyeweerd: Reflections on Critical Philosophy in the Christian Tradition*, Christian Studies Today (Lanham, MD: University press of America, 1985), 59.

38 McIntire and Dooyeweerd, *The Legacy of Herman Dooyeweerd*, 59.

마치 프리즘에 의해 굴절된 햇빛이 밝은 다양한 색채들의 분광을 보여 주는데, 그것들은 각각을 향해 축소 불가하지만 서로를 통해 빛나며 실제로 흰색 빛으로서 응집되듯이, 마찬가지로 사물들의 기능하는 것을 구성하는 의미의 다른 초기의 형태들이 끈질기게 되고 있고 가고 있는 것의 이음매 없는 직물이다.[39]

셋째, 그는 도덕법에 의해 공급된 "각 피조적인 사물을 위한 선하고, 단일하며, 다양한 광휘를 띤 방향"을 언급하는데, 그것이 도예베르트가 "하나님의 언약을 맺는 말씀의 프리즘같은 변형들로서 언급하는 것이다."[40] 시어벨드는 이 형태의 법들을 창조주의 은혜와 사랑으로 해석한다. 그는 다음과 같이 쓴다.

창조된 것들이라는 의미의 다각적 지역들은 모두 함께 하나님의 때의 선물이다. … 그들을 위한 하나님의 은혜롭고, 선하며 계속하여 사물을 일시적으로 구성하고 있는 것은 하나님의 거룩한, 창조적 의지의 작용이다.[41]

넷째, 시어벨드는 어떻게 도예베르트의 창조에 대한 해석이 예수 그리스도 안에 말해진 하나님의 말씀에 근거하고 있는지를 묘사한다. 그는 다음과 같이 기록한다.

그러므로 구체적 사실의 하나로서, 또한 여기서 우리는 필연적으로 형태적 법의 영역들의 이론을 넘어서지만 그것에 연결된 사안들을 향해 발걸음을 내딛는데, 인간의 경험과 인간의 사역에 위탁된 모든 비인간적인 창조된 것

---

39 McIntire and Dooyeweerd, *The Legacy of Herman Dooyeweerd*, 59.
40 McIntire and Dooyeweerd, *The Legacy of Herman Dooyeweerd*, 60.
41 McIntire and Dooyeweerd, *The Legacy of Herman Dooyeweerd*, 60.

의 의미 둘 다가 그리스도 안에서 함께 가져와지고 역사적으로 하나님의 의도한 의미에 도달한다.[42]

도예베르트의 사상에 대한 이 해석의 중요성은 그것이 카이퍼에 대한 앤드슨의 해석과 유사하게 창조와 기독론 간의 종말론적 연결의 가능성에 대해 말한다는 것이다.

다시 말하지만, 그런 움직임이 창조를 기독론 속에 통합시키는 데로 이끌어가지 않는다는 것을 강조하는 것이 중요하다. 오히려 그것은 예수 그리스도의 부활 속에 계시된 목적을 향한 창조의 종말론적 방향에 대한 인식이다. 도예베르트는 자신의 작품, 『서구 사상의 황혼에서』 *In The Twilight of Western Thought*에 다음과 같이 기록한다.

> 만일 예수 그리스도가 영적 중심이 되지 않고 그의 왕국이 세계사의 궁극적 목적이 되지 않았다면 인류와 인류의 문화적 개발의 전체 과정을 위한 장래 희망은 전혀 없었을 것이다. 이 세계사의 중심과 목적은 서구나 아니면 그 어떤 문명에도 묶여 있지 않다. 그러나 그것은 새로운 인류를 통째로 그것의 참 **목적지**로 이끌어 갈 것이다. 이는 그것이 자기희생 속에 계시된 신적 사랑에 의해 세상을 정복했기 때문이다.[43]

인류의 목적지 혹은 운명에 관한 이 강조와 함께, 우리는 볼프하르트 판넨베르크의 신념과의 의미심장한 상관관계를 발견한다. 그것은 모든 창조의 목표가 "예수 그리스도 안에서 이미 이루어진, 죽은 자의 부활에 대한 종말론적 미래"에 동참함으로 "하나님의 생명을 나누는 것"이라는 점이

---

42 McIntire and Dooyeweerd, *The Legacy of Herman Dooyeweerd*, 60.
43 H. Dooyeweerd, *In the Twilight of Western Thought: Studies in the Pretended Autonomy of Philosophical Thought* (Lewiston, NY: Edwin Mellen Press, 1999), 76.

다.⁴⁴ 판넨베르크는 다음과 같이 말한다.

> 창조와 종말론은 서로에게 속해 있는데 그것은 오직 종말론적 완성에서만 피조물, 특별히 피조물인 인간의 운명이 성취될 것이기 때문이다.⁴⁵

이것은 "전체 과정에서 연합의 근거"를 제공하는 것이 시작이 아니라, 오히려 그 "시작"이 오직 종말에서만 온전하게 의미로 덧입혀질 것임을 뜻한다.⁴⁶ 창조의 의미는 "그 시작에서" 일어났던 얼마의 성취된 행위 안에서 발견되는 것이 아니다. 오히려 "그 시작 안에 있는" 창조의 의미는 예수 그리스도의 부활 속에 계시된 종말론적 끝에서만 온전하게 실현된다.

이것은 하나님의 형상으로 지음을 받았다는 것이 무엇을 의미하는지에 대한 판넨베르크의 해석에 훨씬 더 많이 나타난다.⁴⁷ 자연법에 대한 어떤 분명한 표현들 안의 성향들은 하나님의 형상으로서의 인간성에 대해 주어진 가정을 강조하는 것이다. 타락의 결과로, 인간의 정체성은 상실되었거나 아니면 심하게 망가져서, 현재는 회복이나 고침을 필요로 한다.

이 맥락에서, 자연법은 인류의 표준적 이해와 인간들이 만들어 내는 문화적 유형들을 결정하기 위한 수단이 된다. 그러나 판넨베르크는 기독론적인 그러므로 종말론적으로 "인간이 되어 가는 것"을 향해 방향 잡혀진 인간의 정체성에 대한 하나의 신학적 해석을 제공한다.

---

44 Wolfhart Pannenberg, *Systematic Theology*, 3 vols. (Grand Rapids: Eerdmans, 1991), 3:136–37.
45 Pannenberg, *Systematic Theology*, 3:139.
46 Pannenberg, *Systematic Theology*, 3:146.
47 Wolfhart Pannenberg, *Anthropology in Theological Perspective* (Philadelphia: Westminster Press, 1985)를 보라. 필자는 Pannenberg가 피조물됨의 유한성을 죄의 근거로 만드는 것처럼 보이는 것에 대한 개혁주의적 우려를 인정하는 반면, 필자는 이것이 그의 의도라는 것을 납득할 수 없다.

판넨베르크의 경우, 이것은 인간의 정체성이 과거에 고정된 채로 주어진 어떤 것이 아니라, 미래에서 찾아진 어떤 것이라는 의미다. 따라서 하나님의 형상으로 지음을 받았다는 것을 말하는 것은, 판넨베르크의 경우, 하나님의 형상이 "되어 가는 것"을 말하는 것이다. 즉 그것은 과거에 고정된 채로 주어진 신분이 아니라, 궁극적으로 예수 그리스도 안에서 성취되었고 계시되어 온 인류의 운명이다. 그는 다음과 같이 쓴다.

> 그러면, 인류의 이야기 속에서, 하나님의 형상은 최초에 온전하게 달성되지 않았다. 그것은 여전히 진행되고 있다. 이것은 모양에 대해서만 그런 것이 아니라 형상 그 자체에 대해서도 사실이다. ⋯ 이것의 온전한 실현이 우리의 운명이다. 역사적으로 예수 그리스도와 함께 달성되었던 것이고 그 안에 다른 사람들도 그리스도의 형상으로의 변혁을 통해 참여할 수도 있게 될 것이다.[48]

이렇게 하여 예수 그리스도의 부활은 단순히 타락에 대한 하나의 대응으로서만 해석되는 것이 아니라, 모든 피조물의 의도된 성취, 즉 운명으로서 해석된다. 예수 그리스도의 부활이 모든 피조물이 움직여 나가는 종말의 방향이고, 인간이 하나님의 형상으로 되어 가는 것의 성취다. 이것은 판넨베르크로 하여금 다음과 같이 기록하는 것을 허용한다.

> 그러므로 성육신은 창조에 더해진 외적 부가물이나 아담의 죄에 대한 창조주의 단순한 반작용이 될 수 없다. 애당초부터 그것은 하나님의 세계 질서의 면류관으로, 창조 속에 있는 로고스*Logos*의 능동적 임재에 대한 최상의 응집이다.[49]

---

[48] Pannenberg, *Systematic Theology*, 2:217.
[49] Pannenberg, *Systematic Theology*, 2:64.

이 맥락에서 판넨베르크는 인간의 정체성이 근본적으로 자신 밖의 원천, 즉 그가 "바깥 중심" 혹은 "세상을 향한 개방성"의 조건으로 언급하는 것에 근거한다고 해석한다.[50] 이것이 사회적이고 문화적인 세상과의 본질적 관계를 포함하는 반면, 판넨베르크에게 있어 궁극적 관심은 인간의 정체성의 기초를 두는 것과 궁극적 원천, 즉 절대적인 하나님 안에 의미를 두는 것이다. 그는 다음과 같이 기록한다.

> 유한한 객체들과의 모든 인간관계는 무한한 것과의 관계를 내포하고 그러므로 … 종교적 기초를 가지며 또한 모든 유한한 실상들을 초월하는 것으로부터 그것은 항상 매번 주어지는 실상으로 돌아간다.[51]

판넨베르크는 계속하여 말한다.

> 세상을 향한 인간의 개방성, 우리의 세상의 객체들과의 관계에서 객관성을 위한 역량은, 그러므로 암묵적으로 종교적 깊이의 차원을 가진다.[52]

판넨베르크에게 이 모든 것은 인간의 정체성과 "신적 실상"에 대한 질문이, 그가 말하기를 "오직 하나님과의 관계에서만 인간들은 온전하게 그 자

---

50 Pannenberg, *Anthropology*를 보라. 특별히 제2장 "세상과 하나님의 형상을 향한 개방성"(43-79)을 보라.
51 Pannenberg, *Anthropology*, 70.
52 Pannenberg, *Anthropology*, 72. 이렇게 하여, Pannenberg의 경우, 인간의 정체성은 존속된 문화의 세계 속에 복잡하게 근거되고 있다. 만일 이것이 사실이라면, 그것은 "영적"이고 "일시적"인 영역들이 필연적으로 연결되어야 할 필요를 증명한다. 만일 인간의 정체성이 문화를 위한 바깥 중심적 역량에 의해 형성되고 빚어졌다면 그리스도의 사역이 문화와 아무 상관이 없다고 말하는 것은 의미가 없다.

신들이 된다"고 할 정도로, 상호 연결되어 있다는 것을 의미한다.⁵³

판넨베르크의 인간의 정체성에 대한 분명한 표현은 도예베르트의 인간론적 통찰력과 의미심장한 연결점들을 공유한다. 판넨베르크와 마찬가지로, 도예베르트는 인간의 정체성을 칼빈과 유사한 방법으로 해석한다. 거기서 인간의 정체성의 의미는 그 자체 밖의 하나님과의 적법한 관계 속에서 발견된다.

이렇게 하여 인간의 정체성의 참된 의미는 관계적으로, 다른 관계들, 즉 창조와 다른 것들을 위한 기초를 제공하는 인류와 하나님 사이에 존재하는 사랑으로 그 자체를 드러내는데 그 안에 인간의 정체성이 소재되어 있다. 도예베르트는 다음과 같이 기록한다.

> 하나님의 형상이 인간성의 종교적 중심에 회복되어 온 것은 오직 성육신하신 말씀과 구속주이신, 예수 그리스도 안에서뿐이다. … 그것은 반드시 우리의 일시적 삶 전체 안에 그것을 나타내야 한다. 결과적으로, 지금은 예수 그리스도를 떠나서 진짜 자기 지식이 있을 수 없다. 그리고 이 성경적 자기 지식은 우리의 전체 세상과 삶의 관점이 반드시 그리스도 중심적 의미로 개혁되어야 한다는 것을 암시한다.⁵⁴

그리스도의 사역을 인류 속에 있는 하나님의 형상의 회복으로 보는 도예베르트의 해석은 인간의 정체성과 의미가 그 자신 밖에 근거한다고 보는 인간론적 충동을 증명한다. 그것은 판넨베르크가 하나님의 형상으로서 "인간이 되어 가는 것" 혹은 인간의 운명이라 한 것과, 그러므로 참된 인간의 정체성은 믿음으로 회복된다고 언급한 것을 반영한다.

---

53 Pannenberg, *Anthropology*, 73.
54 Dooyeweerd, *Twilight*, 130.

도예베르트와 판넨베르크의 사상 간의 관계에 관하여 풀어 놓을 것이 확실히 훨씬 더 많이 있지만, 필자의 목적은 운명으로서의 인간의 정체성의 발상에 관한 접촉점을 증명해 온 것이다.

판넨베르크의 경우 이것은, 정체성과 의미를 과거에서가 아니라 장래에서 찾았다고 본, 창조의 종말론적 해석을 위한 그의 주장에 분명하게 표현되어 있다. 도예베르트는 그런 연결점을 명백하게 만들지 않는 반면, 그의 사상 속에 이 방향을 가리키는 요소들이 있는 것처럼 보인다.

만일 이 연결점들이 그럴듯하게 보일 수 있다면, 두 왕국론 논쟁을 위한 함의들은 무엇인가?

4. 결론: 창조의 종말론적 약속

개혁신학의 갱신된 두 왕국 논쟁의 정밀한 검토는 그것이 주로 기독론과 창조의 교리 간의 관계에 관한 것임을 증명한다. 더 구체적으로, 그것은 의미의 질문에 초점을 맞춘다.

창조의 의미와 정체성이 창조의 성취가 과거에 일어난다는 것을 의미하는, "ㄱ 시작"에 결정되었는가?

아니면, 창조의 의미는, 예수 그리스도의 부활이 그것의 예기적 침입이라고 할 수 있는 미래에 위치하는가?

만일 창조의 의미가 완성된 태초에서 찾아진다면, 자연법과 두 왕국 관점은 창조를 위해 하나님이 제정하신 자연 질서를 유지하는 보수적인 역할을 한다. 이렇게 하여, 자연법과 두 왕국의 접근은 특정한 인간론의 해석과 인류가 마땅히 이행해야 하는 사회적이고 문화적 표준들을 유지하기 위한 도구가 된다. 그것은 또한 현세적 왕국 속에 제정된 자연 질서를 범하는 죄를 짓고 있는, 죄악 된 인류와 죄악 된 문화를 대적하는 하나님의 심판을 위한 근거를 제공한다.

그러나 만일 창조의 의미가 예수 그리스도의 부활에 나타나 있는 미래의 완성에서 찾아진다면, 창조와 자연법의 이해는 세상에 대한 완전히 다른 해석과 분명한 표현, 즉 창조의 약속성의 해석에 대해 개방된다.

창조의 "약속"을 언급하는 것은 종말론적 방향을 강조하는 것이다. 그것은 하나님이 "모든 것의 모든 것"이 될 때, 예수 그리스도의 부활에 계시된 새 창조 안에서의 창조의 성취를 가리킨다.[55] 위르겐 몰트만Jürgen Moltmann은 이것을 다음과 같이 묘사한다.

> 모든 창조된 존재들은 단순히 창조된 존재들로서, 그들의 창조주를 가리킨다. 그러나 모든 창조된 존재들은 그 시작의 피조물들로서, 또한 종말에 있을 그들의 완성도 가리킨다.[56]

이렇게 하여 창조는 성취된 시작으로 귀속되어 있는 것이 아니다. 그 대신 그것은 예수 그리스도의 부활로 약속된 미래의 시작으로 해석된다.[57] 테

---

[55] Jürgen Moltmann, *Experiences in Theology: Ways and Forms of Christan Theology*, 1st Fortress Press ed. (Minneapolis: Fortress Press, 2000), 102-3. Motlmann은 다음과 같이 쓴다. "이 같은 '개념'의 정의를 넘어 또한 반대하여, 약속은 실존적으로 실상인 것을 넘어서서 실상이지 않은 것의 영역, 가능성의 영역, 또한 약속된 것을 예상하는 세상 속으로 뻗어 간다. 그렇게 함으로 그것은 미래적으로 가능한 것을 위해 실존적으로 실상인 것을 개방하고, 그것을 과거에 족쇄 채우는 것으로부터 자유롭게 한다. 만일 사물들이 고정되었고 마쳐졌다면 … 실상은 하나의 개념으로 축소될 수 있고, 정의될 수 있다. 만일 그것들이 진행 중에 있다면 … 그것들은 오직 가능성 있는 미래에 대한 예상을 통해서만 영향을 받을 수 있다."

[56] Moltmann, *Experiences in Theology*, 111.

[57] 이것이 창조를 구원론 속으로 통합시키는 데로 이끈다는 비난은, 창조주와 피조물 간의 차이가 사라지지 않기 때문에, 하나님의 사역, 혹은 구원론의 삼위일체적 이해의 맥락에서 견지될 수 없다. Moltmann은 다음과 같이 쓴다. "창조주와 그의 피조물 간의 거리는, 비록 그 차이가 사라지지는 않을지라도, 그 자신이 피조물 안에 내주하는 것을 통하여

드 피터스Ted Peters는 자신의 작품 『하나님 – 세상의 미래』God-The World's Future 에서 이것에 대해 하나님이 "과거로부터가 아니라, 미래로부터 창조하신 다"라는 "예기적 창조의 개념"으로 말한다.[58]

이것은 하나님의 창조적 활동을 "과거로부터 밀어붙이는 것이라기보다는 미래로부터 잡아당기는 것"을 나타낸다. 그것은 궁극적으로 자연과 역사 안에 있는 "하나님의 창조적 활동이 자유롭고 우발적인 존재들을 조화로운 전체 속으로 이끌어 가는 하나님의 구속적 활동에서 파생한다"는 것을 의미한다.[59]

피터스는 판넨베르크의 신학 작품을 반영하여, 역사의 운동을 총체를 향한 창조의 운동으로 해석한다. 즉, 그것이 하나님과의 관계의 충만함 속으로 들어오는 때 약속된 피조물의 안식의 쉼의 성취가 이루어진다. 이것이, 피터스의 경우, 근본적으로 창조에 대한 하나의 기독론적 해석으로 다음과 같이 기록한다.

> 이 목적은 예수 그리스도의 사역, 죽음과 부활에서 분별될 수 있다. 예수 그리스도 안에서 우리는 예기적으로 전체를 위한 하나님의 의도, 알파에서 오메가까지, 처음부터 끝까지 꿰뚫는 단일한 목표를 본다.
> "만물이 그에게서 창조되되 하늘과 땅에서 보이는 것들과 보이지 않는 것들과 … 그가 만물보다 먼저 계시고 만물이 그 안에 함께 섰느니라" 골 1:16-17.[60]

끝나게 될 것이다." Jürgen Moltmann, *God in Creation: A New Theology of Creation and the Spirit of God*, 1st Fortress Press ed. (Minneapolis: Fortress Press, 1993), 64.

58 Ted Peters, *God-The World's Future: Systematic Theology for a Postmodern Era* (Minneapolis: Fortress Press, 1992), 134.
59 Peters, *God-The World's Future*, 136.
60 Peters, *God-The World's Future*, 139.

궁극적으로, 이것은 피터스가 "예기적 의식"이라고 부르는 것, 즉 "하나님의 약속과 하나님의 신실함을 믿는 신앙 위에 기초한" 하나의 해석을 나타낸다.[61]

창조의 약속의 해석 안에 자연법을 위한 중요한 역할이 남아 있다. 자연법의 기능은 아무튼 더 이상 창조된 세상의 도덕적 본체론을 절대적 확실성을 갖고 분별하지 않는다. 대신에 찰스 테일러Charles Taylor가 『자아의 원천들』Sources of the Self에서 묘사하고 있는 것처럼, 우리는 우리의 정체성을 알려주는 이야기들과 행위들에 조우하는 것에 의해 우리의 삶에 대한 도덕적 의미를 만드는 것을 추구하고, 그것으로부터 우리가 선에 대한 "최선의 설명"을 한다.[62] 이렇게 하여, 테일러는 다음과 같이 말한다.

> 실천 이성은 … 전환들 속의 추론이다. 그것은 얼마의 입장이 절태적으로 바르다는 것이 아니라, 오히려 얼마의 입장이 얼마의 다른 입장들보다 우월하다는 것을 확립하는 것이 목표다. 그것은 암암리에 혹은 공개리에, 암묵적으로 혹은 명시적으로 비교되는 명제들에 관해 우려한다.[63]

---

61 Peters, *God-The World's Future*, 19.
62 Charles Taylor, *Sources of the Self: The Making of the Modern Identity* (Cambridge, MA: Harvard University Press, 1989). 또한, Christian Smith, *What Is a Person? Rethinking Humanity, Social Life, and the Moral Good from the Person Up* (Chicago: University of Chicago Press, 2010)을 보라. Smith는 인간의 정체성의 "부상하는" 이해와 이 "부상"을 통해 사용하게 된 자연적인 도덕적 선의 해석을 제공한다. Smith의 경우, "선"의 이해에 이르는 것은 복잡한 과정이다. 그는 다음과 같이 쓴다. "도덕에 대한 목적론적 인격주의자의 접근은 사전에 고정된 규범들 혹은 절차들 혹은 옳은 것을 하고 선을 달성하기 위해 뒤따라질 필요가 있는 명령형들의 목록을 구체화하지 않는다. 선은 하나의 추구해야 하는 탐구다. 그리고 선 자체에 대한 목적 있는 바로 그 추구가 선의 실현의 한 부분이 된다"(421).
63 Taylor, *Sources of the Self*, 72.

테일러의 경우, 선에 대한 분명한 표현은 인간이 되어 가는 과정 속에 기초되고 있다. 그것은 인간이 된다는 것은 하나의 목적을 향해서, 하나의 미래를 향하게 되는 것이라는 신념이다. 이 관점의 중요한 부분은 우리가 살고 있는 관계들의 거미줄로부터의 정체성의 공개, 즉 우리가 "진정성"이라고 언급하는 것이다.

따라서 실천적 도덕적 선은 생성의 과정으로 말미암는 존재하는 것의 부상으로부터 흘러나오는데, 그것이 인간의 정체성의 공개뿐만 아니라, "사물들," 혹은 창조된 세상의 공개로 이끌어 간다. 우리가 선을 말할 수 있게 되는 것은, 오직 우리의 정체성이 형성된 다양한 관계들을 요약하는, 우리의 이야기의 맥락 속에서뿐이다. 이 이야기 안에서, 언어는 인류가 도덕적 추론의 과정 속에서 선을 분명하게 표현하는 수단으로서 중심 역할을 한다. 테일러는 다음과 같이 기록한다.

> 물론, 우리의 최선의 설명이라는 말로도 우주에 대한 물리적 이론을 결코 생각해 낼 수 없다. 그러나 그것은 바로 우리 인간의 실상이 이 물리학을 위해 적절한 용어들로 이해될 수 없다는 것을 의미한다. … 우리의 가치가 인간 존재로서 우주 안에 살고 있다는 것이 무엇인지를 들여다 볼 수 있는 통찰력을 우리에게 주는 목적을 말하고, 또한 이것은 물리 과학이 나타내고 설명한다고 주장하는 것과는 아주 다른 일이다.[64]

따라서 테일러의 경우, 도덕적 선은 개인들이 살았던 세상의 맥락에서 그들의 정체성을 명확히 표현하려고 시도하면서 인간이 되어 가는 과정으로부터 떠오른다.

---

64 Taylor, *Sources of the Self*, 59.

이렇게 하여 선에 대한 명확한 표현은 절대적 확실성을 결정하는 것의 연습이 아니다. 그것은 대신에 주어진 시간과 장소에서 선에 대한 "최선의 설명들"을 명확히 표현하는 것의 실천이다. 언어학적으로, 우리는 실증적 방법으로가 아니라, 시적인 방법으로, 우리가 세상에 대해 또한 인간의 정체성에 대해 무언가를 말하는, 도덕적 가치 진술문을 만드는 데 사용된 말들이 실상과 관련된다는 것을 신뢰한다.[65]

테일러는 다음과 같이 쓴다.

> 내가 환기시키기 원하는 인간의 삶의 일반적 특징은 그것의 근본적인 대화적 특성이다. 우리는 우리 자신을 이해하는 역량을 거슬러, 또한 그 까닭에 우리가 표현이 풍성한 인간의 언어들을 획득하는 것을 통하여, 하나의 정체성을 정의하는 것으로, 온전하게 인간이 된다.[66]

테일러는 계속하여 말한다. 이것은 "우리가 말하는 말들을 포함하는 것뿐만 아니라, 예술, 몸짓, 사랑, 그와 같은 것의 '언어들'을 포함하여, 그것으로 우리 자신을 정의하는 다른 표현의 형태들도" 포함한다.[67]

---

[65] Charles Taylor, *A Secular Age* (Cambridge, MA: Belknap Press of Harvard University Press, 2007)을 보라. Taylor는 다음과 같이 쓴다. "새로운 시적 언어가 아브라함의 하나님에게로 돌아가는 길을 찾을 수 있도록 기능한다. … 한편으로는, 혹자는 거의, Eliot이 말한 것처럼, 시적 표상들은 강력하지만 혼동된 느낌의 '예리한 불편함'으로부터 구조받기 위해 경험을 명확히 표현하도록 애를 쓴다고 말할 수도 있다. 다른 한편으로는, 그들이, 한 번 더 경험적으로 사실이 되도록 만들어, 전통에 의해 이미 잘 다듬어진 신학적 언어 속에 갇혀 있는 하나님의 행위에 의미를 부여하기 위해 애를 쓴다. 시 속에 갇혀 있는 궁극적 통찰력은 그 둘의 통합이고, 그것은 둘 다를 변형한다. 즉, 경험에는 더 깊은 의미가 주어지고, 하나님의 사역은 새로운 종류의 경험적 실상을 획득한다"(757).
[66] Charles Taylor, *The Ethics of Authenticity* (Cambridge, MA: Harvard University Press, 1992), 33.
[67] Taylor, *The Ethics of Authenticity*, 33.

인간의 삶에 대한 이 대화적 이해를 통하여 살아온 세상과의 관계 속에서 선이 부상한다. 이렇게 하여 인간의 정체성과 의미는, 문화적이고 사회적인 세상에 대한 우리의 관계들 안에서, 자신 밖에 근거하게 된다.

동시에, 선에 대한 명료한 표현은 되어 가고 있는 것의 공개적 과정인 미래의 의미 속에 근거하게 된다. 그것은 우리의 언어가, 세상에 대한 실상을 표현하는 반면, 그 자체를 넘어 우리가 움직여 가고 있는 방향의 종말을 가리킨다. 이렇게 하여 테일러는 판넨베르크의 "예기적 의식"과 몰트만의 창조의 약속의 종말론적 해석을 보완하는 실천 이성을 통하여 분별된 도덕적 선의 이해를 제공한다.[68]

모두를 같이 취하면, 그들은 인간의 정체성과 살아온 세상에 대한 설명을 제공하는 이성과 인간 경험을 위한 의미심장한 역할을 보유하는 창조의 종말론적 해석을 증명한다. 그러한 관점이 기독론 혹은 구원론적 관점 안에 있는 창조의 교리를 지워 버리지 않는다.

대신에, 테일러의 작품은 창조된 세상과 관련하여 인간이 된다는 것이 무엇을 의미하는지를 탐구하는 실천적이고 과학적인 이성을 위해 의미심장하고, 또한 필요한 역할을 하도록 하는 기초를 제공한다. 이렇게 하여 신학은 실천 이성을 떠나서 사물들의 총체적 설명을 제공한다고 주장할 수 없게 되었지만, 실천 이성 역시 예수 그리스도의 부활 속에 계시된 창조의

---

68 Moltmann은 기독교 신학의 기초로서 "자연신학"의 한 형태의 필연성을 주장한다. 그는 다음과 같이 기록한다. "오늘날, 그 자체의 종말론적 신학으로부터, 기독교 신학은 새로운 창조신학과, 그것으로부터 그 자체이 가연신학을 긱팅하는 과싱 속에 있다. 이 피조물의 신학은 새로운 환경론적 위기와 우리 시대의 도전을 반드시 언급하게 될 것이다. 만일 우리가 반드시 다른 종교적 공동체들과 철학들, 그러나 그 모든 것 위에 과학들 및 기술들과 협력해야만 한다면, 우리는 자연신학의 틀을 필요로 한다. 왜냐하면, 자연신학을 통해서만 다른 사람들이 만물들과 삶의 모든 복잡성 안에 있는 하나님의 임재의 신비 속으로 이끌릴 수 있고, 또한 그리스도인들도 우리 모두를 위협하는 환경론적 위기를 보는 다른 사람들의 인식들과 지혜들에 관심을 갖게 될 것이기 때문이다." Moltmann, *Experiences in Theology*, 80.

운명을 떠나서 현세적 세상과 관련하여 인간들이 산다는 것이 무엇을 의미하는지에 대한 해석을 제공할 수 없게 되었다.

따라서 만일 개혁주의 전통이 두 왕국의 언어를 사용한다면, 그것은 반드시 필자가 다른 어디에선가 주장하고 있는 것처럼, 두 구분된 영역들을 서로 분리시키지 않는 방법으로 사용해야 할 것이다.[69] 만일 우리가 전적으로 두 왕국의 언어를 사용하려고 한다면, 우리는 반드시 예수 그리스도의 죽음과 부활의 맥락 안에서 두 영역들이 피차 정보를 제공하고 상호 침투한다는 것을 역설해야 한다.

더 나아가서, 테일러의 도덕적 선에 대한 명료한 표현을 자연법의 한 유형에 대해 말하는 방법으로 사용하는 것이, 즉 실천 이성을 통하여 선을 분별하는 인간의 능력을 의미하는 것이 위에 묘사된 루터와 칼빈의 신학적 관점에 훨씬 더 많이 근접한다. 이 관점이 신앙의 관점에서 창조에 대한 시적 혹은 미학적 해석으로서 언급될 수 있다. 루터와 칼빈이 생각하는 것처럼, 그것은 예수 그리스도의 부활 속에 계시된 피조물의 되어 가는 것의 희망으로부터 파생된 신앙의 언어 안에서 심각하게 이성을 취하는 관점이다.

이성은 인간이 된다는 것의 결정적인 부분으로 남아 있다. 이는 실천 이성과 과학적 탐구를 통해서 우리가 창조된 세상과 조우하기 때문이다. 그러나 오직 예수 그리스도 안에서만 혹자가 피조물의 되어 가는 것의 방향과 운명에 대한 완전한 지혜와 이해를 얻고, 또, 그러므로 오직 신앙으로만 우리는 궁극적으로 피조물의 되어 가는 것의 전체를 숙고할 수 있다.

창조의 종말론적 해석에 대한 이 명료한 표현은 의심할 것도 없이, 두 왕국 관점으로 돌아오라고 부르는 자들과 창조의 기독론적 해석으로 불편해하는 신칼빈주의자들 양쪽으로부터 비판을 받을 것이다. 심지어 신칼빈주

---

69 Jason Lief, "Is Neo-Calvinism Calvinist? A Neo-Calvinist Engagement of Calvin's Two Kingdoms Doctrine," *Pro Rege* 37, 3 (2009)를 보라.

의자 관점 안에도 회복으로서의 구속에 대한 착상과 되어 가는 것과 변형에 대한 종말론적 강조 간에 의미심장한 긴장이 남아 있다.

그러나 필자는 이 관점들이 동의하지 않는 것보다는 더 많은 것을 공동으로 나누고 있다고 확신한다. 그리고 이 공유성이 건설적인 대화의 가능성과 필요성 둘 다를 만든다. 궁극적으로 이 관점으로 루터와 칼빈을 연합하는 것은 미학적 해석의 원리다. 그 안에서 창조의 의미는, 관계들 속에 의미와 정체성에 근거를 제공하는 희망, 신뢰, 약속, 사랑의 공통된 언어에 의해 명료하게 표현된, 창조 밖에서 또한 넘어서 발견된다.[70]

그러므로 한 하나님의 나라 속에 있는 소위 영적 영역과 일시적 영역 간의 상호 관계에 대해 적절하게 말할 수 있는 근거를 제공하는 것은 이 미학적 해석학이다. 이 맥락에서 자연법은 "주어진 것은 그것으로 머리를 만들든 또는 꼬리를 만들든, 그냥 주어진 것"임을 의미하지 않는다. 대신에, 창조는 은혜의 한 형태가 된다. 그것은 하나의 선물, 즉 우선적으로 피조물로서의 우리의 안녕에 관심 있어 하는 신적 복으로서 시어벨드가 "하나님의 건설하는 말씀의 철학"이라고 요약한 것이다.[71]

---

70 Dooyeweerd는 다음과 같이 쓴다. "하나님의 형상의 중심적 자리로서, 인간 자아는 그것의 전체 현세의 삶과 전체 현세적 세상을 하나님을 향한 사랑의 봉사에 집중하도록 선천적인 종교적 충동을 부여받았다." Dooyeweerd, *Twilight*, 126.
71 McIntire and Dooyeweerd, *The Legacy of Herman Dooyeweerd: Reflecions on Critical Philosophy in the Christian Tradition*, 61-62.

제10장

구속 받은 문화로서 그리스도인의 증언[1]

라이언 매킬헤니 Ryan C. McIlhenny 박사

모든 일을 원망과 시비가 없이 하라 이는 너희가 흠이 없고 순전하여 어그러지고 거스르는 세대 가운데서 하나님의 흠 없는 자녀로 세상에서 그들 가운데 빛들로 나타내며 생명의 말씀을 밝혀 나의 달음질이 헛되지 아니하고 수고도 헛되지 아니함으로 그리스도의 날에 내가 자랑할 것이 있게 하려 함이라 빌 2:14-16.

문: 우리 자신의 어떤 공로도 없이, 그리스도로 말미암는 은혜만으로 우리가 우리의 비참에서 건짐을 받은 것이라면, 왜 아직 우리는 반드시 선한 일들을 해야만 하는가?

답: 그리스도가 자기의 피로 우리를 구속하신 후, 또한 자기의 성령으로 우리를 다시 새롭게 하셔서 그리스도의 형상이 되게 하셨기 때문에, 우리의 총체적인 삶으로 우리는 우리 자신이 하나님께 그의 혜택들에 대해 감사한다는 것을 보여 주어야 하고, 그는 우리에게서 찬양을 받으셔야

---

[1] 본 장은 "Calvin Commemorative" edition of *MAJT* 20 (2009): 75-94에 출판된 필자의 기고문의 상당한 수정판이다. 원래의 제목은 "그리스도와 문화에 대한 제3의 개혁주의 접근: Kuyper의 신칼빈주의와 두 왕국 관점을 적절히 사용하는 것"이었다. 좀 더 중재적 입장을 붙잡으려는 시도였던 그 기고문이 출판된 이래, 필자는 신칼빈주의자 입장 속에 스스로를 더 확고히 해 왔다.

한다. 나아가서, 우리 자신은 신앙의 열매로 우리의 신앙을 확신하게 되며, 우리의 경건한 삶의 실천으로 우리의 이웃을 그리스도께로 인도할 수 있다."하이델베르그 요리문답" 제32주일, 제86문답.

기독교와 문화 간의 관계에 이르게 될 때, 리처드 니버H. Richard Niebuhr는 논의의 길잡이를 계속한다.

그리스도는 문화를 대적하는가, 아니면 그 위에 있는가?

그리스도인들은 문화로부터 퇴각을 해야만 하는가?

그들은 그것을 변혁해야만 하는가, 아니면 시대의 정신에 맞추어 적절함을 찾아야 하는가?

그들은 문화적으로 깨어 있다 하더라도 감추어진 섭리의 계획들에 대해 침묵하고 있어야만 하는가?

두 왕국 옹호자들과 신칼빈주의자들 둘 다 독특한 방법으로, 니버의 중세기 연구에서 그가 논의한 중재적 입장들 중의 하나를 선호하는 것처럼 보인다. 후자는 아주 많이 그리스도가 문화를 변혁하시는 범주처럼 들린다. 전자는 불편하게 지칭된 그리스도와 문화의 모순에 대한 니버의 범주 속에 떨어지는데, 거기서 그리스도인들은 문화 속에 얽혀 있는 죄와 그들의 땅 위에서의 순례를 인정하고, 변혁으로부터 초점을 돌려, 그리스도의 재림을 인내로 기다린다.

니버는 그리스도와 문화 간의 관계를 다루는 것이 "그리스도인의 양심과 기독교 공동체 안에" 계속되는 대화의 하나라고 제안한다. 니버의 "문화를 대적하는 그리스도," "문화에 속한 그리스도," "문화 위의 그리스도," "모순 속의 그리스도와 문화," "문화의 변혁자 그리스도"라는 다섯 가지 제안들은 그중 하나를 선택해야 하는 고립된 범주들이 아니다. 각각은 겹쳐진다. 또한, 그것들은 문화와 조우할 때, 비록 어떤 범주들은 다른 범주들보다 더 강하게 느껴지기도 하겠지만, 각 그리스도인이 느끼는 것에 상응하는 분위기로 이해되는 것이 더 낫다.

본 장의 의도는 문화적 조우가 단순히 중요한 것이 아니라 그리스도인들에게 필수 사항임을 말씀과 성례의 사역자들을 포함하는 독자들에게 확신시키는 것이다.

첫째, 첫 부분은 주로 새로운 문화적 연구들로부터 이끌어 낸 구체적이지만 사용될 수 있는 문화의 정의를 고찰한다.[2] 하나의 사물 혹은 모든 인간 활동의 총 합계라기보다, 문화는 조물주와 청중 간의 실상과 관련되어 있을 뿐만 아니라 실상을 구성하는 정체성, 역동적 과정을 만들어 내는 상호 작용으로 길러진 언어다.

문화에 대한 익숙한 복음주의적 이해들을 현대의 문화적 연구들이 제공하는 이해들과 같이 가져오는 것이, 필자가 바라기는, 문화에 대한 신칼빈주의자의 개념을 재활성화하고 강화할 것이다.

둘째, 양 편에 다 익숙하지 않을 수 있는 정의이지만 신칼빈주의자의 입장을 지지하는 하나를 제시하여, 필자는 두 왕국론과 신칼빈주의자의 사상가들 둘 다 동의할 수 있는 그리스도인의 문화적 활동의 특징을 강조함으로 다

---

2 넓게 말하자면, 문화의 포스트모던적 정의에 대해서는 독자들이 다음 작품들의 얼마를 갖고 시작할 수 있다. Simon During, ed., *The Culture Studies Reader*, 2nd ed. (London and New York: Routledge, 2001); Clifford Geertz, *The Interpretation of Culture: Selected Essays* (New York: Basic Books, 1973); Theodor Adorno, *Cultural Industry: Selected Essays on Mass Culture*, 2nd ed., intro. by J. M. Bernstein (London: Routledge, 2001); Max Horkheimer and Theodor Adono, *Dialectic of Enlightenment*, trans. Edmund Jephcott (Standford, CA: Standford Universidy Press, 2002); Benedict Anderson, *Imagined Communities* (London: Verso, 1983); Fredric Jameson, *Postmodernism, Or the Cultural Logic of Late Capitalism* (Durham, NC: Duke University Press, 1991); Michel Foucault, *Discipline and Punish: The Birth of Prison*, trans. Alan Sheridan, 2nd ed. (New York: Vintage, 1995). 문화에 대한 현재의 논의에 관해 무한한 가치가 있는 작품은 다음에서 찾을 수 있다. Terry Eagleton, *The Idea of Culture* (Oxford: Blackwell, 2000).

리 놓기를 원한다.

그리스도인들은 그리스도와 그의 왕국을 위한 종들과 증인들이 되도록 부름을 받았다. 그렇게 요구되는 활동의 목적 *telos*은 문화를 구성하는 것의 특징들을 정의하는 것에 일치하는 구속적 증인을 투사하는 것이다. 증인이 되는 것은 우리의 사회적 삶들과 우리가 누구인지를 되돌려 언급하는 형상의 표명을 고려하는 것이다.

그때 그리스도인들에게 문화는 불가피하게 성화하는, 즉 외적으로 신성하게 하는 것이 아니라, "구별하는" 현상이다. 구속된 혹은 변혁된 증인이 문화다. 따라서 마치 한 사물에 구속이 일어나야 될 필요가 있는 것처럼, "문화 구속하기"라는 어구를 선호하여 사용하기보다, 필자는 오히려 본 장에서 좀 더 직접적인 구절인 **"구속된 문화"**라는 어구를 사용하길 선호한다.

1. 문화의 정의

니버는 아무도 "자연을 벗어날 수 없는 것 못지않게 아무도 쉽게 문화를 벗어날 수 없다"라고 말한다.³ 인간들이 창조된 공통 영역을 공유하는 것과 같은 방법으로, 그들은 또한 문화를 만드는 자들이 되는 것의 보편적 특성을 공유한다. 나아가서 최근에, 저자 앤디 크라우치 Andy Crouch는 다음과 같이 주장한다.

> 문화로부터 물러남은 없다. 문화는 불가피하다. 그리고 그것은 좋은 일이다.⁴

---

3   H. Richard Niebuhr, *Christ and Culture* (New york: harper & Row, 1951), 39.
4   Andy Crouch, *Culture Making: Recovering Our Creative Calling* (Downers Grove, IL: Inter-Varsity Press, 2008), 36. 두 왕국론 신학자들이 문화가 인간의 삶의 필요한 부분이라는 것, 혹은 (필자는 혹자가 어떻게 **영향력**을 문화를 만드는 것으로부터 분리시킬 수 있는지 확

그러나 문화가 무엇인가?

만일 그리스도인들이, 그들이 마땅히 해야 할, 그리스도와 문화를 논의하는데 계속하여 어떤 목소리를 내려고 하면, **문화**를 정의하는 것이 **그리스도**를 정의하는 것과 동등하게 중요해질 필요가 있다. 니버는 자신의 책을 이 가장 어려운 숙제를 다루는 것으로 서두를 연다. 니버는 다음과 같이 기록한다.

> [예수 그리스도는] 명확한 가르침들, 명확한 특성, 명확한 운명을 가진 사람이다. … 신약의 예수 그리스도는 우리의 실제 역사 속에, 우리의 현재 신앙과 행위를 형성하면서, 우리가 기억하고 살고 있는 대로의 역사 속에 계시기 때문이다.[5]

그러므로 우리의 "현재 신앙과 행위"를 형성하는 이 역사적 그리스도는 직접적으로 문화와 관련되어 있다고 니버가 기록하는데, 그 이유는 다음과 같다.

> 하나님의 아들 자신이 종교 문화의 [한] 자손이고, 문화적 사역 없이는 보호될 수 없는 그의 어린 양들과 양무리를 치라고 그의 제자들을 보내신다.[6]

신할 수 없지만) 기독교가 문화에 영향력을 끼칠 수 있다는 착상을 배척한다는 것이 아니다. 오히려, 그들은 그리스도인의 교회 밖 문화적 활동을 위해 제공된 프로그램들의 제도화를 반대하는 것처럼 보인다. 신자들과 불신자들은 동일한 자연적이고 현세적인 세상을 공유한다. 세상에서의 그리스도인의 활동은 불신자들에 의해 된 일들과 전혀 다르지 않다. 따라서 그리스도인의 문화 세우기에 대해 말하는 것은 무의미한데, 이는 문화가 영원한 것에가 아니라 현세적인 것에 관련되어 있기 때문이다. (중요한 경고를 하는 것이 필요하다. 필자는 기독교적 제도들 자체를 위해 변증하는 것에 관심이 없다. 필자는 그리스도인의 문화 만들기에 대한 시도들을 무시하거나, 물리치거나, 필자가 목격한 대로는, 아니면 조롱하는 두 왕국론적 사고방식의 성향을 말하기를 원한다.)

5 Niebuhr, *Christ and Culture*, 13.
6 Niebuhr, *Christ and Culture*, 39.

역사적 예수에 대해 논쟁되고 있는 정의들이 있는 반면, 그것들의 대부분은 자유주의와 보수주의의 고정 관념 속으로 들어가도록 강요된 것처럼 보인다. 테리 이글턴Terry Eagleton에 의하면, 문화는 길들이기에 훨씬 더 복잡한 짐승으로, **자연**을 정의하기 위해 도전하는 것만큼이나 변화무쌍한 용어다.[7] 아마도, 그런 어려움들이 바로 그 문화의 본질인 다양한 수준들의 사회경제적 세력들 간의 영속적으로 불안정한 대화를 반영한다.

니버의 경우, 부정적으로, 문화는 하나의 "특정한 사회" 혹은 "인간 사회 단체 및 성취의 어떤 특별한 단계"와 일치될 수 없다.[8] 긍정적으로, 그러나 문화는 근본적으로 "사회적"이고 다원적 세상에서 가치의 배양을 위한 "인간의 성취"를 중심으로 한다. 니버의 정의들의 부분들이 확실히 오늘날에도 타당한 반면, 우리는 하나의 최신 판을 제공할 필요가 있다.

문화는 여러 가지 상호 연결된 특징들을 갖고 있다.

첫째, 그것은 자연의 조작과 인간들이 그것에 의미를 부과를 필수로 한다. 인간들은 자연에서 취한 것으로 집들, 정원들, 학문의 전당들, 정치적 제도들, 엄청난 수력 장치들과 같은 것을 세운다. 이것은 (비록 이것이 종종 일어나기는 하지만) 자연을 인간의 뜻에 맞게 구부리는 일이 아니다. 오히려 자연이 인간들에게 가정 교사처럼 작용하여 그들이 우주의 풍성함을 해석하도록 돕는다. 자연 혹은 창조된 질서는 우리가 문화를 만드는 것을 위해 원자재를 제공한다. 이 맥락에서 니버는 다음과 같이 기록한다.

> 문화는 사람이 자연적인 것 위에 포개 놓은 "인위적인, 이차 환경"이다. 그것은 언어, 습관들, 사상들, 신조들, 관습들, 사회단체들, 물려받은 가공품

---

7 Eagleton, *The Idea of Culture*, 1–5.
8 Niebuhr, *Christ and Culture*, 30.

들, 기술적 발전들과 가치들로 이루어진다.[9]

크라우치는 다음과 같이 말한다.

> **문화는 세상에 속한 것으로 우리가 만드는 무엇이다.** … 세상을 그것이 우리에게 주어진 대로 취해서 다른 무언가를 만들어 내려는 우리의 치열한, 쉬지 않는 인간의 노력에 대한 이름이다.[10]

크라우치는 계속해서 다음과 같이 말한다.

> 문화는 의미를 만드는 활동이다.

세상으로부터 파생되지만, 또한 세상에 제시된 의미다.[11] 우리의 문화적 세상을 만드는 것은 자연을 의미로 스며들게 하는 것인데, 인위적이고 강요된 의미가 아니라 세상이 어떻게 구성되어 있는가 하는 것을 존중하고 그것에 순응하는 의미여야 한다.

문화의 조성자들로서 인간들은 그들 스스로 조물주가 되는 것으로 하나님을 흉내 낸다. 한 사람 예술가는 하얀 천을 가지고 남자든 여자든 임의대로 연장을 사용하여 형태가 없는 것에 형태를 부여한다. 이 문화/의미를 만드는 것은 오직 인간들에 의해서만 될 수 있는데, 그들은 자기들의 창조주를 상상하며, 창조된 질서의 신적으로 제정된 경계들을 따라 일하면서, 그들의 배양하는 활동의 극한들에까지 도달할 수 있는 자유를 가지고 있다. 우리의 문화적 특권을 배척하는 것은 하나님의 원래 창조를 배척하는 것이다.

---

9 Niebuhr, *Christ and Culture*, 31.
10 Crouch, *Culture Making*, 23.
11 Crouch, *Culture Making*, 24.

둘째, 문화는 "항상 사회적이다."[12] 니버는 문화에 관하여 다음과 같이 말한다.

> [우리가] 물려받고 전달하는 사회적 유산이다. 무엇이든지 순수하게 사적인 것, 그러므로 사회생활로부터 파생되거나 그것 속으로 들어가지 않는 것은 문화의 일부가 아니다.[13]

헨리 반틸Henry Van Til은 자신의 『문화의 칼빈주의적 개념』Calvinistic Concept of Culture에서 다음과 같이 쓴다.

> 문화는 마땅히 관찰되어야 될 하나의 사회적 활동이다. 그것은 고립 속에서가 아니라, 교감 속에 사람들의 상호 활동들과 협력들을 통하여 성취되는 것이다.[14]

문화적 활동은 세상과 그 세상을 다른 사람들과 공유하는 혹은 공유하지 않는 것의 의미를 만들어 가는 과정이다. 마찬가지로, 크라우치는 다음과 같이 믿는다.

> [문화는] 하나의 대중을 필수로 하는데, 그 사람들의 무리는 문화적 유익에 의해 충족하게 영향을 받아 그들의 가능성과 불가능성의 지평들이 실제로 바뀌어 왔고, 그들 자신의 문화적 창의성이 그 유익의 존재에 의해 고무되어 왔다.[15]

---

12 Niebuhr, *Christi and Culture*, 32.
13 Niebuhr, *Christi and Culture*, 33.
14 Henry Van Til, *Calvinistic Concept of Culture* (Grand Rapids: Baker, 1959), 32.
15 Crouch, *Culture Making*, 38.

크라우치는, 어떻게 그것이 상상력을 자극하고 새 가능성을 여는지, 문화적 가공품의 방향에 초점을 맞춘다.

"사회적"이라는 말의 의미로 바로 가기 위해, 우리는 문화가 공동체적 존재와 밀접하게 묶여 있다는 것을 주목해야만 한다.[16] 여러 세기에 걸쳐 서구의 철학자들은 인간들이 본래 사회적이라는 것을 암시해 왔다. 필자는 그들이 사회적일 뿐만 아니라, 공동체적이기도 하다는 것을 추가하고자 한다. 이는 우리가 의미와 접촉하게 되는 것이 공동체 안에서이기 때문이다. 존 지지울라스John Zizioulas는 다음과 같이 말한다.

> [개성personhood은] 정체된 본질로서 그 자체로 착상될 수 없고, 오직 그것이 **관련되어서**만 가능하다. 따라서 개성은 "존재의 개방" … "자신"의 경계들의 초월로, 그러므로 **자유**로 인도하는 교제를 향한 하나의 운동을 암시한다. … 이 존재가 **그 자체**이고 따라서 **어쨌든** 있다는 것은 그것의 "자기 존재" 안에 있는 것이 아니라 **교제** 안에 있다. 따라서 교제는 특별히 인격을 위협하지 않는다. 그것의 구조적인 것이다.[17]

우리 부모들은 우리에게 이름을 주고 우리의 독특한 정체성을 배향하는 것을 공유한다. 다른 공동체들은 마찬가지로 신조들과 습관들을 형성해 주는데, 그것은 우리의 독특성에 기여한다. 공동체가 없이는 개인적 정체성이 없다.

---

16 Niebuhr, *Christ and Culture*, 33.
17 Esther Lightcap Meek, *Loving to Know: Covenant Epistemology* (Eugene, OR: Cascade Books, 2011), 28-29에서 인용된 Zizioulas. 필자는 Meek의 언약의 인식론이 필자의 문화의 이해와 양립하는 것을 알았다. 그것은 그 둘이 정체적이고, 냉정하고, 혹은 밖에 있는 객관적 실체들이지만 우리 자신의 개성과 역동적으로 서로 엮여 있다는 개념을 포함한다.

공동체 안에서 정체성이 만들어지는 반면, 문화를 만드는 것 역시 공동체다.

어느 순간에 자연의 의미를 위한 우리의 조작이 문화적 산물을 구성하는가?

"인간들이 만드는 모든 것이 문화를 형성하지는 않기" 때문이다.[18] 필자가 문화 안의 공동체의 역할을 예시하기 위한 한 가지 실례를 제공하겠다. 예를 들면, 예술가는 자연을 물체와 길잡이 둘 다로 이용하는 것이 필요하다.

그러나 이것으로 충분하지 않다. 그 예술가의 그림은 전문가들의 공동체, 그 예술가 자신이 반드시 거기서부터 배워야 하는 공동체에 의해서 관람될 때까지 "문화적"이 되지 않는다. 그들은 그 작품을 인준하고 그것을 보존하여 다른 사람들에게 전달하기 위해 역사적 전통 속에 포함시킨다.

마찬가지로, 다른 사람들의 승인은 그 예술가의 정체성을 변화시키는데, 이는 그의 이름이 특정한 작품과 관련되어 있고, 연장선에서 특정한 전통과 관련되어 있기 때문이다.[19] 작품과 사람은 나뉠 수 없다. 문화는 제작자와 청중 간의 변증법적 상호 작용이다. 이글턴은 다음과 같이 말한다.

> "문화"라는 바로 그 말은 만드는 것과 만들어지는 것 사이의 긴장을 포함한다.[20]

---

18 Crouch, *Culture Making*, 37.
19 물론 전문가 공동체가 종종 일들을 잘못한다. 공동체들이 힘에 더 초점을 맞출 때 진(眞)과 미(美)의 시각을 잃을 수 있다. 19세기 인상파 화가들은 처음에 파리의 심미학 엘리트들에게서 배척을 받았다. 그러나 그들은 진정한 첨단의 무언가를 갖고 있다고 믿으면서, 그들 자신의 예술 전람회를 조직했다. 그들은 즉시로 자기들의 작품에 의미가 스며들게 하는 과정을 시작했던 하나의 공동체를 형성했다. 그들의 그림들은 미의 표준들과 일치했고, 시간이 지나면서 서구에서 얼마의 최선의 예술 속으로 구체화해 갔다. 그럼에도 인상파 화가들은 문화 만들기의 과정을 따랐다.
20 Eagleton, *The Idea of Culture*, 5.

한 품목을 문화적으로 만드는 데 작가와 청중 간의 논리 체계를 따르면 문화는 역사적으로 의미와 가치를 보존한다. 이것은 특별히 우리의 궁극적 관심사들을 포함한다. 모든 인간들은 그들이 현상적인 세상보다 더 고상한 무언가를 믿는 신앙을 유지한다는 의미에서 종교적이다. 그것이 문화 만들기의 동기가 된다.

하나님의 형상으로 지음을 받은 존재들로서 우리는 첫째로 그리고 가장 중요하게 우리를 근본으로부터 종교적으로 만드는 신적인 것과의 연결점인, 창조자와 우리의 관계를 갖고 있다. 비록 동일한 천성을 공유한다 하더라도, 모든 인간들이 같은 방향을 따르는 것은 아니다. 타락 때문에, 인간들은 불의로 그리스도를 막고 그 후 그들이 만들어진 만물에 대해 이미 알고 있는 것을 재해석한다.

그러나 그것이 우리를 문화적으로 만드는 관계를 말소하는 것은 아니다. 그리스도의 은혜로 구원 받은 자들은 혁명적 변화를 겪게 된다. 그들은 그리스도의 주권적 통치에 순복하며 산다. 삶의 관심사들은 존재의 집중, 즉 마음에서 흘러나온다.[21]

반틸은 다음과 같이 인정한다.

> 문화는 "오래 된 종교"다. ⋯ 그것은 종교가 사람들의 삶들 속에서 취한 형태다.[22]

---

[21] 필자는 이론 이전의 혹은 분명히 표현되기 이전의 도덕적인 것과 마음에서 흘러나오는 철학적 관심사들 간의 구분을 만들고 있나. 이것은 내격인 것이다. 우리의 문화적 정체성은 그것에 대한 외적 차원에 속한 것을 더 많이 갖고 있다. 우리의 정체성은 우리의 문화에서 오며, 우리는 신조들의 반복적 연습을 포함하는 우리가 우리의 공동체로부터 물려받은 습관들을 통하여 우리의 정체성을 한층 더 건설한다.

[22] Van Til, *Calvinistic Concept*, 35.

니버는 암묵적으로 동의할 것이다. 우리는 종종 문화적 산물들이 "인간의 존재를 초월하는 원인들"을 가리키는 기능을 하는 것을 보게 된다.[23] 모든 인간들이 그들을 그들의 창조주 하나님과의 접점 속에 두는 이론 이전의 종교적인 근본적 동기를 공유한다.

이것이 우리의 문화적 존재를 묘사한다. 우리의 문화적 행위는 항상 이미 궁극적인 것과 상호 작용한다. 진정한 칼빈주의의 형태에서 클라스 스킬더는 인간의 문화 만들기와 그것의 하나님 및 그의 피조물과의 관계의 필요성을 결부시킨다.

> [문화는] 그들이 하나님께 속하며, 우주와 함께 또한 우주를 위해 역사 속에서 스스로 하나님을 향해 진화하며, 모든 역사적 순간들에 참여하는 인간 존재들의 모든 것으로 노동의 집합체의 과정별 습득을 향한 체계적 노력이다.
>
> 이는 그들이 창조 속에 잠복된 잠재력들을 밝혀내는 것과 그들의 개별적 본성들에 순응하여 그들을 개발하는 것에 대한 세상 역사의 과정 안에 성공적으로 도달하는 것과, 그들의 우주적 관계들에 따라 또한 하나님의 계시된 진리의 기준들에 순복하여, 그들의 먼 환경과 가까운 환경 둘 다에 그들을 유용하게 만드는 것의 과제를 가정하기 때문이다.
>
> 또한, 이 모든 것은 제의적 피조물로서의 인간에 의해 그렇게 습득된 보배를 유용하게 만들기 위해, 또한 연이어 그들을, 이제 더 철저하게 인간 자신을 구비시키므로써 하나님 앞에 데려와 그의 발 앞에 두게 하여, 결과적으로 그가 모든 것의 모든 것이 되고, 또한 모든 작품이 그것의 주인을 찬양하게 하기 위한 것이다.[24]

---

23 Niebuhr, *Christ and Culture*, 35.
24 Klaas Schilder, *Christ and Culture*, trans. G. van Rongen and W. Helder (Winnipeg, MB: Premier Printing, 1977), 40.

문화적 산물들은 "우리의 창의성의 흔적"을 지니고 있다고 크라우치는 암시한다. 그 흔적이 문화를 만드는 자들의 천성, 말하자면, 하나님의 형상을 지닌 자들로서 인간들을 반영한다.

이것은 그리스도인들에게 제한된 것이 아니다. 신적인 창조적 구조는 심지어 그리스도가 **없는** 문화적 가공품에도 남아 있다. 심지어 하나님을 불의로 막고, 단지 좌절로 이끌어 가기만 하는, 창조된 질서를 거슬러서 규칙적으로 일하는 동안에도, 타락한 인류는 여전히 그들이 막고 있는 바로 그 하나님에 의해서 놓여진 구조들을 가정한다.

죄가 하나님을 아는 기능을 제거하지 않는다. 마찬가지로 타락이 창조의 선, 진, 미를 파괴하지 않는다. 그러나 그것은 창조를 왜곡시키고 죽음에 종속시킨다. 그러나 심지어 타락한 세상에도 하나님의 웅장한 창조의 반영이 있다. 예술가가 자신의 작품에서 신적인 것을 향한 증오를 표현할 수도 있지만, 아무도 하나님이 거주 주시는 일반은총을 피할 수 없다.

다시 한번 니버는 교훈적인 말을 한다.

> 인간의 선한 성품은 왜곡되었다. 그것은 결코 존재해서는 안 되는 어떤 것처럼 나쁜 것은 아니지만, 구부러져 있고, 얽혀져 있고, 오도되어 있다. 그는 그의 창조 시에 주어진 사랑을 가지고 사랑하지만, 잘못된 질서 속에서, 존재들을 잘못되게 사랑한다. 그는 그를 만든 자가 준 원함으로 선한 것을 소원하지만, 그에게 선하지 않은 상품들을 목표로 하여 그에게 진정한 선을 놓친다. … 그의 문화는 … 악이 아니라, 왜곡된 선이다. 아니면, 그것은, 존재의 나쁜 상태로서가 아니라, 왜곡으로서의 악이다.[25]

셋째, 문화의 세 번째 속성은 그것이 변증적이고 추론적이라는 것이다.

---

25 Niebuhr, *Christ and Culture*, 194.

다른 방향들에서 오는 힘들이 역학적 현상을 생산하기 위해 상호 작용한다. "인종"의 개념 또는 "인종적 정체성"이 이 점을 예증한다. 인종은 (물질적) 산물의 유형들에서 기인하는데, 그것을 본질적으로 문화적으로 만든다.

18세기에 있었던 수천의 아프리카인들을 카리비안 사탕 농장들로 수송한 것이, 아프리카인들을 노예가 되도록 강제한 사람들의 "우월한" 인종적 정체성을 만들어 냄과 동시에, 하나의 "인종적" 정체성을 산출했다. 비록 서구 세상에서 인종적 노예 제도가 끝났다고는 하더라도, 노예 제도의 형태들과 마찬가지로, 인종적 건설의 과정은 아직 끝나지 않았다.

인종은 계속하여 경제적 체계들의 사회적이고 공동체적인 결과들을 위해 선호하는 관용구가 되고 있다. 다시 말하면, 하나의 특정한 단체가 물려받은 힘의 구조 안에서 하나의 특정한 노동 활동과 엮어져 있을 때, 무심코 그런 사회적 단체는 자연스럽게 그러한 노동을 위해 길들여져 있다는 어떤 생각을 하게 한다.

17세기까지, 아프리카인들은 지상의 저주 받은 노동의 가장 낮은 형태, 즉 노예로 낙인찍혀 있었다. 노예 제도가 수 세기 동안 존재해 왔지만, 그것의 "인종화 된"^{"문화화 된"으로 읽으라} 형태로는 아니었다. 따라서 아프리카인들과 노예 제도 간의 연결점은 시간이 가면서 죄악 되고 경멸적인 문화적 정체성을 산출했다.

이것이 의미하는 것은 우리가 하나의 특정한 단체가 특정한 가치를 가진 노동의 형태에 참여하는 것을 볼 때, 그때 이차적 정체성이 노동과 노동자 간의 상호 작용, 즉 의미를 산출하는 자연 세계의 인간적 조작으로부터 일어난다는 것이다. 어떤 직업들은 존경 받을 만하지만, 다른 직업들은 그렇지 못한데, 그러면 그것은 일을 하는 사람의 내재된 가치에 대해 말하는 것처럼 보인다.

이 선들을 따라 계속 나가면, 문화의 변증법적 성격은 필연적으로 문화가 단일 지향적이라는 개념을 무너뜨린다. 남자든 여자든 잠재적인 문화적 조항에 관련하여 무엇을 만드는 것과 의도하는 것에 의식적인 한 개인은 다른 의미와, 시간이 가면서, 다른 정체성을 부과하는 외적인 사회적 힘들에 의해 탈선하게 될 것이다. 종종 행위자의 목표로부터 문화 속에 그것의 나타남까지의 깔끔한 선을 추적하는 것은 어렵다. 문화는 항상 핵심으로부터 주변으로, 혹은 위에서부터 아래로 이동하지 않는다.

제임스 데이비슨 헌터 James Davidson Hunter는 자신의 책 『세상을 바꾸는 것』 To Change the World에 있는 문화에 대한 열 한 가지 제안들 중 하나에서, 문화는 핵심에서 주변으로 이동하는 "상당히 딱딱한 구조"를 따라 산출되었다는 주장을 한다.

> 개인들, 연락망들과 제도들은 신분이 낮은 주변에서가 아니라, 명예가 가장 높은 "중심"에서 작동하는 문화의 산출에 **가장 결정적으로 참여했다**.[26]

헌터는 (아래로부터 위로의 변화와 반대되는 위에서 아래로의 변화와 마찬가지로) 핵심과 주변 간에 존재하는 추적 가능한 선이 존재한다는 것을 가정한다. 그 둘은 서로 얽혀 있고, 피차에 상호 구성적이다. 그러나 오늘날 학자들은 핵심/주변과 위에서 아래로/아래에서 위로의 이해 간 관계를 문화적 산물에 관련시키면서 복잡하게 만들었다.

기원들에 관련하여, 많은 현대의 역사가들은 미국의 혁명이 보스톤 혹은 (미국의 창립 선조들 같은) 명성 있는 지성인들 가운데의 핵심 장소들의 소재지들로 좁게 제한될 수 없고, 오히려 대서양과 같은 그런 장소들 바닥, 배들 위에, 선원들 가운데, 또한 대서양 연안에 늘어서 있는 선술집들의 초라하고 "저속한" 문화의 부자들로 확대된다고 주장했다.

---

26 James Davidson Hunter, *To Change the World: The Irony, Tragedy, and Possibility of Christianity in the Late Modern World* (New York: Oxford University Press, 2010), 37.

미국의 초기 정치적 사상들과 제도들은 엄격하게 창립 선조들의 사상에서 꽃핀 것이 아니라, 오히려 창립자들과 정치 참여가 금지되었던 자들의 활동들을 포함하여, 다른 사회적 힘들 간의 상호 작용으로 된 것이었다.

혹자는 19세기와 20세기의 인종 관계들과 사회 정의의 추구를 지적할 수도 있을 것이다.

가장 굴욕적이고 폭력적인 환경에서 자신들을 위해 살만한 세상을 만들었던, 19세기의 남부 노예들의 활동을 고려해 보라.

그러면 매우 진정한 의미에서, 그들 자신의 정체성을 노예들로 정의했던 그들이 남부의 문화적 상류층에 대한 "증언"을 형성하는 중심적 역할도 했다. 즉, 그들의 바로 그 억압 받고 폭력을 가하는 상황이 우월주의의 개념들을 재강화시키도록 작용했다. (진실로, 노예들이 없었다면 결코 아무도 주인이 될 수 없었을 것이다.)

나아가서, 남부의 인권 운동의 주된 지류는 정치로부터 배제되었던 시민들에 의해 바닥에서부터 시작했다. 그들의 행동들이 꼭대기로 이동했고 급진적으로 미국의 정치 문화를 변화시켰다. 핵심/주변 혹은 위에서 아래로/바닥에서 위로의 이진법을 구분하는 선을 확인하는 것은 의미심장하게 복잡해졌다.

넷째, 문화의 네 번째 특징은, 전통을 따라 전달하는 것에 연결되어 있는 문화의 가장 중요한 요소라고 주장하는 것으로, 근본적으로, 언어가 있다는 것이다. 필자가 의미하는 것은 기록되고 말해진 말들 이상이다. 물론 이것들을 포함하여, 정체성들의 다양성을 투사하는 광범위한 문학, 가시적, 또한 습관적 의미의 상징들의 대오를 의미한다.

문화 역사가 스튜어트 홀Stuart Hall은 문화를 "살아 본 관습들" 혹은 "사회, 단체, 또는 계층이 그것의 존재 조건들을 경험하고, 정의하고, 해석하여 의

미를 만들도록 능력을 덧입혀 주는 실제적 사상들"로 본다.²⁷

그러나 아직도 하나의 사회 공동체가 경쟁이 되는 해석들을 가질 수도 있다. 문화적 습관들은, 그 자체들로 텍스트적인 반면, 그들의 언어를 투사한다. 문화에 관한 가장 최초의 사상가들 중 한 사람인 클리포드 기어츠 Clifford Geertz는 다음과 같이 기록한다.

> [문화는] 역사적으로 전달되어 온 상징들 속에 깔려 있는 의미들의 한 형태의 명칭이다. 그것은 상징적인 형태 속에 표현된 물려받은 개념들의 체계인데 그것을 수단으로 사람들은 삶에 대한 그들의 지식과 태도들을 소통하고, 영속시키며, 개발한다.²⁸

본 장에 제안된 문화의 정의는 기어츠가 문화에 대해 "전달된 의미들의 형태"로 말할 것을 따른다. 레이몬드 윌리엄스 Raymond Williams가 이에 동의한다.

> [문화는] 의미심장한 체계로 그것을 통하여 … 사회 질서가 소통되고, 재생산되며, 경험되고 탐구된다.²⁹

하나의 텍스트적인 정체성을 투사하는 그런 의미의 체계들은 공동체적으로 위치되어 있다.

우리 대부분은 "지식은 힘이다"라는 격언과 익숙하다. 언어도(또한 그로

---

27 Hall, Eagleton, *The Idea of Culture*, 34에 인용됨.
28 Clifford Geertz, *Interpretation of Culture: Selected Essays* (New York: Basic Books, 1973), 89.
29 Raymond Williams, *Culture and Society 1780-1950* (London: Chatto and Windus, 1958), 307.

말미암는 문화도) 사실은 동일하다. 힘이 억압하는 자와 억압 받는 자 간의 불평등한 관계들을 산출하고 유지하는 불균형한 관계들을 언급할 수 있으나, 힘은 무언가 다른 것을 의미할 수 있다.

문화적 텍스트들, 즉 우리가 입는 것, 우리가 우리 자신을 이동하는 방법, 우리가 듣는 음악, 또한 물론 우리의 특정한 언어는 복잡한 세상에서 우리에게 위치를 부여하고 안전하게 하며 소속감을 준다. 우리가 누구인지 아는 것이 힘에 대한 감을 잡게 한다.

역으로 말하면, 우리는 텍스트들을 사용하여 우리 자신이 "다른 것들"에 반감을 품게 할 뿐만 아니라, 또 다른 것을 만들어 낸다. 필자의 문화적 정체성은 필자가 의식적이든 아니든 역사적으로 얽혀져 있는 남자/여자, 백/흑, 정신/육체, 이성/감성, 억압됨/억압함 등과 같은 많은 두 쌍의 마주보고 있는 것들과 협상하면서 나타난다.

문화를 언어로 인식하지 못하는 것은 문화를 자연과 혼동하는 습관에 들게 한다. 이 점을 이해하는 것이 결정적이다. 문화를 하나의 사물로 가정하는 것이, 필자가 믿기에는, 신칼빈주의자들과 두 왕국론의 옹호자들 둘 다에게 공통된 문제다. 문화는, 상기에 진술된 것처럼, 인간의 자연과의 상호작용으로부터 태어나지만, 그것으로부터 구분된다.

우리가 어떻게 문화를 창조된 질서존재의 지위와 혼동하는 성향이 있는지를 보여 주기 위해 필자가 다른 사례를 제공하겠다.

19세기 초기 미국에 있었던 농경 사회로부터 상업 사회로의 변천의 문화적 결과들을 고려해 보자.

역사가들이 시장 혁명이라고 인정한 수송, 상업화, 통신의 기술적 혁신들은 국가의 근대 경제의 확립을 도왔을 뿐만 아니라, 분리된 공간 역시 산출했는데, 그것은 반대급부로 새로운 문화적 정체성들을 창출했다. 수송의 진보들(운하들로부터 철로에 이르기까지)은 훨씬 더 빠른 비율로 생산품들을 시장으로 보냈고, 그것으로 인해 생산품을 증가시키기 위해 노동력을 절감

하는 고안물들을 만들어 낼 필요를 심화시켰는데, 그것은 반대급부로 생산품들을 훨씬 더 많이 구하기 쉽게 만들었다.

이것이 어떻게 문화에 영향을 끼쳤는가?

집은 더 이상 작업장이 아니게 되었다. 고용주 장인들과 그의 일꾼들은 이제 반드시 집을 떠나 작업장, 예를 들면, 공장들로 가서 시장의 수요를 맞추기 위해 생산품들을 생산해야 했다.[30] 집에서 일을 했던 많은 장인들은 공장 일꾼들이나 경영자들이 되었다. 경영자들은 생산적인 기계들을 더 효율적으로 사용하면서 값싼 노동력을 고용하고 규제했다. 이것은 부상하는 경영자 계층(예를 들면, 공장 소유자들 같은)과 훨씬 더 많은 노동자 계층 간의 층간 구분을 창출했다.

그러나 노동하는 계층과 중간 계층의 일상 습관들은 외적으로 물질적 조건들을 바꾸는 것으로부터 파생된 것이 아니라고 가정되었다. 그 당시 대부분의 미국인들의 생각의 이념적 오류는 계층 구분은 본질적으로 자연스러운 인간의 노력의 자연스러운 결과였다는 것이다.

그런 계층 구분들은 한층 더 문화적 범주들을 산출했는데, 특별히 성별의 영역에서다. 일을 하기 위해 사람들을 집으로부터 옮긴 것은 집의 물질적 공간과 대조적으로, 또한 종종 경쟁적으로 맞서는 일의 물질적 공간을 창출했다. 이것이 그 영역들 안에 있는 사람들의 정체성들을 형성하도록 도왔다.

비록 많은 여자들이 초기 산업 공장들의 값싼 노동력의 원천이었으나, 그들은 남성 노동자들의 더 높은 임금들과 경쟁할 수 없었고, 따라서 임금 불균형 때문에 일의 공적 세계 속으로 들어가는 것을 단념했다. 시간이 지나면서, 경영자들은 사회와 정치에서 상위의, 또한 존경 받을 만한 위치를

---

30 비록 형태의 변화에도 불구하고, 자본주의의 유형과 목적(*telos*)은 시간과 공간, 노동의 구분, 특수화 및 이익의 동기를 극복하며 남아 있다.

확보하게 되었다.

따라서 일의 "공적" 세상은 특성적으로 남성적, 이성적, 개인주의적, 금욕적이 되었다. 시간이 지나면서, 이것은, 한 번 더 거짓되게, 그런 속성들은 본래적으로 남성들에게 대한 것이라는 발상을 주입했다.

일의 공간과 대조적으로, 여자들이 머무르도록 격려된 집은 여성적, 양육적, 비경쟁적, 공동체적, 영적, 감성적이 되었다. 그러한 공간 안의 여자들은, 그들의 성별적 짝들과 같이, 그들의 공간의 속성들을 취했다. 이 가정적 문화에 일치하지 않는 여자들은 많은 사람 보기에 여자들이 **되는 것**에서 멀리 옮기어져 있었다.

인간이 문화를 창출하는 것은 혹은 문화가 인간을 창출하는 것은 엄격하게 직선적으로 되는 것은 아니었다. 오히려 그것은 변증법적 과정으로 그 안에서 물질적 세계와 인간 공동체 둘 다가 둘 다를 위해 서로 정체성들을 창출했다.

독자들을 잃지 않기 위해, 필자의 요점을 다시 말하겠다. 인간들이 자연 세계와 상호 작용을 가질 때의 변화들이 종종, 우리가 창조된 질서의 한 부분으로서, 우주적으로 또한 초월적으로, 혼동하는 경향이 있는, 의도되지 않은 문화적 정체성들을 창출한다. 그리고 문화가 때로는 역동적으로 산만하기 때문에, 우리가 그것이 어떻게 기능하는지를 주의해 보는 것이 중요한데, 그것은 빽빽한 묘사들을 필요로 한다.

많은 단체들에서 이 인종, 계층 및 성별의 문화적 구성물들이 있는 그대로 받아들여지고 대체로 그대로 남아 있다. 다시 말하면, 우리는 중산층 정체성을 보편적인 이상으로 혹은 인종을 생물학적인 것으로, 즉 자연적인 것으로 수용한다. 그러나 그리스도인들은 그것들이 성경적 보증을 갖고 있는지, 또한 그런 정체성들이 자연을 위한 하나님의 본래 의도를 반영하는지 고려할 필요가 있다.

하나님이 불평등한 성별 관계들 혹은 역사적으로 경쟁적인 계층과 인종적 정체성들을 창출해 낸 사회경제적 힘들을 산출했던 생산의 다양한 유형들에 순복하는가?

여자들은 생득적으로 남자들보다 더 감성적인가?

우는 것이 **선천적으로** 남자들이 하는 것이 아니기 때문에 남자들은 결코 공개적으로 울어서는 안 되는가?

그리스도인들의 대다수가 이 문화적 서술자들을 하나님의 본래의 창조 질서의 부분으로 수용한다. 다시 한 번 말하지만, 우리는 반드시 문화를 개인적인 인간 대리인들이 하나의 정체성을 생성하는 세계에 영향을 주면서 그들로 말미암아 혹은 그들을 떠남으로 둘 다의 힘들에 의해 산출된 언어로 생각해야 한다.

앞에 제안된 문화의 묘사가 결코 우리를 문화적 상대주의자들 혹은 본체론적 허무주의자들이 되도록 이끌어서는 안 된다. 언어는 지식을 창출한다. 그것은 심지어 우리의 정체성을 창출하기도 하지만, 변덕스런 방법으로 되는 것은 아니다.

언어는 하나의 수단으로 우리가 실상이라고 부르는 것과 소통하고 접촉하기 위해, 아니면 적어도 그 궤도에 들어가기 위해 사용됐다. 그리고 이미 언급한 것처럼, 우리가 실상을 묘사하기 위해 사용하는 얼마의 말들은 그렇게 하지를 못한다. 말과 실상 둘 다가 없다. 언어의 철학적 어려움들이, 특별히 자크 데리다Jacques Derrida 같은 사상가들처럼 우리가 결코 텍스트로부터 도망 칠 수 없다는 것을 우리에게 상기시키는 포스트모더니즘 상황에서, 몇 가지 나쁜 습관들로 나아가게 했다.

텍스트 밖으로 나갈 수 없는 무능함으로 마비된 포스트모더니즘 문화 학자들 가운데 의도되지 않은 하나의 철학적 관점이, 보편적 인간성에 관한 개념들을 포함하여, 모든 본질적 주장들을 배척하기 위한 것으로 되어 왔다. 심지어 "진짜" 세상에 관한 우리의 주장들이 가공스럽게 잘못되었을 때

조차, 우리는 그럼에도 실상과 접촉한다.[31]

비록 인종, 성별 및 계층이 하나의 텍스트의 격자 안에 있는 역사적 창작물들이라고 하더라도, 그것들은 그럼에도 하나의 실제 창조된 질서에 연결되어 있다.

문화와 자연은 연결되어 있지만, 일치하지는 않는다. 하나님은 사람들을 특정한 방법으로 창조했으나, 역사는 종종 하나님이 한 것을 무시한다. 우리가 인종과 계층들이 사실적 사상들이고 세상에 있는 사실적 힘들에 의해 창출되었다고 동의하는 반면, 우리는 그럼에도 인간성에 대한 더 명료한 이해를 위해 그것들을 해체할 수 있다.

우리가 순수한 본질을 얻기 위해 텍스트 밖으로 발을 내디딜 수 없다는 것은 사실이지만, 우리가 왜 그럴 필요가 있는가?

언어가 우리로 하여금 실상을 이해하도록 도와준다. 우리는 기호들과 상징들을 통하여 실상을 유사하게 이해한다. 믿음, 즉 우리가 실상에 닿아 있다는 믿음은 반드시 언어의 밀접한 동행자가 되어야 한다. 동일한 것이 지식의 주장들에 대해서도 사실이다. 우리는 반드시 성경적 지혜가 우리로 하여금 관념적인 것으로부터 실제적인 것을 중재하도록 도울 것이라는 신앙을 가져야 한다.

왜 언어가 지식의 건설적 역할에 필요**불가결**한 것이라는 신조가 우리를 이끌어 절대 진리에 대한 착상들을 배척하게 해야만 하는가?

언어가 우리를 변화시킨다. 그것이 우리의 감정을 바꾸고 우리의 정체성을 바꾼다. 여러 연구들이 언어적 주문을 통한 명상이 뇌의 생태를 바꿀 수 있고 그로 인해 인간의 인격을 바꿀 수 있다는 것을 보여 주었다. 우리가

---

31 기독교 철학자 Esther Meeks는 진짜 세상을 아는 것을 다룰 때 **대응상의 접촉**이라는 용어를 선호한다. 필자는 이 점에 관한 그녀의 근대적 인식론의 수정판에 빚을 졌다. 그녀의 *Longing to Know: The Philosophy of Knowledge for Ordinary People* (Grand Rapids: Brazos Press, 2003)을 보라.

의도적으로 더 무엇에 대해 말하고 생각하면, 그것이 우리를 더 변화시킨다. 언어가 없이는 이것이 거의 불가능하다.

예를 들면, 모든 것이 지음을 받았다는 것은 신적 말씀, 예수 그리스도로 말미암는다. 마음이 근본적으로 바뀌는 것은 말씀의 설교로 말미암고, 또한 우리가 계속하여 하나님의 은혜로운 성화의 사역으로 변화된다는 것은, 성례들(기호들과 상징들)을 통한 배움을 포함하여, 끊임없이 복음을 읽고 듣는 것으로 말미암는다. 그리스도인들은 그러므로 문화의 이 특징에 감사해야 한다. 언어는 단순히 설명하는 데뿐만 아니라 존재를 **창출하는** 데 중심적이다.

2. 구속 받은 문화

두 왕국론 진영들 안에 변형들이 존재하든 않든, 물론 필자는 그러리라고 가정하지만, 그들은 그것의 문화와 관련된 조정자 **그리스도인들** 간의 긴장에 대해 동의한다. 결코 그 둘은 만나지 못할 것이고, 그렇게 보인다. 이것은, 필자가 믿는 바로는, 상기에서 논박된, 문화는 하나의 정체된 "것"이고 신앙과 분리된 것으로, 그것과 얽혀 있지 않다는 그릇된 가정에 의존하고 있기 때문이다.

우리는 형용사 "기독교"Christian가 "기독교 나라," "기독교 국가," "기독교 사회," 혹은 "기독교 예술"에 관한 언급으로 사용되었을 때 의미된 것이 무엇인지에 대한 카이퍼의 해석을 고려하는 것으로 잘 행할 수 있을 것이다. 교회를 제도와 유기체 둘 다로서 그 둘 간의 구분에서, 카이퍼는 기독교 표찰이 "주로 중생한 그리스도인들로 구성되거나, 그런 사회가 이미 하늘의 왕국으로 이동되었다"는 것을 의미하지 않는다.

이것은 어느 곳에서도 전혀 사례가 없다. … 그러므로 "기독교"라는 형용사는 그런 나라의 거주민들의 영적 상태에 대해 말하는 것이 아무것도 없다. 단 거기의 공적 의견, 일반적 사고방식, 통치 개념들, 도덕적 표준들, 법들과 관습들이 **명료하게 기독교 신앙의 영향을 나타낸다**는 사실에 대해 증언할 뿐이다.

비록 이것이 특별은총으로 돌려질 수 있다 하더라도, 그것은 일반은총의 지형, 즉 일반적인 시민의 삶 속에 나타나져 있다. 이 영향이 물질적인 것보다 이상적인 것에, 또한 심지어 태도들에서조차, 인간적인 모든 것의 침몰된 상태로부터 더 높은 관점에로의 상승에 대한 관심에까지 일관성 있게, 국가의 법들과 삶에서 노예 제도의 폐지, 향상된 여자들의 지위, 공적 미덕의 유지, 안식일의 존중, 가난한 자를 위한 동정으로 나아가게 한다.[32]

형용사 "기독교"는 카이퍼의 경우, 사회와 간접적으로 문화에 대한 기독교 영향력을 말한다. 카이퍼는 종교개혁의 위대한 지도자들, 특별히, 루터와 칼빈의 어깨들을 의지하여 선다. 그들은 심지어 접시들을 씻거나 밭을 경작하는 것 같은 그런 가장 평범한 업무들에게도 그리스도인의 존중하는 태도 때문에 새로운 의미를 부여했다. 루터는 한 번 다음과 같이 기록했다.

세속적인 일들처럼 보이는 것이 실제로 하나님을 찬양하는 것이고 그를 아주 기쁘게 하는 순종을 대표한다.

집안일을 포함하여, 그런 세속적인 일은 "전혀 분명한 거룩의 외양이 없지만," 여전히 바로 이 집안 허드렛일이 모든 수도승들과 수녀들의 일들보다

---

[32] James Bratt, ed., *Abraham Kuyper: A Centennial Reader* (Grand Rapids: Eerdmans, 1998), 198-99(강조 추가됨).

더 가치가 있게 될 것이다.³³

그러나 그리스도인의 태도와 기독교의 영향력 둘 다가 필요하지만, 문화적 차이를 드러내기에는 충분하지 않다. 오히려 우리를 보는 사람들에게 우리의 정체성을 나타내 보이는 사회적 상황에서 우리의 활동들이 행해졌을 때 그것들이 문화적이 된다.

이 마지막 부분에서 필자는 기독교와 문화 간의 관계를 단단히 조이고 일반 영역의 일들이 비그리스도인들에게 보다는 그리스도인들에게 실제로 다르다는 것을 증명할 수 있기 바란다. 이것은 단순히 그런 활동의 동기를 부여하는 관점을 강조하는 것 이상을 의미한다. 그리스도인들이 행한 선행들은, 비록 추상적으로는 일반적이지만, 그럼에도 "하이델베르그 요리문답" 제32주일(제82문답)이 우리에게 말하고 있듯이, 효과적으로 사람들을 왕국으로 인도할 수 있다.

필자는 먼저 두 왕국론의 피상적인 성스러운 것과 속된 것의 범주들을 신칼빈주의자의 구조와 방향의 개념으로 복잡하게 만들 것이다. 그 후 필자는 신칼빈주의자의 관점에서 구속 받은 문화의 개념을 고려할 것이다. 필자의 의도는 구속의 개념을 우리의 문화에 대한 정의로 더 가까이 가져옴으로 그것을 재교육하는 것이다.

1) 거룩과 세속

두 왕국론 신학자들은, **세속**이라는 용어를 소생시키고 위치를 바꿈으로, 교회 밖의 직업들은 기능적으로 세속적이고 따라서 영원한 것에 관한 아무 관련이 없다고 주장한다

---

33 Alistair McGrath, "Calvin and the Chrisitan Calling," *First Things* 94 (June-July 1999): 31-35에서 Luther를 인용함(http://www.firstthings.com/article/2007/01/calvin-and-the-christian-calling-20).

수십 년 전 복음주의적 우파의 부상 이래, 세속Secular이라는 용어는 무신론적, 인문주의적, 그리고 물질적인 모든 것을 지칭했다. 실로, 우리는 하나의 말에 관한 변형들에 세심한 주의를 기울임으로 어원학적 오류를 피할 수 있으나, 우리가 지난 한 세기 반 동안 **세속** 위에 지배를 했던 것으로 보이는 역사적 사고방식을 채택할 필요는 없다. 데릴 하트Darryl Hart는 『세속적 신앙』*A Secular Faith*에서 다음과 같이 쓴다.

> [세속Secular은] 라틴어 '세클로룸'*seclorum*에서 파생되었고 … 영어 단어 "시대"era 혹은 "시기"period와 유사하다. 그와 같이 그 말은 정확하게 시간의 어느 정도 한정적인 기간, 그리고, 특별히 그것의 잠정적 혹은 일시적 특성을 표명한다. '세클로룸'*seclorum*은 기술적으로 있을 법한 불특정한 영구적이지 않은 기간, 혹은 역사에서 지나가는 단계를 대표한다.[34]

교회 밖의 땅에 속한 (세상적인) 직업들은 하나의 세속적인 혹은 일반적인 영역의 부분이다. 그 함의는 형용사 "기독교"는 불필요할 뿐만 아니라 부적절하다는 것이다. 더 나아가서 기독교 표찰을 비교회적 제도들에게 붙인다는 것은 잠재적으로 교회의 영역을 낮게 평가하게 한다.

그러나 두 왕국론의 대조표를 갖고 특정한 직업들을 성 혹은 속으로 표찰을 붙이는 것은 아주 쉬운 것일까?

신학교 교육은 그것의 다양한 기능적 부분들로 해부되었을 때 순수하게 세속적(비왕국의 활동)으로 해석될 수 있다.

고백적으로 개혁수의 신학교에서 가르치고 있는 직업적 학자의 역할을 생각해 보라.

---

34 Darryl Hart, *A Secular Faith: Why Christianity Favors the Separation of Church and State* (Chicago: Ivan R. Dee, 2006), 242.

그의 문화 만들기의 책임은 무엇이며, 그의 신앙은 그가 하는 모든 것과 관련을 갖고 있는가?

우리가 그의 직업을 일시적인 것들과/혹은 영원한 것들과 관련이 있는 성스러운 것으로, 아니면 속된 것으로 생각해야 할까?[35]

---

35 2011년 캘리포니아 웨스트민스터신학교 회합 "그리스도, 왕국과 문화"에서 질문 하나가 교수 발표자들에게 주어졌다. "하나의 독립된 개혁주의 신학교는 어느 왕국에 속하는가?" David VanDrunen이 조심스럽게 응답했다. "나는 웨스트민스터신학교와 같은 장소는, 그것 자체로, 영원한 하나님 나라의 약속을 갖고 있지 않는 일반 왕국의 부분이라고 말하겠다. … 지옥의 문이 교회를 대적하여 이기지 못할 것이다. … 그러나 나는 … 일반적으로 그것은 하나의 일반 왕국의 제도이고 많은 방법에서 사업의 모든 덫들을 가지고 있다고 말하겠다. … 내가 하는 것 때문에 교회의 일, 하나님의 영적 왕국의 일이 여기서 진행되는데, 필연적으로 내가 한 위원회에 앉아서 우리의 건물 시설들 관리자에게 화장실에 있는 두루마리 휴지가 떨어지거나 아니면 그런 어떤 것을 알려주는 것 같은 특정한 업무들을 할 때가 아니라, 내가 교실에서 성경을 주석하고 학생들에게 하나님의 말씀을 설명하기 위해 노력할 때, 복음의 사역자로 일하도록 부름 받은 그 일을 하는 것이고, 하나님은 바울을 통해 디모데에게 말했다. 이 진리들을 다른 사람들에게 위탁하여 그들이 차례로 다른 사람들에게 넘겨주어, 그래서 … 그것이 교회에 주어진 것이고, 또한 나는 오늘날 많은 개혁교회들이 그 과업을 수행하는 방법들이 [웨스트민스터신학교 교수] 같은 특정한 사람들을 구별하여 세우는 것에 의한 것이라고 생각하고, 또한 우리에게 목회적 소명들이나 외국의 선교사의 의무들을 맡기는 대신에, 그들은 말하기를 우리는 여러분이 복음 사역을 위해 사람들을 훈련하는 것에 여러분의 주의력의 초점을 맞추기를 원한다고 했다. 그래서 어떤 의미에서 나는 이 제도가 일반 왕국의 제도로서 교회가 과업을 위해 구별하여 세운 특정한 목회자들을 통해 하는 이 매우 중요한 일을 수용하고 주최한다고 본다. … 그것이 우리가 항상 땅에서의 모든 낱개의 활동과 모든 낱개의 계획을 여기서 하나의 왕국 물통이나 다른 것에 담아 넣을 수 있다는 것을 의미하지 않는다. 때로는 그것보다 더 복잡하다." 필자는 그것이 더 복잡하다는 것에 동의할 것이나, 양편 다 종종 복잡성을 인식하지 못한다. 그러나 VanDrunen의 응답에 관하여, 수많은 질문들이 생각난다. 목사들은 이미 안수를 받지 않았는가? 그들이 마땅히 다른 사람들을 훈련시켜야 되는 사람들이 아닌가? 다시 말하면, 왜 독립된 신학교를 필요로 하는가? 기독교 대학들도 같은 일을 해 오고 있다. 사실, 프로비던스기독교대학(Providence Christian College)에서의 필자의 교육 목표는 학생들을 격려하여 하나님께 영광을 돌리고 그를 영구히 (영원히) 즐거워하며, 하나님을 사랑하고 이웃을 섬기며, 그들이 추구하는 직업들로 그의 교회를 후원하라는 것이다. 다시 말하면, 필자는 그들이 세속적(현세적)이 아니라, (궁극적) 왕국관을 가지기 바란다. 안수 받지 않은 사역자가, 순수하게 기능적인 면에서, 어떤 사람에게 복음을 어떻게 적절하게 주석하고 설교하는지를 가르칠 수 있는가? 웨스트

세속이 필연적으로 **거룩**의 의미와 상충하는 것이 아니기 때문에, 그의 직업에 대해 거룩과 세속 둘 다로 생각하는 것은 단순히 그럴 듯할 뿐만 아니라 잘 어울리기도 한다. 그는 불신자가 읽는 것과 같은 방법으로 읽을 수 있다. 그는 그의 믿지 않는 동료들처럼 같은 대학들에서 훈련을 받았고 따라서 동일한 무역의 방법론적 연장들이 주어졌다. 믿지 않는 학자들이 유사한 본문들을 읽고, 성경의 동일한 구조를 이해하며, 심지어 전통적 신학의 내용을 알 수도 있다.

그것을 달리 질문한다면, 원래의 언어들까지 가면서, 성경에 있는 말들을 읽는 행위는 본래적으로 성스러운 행위인가? (필자가 여기서 성경의 무오성에 도전하는 것이 아니라, 본문을 읽는 자의 인식론적 기능, 인지적 수용에 초점을 맞추는 것이다.)

성경에 사용된 언어는 모두에게 일반이며 현세적 영역에 속한다.

그렇다면 무엇이 그를 다르게 만드는가?

우리가 고려할 필요가 있는 것은 방향성과 그런 노동의 중요한 점과 그것의 뒤를 잇는 문화다. 부분들로부터 전체로의 변화를 분별하는데, 우리는 반드시 그런 활동이 누구에게 혹은 무엇에게로 방향지어 있는지를 고려해야 한다.

신학교의 중심 목표, 부분들의 집약은 복음을 전할, 말씀을 설교하는 것으로 말미암아 그리스도를 위해 세상을 변혁시킬, 목회자들을 훈련하는 것이다. 각 고립된 부분의 기능은, 역설적으로, 복음을 설교하는 것 속에 들어가는 요소들을 포함하여, 복음을 설교하는 것이 **아니다**. 신학교 교수들에 의해 사용된 일반 요소들은, 즉 언어를 포함하여, 그의 학문적 훈련으로

민스터신학교에서의 채용을 위해 어떤 교회 단체가 교수 직원들을 "구별하여 세우는가"? 그것을 달리 말하면, 노회, 당회, 대회, 혹은 총회가 신학교 교수들을 채용하기 위해 무슨 중심적 역할을 하는가? 방문 교수 및 조교수를 포함하여, 웨스트민스터신학교의 모든 교수 직원들은 안수 받은 복음의 사역자들인가?

부터 물려받은 방법론적이고 개념적 연장들은 정녕 일반적이고 세속적이다. 그러나 우리가 알고 있듯이, 그런 것들이 더 고상한 성스러운 실상을 소통하는 수단들이다.

이 자연적 요소들의 사용은 다른 목적, 망가진 세상과 반대쪽에 있지만 또한 그 세상의 치유를 위해 서 있는 목적을 향해 방향지어 있다. 두 왕국론 학자들은 이 신칼빈주의자의 구조와 방향 간의 구분을 무시한다.

한 수준, 즉 일반 수준에서는 기독교 학자들과 비기독교 학자들 간의 차이가 전혀 없다. 그러나 다른 수준에서는 확실히 차이, 즉 문화적 정체성에 차이가 있다. 분기점은 일반적인 것이 어떻게 방향지어 지는가에 따라 생긴다. 하나의 공유된 일반적인 것의 사용은 두 개의 서로가 정반대되는 마음의 태도들을 드러낸다.

그런 세계관은 누가 신체적 견지에서 "더 잘" 읽을 수 있는가, 더 많은 구절들을 아는가, 아니면 주일학교 성경 훈련에서 힘들이지 않고 이길 수 있는가 하는 것과 거의 관련이 없고, 오히려 그것들은 (꼭 능력일 필요는 없지만) 누가 더 나은 이해를 하고 있는가와 관련을 하고 있는데, 그것은 오직 성령의 조명을 통해서만 생길 수 있다.

이것이 두 왕국론 사상가들이 간과하는 결정적인 문제로, (일반적으로 배관공사나 도로 포장 공사 같은 어떤) 하나의 특정한 직업이 다른 모든 것들을 요약하는 환원주의를 결과한다. 다시 말하자면, 여전히 하나의 신학교는 두 왕국론의 틀로부터 일관성 있게 일반적이고 세속적인 것으로 환원될 수 있다.

만일 우리가 엄격히 말해서 얼마의 직업들이 영원한 왕국으로부터 단절되어 있다는 것을 인정한다 하더라도, **모든** 직업들이 그렇다는 것이 뒤따르는가?[36]

---

36 George Marsden은 기독교적 관점이 역사적 학문에 끼치는 영향을 생각할 때 이 질문을 했다.

긍정적으로 대답하기 위해서는 혹자가 상당히 많은 양의 주장을 해야만 할 것이다.

배관 공사나 도로 포장 공사가 지성의 철학, 칼 바르트의 신학, 혹은 19세기 미국의 국가 정체성에 대한 문화적 기초들에 관한 논문을 쓰는 것과 동일한 것인가?

논점은 왜 우리가 일반 영역의 활동들과 **모든** 것들에서 위의 것을 찾고 ^{골 2장} 하나님을 영화롭게 하는 그리스도인의 최고의 목적 간에 쐐기를 박을 필요가 있는가 하는 것이다.

두 왕국론 옹호자들이 근본적인 논거를 제공하는 데 어려움을 갖고 있는 제도인 기독교 대학의 목적은 학생들을 훈련하여 그들이 공부 중에, 공부하는 기간에 걸쳐, 또한 미래의 직업들에서, 하나님을 공경하고 예배하며 그를 영원토록 즐거워하게 하는 것이다.

어떻게 이것이 왕국과 관계가 없겠는가?

어떻게 이것이 또한 문화가 아니겠는가?

기독교 신학교나 기독교 대학은 이 거룩한 목적을 공통으로 갖고 있다. 만일 우리가 그것의 육체성을 언급하는 것이라면, 학교의 이름 안에 "기독교"라는 형용사를 갖고 있는 것이 기독교적으로 만드는 것은 아니다.

그러나 그것에 의해 공동체의 각 성원이 최고의 경지까지 그리스도를 고백하는 것을 탐구하고 또한 배우는 공동체에 대해 책임을 지며 그것에 의해 변혁된, 하나의 기품을 배양하는 것은 문화의 특징을 만족시킨다. 그런 제도는 문화적으로 기독교적이다. 건물들, 프린터들, 책장들, 혹은 컴퓨터들이 기독교화 되었다는 것은 아니다.

고립적으로, 부분들은 아니지만, 더 넓은 맥락에서 한 제도의 목표들이 유지되고, 보존되며, 각 성원^{문화화의 과정에 순응하는}에 의해 계승되는, 그런 제도는 시간이 지나면 둘러싸고 있는 사회단체들로부터 **기독교적**이라고 확인될 것이다.

문화는 하나의 것이 아니라, 공동체들에 의해서 채택되고 전해진 하나의 역동적 언어의 정체성임을 기억하자.

개개 항목에서, 기독교 활동은 불신자들의 그것과 유사하고 그러므로 일반적인, 세속적 영역의 부분이지만, 각 조각들이 하나의 전체를 형성할 땐 그 그림이 바뀐다.

그리스도에 대한 신앙이 특정한 소명들에 영향을 주는가?

초기 공화국 안의 급진적 개혁과 종교적 무관용을 전공한 한 사람의 직업적 역사가로서의 필자의 작품은 현세적 관심에 대한 것인가?

필자가 한 사람 기독교 역사가로서 가르치고 쓴 것은, 인간성 혹은 섭리의 개념에 대한 성경의 관점(우연이나 진화적 자연주의를 반대하는)을 포함하는, 궁극적 사안들을 위한 관심 없이는 될 수 없는 것이다. 비록 필자가 역사의 본체론에 관련된 하나님의 마음을 분명하게 표현할 수 없다 하더라도(그것은 정녕 필자가 할 수 없다), 필자의 역사적 작품이 형이상학과의 접착이 전혀 없다는 것이 뒤따르지는 않는다.

필자가 가공되지 않은 역사의 지료를 가지고 상호 활동을 할 때 불신자들과 접촉점 혹은 공통된 기초를 가진다는 것은 사실이지만, 이것이 역사 혹은 문화라는 것의 모든 것이 아니다. **탐구** 혹은 **조사**를 의미하는 헬라어에서 파생된 말인 "history"역사는 주로 사상을 나타내는 용어다. 자료들을 응집력 있게 또한 일관성 있게 같이 조합하는 인지 활동이다.

역사가의 해석은 자신의 문화적이고 지적인 맥락 속에 놓여 있다. 필자의 핵심 종교적 신조들이 필자로 하여금 조합의 표준들을 어기지 않고 역사의 소재들을 체계화하도록 돕는다.

일반 차원에서 필자는 물질주의자의 역사에 동의하지만, 필자 자신의 개념적 틀을 따르면, 비록 필자가 확실하게 역사의 물질적 변증법의 중요성을 확언할 수 있다 하더라도, 필자는 역사가 뒤범벅이 된 생산 형태의 과정과 다름이 없다는 발상을 온전히 수용할 수 없다.

전문적 역사의 경우에 현세적인 것과 궁극적인 것 혹은 영원한 사안들 간에 해방될 수 있는 관계가 있는 것처럼 보인다. 그리고 물론 후자는 종교적 입장의 동기에서 생겨난다.

흥미롭게도, 반드루넨은 다음과 같이 기록할 때 이것에 동의하는 것처럼 보인다.

> 기독교 학자들은 다른 분야에서보다는 더 종종 특정한 학문 분야에서 기술적 작업에 대한 비기독교적 가정들의 왜곡시키는 효과들과 부닥치게 될 것이다. 필자는 (확실성을 가지고 안다는 것을 추정함 없이) 이 효과들이 예를 들면 자연 과학을 다루는 것보다 더 직접적으로 또한 규칙적으로 인간의 품행의 평가와 삶의 의미의 해석을 다루는 인문 과학 속에서 더 강렬하게 느껴질 수도 있을 것이라고 제안한다.[37]

따라서, 인문 과학에서는, 혹자의 종교적 마음의 동기가 그 자체를 두드러지게 나타낼 수 있고 또한 종종 나타낸다는 가능성이 있다. (게다가, 왜 인문 과학 하나만 지목하는가? 자연 과학들에 대한 것은 어떤가? 그것들은 "삶"의 의미와 관련이 없는가? 한 개인의 기독교적 관점이 기도 혹은 명상을 하는 동안의 뇌의 기능에 관해 이루어진 현대의 신경학의 연구들을 도울 수 있게 될까? 인류의 기원들에 관한 고인류학자와 분자 생물학자 간의 논쟁들에서 대조는 무슨 역할을 하는가?)

유감스럽게도 반드루넨은 『하나님의 두 왕국에서의 삶』*Living in God's Two Kingdoms*에서 이것을 더 깊이 탐구하지 않는다. 그는 다음과 같이 말한다.

---

37 David VanDrunen, *Living in God's Two Kingdoms: A Biblical View for Christianity and Culture* (Wheaton, IL: Crossway, 2011), 181-82.

[기독교적 관점이] 큰 그림의 착상들과 주관적 동기의 독특성을 보여 주는 데 탁월한 일을 한다고 하지만, 어떻게 [인문학자의] 기술적 연구와 가르침이 독특하게 기독교적인지에 대해서는 거의 제공하는 것이 없다.[38]

필자는 우리가 우리의 "주관적 동기"를 "기술적 연구와 가르침"으로부터 분리할 수 있다는 것을 확신할 수 없다. 학자들이 질문과, 그들의 작업의 범위를 구성하는 방법은 방법론, 즉 어떻게 그들이 그들의 작업을 할 것인가에 필수적이다.

왜 이것이 우리의 종교관으로부터 절연되어야 하는가?

두 왕국론 안에는 근대적 가정이 있는 것처럼 보인다. 즉, 연구의 객체들은 중립적이고 가치가 없다는 것과, 사실들은, 역사적이든 아니면 신학적이든, 하나의 특정한 주장을 세우고 후에 자신의 지적 공동체로부터 승인을 받은 어떤 사람에 의해 그들 속에 창의적으로 부여된 더 높은 의미는 없다는 것이다.

2) 구속 받은 증인

"문화를 구속하는"redeem culture 것이 무엇을 의미하는지 명확하게 표현하는 것이 신칼빈주의자들에게 가장 큰 어려움 중 하나였다. "구속하다"Redeem는 조심스러운 심사숙고를 요청하는 말이다. 많은 사람은 그 용어에 대해 A로부터 B로의 급진적 변화 같은, 송충이에서 나비로의 변형 같은, 본질적으로 동일한 것이지만 다른 형태로 생겨나는 유기체들을 생각한다.

문화를 구속한다는 것이 물질적인 것들의 그 본질 자체ding an sich를 변형하는 일이 아니다. 문화의 그 본질 자체ding an sich가 없다는 사실을 감안하면

---

[38] VanDrunen, *Living in God's Two Kingdoms*, 181-82.

이것은 불가능하다. 문화는 순수하게 현상적이다.

그러나 문화에 대한 변형적인 특성은 있다. 코넬리스 프롱크^{Cornelis Pronk}에 의하면, 그리스도인의 소명은 다음과 같다.

> 이 죄악되고 부패한 세상에서 소금과 빛으로 사는 것이다. … 그리스도인들은 반드시 그들의 복음 증거와 거룩한 행실로 그들 주변의 세상에 영향을 주기 위해 노력해야 한다. 다시 말하면, 이 세상에서 그들의 존재와 활동은 반드시 죄의 치명적인 결과들을 경감시키고 상쇄시키며 사회 속의 삶이 견딜 만하며 복음을 선포하는 사역에 기여하도록 도와야 한다. **그리스도인들로서 우리가 하는 모든 것이 반드시 선교적이고 종말론적 초점을 가져야 한다.** 심지어 우리의 문화적 참여도 변변치 않지만 반드시 그리스도의 다가오는 왕국의 관점에서 일어나야 한다.³⁹

월터스^{Wolters}의 경우, "구속하다"의 의미는 다음과 같다.

> "자유를 구입하는" 것, 문자적으로 "다시 구입하는" 것이다. 그것이 불러일으키는 영상은 유괴의 그림이다. 자유한 사람이 사로잡혀 속전을 위해 계속하여 붙잡혀 있다. 누군가 다른 사람이 잡혀 있는 자를 위해 속전을 지불하고, 그러므로 자신의 원래의 자유를 "되산다."

그러므로 자연 질서에 변화가 있다. 창조주가 의도했던 것으로 돌아가는 것이다. 그것이 문화적 정체성에 변화를 가져온다. 월터스는 계속한다.

---

39 Cornelis Pronk, "neo-Calvinism," *Reformed Theological Journal* 11 (1995): 56.

"다시"*re-*로 시작하는 구원의 다른 말은 **갱신** renewal이다. 바울은 로마서 12:2 에서 "마음을 새롭게 함"을 말할 때 유사한 접두어 '아나-' *ana-*를 사용하여 헬라어 '아나카이노시스' *anakainosis*라는 신조어를 만든다. 문자적으로 이 말은 "다시 새롭게 만드는 것"을 의미한다. 한때 완전히 새 것이었던 것이었으나 닳아 망가진 것이 이제 개조되어 그것의 이전 새 것으로 되돌려졌다.⁴⁰

교회의 주안점이 복음의 증진이라고 말하는 것이 문화의 중요한 용도를 소홀이 하는 것은 아니다. 복음을 전하는 것은, 설교가 정체성을 형성하는 하나의 문화적 활동이기 때문에, 문화적 활동으로부터 결코 분리될 수 없다. 캘리포니아 웨스트민스터신학교의 조직신학과 변증학 교수인 저자이며 그레샴 메이천 J. Gresham Machen 석좌 교수인 마이클 호튼 Michael Horton은 몇십 년 전에 다음과 같이 말했다.

> 기독교는 하나의 문화가 아니라 진리의 주장들에 대한 하나의 체계다.

호튼은 계속 다음과 같이 말했다.

> 복음은, 방대하게 다른 가치들과 관습들을 유지하면서, 다양한 문화들 속에서 성공해 왔고 단체들 가운데 번영해 왔다.⁴¹

필자는 호튼이 만일 복음주의자들이 낙태들을 없앴고 동성애 결혼을 불법화했다면 그들은 진정으로 하나의 "기독교 국가"를 가지게 되었을 것이

---

40 Albert Wolters, *Creation Regained: Biblical Basics for a Reformational Worldview* (Grand Rapids: Eerdmans, 1985), 69–70.
41 Michael Horton, "Beyond Culture Wars," *Modern Reformation* (May–June 1993), reprinted in *Modern Reformation* 17, 5 (September–October 2008).

라는 미국의 가정에 도전하여, 우리의 정체성은 우리의 정치적 혹은 도덕적 충성심에 묶여 있는 것이 아니라, 그리스도의 인격과 사역에 묶여 있다는 사실을 강조한 것은 높이 평가하는 반면, 그가 불필요하고 잠재적으로 오도하는 이분법을 개진한다고 믿는다. 복음을 전하지만 문화와 조우하지 않는 것은 불가능하다.

언어는 문화와 복음 전파에 핵심적이다.

호튼을 따라, "진리의 주장들에 대한 하나의 체계"로서의 기독교와 "의미의 체계들"로서의 현대의 문화의 정의 간의 언어의 유사성을 고려해 보자.

그리스도인들은 교리의 체계를 제시하기 위해 반드시 그들의 문화적 맥락, 특별히 언어를 사용해야 하는데, 그것은, 부수적으로, 하나의 정체성을 세상에 제시한다. 그리스도인의 문화와의 조우는 도덕적 책임이고 명령이지 선택이 아니다.

논점은 그리스도인들이 문화와 조우할 것인가 아닌가가 아니다. 그들은 이미 항상 그것과 조우한다. 성경을 번역하는 것은 문화적 활동이고 반드시 정기적으로 되어야만 한다. 성경 원어를 배우는 것은 문화적 활동이다. 영어, 한국어, 스페인어 설교자는 문화적 맥락 안에서 활동하고 있으며, 복음 설교자는 앞서가는 문화적 운동가다.

그리스도인의 문화적 증언은 설교자와 평신도 둘 다에게 자극을 주는 효과를 갖는다. 진실로, 그레샴 메이천이 『기독교와 자유주의』*Christianity and Liberalism*의 끝에서 주장하고 있는 것처럼, 설교자의 초점이 문화를 바꾸는 것이 아니다. 그는 문화적 성체성이라는 말로 이것을 의미한다. 그 목표는 마음을 바꾸는 것이다. 그럼에도 메이천이 긍정하는 것처럼, 복음 설교는 문화에 영향을 **줄** 것이고 따라서 마음의 변화 **때문에** 정체성에 영향을 줄 것이다.

여기서 의미된 것은, 복음 제시, 성례 거행, 구제 사역들, 혹은 그리스도인의 사랑의 행위들로 되는 또한 그것들로 말미암는 그리스도인의 증언이 하나님에 의해 죄인을 개종시키는 데 사용될 수도 있는데, 만일 하나님이 기뻐하시면, 현세적인 세속적 기호^{sign}를 궁극적인 거룩한 기의$^{\text{記意, signifier}}$의 대상과 연관시키면서, 그의 정체성$^{\text{"문화"라고 읽자}}$이 바뀌게 될 것이다.

비록 하나님이 내적 변화를 일으키지 않으신다 하더라도, 그 증인은 구속의 현존과 목적으로부터 단절되지 않을 것이다. 복음을 들은 사람은 적대감으로 반발하여 헛되게 진리를 가리려고 시도할 수도 있다. 바울은 고린도전서 3:6에서 우리에게 다음과 같이 말한다.

> 나[바울]는 심었고 아볼로는 물을 주었으되 오직 하나님께서 자라나게 하셨나니$^{\text{고전 3:6}}$. (이것은 우리를 창 1:26의 문화 명령으로 되돌아가게 한다.)

문화적 정체성은, 단순히 어떤 사회적 활동이나 제도를 통해서가 아니라, 복음의 설교를 통하여, 오직 하나님의 성령이 죄인을 변혁시키는 데까지만 바뀐다. 말씀을 들을 때 반응은 단지 둘 중의 하나가 있을 뿐이다.

말씀의 설교를 위해 문화가 필요한 것과 마찬가지로(즉, 영적 변혁은 문화를 통해서 되었다), 제도적 교회 밖에서의 그리스도인의 실천 역시 문화를 필요로 한다. 세상은 우리의 기독교 문화, 즉 우리의 텍스트, 우리의 정체성을 알아본다. 말하자면, 그리스도인의 "텍스트"가, 바르게 혹은 그르게, 세상에게 보이고 해석된다.

하나님의 섭리 가운데서 그리스도인의 문화적 조우, 즉 세상과 역동적으로 부딪치고 대항하는 것이, 문화를 변혁시킬 것이다. 말씀의 설교와 병행하여, 각 그리스도인이 선한 일들, 즉 하나님이 이미 해 오신 것에 대한 감사의 반응으로 행해진 선한 일들을 하는 것은 급진적인 문화적 영향을 줄 수 있다.

"하이델베르그 요리문답"$^{\text{제86문답}}$이 상기시키고 있는 것처럼, "우리가 우리의 이웃을 그리스도께로 인도할 수도 있다"는 것은 일반적 혹은 자연법의 행위들, 즉 "우리의 경건한 삶의 실천"을 통해서다. 세상의 시민들은 우리의 사랑과 선행들, 즉 일반 활동들을 통해서 된 행위들을 알아 본다.

혹자는 이 "인도한다는 것"은 즉각적인 복음의 설교를 필요로 하지 않는 초기 단계라고 주장할 수도 있다. 복음을 들을 준비가 된 사람은 이미 영원한 것의 문화적 영역에 발을 들여 놓았고, 이차적 목적을 궁극적 목적과 합치며, 또한 최선을 다해, 거룩-세속의 구분을 지워가고 있다. 선행으로 말미암는 그리스도인의 증언은 성령에 의해 사용되어 하나님의 말씀을 듣고 성례에 참여하도록 인도 받은 사람을 준비시킨다.

필자가, 전략의 한 가지로, 그리스도인들은 불신자들과의 처음으로 만났을 때 복음을 전해서는 결코 **안 된다**는 것을 제안하는 것이 아니다. 성령이 첫 만남들을 사용할 수 있다. 그러나 그는 우리의 선행들 역시 사용하신다.

종종 세상은 그리스도인들에게 그들의 정체성에 대해 묻는데, 이는 그들이 말하는 것 때문이 아니라 그들이 행하는 것 때문이다. 그리스도인들이 복음을 전하는 것 없이 그리스도의 사랑을 효과적으로 보여 줄 수 있는데 이는 오직 그들이 복음에 의해 변화되었기 때문이다.

그러나 그리스도인들이 삶의 각 영역에서 행한 사랑의 실례들을 포함하여, 복음을 전하는 것과 선행들 간의 협력은 확실히 필요하다. 그리스도인의 실천은 정체성(문화)을 투사하고, 그것은 결국 변혁적 영향을 끼친다. 기독교 문화는 변혁적이다.

만일 우리가 우리의 문화적 활동은 반드시 공동의 선을 위한 가치의 배양으로 방향 잡혀야 하고 그것으로 인해 인류가 번영해야 한다는 니버에 동의한다면, 그리스도인은 확실하게 **정서적** 무언가 제공할 것을 갖게 된다. 즉, 외부의 관찰자에게 이미 변혁되어 온 누군가를 전해 주는 것의 제공이다.

시민적 선의 행위들, 혹은 일반적 행위들 혹은 인간의 마음속에 자연스럽게 주입된 것은 비그리스도인에게보다 그리스도인에게 다르다. 하나님의 구속의 은혜에 대한 감사로 된 선행들이 비그리스도인들의 선행들과 같지만, 그것은 오직 단순한 일반적 외양에서만 그렇다. 성령이 전자 속에서 또한 전자를 통해 역사하지만, 후자에서는 아니다.

경건한 행위들, 예를 들면, 굶주린 자를 먹이는 것, 가난한 자를 위해 공급하는 것, 인종차별주의와 성차별주의와 대항하는 것, 유산을 반대하는 것, 기업의 탐욕에 대적해 서는 것, 혹은 불의한 전쟁에 반대하는 것은 "선한" 비그리스도인의 시민 행위들과 동일한 "외관"을 갖고 있다.

그러나 성경적으로 기초된, 그렇게 격렬한 주제들과의 전투에 대한 관심사는 그 싸움들이 감사함으로 하나님을 사랑하고 이웃을 섬기는 탁월한 윤리와 일관성 있게 살기 위해 행동하는 구속 받은 공동체에 의해 발발된 것이라는 사실로부터 생겨난 것이다.

사도 바울은 자신의 서신 로마서에서 구체적인 구원하는 희망을 강조한다.

> 피조물이 다 이제까지 함께 탄식하며 함께 고통을 겪고 있는 것을 우리가 아느니라 그뿐 아니라 또한 우리 곧 성령의 처음 익은 열매를 받은 우리까지도 속으로 탄식하여 양자 될 것 곧 우리 몸의 속량을 기다리느니라 **우리가 소망으로 구원을 얻었으매** 롬 8:22-24.

우리가 구원 받았다는 것이 희망하는 인간의 노력으로 되었다는 것이 아니라, 오히려 우리가 희망하는 것, 약속의 실상, 즉 그리스도 안의 또한 그리스도로 말미암는 "지금"의 구속에서 생겨난 약속과 희망으로 된 것이다. 이 세상에서 그리스도인들은 인내로 기다리며 적극적으로 그리스도를 위한 대사들로서 희망에 찬 삶들을 산다. 세상은 그런 삶, 즉 그런 문화를 본다.

니콜라스 월터스토프 Nicholas Wolterstorff는 이 새로운 존재의 신분이 그리스도인들에게 동기를 부여하여 다음과 같이 기록한다.

… 희망을 포기하지 않고 신실하게 행동하게 한다.⁴²

진실로, 이는 칼빈이 자신의 사도행전 주석 3:21에서 말한 것과 같다.

> 그리스도가 자신의 죽음으로 이미 만물을 회복하셨다. 그러나 그 회복이 아직 진행 중이기 때문에, 즉 미래의 과정 속에 있기 때문에 그 효과가 아직 온전하게 나타나지는 않았다.⁴³

그리스도인들은 정확히 그들이 구속 받았기 때문에 문화 속에서 섬긴다. 그들의 구속은 그들이 하는 모든 것을 둘러싸고 결과적으로 그 구속 받은 정체성을 세상에 전달한다.⁴⁴

---

42 Nicholas Wolterstorff, "In Reply," *Perspectives: A Journal of Reformed Thought* (February 2008): 18-19.

43 John Calvin, *Commentary on Acts*, vol. 1, trans. Henry Beveridge (Grand Rapids: Eerdmans, 1949), 153.

44 본 장 전반에 걸쳐 필자는 문화를 만드는 자들로서의 우리의 존재에 대해 말하는 것으로부터 우리의 실천적인 문화적 활동에 이르기까지 진퇴를 해 왔다. 우리가 하는 것이 우리가 누구인지를 반영하고, 우리가 누구인지가 우리가 하는 것에서 우리를 안내한다. 그러나 문화적 조우에 관하여 중요한 경고를 할 필요가 있다.
첫째, 성경은 말씀과 성례를 떠나 망가진 세상에 기독교의 샬롬(shalom)을 가져다주기 위한 단 하나의 분명한 전략도 제공하지 않는다. 우리가 성화되어 가면서 어떻게 우리의 증언을 계발해야 하는지에 대한 통찰력들을 성경적 지혜가 제공할 수 있다고 필자가 믿는 반면, 우리는 신자들의 양심을 구속하지 않도록 반드시 조심해야 한다(이 점에서, VanDrunen과 필자가 동의한다).
둘째, 이것은 너 혼옥스럽게 하는데, 우리 대부분은 "지옥으로 가는 길은 선한 의도들로 포장되어 있다"라는 옛말을 들었다. 심지어 이론상 우리가 선행이라고 생각하는 것조차 부정적인 문화적 영향을 줄 수 있다. 예를 하나 들어 보면, 아프리카의 극도로 가난한 지역에 투자를 하고 있는 보수적인 그리스도인들이 소유하고 있는 농산업 회사의 행위들을 생각해 보자. 그 회사가 수 에이커의 농지를 기름지게 하기 위해 선진화된 수력 시스템을 세우고 많은 수의 일자리들과 시장을 위한 상업적 상품들을 제공하여, 그 주변을 둘러싸고 있는 공동체의 많은 사람에게 혜택을 주었다. 동시에 이 회사의 용감무쌍한 노력들은 그리스도인들이 구속 받은 문화다.

땅과 온건하게 생활하며 사는 농부들의 집들을 파괴하는데, 그들의 경제생활은 공동체에 의해 수 세기에 걸쳐 증진되어 왔다. 대변할 목소리가 없어, 그들은 그들의 땅을 잃고 그 회사, 기독교 신조로 동기를 부여 받았다고 가정되는 회사를 향해 부정적 태도를 개발한다. 필자는 이것이 왕국 활동이 **아니**라고 제시하고자 한다. 왜냐하면, 실상 그 회사는 공리주의적 틀 안에서 일을 하기 때문인데, 거기서는 이익이 핵심에 있기에 그 회사의 기독교 문화적 정체성을 심각하게 손상한다. 필자의 논점은 그리스도인들이 문화와 조우하면서 반드시 하나님을 사랑하는 것과 이웃을 사랑하는 것을 무엇보다도 먼저 지켜야 한다는 것이다. 이것이 깨어 있을 것을 필요로 하는데, 왜냐하면, 우리의 정의에서 언급된 것처럼, 문화는 산만해질 수 있기 때문이다.